한국외국어대학교 법학연구소
소비자법센터 총서 3

공유경제 플랫폼과 소비자 보호

이병준 編

세창출판사

발간사

공유경제는 전통적인 사업자의 대량생산을 바탕으로 하는 대량 소비자사회의 대안으로서 개인들 사이의 협력적 소비를 실현하는 것을 목적으로 합니다. 공유경제는 시장경제질서를 바탕으로 하는 소비사회의 새로운 대안으로 등장할 것으로 예고되면서 소비사회의 미래가 될 것으로 예견되고 있습니다. "소비에서 이용으로"라는 새로운 명제가 유행하고 많은 정부부처와 연구기관들도 앞다투어 공유경제 실현을 위한 청사진을 짜겠다고 선언하였습니다. 그러나 우리나라에서 지방자치단체를 중심으로 공유경제를 실현하기 위한 노력이 부분적으로 있고 개인 간 거래를 실현하는 당근마켓처럼 공유경제를 제대로 실현하는 영역들이 산업적으로 부분적으로 남아 있기는 하지만, 공유경제와 관련된 법적 장치는 거의 실현된 것이 없다고 보는 것이 안타까운 현실이기도 합니다.

여기에는 여러 가지 이유가 있다고 생각됩니다. 공유경제를 표방하는 가짜 내지 부진정 기업들이 등장하면서 공유경제의 선한 측면을 왜곡하였다는 측면이 우리 사회에 크게 상처로 남아 있습니다. "타다" 사태가 대표적이라고 할 수 있습니다. 또한 공유경제의 실현을 위하여 정부의 적극적인 입법적 노력이 필요하였음에 불구하고 정부에서 기존 산업 주체들의 반발을 너무 의식한 나머지 협의체를 통하여 사실상 입법적 개선을 방치하였다는 점도 무시할 수 없습니다. 그사이 다른 나라에서는 공유경제에 관한 적합한 규제를 하면서 공유경제가 자리잡고 있다는 측면과 우리나라 현실이 극명하게 대비되어 더욱 안타깝다고 생각하고 있습니다.

그런데 공유경제가 제대로 실현되지 못하는 우리나라 현실에는 공유경제에 대한 제대로 된 인식과 연구가 없다고 하는 점도 영향을 미치고 있다고 생각됩니다. 본 연구는 이와 같은 문제의식에서 시작하여 많은 젊은 연구자들의 협력하에 이루어졌습니다. 한국외국어대학교 소비자법센터에서는 이러한 문제의식하에서 많은 세미나와 연구를 진행하였고 부분적으로는 국가의 연구용역을 수주하여 이 연구를 진행하기도 하였습니다. 본 연구총서는 이와 같은 연구의 결과물이라고 할 수 있습니다.

첫 번째 장인 "공유경제와 법적 규율"에서는 공유경제가 갖는 기본적인 특징과 기존의 사업자와 소비자를 대상으로 하는 소비자법과의 차이를 분석하였습니다. 이때 공유경제의 주체인 '개인(Peer)'의 정확한 의미를 파악하고 그 자리매김을 법적 규제에서 하는 것이 중요한 고민거리 중의 하나였습니다. 그리고 공유경제를 통하여 발생하는 부작용이 무엇이고 이를 대체하기 위한 입법적 과제가 무엇인지를 비교법적으로 고민하고 있습니다.

제2장인 "다양한 공유경제 유형과 소비자보호"에서는 다양한 영역의 공유경제에 대하여 개별적인 문제점들을 살펴보았습니다. 상품의 공유를 담당하고 있는 개인 간 거래, 숙박공유, 승차공유, 공간공유 그리고 노동공유 영역을 개별적으로 살펴보았습니다. 각 영역별로 존재하는 다양한 공유경제 플랫폼과 독특한 규제로 인하여 발생하는 법적 문제가 다르고 고유한 특성을 가지고 있습니다. 공유경제 현상이 얼마나 다채로운 문제점들을 담고 있는지 볼 수 있을 것이라고 생각됩니다.

본 연구의 기획에 참여하면서 총무 역할을 맡아 준 황원재 교수님 그리고 윤승영 교수님, 김세준 교수님과 정신동 교수님께 먼저 감사를 드립니다. 더 나아가 본 연구에 적극적으로 참여를 하여 준 이준희 박사님, 이승현 박사님, 오승유 변호사, 문현지 학사에게도 개별적인 공유 영역에 대하여 세밀한 연구를 하여 본 연구서에 수준 높은 글을 작성하여 준 것에 대하여 감사드립니다. 또한 본 연구서의 출판비 지원을 하여 주신 에어비앤비 사에게도 진심어린 감사를 전합니다. 마지막으로 총서를 잘 발간하여 주신 세창출판사의 이방원 사장님과 임길남 상무님께도 특별히 감사의 인사를 드립니다.

2022년 1월 15일

한국외국어대학교 법학연구소 소비자법센터 제1대 센터장
현 한국소비자법학회 회장
이 병 준

제1장_ 총설: 공유경제와 법적 규율

● 새로운 유통방식으로서의 공유경제(sharing economy)와 그 법적 규제
  방식에 관한 연구
  이병준 ·· 11

● 공유경제 법안에 대한 고찰
  이병준 ·· 52

제2장_ 각론: 다양한 공유경제 유형과 소비자보호

|제1절| 개인 간 거래

● 개인 간 거래를 중개하는 온라인 플랫폼 운영자의 의무와 책임
  ─이용자의 지위에 따른 분석을 중심으로
  정신동 ·· 79

● 온라인 플랫폼을 통한 개인 간 거래와 소비자보호
  ─당근마켓과 연관된 전자상거래법 전부개정안 제29조를 중심으로
  이병준 ·· 112

|제2절| 숙박공유

● 숙박공유(house sharing)와 법적 규제
　이병준 ··· 154

● 진정한 공유숙박 실현을 위한 입법적 과제와 쟁점
　이병준 ··· 192

● 숙박공유 플랫폼 약관의 불공정성
　―에어비앤비(Airbnb) 이용약관을 중심으로
　오승유 ··· 215

|제3절| 승차공유

● 차량공유 및 승차공유 서비스에서 플랫폼의 역할과 소비자의 구제방안
　문현지/황원재 ··· 243

● 여객 운송중개 플랫폼 규제의 비교법적 고찰 ―소비자보호의 관점에서
　윤승영 ··· 276

● 승차공용(Ridesharing) 중개서비스와 결합된 운송서비스 제공자로서의 Uber
　―Uber 스페인과 관련된 유럽사법재판소 판결을 중심으로
　이병준/황원재 ··· 313

|제4절| 공간공유

● 공유경제의 제도적 환경조성을 위한 현행법제 개선방안
　―공간공유를 중심으로
　김세준 ··· 349

|제5절| 노동공유

- 공유노동 종사자의 법적 지위와 수요자에 대한 책임
  —플랫폼노동을 중심으로
  이준희 ·· 379

- 공유경제의 활성화와 노동법적 보호 체계
  —독일의 플랫폼 노동종사자에 관한 최근 판례 및 논의를 중심으로
  이승현 ·· 429

Contents

Chapter 1_ Introduction: Sharing Economy and Legal Regulation

- Sharing Economy as a new Distribution Model and its Legal Problems
  Lee, Byung Jun ·· 11

- A Study on the Sharing Economy Bill
  Lee, Byung Jun ·· 52

Chapter 2_ Particulars: Various Sharing Economy Models and Consumer Protection

|Paragraph 1| Peer-to-Peer Transaction

- Obligations and Responsibility of Online Platform Operators to Intermediate Peer-to-Peer Transactions —Focusing on the Analysis according to the User's Status
  Jung, Shindong ·· 79

- Peer to Peer Transactions through Online Platforms and Comsumer Protection —Focusing on Article 29 of the Amendment of E-commerce Consumer Protection Act related to Carrot Market
  Lee, Byung Jun ··· 112

|Paragraph 2| House Sharing

● 'House Sharing' and Legal Regulation
Lee, Byung Jun ·· 154

● Legislative Tasks and Issues for Realizing True House Sharing Model
Lee, Byung Jun ·· 192

● Unfairness of the Terms and Conditions of the Accommodation Sharing Platform —Based on the Terms and Conditions of Airbnb
Oh, Seung Yu ·· 215

|Paragraph 3| Car Sharing

● Role of the Platform in Car-Sharing and Ride-Sharing Services and Consumer Remedies
Moon, Hyun Ji & Hwang,Won Jae ·································· 243

● A Comparative Study on the Regulation of Transportation Network Company —Perspective on Consumer Protection
Yoon, Seung Young ·· 276

● The Uber as a Transportation Service Provider Combined with Ridesharing Brokerage Services —Focusing on the Decision of the ECJ concerning the Uber Spain
Lee, Byung Jun & Hwang, Won Jae ·································· 313

|Paragraph 4| Space Sharing

• Improvement of the Current Legal System to Create an Institutional Environment for the Sharing Economy —Focusing on Space Sharing
Kim, Sejun ·· 349

|Paragraph 5| Labor Sharing

• The Study of Legal Status and Responsibility of the Worker who Provides Labor in Sharing Economy
Lee, Junheui ··· 379

• Revitalization of the Sharing Economy and Labor Law Protection System —Focusing on Recent Precedents and Discussions on Platform Workers in Germany
Lee, Seunghyun ··· 429

총설: 공유경제와 법적 규율

새로운 유통방식으로서의 공유경제(sharing economy)와 그 법적 규제방식에 관한 연구*

이병준**

I. 들어가며

1. 혁신적 자원유통방식으로서의 공유경제(sharing economy)

자본주의 경제체제는 대량생산과 대량소비라는 유통방식을 특징으로 한다. 이러한 경제체제의 대안으로 sharing economy, collaborative economy, peer to peer economy 등의 용어들을 최근에 많이 접할 수 있다. Sharing economy는 우리나라에서 '공유경제'라고 많이 번역하여 사용하고 있으나, 민법상 공동소유의 한 형태인 공유와 혼동가능성이 있다.[1] 또한 그 핵심은 소유(ownership)에 집중하는 것이 아니라, 어떻게 이용(utility)하게 하는지에 있다. 즉 자원, 지식 등을 나누어 사용하는 것,

---

 * 이 논문은 유통법연구 제4권 제2호(2017)에 게재된 것입니다.
** 한국외국어대학교 법학전문대학원 교수.
1_ 예컨대 공동소유와 공동이용 내지 공동활용이라는 개념으로 같이 공유의 정의로 소개하고 있는 문헌으로 강문수, 숙박 분야 공유경제에 관한 법제연구, 한국법제연구원, 2015, 17면 참조.

다시 말하면 같이 사용함에 초점이 있으므로 본 연구에서는 '공유경제'라는 표현을 대신 사용하기로 한다.[2]

공유경제는 20세기 자본주의 경제가 야기한 문제를 해결하기 위한 대안으로써 자원을 여럿이 같이 사용하는 협력적 소비를 기본으로 하고 있다. 하버드 대학 교수인 로렌스 레식(Lawrence Lessig)은 그의 저서인 'Remix: Making Art and Commerce Thrive in the Hybird Economy'에서 공유경제라는 용어를 최초로 사용하였다.[3] 그는 공유경제를 상업경제(Commercial Economy)에 대치되는 개념으로 설명하였다. 상업경제는 가격시스템을 기반으로 한 반면에 공유경제는 가격이 아닌 다양한 사회적 관계(social relations)에 기초한다. 공유경제는 여러 사람이 한 번 생산된 제품을 같이 이용하는 협력적 소비 형태로 그 대상은 유형의 자원뿐만이 아니라 지식, 경험, 시간 등 무형 자원도 포함하는 것으로 보았다. 미국의 경제학자인 제레미 리프킨(Jerremy Rifkin)은 'The Age of Access'[4]에서 소유에는 한계가 존재하기 때문에 곧 소유의 경제가 쇠퇴할 것이라고 예측했다. 그에 의하면 공유경제는 사회적 자본에 의존하는 새로운 종류의 경제체제로, 사회적 신뢰를 기반으로 한 '네트워크화된 공유지(Networked Commons)'[5]의 특징을 지닌다고 한다. 그는 인류의 경제활동을 소유에서 '접근'으로 시장의 교환가치에서 '공용가치'로 변화하는 협력적 공용사회로의 이행을 전망했다.[6]

2_ 이는 유통법학회 회장인 최영홍 교수님이 2016년 12월 한국외국어대학교 법학연구소 소비자법 센터에서 개최된 "협동적 유통과 협력적 소비"에 관한 세미나에서 한 지적을 바탕으로 한 것이다. 중국에서는 '공향경제'라는 표현이 사용되기도 한다.

3_ http://remix.lessig.org/.

4_ The Age of Access: The New Culture of Hypercapitalism, Where all of Life is a Paid-For Experience, Paperback, 2001.

5_ Networked Commons를 '네트워크화된 공유지'라고 번역하는 문헌으로 박건철/이상돈, 도시 · 사회혁신을 위한 디지털 공유경제, 서울디지털재단, 2016, 27면.

6_ 최근 그가 주장한 '한계비용 제로사회'는 사물인터넷이 한계비용을 제로로 만들 수 있는 잠재성을 지닌 기술 플랫폼으로, 이를 통해 재화 및 서비스를 공유하며 사용하는 협력적 공용사회(Collaborative Commons)가 가능함을 의미한다(Rifkin J., The Zero Marginal Cost Society, Palgrave, MacMillan, 2014; 차두원/진영현, 초연결시대 공유

전통적인 유통방식에서는 사업자가 공급자가 되어 개인인 소비자에게 재화를 유통하는 것(B2C)이 기본이었다고 한다면, 공유경제에서는 개인이 공급자이면서 동시에 개인이 소비자가 된다고 한다(P2P). 이러한 측면에서 공유경제를 peer to peer economy라고도 칭하고 있는 것이다. 또한 기존의 유통방식에 있어서 공급자는 이윤을 추구하고 소비자는 소비만을 목적으로 한다면, 공유경제에서는 협력적 소비가 이루어진다는 점에서 collaborative economy[7]라는 용어가 사용된다.

2. 파괴적 혁신 내지 창조적 혁신과 새로운 규제에 대한 요구

공유경제 플랫폼을 운영하는 사업자들은 자신이 추구하는 사업모델이 "창조적 혁신" 내지 "파괴적 혁신"에 해당한다고 설명하고 있다.[8] 그런데 재화의 공동 활용이라는 측면에서 보면 이는 완전히 새로운 현상은 아니다. 오히려 우리나라에서는 전통적으로 향약과 두레 등 공동체사회를 통하여 재화와 노동을 같이 이용하고 있었다. 그러나 인터넷이 등장하면서 그러한 전통적인 공용모델은 플랫폼을 통하여 실현되는 공유경제라는 새로운 현상으로 변모하고 있다.[9]

경제와 사물인터넷의 미래, 한스미디어, 2015; 정보통신정책연구원, 공유경제 비즈니스 모델과 새로운 경제 규범, 정책연구 15-59, 2015, 5면).

7_ 협력적 소비자개념은 레이첼 보츠먼(R. Botsman)이 전통적인 과소비 구조의 'me'세대에서 'we'세대로의 변화를 설명하면서 사용하였다(Rachel Botsman/Roo Rogers, 「What's Mine is Yours: The Rise of Collaborative Consumption」, HarperCollins Publishers, 2010, pp. 41-63). 그에 따르면 중앙 집중 방식의 통제를 받는 구식의 소비지상주의에서 "공용하고 모이고 협력하는 협력적 소비방식으로 이동하고 있다"고 한다.

8_ '파괴적 혁신' 개념은 크리스텐슨의 혁신이론에서 쓰인 개념으로 현재 시장의 대표적인 제품 성능에 못 미치는 제품을 시장에 도입해 기존 시장을 파괴하고 새로운 시장을 창출하는 것을 의미한다(Christensen CM. The Innovator's dilemma: When new technologies cause great firms to fail, Boston, MA: Harvard Business School Press, 1997). 이와 관련한 우리 문헌으로 김민식/정원준, ICT 산업의 발전과 빅뱅파괴 혁신의 이해 - 파괴적 혁신과의 비교를 중심으로 -, 초점 제26권 1호, 2014, 3면 참조.

9_ 공유플랫폼과 관련하여 직접 자신의 상품이나 서비스를 제공하는 플랫폼(Asset-Hub

현재 우리 입법이 공유경제를 고려한 규정을 두고 있다고 볼 수 있는지 의문이 든다. 예컨대 B2C를 기본 모델로 하고 있는 소비자법으로 미루어 볼 때, 우리 입법자는 P2P를 기반으로 하면서 신뢰를 바탕으로 한 협력적 소비를 고려하여 법을 만들지 않은 것은 분명하다. 따라서 많은 공유경제를 표방하는 기업들은 공유경제를 알지 못하는 낡은 법률들이 기업의 창조적 혁신을 방해하고 오히려 자신들을 범법자로 만들고 있다고 주장한다.[10] 그러면서 사업모델을 기존의 입법에 맞추지 않고 자신이 추구하는 가치에 맞추어 시행하고 있어 불법의 경계에 있기도 하다. 이러한 목소리에 맞추어서 새로운 접근방식에 따른 규제가 필요하다는 주장이 대두되고 있다.[11] 더 나아가 공유경제가 기존에 존재하는 재화와 시설을 공동활용하여 공간부족, 운송수단 부족 등의 문제를 해결하여 각 도시가 직면하는 문제를 해결할 수 있다는 측면에서 국가를 통한 원조 내지 지원이 필요하다는 견해도 있다.[12]

반면에 이러한 공유경제를 표방하고 있는 플랫폼을 비판적으로 바라보고 있는 시각에서는 이를 "플랫폼 자본주의"라고 비하하기도 한다.[13] 이와 함께 사업자들이 공유경제라고 표방하고 있는 사업모델이 실제로 이러한 공유경제에 해당하는지 여부에 대해서도 논란이 있다. 따라서 P2P를 전제로 한 공유경제에 과연 적합한 법적 규제가 별도로 필요한지

Sharing)과 사적인 공급자가 제공하는 상품이나 서비스를 이용자에게 중개하는 플랫폼(Peer-to-Peer Sharing Networks)로 구분할 수 있다. 본 연구에서는 주로 후자를 중심으로 살펴보려고 한다.

10_ 현재의 규제모델은 혁신에 거대한 장벽이 되고 있다는 입장으로 Gillian Hadfield, Legal Barriers to Innovation: The Growing Economic Cost of Professional Control over Corporate Legal markets, 60 「JSTAN. L. REV」, 1689, 2007.

11_ 공유경제의 새로운 규제필요성을 논하는 문헌으로 이성엽, 공유경제(Sharing economy)에 대한 정부규제의 필요성, 행정법연구, 행정법이론실무학회, 2016, 31-32면.

12_ Rauch/Schleicher, George Mason University Law and Economic Research Paper Series, Research Paper No. 15-01, 2015, p. 5.

13_ Martin Kenny, John Zysman, 「The rise of the platform economy」, Issues in Science and Technology, National Academies of Sciences, Engineering and Medicine, Spring, 2016.

에 관한 논의와 함께 현재 공유경제라고 주장하는 사업자 내지 플랫폼들이 실제로 공유경제에 해당하여 별도의 법적 취급이 필요한지의 문제를 구분하여 살펴보아야 한다.

이러한 논란에도 불구하고 우리나라 각 지방자치단체에서는 「공유촉진 조례」를 제정하여 시행하고 있으며, 부산시 등은 규제프리존[14]을 통하여 새로운 법적 대응을 시도하고 있다. 예컨대 공유촉진 조례에서는 "공유(共有)"를 공간, 물건, 정보, 재능, 경험 등 자원을 함께 사용함으로써 사회적·경제적·환경적 가치를 창출하는 활동으로 정의하고 있다.[15] 이러한 공유촉진 조례는 지방자치단체에서 다양한 사회적 문제를 해결하기 위하여 공유단체나 공유기업으로 지정하고 일정한 보조금 등을 지원하는 사업을 시행하기 위하여 제정되었다. 또한 정부에서 2015. 12. 16. '규제프리존 도입을 통한 지역경제 발전방안'을 발표하였고[16] 상정된 법안[17]상으로 부산시에서 신청한 지역전략산업에 관한 규제특례 중에는 숙박공유서비스를 허용(안 제58조)하는 것을 그 내용으로 하고 있다. 그에 따르면 공유민박업은 (1) 자신이 거주하는 (2) 방 5개 이하인

14_ 부산시는 2016. 4. 19. 기획재정부가 주관하는 '규제프리존 도입을 통한 지역 경제 발전방안' 시·도지사 협의회에서 14개 시·도지사와 함께 「규제프리존 지정과 운영에 관한 특별법」('가칭' 규제프리존 특별법)의 조속한 입법을 촉구하는 공동건의문 발의를 제안하기도 했다.

15_ 예컨대 구리시 공유촉진 조례[시행 2016.8.1.] [경기도 구리시 조례 제1448호, 2016.8.1. 제정] 제2조 제1호.

16_ 의안상 제안이유에 따르면 근처 일본의 사례(특정지역을 국가전략특구로 지정하여 의료 및 농업 등 지역별 특화된 산업에 규제특례를 부여하여 기업투자와 경제 활성화를 도모하고 있고 국가전략특구법도 제정되어 있으며 실제 기업투자를 창출하고 있음)를 벤치마킹하여 우리나라에서도 각 시·도가 잘 할 수 있는 지역별 전략산업을 선택해서 현행 법령상의 여러 가지 규제를 넘을 수 있게 지역별 전략산업에 맞는 차등화된 규제특례를 부여할 수 있는 법적 근거를 마련하려는 것을 목적으로 한다. 안 제4조 제1항에 따르면 지역전략산업 및 이와 관련된 사업 등에 대하여 다른 법령에서 명시적으로 열거된 제한 또는 금지사항이 있는 경우를 제외하고는 이를 허용한다.

17_ 정부의 발표는 2015. 12. 16.이었지만 국회에 의안이 제안된 것은 2016. 3. 24. 19대 국회(의안번호 1918652)였으며, 2016. 5. 29. 19대 국회의 임기만료로 의안이 폐기되었다가 2016. 5. 30. 20대 국회가 개회하면서 상정되었다(의안번호 2000026).

주택을 이용하여 (3) 연간 180일 내에서 투숙객을 대상으로 숙식을 제공하는 업으로 정의하고 신고의무, 서비스 · 안전기준의 준수의무를 부과하는 한편, 이러한 공유민박업의 경우 공중위생관리법상의 숙박업에 해당하지 않는다(안 제58조 제6항)고 규정하고 있다.

3. 연구의 범위

본 논문은 기본적으로 공유경제에 대한 법적 규제를 어떠한 방식으로 접근해야 할지에 관한 것을 고찰하는 것을 그 내용으로 한다. 이를 위하여 자율규제를 주장하는 미국의 문헌과 자율규제 가능성을 인정하면서도 법적 규제필요성을 인정하는 유럽연합,[18] 독일 주 및 스위스의회의 보고서[19]를 참고하려고 한다.

이를 기반으로 하여 공유경제가 무엇이고 그 발전과정과 그 주된 특징이 무엇인지를 살펴보고 현재 존재하고 있는 공유경제 모델의 대표적 유형들을 살펴봄으로써 공유경제의 실제를 우선 고찰하려고 한다(II). 그 다음으로 공유경제와 관련하여 시장실패의 차원에서 등장하고 있는 전형적인 문제점에 관하여도 살펴보려고 한다. 이를 통하여 현재 공유경제의 법적 규제를 위하여 필요한 주된 쟁점을 추려 낼 수 있을 것으로 기대하여 본다(III). 그다음으로 공유경제를 자율규제방식으로 규제하면 된다는 입장과 시장실패에 따른 법적 규제방식을 제안하는 입장으로 나누어서 각 입장의 내용을 살펴보고 이를 기초로 공유경제에 대한 올바른 규제방식을 모색해 본 후, 비판적으로 이러한 논의를 평가하려고 한다(IV).

18_ 유럽연합 집행위원회(EC. European Commission)는 2016년 6월 2일 "협력적 경제를 위한 유럽의 어젠다"를 발표하여 유럽연합 회원국들에게 법적 · 정치적 지침을 마련하여 주었다(COM(2016) 356 final, 2). 이에 관한 비판적 분석으로 Wewer, Faire Chancen für die kollaborative Wirtschaft?, ZRP 2016, 193.

19_ Bericht über die zentralen Rahmen- bedingungen für die digitale Wirtschaft, 2017.

II. 공유경제의 현상적 접근—개념정의, 발전단계, 장단점

1. 공유경제의 개념

공유경제의 개념정의와 관련하여 통일된 입장은 없는 것으로 보인다.[20] 크게 보면 현재 협의와 광의의 개념정의로 정리할 수 있다.

(1) 협의의 개념정의

협의의 개념은 옥스퍼드 사전에서 제시하고 있다. 그에 따르면 공유경제는 "주로 인터넷을 통하여 무상 또는 유상으로 자원이나 서비스를 사적 개인들이 나누는 경제체제(an economic system in which assets or services are shared between private individuals, either for free or for a fee, typically by means of the Internet)"라고 정리하고 있다. 이 개념정의는 (1) 사인간 (2) 재화와 용역을 무상 또는 유상으로 (3) 시간적으로 단기간 동안 사용할 수 있도록 하는 경제현상만을 그 대상으로 한다(Consumer-to-Consumer, C2C oder Peer-to-Peer, P2P). 이러한 현상의 대표적인 예는 Airbnb를 통하여 사인이 다른 사인에 대하여 방을 단기간 동안 대여하는 것이다. 이와 같은 형태의 공유경제는 친구나 친지 사이에서 일어나던 나눔의 경제를, 특히 비용을 지급받는다면, 전문화 내지 상업화하여 사인간으로 확대하는 현상으로 이해할 수 있다.[21]

(2) 광의의 개념정의

그 반면에 유럽연합 집행위원회는 공유경제라는 개념을 대신하여 **협력**

20_ 다양한 개념정의와 관련하여 EUROPEAN PARLIAMENTARY RESEARCH SERVICE, The Cost of Non-Europe in the Sharing Economy, Economic, Social and Legal Challenges and Opportunities, 2016 참조.

21_ 스위스의회 보고서—Bericht über die zentralen Rahmenbedingungen für die digitale Wirtschaft, 2017, S. 95.

적 경제(collaborative economy)라는 표현을 사용하고 있고, 이러한 사업 모델을 다음과 같이 정의한다. 즉 협력적 경제란 **주로** 사적 개인들에 의하여 제공되는 상품 또는 서비스의 일시적 사용을 목적으로 제공되는 열린 시장(open marketplace)을 창조하기 위한 목적으로 만든 협력적 플랫폼을 통하여 실현되는 사업활동이라고 한다.[22]

이와 같은 광의의 개념에서 공유경제에서 참여하는 참여자는 3가지 부류로 설명된다. 첫째는 **서비스 제공자** 내지 **공급자**이다. 이들은 자산, 자원, 시간 또는 기술을 같이 나누기 위하여 이를 제공하는 역할을 한다. 이들은 간헐적으로 서비스를 제공하는 **사적 개인(peer)**일수도 있고, 전문적 능력을 가지고 서비스를 제공하는 **사업자(professional services providers)**일 수도 있다. 둘째는 이를 이용하는 **이용자**가 있다. 명시적으로 밝히고 있지는 않지만, 여기서 이용자는 반드시 소비자일 필요는 없고 사업자일 수도 있다. 셋째는 중개자로서 **온라인 플랫폼**이 있다. 이러한 플랫폼은 제공자 내지 공급자와 이용자들을 연결시키고 이들 사이에 거래가 일어나는 것을 가능하게 한다(collaborative platforms).

유럽연합에서 제시한 이러한 개념정의는 경제현실을 바탕으로 하여 협력적 경제를 수행하고 있다고 주장하고 있는 모든 플랫폼을 포괄할 수 있는 광의의 개념이라고 할 수 있다. 즉 현재의 경제현상을 포괄적으로 고찰함에 있어서는 유용한 개념정의라고 할 수 있다. 따라서 광의의 개념정의에서 큰 특징이라고 할 수 있는 점은 공급자가 반드시 사적인 개인일 필요가 없고 전문적인 공급자도 포함하고 있다는 점이다. 즉 공급자는 자신의 소비생활을 위하여 해당 재화를 구매할 필요가 없다는 것을 의미한다. 따라서 전통적인 사업자 대 소비자 관계도 공유경제의 범주에 포함시키고 있다(Business-to-Consumer; B2C). 이러한 광의의 개념은 통상 공유경제에 포함되지 않은 서비스(예컨대 호텔예약 플랫폼인 Booking.com)도 포괄하고 있다는 점이 문제로 지적된다. 이 개념 정의는

22_ Critical assessment of European Agenda for the collaborative economy, p. 12.

결국에는 임대되거나 빌려주는 것을 목적으로 하는 모든 현대적 시장을 지칭하는 것이라고 할 수 있다.[23]

(3) 논의의 정리

지금까지 살펴본 바대로 아직 공유경제에 대하여 확립된 통일된 개념은 없는 것으로 보인다. 하지만 두 개념에서 공통된 요소는 첫째, 물건의 소유가 거래를 통하여 이전되는 것이 아니라, 공급자에게 계속하여 있다는 것이다. 둘째, 재화와 용역에 대한 제한된 이용을 목적으로 하고 전자적 방식으로 거래가 이루어진다는 것이다.

본 논문과 관련하여서는 순수한 P2P 형태의 모델은 물론 유상의 P2P와 B2C를 혼용하고 있는 "하이브리드 모델"도 고찰대상으로 삼고자 한다.[24] 개념정의를 명확하게 하지 않고 공유경제의 대상이 되는 모델의

23_ 유럽연합에서 제시하고 있는 협력적 경제개념이 광의라고 함은 **"주로 사적 개인들에 의하여 제공"**되는 것을 전제로 하고 있기 때문에 서비스 제공자 내지 공급자의 범주를 peer로 한정하고 있지 않다는 점에 있다. 즉 사업자가 서비스 제공자 내지 공급자로 기능하더라도 이를 협력적 경제개념의 범주에 두려고 하는 것이다. 그러면 협의의 협력적 경제개념은 사업자가 서비스 제공자 내지 공급자로 기능하는 경우는 배제한 채 오직 peer가 서비스 제공자 내지 공급자의 범주로 기능하는 경우에만 이를 인정하려고 하는 것이다. 즉 협력적 경제를 오직 peer to peer 경제와 동일한 개념으로만 이해하려고 하는 것이다. 이러한 협의개념은 주로 사업자와 소비자(B2C)가 대응되는 소비자법의 적용 가능성을 부정하고 peer to peer에 대한 독자적입 법적 규율필요성을 강조하면서 사용하게 된다. 유럽연합의 이러한 광의개념은 부분적으로 peer to peer 경제의 특수성을 고려하고 있지만, 현재 전체적으로 논의되고 실제 경제에서 이루어지고 있는 현상을 분석하려고 하기 때문에 광의의 개념을 사용한 것이라고 생각된다. 한편 광의의 개념 정의는 협력적 플랫폼을 통하여 이루어지는 거래에 대하여만 한정하여 협력적 경제를 인정하고 있다. 플랫폼 경제에 한정한 협력적 경제개념은 또한 현실을 바탕으로 한 이해라고 생각된다. 왜냐하면 주된 새로운 경제적 · 법률적 · 사회적 문제가 발생하는 것은 Uber, Airbnb와 같은 협력적 플랫폼 경제에서 이루어지기 때문이다. 따라서 전체 현상을 분석하기 위하여 이 개념정의는 적합한 것이라고 생각되나, 앞으로 법적 개념으로 사용할 때에는 어떠한 개념정의를 할지의 여부에 관하여는 지켜보아야 할 것이라고 생각된다. 이러한 차원에서 유럽연합에서도 협력적 경제는 빠르게 발전하고 있기 때문에 개념정의도 이에 따라 변화할 수 있음을 전제하고 있다.

24_ 스위스의회 보고서—Bericht über die zentralen Rahmen- bedingungen für die

범주만을 확정함에는 이유가 있다. 우선 P2P와 B2B의 한계가 명확히 설정되어야 하는 것도 아니고 많은 경우에 이를 엄격하게 구분하는 것이 어렵다는 점이다. 또 많은 경우에 P2P로 시작한 모델이 성장을 거듭하면서 많은 플랫폼에서는 B2C로 변모하기도 한다.[25] 많은 경우에 P2P와 B2C가 구분 없이 동일한 플랫폼에서 등장하고 있다. 특히 본 연구에서 유상의 **P2P**와 **하이브리드 모델**에 한정하는 것은 여기서 살펴보려고 하는 공유경제의 법적 규제 공백이 바로 이 분야에서 대부분 발생하고 있기 때문이기도 하다.[26]

2. 현대적 공유경제의 발전단계

사적인 영역에서 사람들은 오래전부터 나누어 쓰고 있는 관념에 익숙하다. 특히 이웃 사이 또는 같은 마을 내지 공동체 안에서 나누고 같이 사용한다는 관념은 오래전부터 존재하였다. 예컨대 쌀을 나누거나 공구를 빌려 쓰기도 하고 아이들을 서로 돌아가면서 돌보는 일들은 흔히 있는 일이다. 이 경우에 공용을 하는 이유로는 사회적 관계가 중심을 이룬다. 즉 공용의 동인은 상호 신뢰와 투여된 시간이다. 그 외에도 소비재가 구매되는 대신에 빌려서 사용된다는 측면에서 자원이 낭비되지 않는 특징도 존재한다.[27] 그런데 오프라인으로 이루어지는 이러한 전통적 방식의 교환과 나눔은 필연적으로 아주 좁은 장소적 범위로 한정되었다.

인터넷이 발전함에 따라 전 세계에서 인터넷을 통하여 사람들이 실시

---

digitale Wirtschaft, 2017, S. 96.

25_ 이에 관하여 EUROPEAN PARLIAMENTARY RESEARCH SERVICE, The Cost of Non-Europe in the Sharing Economy, Economic, Social and Legal Challenges and Opportunities, 2016, 참조.

26_ 이에 따라 광의의 공유경제 개념에 포함될 수 있는 순수한 B2C모델을 위한 플랫폼은 여기서 다루지 않으려고 한다.

27_ 사업영역에서도 공용관념은 새로운 것이 아니다. 일자리의 공용이 오래전부터 상업적으로 이루어져 왔다. 대표적인 경우가 변호사들이 공간, 집기 및 인력을 같이 사용하기 위하여 운영하는 변호사 사무실이다.

간으로 상호 의사소통을 할 수 있게 되었다. 이로 인하여 재화의 수요와 공급은 주거지로 제한될 필요가 없으며 인터넷을 통해 확대되었다.[28] 또한 지식 내지 정보를 공용하는 대규모 공동체도 만들어졌다. 즉 지식공동체에서는 이용자들이 소비할 뿐만 아니라, 직접 참여하여 내용을 만들 수 있으며 여기서는 이용자들이 동시에 지적 재산 내지 정보의 유통자가 된 것이다. 이로 인하여 등장하게 된 많은 Open Source 프로젝트에서는 공동저작권을 바탕으로 하여 모든 이용자들이 해당 정보를 이용할 수 있도록 제공한다.[29]

28_ 인터넷을 통한 공용관념이 도입된 첫 사례는 파일공용(file-sharing)이다. 이를 통하여 한 개인이 가지고 있던 음악, 영화, 게임 파일들이 순식간에 세계로 전파되었다. 그러나 엄격한 의미에서 파일공용은 공유경제의 실현이라고 볼 수 없다. 왜냐하면 파일을 같이 사용하거나 전달하는 것이 아니라 복제·전송하는 것이기 때문이다(디지털 콘텐츠에 관하여 연기영/손미선, 음악저작권의 내용과 P2P서비스 침해에 대한 이용자의 서비스제공자의 책임, 스포츠엔터테인먼트와 법 제19권 제1호, 2016, 230면 이하). 하지만 많은 사람들이 하나의 물건 내지 재화를 이용할 수 있다는 기본관념은 유지되었다. 기존에는 2명이 서로 교환하였다면, 인터넷을 통해서는 해당 파일을 한 개인에서 수많은 다수에게 또는 Peer-to-Peer 네트워크를 통하여 그에 속하는 모든 사람들에게 공유가 가능하게 되었다. 하지만 이러한 현상과 관련하여 저작권법과 관련한 법적 문제가 등장하였고 아직까지도 이 문제가 해결되고 있지 못하다. 저작권법은 이러한 파일의 유통방식을 고려하지 못하고 있었고 저작권자들이 소송을 제기하였다(정상조/박준석, OSP의 기술적조치에 관한 의무: 소리바다 사건을 중심으로, Law&Technology, 2008; 이대희, 특수한 유형의 OSP의 기술적인 조치의무: 소리바다 5판결을 중심으로, 저작권 80호, 2007; 송오식, 인터넷 기술의 발전과 디지털 음악저작권 분쟁 - 소리바다 사건을 통해 본 P2P 파일공유와 저작권 문제-, 민사법연구 15권 2호, 2007, 161-200면. 관련 판결로 대법원 2007. 12. 14. 선고 2005도872 판결; 서울고법 2007. 10. 10. 자 2006라1245 결정; 대법원 2007. 1. 25. 선고 2005다11626 판결). 아직까지도 이 영역에서는 저작권자와 새로운 공유경제를 표방하는 자들 사이에 합의가 이루어지지 못하고 있다.

29_ 대표적인 예가 Wikipedia이다. 해당 플랫폼에서는 이용자들의 지식이 모이고 계속 발전된다. Wikipedia는 광고를 통하여 자금을 마련하지 않고 자유로운 지식에 대한 접근이라는 관념을 유지하고 있다. 이제는 Wikipedia가 전통적인 백과사전보다 더 정확하다는 것이 입증되었음에도 불구하고 학문적으로 인용할 수 있는 자료로 의문을 제기하는 자들이 아직도 존재한다(Denning, P., Horning, J., Parnas, D., & Weinstein, L. 2005. "Wikipedia risks," Communications of the ACM, 48(12): 152). Wikipedia는 공유경제모델의 합리성에 대하여 정치와 사회가 의문을 품고 있음을 보여주고 있는

이베이(eBay) 등을 통하여 중고시장에서의 공유경제 분야가 온라인에서 오프라인으로 확장되었다. 디지털 중고장터에서 온 나라 내지 전 세계 사람들이 서로 거래를 하게 되었다. 여기서도 여분의 재화의 재이용에 따른 자원절약이 기본관념이 된다고 할 수 있다.[30] 여분의 시간을 이용하여 디지털 시장에서 판매하는 소규모 사업을 하는 자들에 대한 적합한 규율이 있는지에 관하여 의문이 제기되었다. 교환 내지 공용해야 한다는 관념은 점차 오프라인 영역으로 확대되었다. 여기서도 사회적 관계와 재화의 절약이 중심을 이루고 있다. 예컨대 자동차 등의 공용사이트를 생각할 수 있다. 그러나 이러한 경우에는 경제적 목적이 주를 이루는 것이 아니라 새로운 사람들을 알기 위한 것이 공용의 주된 목적이다.

아직도 공용의 사회적 관계와 잉여 재화의 공동 이용이라는 관념이 공유경제의 주된 이유라고 표방되고 있지만, 이제는 경제적 이해관계가 주된 이유가 되는 현상이 늘어나고 있다. 사업자들은 공유경제가 가지는 수익모델로서의 가치를 일찍 발견하고 공유경제를 이용하는 자들을 연결해 주는 플랫폼을 만들었다. 즉 공용을 원하는 사람들이 만날 수 있는 플랫폼을 제공하고 그 대가로 중개수수료를 받는 것이다. 잘 알려진 Airbnb와 Uber와 같은 기업들이 세계시장에 이미 자리매김하고 있다. 직접 자원을 공용하기 위하여 제공하는 것은 아니지만, 이들 기업들은 기존에 직접 자원을 제공해 온 택시회사 내지 호텔기업보다 기업가치가

대표적인 사례라고 할 수 있다.

30_ 이와 관련하여서도 법적 문제가 등장하였다. 우선 사적으로 거래하는 판매자들이 언제부터 사업자가 되는지 여부가 문제되었다. 전자상거래소비자보호법과 같은 각종 법률에서 원칙적으로 사업자와 소비자 사이의 거래를 대상으로 하고 있고 개인들 사이의 거래는 대상으로 삼고 있지 않기 때문이다. 다만 통신판매 중개에 관한 규정(제20조)에서는 통신판매 중개가 사업자와 소비자 사이에서만 일어나는 것이 아니라, 소비자 사이에도 일어남을 감안하여 이를 같이 규정하고 있다. 그에 따라 사업자 아닌 자 사이의 거래에 대하여 일정한 적용제외를 하고 있다. 즉 제3조 제3항에서 "통신판매업자가 아닌 자 사이의 통신판매중개를 하는 통신판매업자에 대하여는 제13조부터 제15조까지, 제17조부터 제19조까지의 규정을 적용하지 아니한다"는 적용제외규정을 두고 있다(이에 관하여 자세한 것은 이병준, 전자상거래에 관한 법제의 현황과 과제, 외법논집 제32집, 2008, 281-282면).

더 높다. 그러나 매일 새로운 스타트업 기업들이 공유경제를 표방하면서 새로운 사업모델을 가지고 시장에 등장하고 있다. 오늘날 많은 소비재와 노동력이 온라인을 통하여 공유경제 관념을 실현하기 위하여 제공되고 있다.

스마트폰을 통한 모바일 디바이스의 확산으로 젊은 층들은 인터넷을 즐기기 위하여 접속하는 것이 아니라, 인터넷에 항시 존재한다. 이와 결합하여 사물인터넷(Internet of Things)의 발전으로 공유경제는 더욱 발전할 것으로 보인다. 예컨대 많은 가정에 여분의 자동차 한 대가 주차장에 방치되어 있는 경우가 많다. 이러한 자동차에 사물인터넷이 연결된다면 언제 해당 자동차가 어디서 사용되지 않는 상태인지 알 수 있기 때문에 다른 사람이 같이 사용할 수 있는 환경이 조성되는 것이다. 즉 모바일 디바이스와 사물인터넷의 확산으로 사람들은 언제든지 자기 주변에 필요한 물건이 있는지를 확인하는 것이 가능하게 된다.

경제불황이 공유경제를 적극적으로 활용하게 되는 동력으로 작용하고 있다. 경제불황으로 인하여 수많은 사람들이 경제적으로 어려움을 겪을 때, 자신이 살고 있는 집의 방이나 사용하지 않는 자가용을 빌려줌으로써 추가적인 수입원을 얻을 수 있었다. 이러한 현상은 탄력적인 근무시간을 가능하게 하며 많은 근로자들을 작은 사업자들로 만들었다. 이들은 추가적인 자금투자 없이도 독립적인 임대사업 내지 택시사업을 할 수 있게 된 것이다.

3. 공유경제의 장단점

(1) 소비자에 대한 측면

공유경제는 소비자에게는 많은 경우에 다양한 장점과 이익을 가져다 주는 경제모델이다.[31] 우선 공유경제를 통하여 제공되는 상품이나 서비

31_ Dittmann/Kuchinke, Ordungsökonomische Aspekte der Sharing Economy, ORDO Bd. 66, 2015, 243: 해당 논문에서는 공유경제의 장점으로 1) 공급자와 이용자 사이에

스가 다양하고 구매를 하여 소유하는 것보다 공용하는 모델이 많은 경우에 가격상의 이점을 가져다준다. 또한 공유경제는 재화의 공동이용에 따른 자원의 효율적 이용이 가능하며 공동이용이 수익의 목적이 아니라, 공동체 형성, 친목 도모 등 이상적 목적을 추구하는 이유가 되기도 한다. 또한 경제적 목적으로 공유경제를 이용하는 고객의 경우에도 제품의 다양성, 가격, 접근방식의 유연성 등에서 이점이 있을 수 있다.

그러나 이러한 장점들이 소비자에게 존재함과 동시에 공유경제는 소비자보호문제를 또한 야기하고 있다. 새로운 공유경제 모델과 연관하여 소비자 보호수준이 낮아지고 있다는 우려의 시각도 존재한다. 여기서 고려해야 할 점은 공유경제에서 상업적으로 상품을 공급하는 사업자뿐만 아니라 일반적인 사인도 공급자의 역할을 하고 있고 공유경제를 실현하는 온라인 중개플랫폼이 여기서 핵심적인 역할을 하고 있다는 점을 함께 고려해야 한다. 이와 관련하여 평판도 시스템[32]이 소비자보호에서 얼마나 제대로 기능을 할 수 있는지[33] 그리고 중개플랫폼의 책임을 어느 한도까지 인정할지[34]에 관하여 논의가 진행되고 있다. 또한 소비자법적 관점에서 중요하게 고려할 필요가 있는 부분이 바로 개인정보보호이다. 이 부분을 포함하여 소비자보호를 어떠한 방향에서 해야 할지에 관하여 본 논문에서 더 논의하게 될 것이다.

존재하는 정보비대칭의 극복, 2) 재화의 공용이용에 따른 자원의 효력적 이용, 3) 제공되는 상품이나 서비스의 유연화와 다양화, 4) 새로운 수요와 시장의 창출 등을 열거하고 있다.

[32]_ 공유경제 내에서 평판도시스템과 그 입법적 시도에 관하여 Christoph Busch, CROWDSOURCING CONSUMER CONFIDENCE: How to Regulate Online Rating and Review Systems in the Collaborative Economy, in: Alberto De Franceschi(ed.), European Contract Law and the Digital Single Market, Intersentia, Cambridge, 2016, pp 223-243.

[33]_ OECD, Protecting Consumers in Peer Platform Markets: 2016 Ministerial Meeting on the Digital Economy Background Report, OECD Digital Economy Papers No. 253, 2016.

[34]_ 공급자가 제공한 정보에 대하여 중개플랫폼이 책임져야 할 범위에 관하여 논의가 진행중이다. http://europa.eu/rapid/press-release_IP-16-2001_de.htm.

(2) 전체 경제에 대한 측면

전체 경제적 측면에서 보았을 때 공유경제는 유휴자원을 효율적으로 활용할 수 있다는 장점을 갖는다. 예컨대 Airbnb와 같은 숙박플랫폼을 통하여 (임시적으로) 비어 있는 방이나 집을 더 효율적으로 활용할 수 있다. 마찬가지로 카셰어링 서비스를 통하여 적은 숫자의 자동차를 효율적으로 활용함으로써 승용차 증가 억제를 통한 밀집 주거지역의 주차장 부족 문제를 해결할 수 있다.[35]

공유경제가 자원의 효율적 이용을 가능하게 하는 측면은 또한 에너지 절약과 같은 환경적 측면과 연결될 수 있다. 특히 공유경제를 통한 효율적인 자원순환의 관점에서 도시를 운영하는 사례들이 있는데, 예컨대 대전광역시는 지역 주민의 주도로 지역의 자원을 활용하여 지역의 일자리 창출과 공동체 활성화를 추구하는 마을 단위의 기업인 마을기업을 모집하여 운영하고 있다.[36]

(3) 공급자에 대한 측면

공유경제를 통하여 공급자들은 추가적인 수입을 유연한 방식을 통하여 얻을 수 있다. 그 반면에 이를 통하여 얻는 수익을 정확히 말하기 어렵기 때문에 사회적 보장이 이루어지기 어려울 수 있다. 공유경제를 통하여 노동력을 제공하는 공급자가 근로기준법 등의 적용범위 밖에서 사업을 하는 것처럼 보이기 때문에 이러한 공급자에게 근로기준법상 보장되어 있는 근로시간, 휴가일수 등의 근로조건이 보장될 수 있는지가 문제될 수 있다. 더 나아가 이와 같은 새로운 형태의 근로제공은—우버 사례에서 볼 수 있는 것과 같이—해당 근로제공자가 근로자인가 하는 노

35_ 카셰어링 서비스 이용으로 인한 차량처분 및 차량 구입유보 비율은 도시별로 적게는 5.7%에서 많게는 34%까지 측정된 바 있어 보유 차량수의 감소를 통한 주차장 감소 효과를 기대해 볼 수 있다(김점산, 박경철, 고진, "카셰어링의 사회경제적 효과", 2015, 이슈&진단 제183호, 15면).

36_ 강한별, 남영숙, "도시 공유경제를 통한 자원순환 관점에서의 도시 분석 및 개선방안 연구", 2016, 한국환경교육학회, 136-137면.

동법적인 쟁점을 새롭게 야기할 수도 있다. 이와 같은 근로자의 한계문제와 노동법 내지 사회보장법상 규정들의 적용문제는 새로운 쟁점은 아니지만 새로운 형태로 제기된다. 현재 시점에서 보았을 때 공유경제를 통하여 종속적 근로자에서 프리랜서 내지 소사업자로의 노동시장의 구조적 변화가 어느 정도 일어나고 있고 어느 정도 일어날지를 예견하기는 어렵다.[37]

공유경제는 기존의 사업모델에 도전하고 기존 사업모델의 사업자들과 상당한 경쟁관계에 놓일 수 있는 가능성이 크다. 예컨대 택시 중개사업자들은 Uber와 경쟁관계에 놓이고 Airbnb는 기존의 펜션 내지 민박 중개사업자와 경쟁관계에 있다. 이와 같은 경쟁관계는 경제적 효율을 높일 수 있다. 예컨대 기존의 사업자들이 기술적 발전과 새로운 혁신적 경제모델로 인하여 자신의 사업모델의 효율성에 관하여 고민을 하게 되는 계기가 마련될 수 있다. 이는 '창조적 혁신'이 갖는 긍정적인 효과라고 할 수 있다. 이와 동시에 새로운 사업자들은 기존에 고착화된 낡은 규제에 도전하고 더 이상 맞지 않은 규제내용이 발견되고 수정될 필요성에 대한 고민이 발생하게 된다.

III. 공유경제에 대한 적절한 규제대상과 규제모델의 설정

공유경제는 새로운 경제모델로서 긍정적으로 작용하고 있는 혁신적·경제적 효과를 불필요한 기존의 규제를 통하여 장애가 되어서는 안될 것이다. 그러면 기존의 경제모델과 공유경제모델이 갖는 특징적 차이점이 무엇이고 이러한 차이점으로 인하여 어떠한 규제수요가 발생하고 있는지를 찾아내는 것이 적절한 규제모델을 찾는 방법일 것이다.

37_ 본 연구는 이 쟁점은 다루지 않기로 한다. 이에 관하여 자세한 내용은 길현종, 박제성 김수영, 박은정, 이다혜, "공유경제와 고용관계", 2016, 한국노동연구원 참조.

1. P2P경제의 등장으로 인한 사업자법 내지 소비자법의 규제정당성에 대한 의문

대량생산과 대량소비로 대표되는 경제체제에서는 사업자와 소비자가 큰 두 경제주체이다. 따라서 현재 대부분의 법률은 이러한 모델에 입각하여 사업자와 소비자라는 두 경제주체를 중심으로 입법이 마련되어 있다.[38] 그에 반하여 공유경제의 첫 특징은 거기에서 활동하는 주체가 다르다는 점에 있다. 즉 사인들 사이에 거래가 일어나는 것이다. 이를 간단하게 줄여서 peer to peer(P2P) 거래라고 한다. P2P거래가 일어나는 공유경제에서는 전문적인 사업자에 의하여 제공되었던 상품 및 서비스가 비전문가인 개인들에 의하여 제공된다는 것이 특징이다. 이와 같은 새로운 경제주체로 등장한 peer 개념은 prosumer, producer, pro-am consumer 등으로 표현되고 있으며, 이러한 개념은 새로운 peer 기반의 생산과 교환방식으로서 생산과 소비를 결합하여 행하는 자로 이해될 수 있다.

공유경제를 통하여 산업구조가 몇 개의 대규모 사업자에 의하여 상품 내지 서비스의 공급이 일어나는 것이 아니라 다양한 peer에 의한 상품 및 서비스의 제공이 일어난다. 이러한 측면에서 **탈집중화**(decentralization) 현상이 일어날 뿐만 아니라, 더 이상 전문적인 사업자에 의하여만 상품 및 서비스의 제공이 일어나는 것이 아니므로 **탈전문화**(deprofessionalization) 현상도 일어난다. 이에 따라 공유경제 모델에서는 '생산자 대 소비자' 내지 '사업자 대 소비자'의 구별이 무의미하게 된다.

한때 명확한 구분이라고 생각하여 설정하였던 사업자와 소비자라는 구분이 공유경제 모델에서는 적합한 규율모델인지에 관한 의문이 제기되고 있다. 많은 경제영역에서 사업자와 소비자라는 주체로 규정하고

38_ 이와 같은 소비자법의 기본원리에 관하여 자세한 것은 서희석, "우리나라 소비자법제의 발전과정과 그 특징 : 한국형 입법모델의 제시를 위한 서론적 고찰", 소비자문제연구 제42호, 2012, 173면 이하; 이병준, "소비자법의 구성원리와 소비자계약법: 글로벌 스탠다드에 이르기 위한 이론적 정립을 위한 기초이론에 관한 고찰", 경영법률 제20집 제1호, 2009, 205면 이하 참조.

있었던 입법들이 peer-to-peer 경제의 등장으로 새로운 도전에 직면해 있다. 그리고 전문적인 사업자에 의하여 이루어지는 상품판매와 서비스 제공을 대상으로 만들어진 법은 비전문가인 peer에 의하여 제공되는 행위에 대하여 적절한 규제방식으로서 입법타당성이 떨어진다는 비판을 받고 있다.

2. P2P경제에 적합한 규제설정 필요성

이에 따라 P2P경제의 등장으로 인하여 적합한 규제수준을 찾는 것이 중요한 쟁점으로 떠오르고 있다. 즉 기존의 입법내용을 다시 검증하고 각 주체별로 공정한 규칙을 설정함으로써 "국가가 승자를 선택해서는 안 된다(the state should not pick winners)"는 원칙에 따라 시장 자체가 승자와 패자를 찾을 수 있도록 하는 규제환경이 마련될 필요가 있는 것이다. 그런데 이와 같은 대명제가 어느 정도 쉽게 설정이 될 수 있다고 하더라도 구체적으로 새로운 법적 규제수준이 적용되어야 할 영역을 찾고 이에 합당한 규제를 설정하는 것은 그리 쉬운 문제는 아닌 것이다.

3. 새로운 규제모델의 모색

(1) 공유경제에 대한 사업자법 내지 소비자법의 적용 부정과 새로운 입법의 필요성

앞에서 살펴본 바처럼 공유경제를 규제함에 있어서 가장 어려운 점은 전통적으로 사업자에 의하여 공급되던 상품이나 제공되던 서비스가 이제는 온라인 플랫폼을 통하여 다양한 범주의 사적인 개인들에 의하여 이루어지고 있다는 점이다. 유럽연합 집행위원회가 지적한 바처럼 이와 같은 비전문가들에게 부여된 새로운 기회는 기존의 존재하였던 소비자와 사업자, 근로자와 자영업자, 전문적 서비스 제공자와 비전문적 서비스 제공자의 구분을 불분명하게 한다. 그 결과 이에 대한 적합한 법적 규제를 설정하는 것을 어렵게 하고 있다. 이러한 변화로 인하여 현행법의 적용과 관련하여 불명확성이 존재할 가능성이 커지고 있다.

온라인 플랫폼을 통한 공유경제에 대한 규제문제는 상품을 판매하는 전형적인 전자상거래에 대한 규제보다 훨씬 더 복잡하다고 할 수 있다. 가장 주목해서 고려해야 할 점은 peer라는 사적 제공자가 공유경제를 간헐적인 방식으로만 이용하기 때문에 현재 사업자에게 적용되는 규제를 적용할 수는 없다는 측면이다. 왜냐하면 peer에 대하여 사업자에게 적용되는 규제내용을 모두 준수하라고 한다면 단순한 peer는 그와 같은 사업적 규모도 갖추지 못하고 있을 뿐만 아니라, 규제준수에 수반되는 비용을 감당할 수 없을 것이기 때문이다.[39]

그러면 이러한 쟁점에 대한 해결책으로 생각할 수 있는 첫 번째 대안은, 기존에 존재하고 있는 사업자에게 적용하고 있는 다양한 법적 규제를 사인인 peer에 대하여 적용하지 않는 것이 될 것이다. 그 당연한 논리결과로 P2P 서비스 제공자에게는 사업자에게 적용되는 법적 규제에 따른 동일한 기준이 적용될 수 없고 더 완화된 규제가 적용되어야 한다는 주장이 나오게 된다. 왜냐하면 peer는 전문적으로 대규모 사업을 하는 사업자가 아니라, 간헐적이고 비전문적으로 경제에 참여하는 주체이기 때문에 기존의 전문적인 호텔 사업자나 택시 사업자에게 적용되던 기준을 이와 같은 peer에는 적용할 수 없다는 것이다. 예컨대 Airbnb 호스트는 호텔 사업자가 아니며, Uber의 운전자는 택시기사가 아니라는 것이다. 적어도 이러한 peer들이 사업을 목적으로 하더라도 바로 이러한 사업목적만을 기준으로 하여 사업자성을 바로 인정해서는 안 되며, 그 규모와 빈도가 크지 않다면 다른 법적 취급을 할 필요가 있는지를 고려해야 한다는 것이다.

대규모 사업자를 전제로 하여 만들어진 법률 내지 규제를 이와 같은 peer에 적용하게 된다면 이는 부당한 결과를 낳게 된다는 것은 자명하

39_ 이러한 지적으로 European agenda for the collaborative economy—Supporting analysis {COM(2016) 356 final}, Brussels, 2.6.2016 SWD(2016) 184 final, p. 19.

다. 이에 따라 규모가 작은 비전문가인 상품 내지 서비스 공급자에게 낮은 수준의 다른 규제가 적용될 필요성이 강하게 요청된다고 할 수 있다.

(2) 플랫폼 사업자에 대한 규제 입법의 필요성과 그 역할의 고려

공유경제의 규제와 관련하여 두 번째로 P2P경제를 가능하게 하는 온라인 중개플랫폼이 존재하고 있다는 점을 고려해야 한다. 이와 같은 공용플랫폼은 P2P경제가 가능하도록 하는 "시장(marketplace)"의 역할을 하고 있다. 그리고 이러한 공용플랫폼은 양방향의(또는 다방향의) 시장이라고 할 수 있다. 양방향의 시장에서 두 개 (또는 그 이상의) 독립적인 경제주체가 직접적으로 상호작용할 수 있는 플랫폼을 사업자가 제공하며 이러한 플랫폼은 수요와 공급을 연결시켜 주고 계약체결을 돕는 기능을 한다.

이처럼 대부분의 공용플랫폼의 약관에서도 자신들은 peer들이 상호만날 수 있는 가상의 공간으로서 **네트워크** 또는 **시장**에 해당한다고 한다. 그런데 공용플랫폼은 단순한 시장의 기능에 머물지 않고 P2P거래의 촉진을 위해서 불법거래 내지 불법행위로 인한 위험을 감소시키기 위한 안전장치를 마련하여 제공하거나 (보험, 보증금, 대체적 분쟁해결수단을 제공하는 것과 같은) 보증이나 담보를 제공한다.[40] 그런데 이러한 경우에도 공용플랫폼에서는 자신은 시장이라는 역할에 머물고 있다고 한다.

이와 같은 설명은 법률적으로 보았을 때 아주 중요한 의미를 갖는다. 즉 이러한 설명은 공용플랫폼은 거래의 당사자가 아니며, peer만이 상품 내지 서비스의 공급자에게 부과된 법적인 의무를 부담하는 주체가 된다는 면책의 의미를 담고 있기 때문이다. 따라서 이러한 면책이 정당하다고 한다면 플랫폼은 시장만 열어 주고 그 시장이 제대로 기능할 수 있는 역할만 하면 되며 구체적인 거래와 관련하여서는 해당 peer만이 신뢰형성의 역할이 있다고 생각될 수 있다. 더 나아가서 공용플랫폼은

40_ 이와 같은 보증이나 구제수단들은 플랫폼에서 자율규제 수단으로서 자율적으로 제공되는 것이며 어떠한 법적 의무에 의하여 제공되지 않은 것이 원칙이다.

P2P거래의 당사자가 아니고 또한 구체적인 계약의 채무불이행 내지 불법행위책임과 무관한 주체라고 생각할 수 있다. 즉 자신을 "시장"으로 지칭하는 면책규정을 사용함으로써 공용플랫폼들은 서비스 제공자에게 부과되는 각종 규제로부터 벗어나려고 하는 것이며, 그 규제시각을 상품이나 서비스를 제공하는 공급자로 돌리려고 하는 목적을 가지고 있는 것이다.

그런데 이러한 공용플랫폼이 "시장"의 역할만 하는 경우도 있지만, 단순한 중개자의 역할에 머무는 플랫폼이 많지는 않다. 오히려 서비스를 제공하는 양태에 따라 공용플랫폼의 역할은 다양하게 나타나게 되므로 공용플랫폼을 일률적으로 "시장"으로 보기보다는 개별적으로 구체적인 사안별로 P2P거래에서 어떠한 역할을 수행하고 있는지 고찰을 해야 한다.

구체적으로 보면 공용플랫폼이 "시장"으로서 공유경제가 이루어질 수 있는 시장만을 열어 주고 나머지는 P2P경제 주체들이 알아서 결정하고 거래가 이루어지는 경우가 있다. 또한 공용플랫폼에서 추가적으로 보조적인 서비스를 제공하여 거래가 원활하게 이루어질 수 있도록 하는 기능을 제공하는 경우도 있다. 이처럼 "시장"으로 장을 열어 주고 보조적인 서비스만을 제공하는 기능만 갖추고 있는 공용플랫폼은 순수한 중개자 역할에 머물고 있다고 볼 수 있다. 이러한 경우에는 P2P경제 주체인 Peer인 공급자만이 거래의 안전과 신뢰에 대한 책임을 부담하게 된다. 이에 따라 규제기관은 상품 내지 서비스 제공자인 공급자에 대하여만 관련 법적 규제를 강제할 수 있을 것이다.

반면에 공용플랫폼이 "시장"의 기능에 머물지 않고 거래와 관련된 규칙을 만들어 시행하고, 플랫폼을 통하여 이루어지는 거래에 관하여 통제하고 더 나아가서 P2P거래와 관련하여 이루어지는 정보와 교환되는 의견에 감독권을 행사하기도 한다. 또한 가격결정에 영향을 미치거나 직접 결정하는 경우까지 있다. 더 나아가서 공용플랫폼에서 새로운 혁신적 사업모델을 적용하면서 마치 자신이 직접 상품과 서비스를 제공하는 공급자의 위치에 있는 것처럼 해당 플랫폼을 구성하고 직접 제공되는 상품과 서비스를 선택하고 그 품질에 대한 관리를 직접 하기도 한다.

결국 온라인 공용플랫폼들은 다른 온라인 플랫폼에서와 마찬가지로 플랫폼이 "시장"에 머물 수도 있지만, 플랫폼에서 제공하는 서비스에 따라 P2P거래에 다양한 정도의 통제력 내지 영향력을 행사할 수 있다. 즉 공용플랫폼은 단순한 "시장"에서 강제력 내지 통제력을 행사하는 시장의 지배자까지 그 모습이 다양하게 나타난다. 또한 공용플랫폼이 P2P거래의 시장에 머물지 않고 거기서 서비스를 제공하는 공급자를 고용하는 사용자의 위치에 있을 수도 있다. 즉 공유경제를 통하여 새로운 형태의 고용형태가 등장하고 있다. 그리고 이러한 형태가 순수하게 하나의 모습으로 나타날 수도 있지만, 해당 거래별로 다양한 형태가 혼합된 형태의 공용플랫폼도 있다.

유럽연합에서는 플랫폼 경제에 관한 규정이 없고 단지 전자상거래 사업자와 소비자 사이의 문제만을 규정하고 있다. 따라서 현재 유럽연합에서는 P2P거래뿐만 아니라 플랫폼 경제에 관한 규제가 추가로 문제된다고 할 수 있다. 우리나라의 경우 전자상거래소비자보호법상 통신판매중개에 관한 규정을 통하여 플랫폼에 관하여 이미 규정이 있다고 할 수 있다. 더 나아가 부분적으로는 C2C거래의 중개에 관하여 일부 규정을 두고 있다. 즉 플랫폼에 관한 규정뿐만 아니라 플랫폼을 통하여 이루어지는 C2C거래에 관한 내용도 이미 일부 고려하고 있다.

하지만 우리법상으로도 플랫폼을 통하여 이루어지는 P2P거래를 충분히 고려하고 있는 것이 아니며, 플랫폼을 통하여 이루어지고 있는 통제력을 바탕으로 한 자율규제의 가능성 등을 충분히 고려하고 있지 않으므로 이 부분도 규제방향 설정에 있어서 고려하기로 한다.

IV. 공유경제에 대한 규제모델

공유경제에 대한 규제의 문제를 접근하면서 공유경제 제도의 발전에 장애가 되지 않도록 성장 동력을 뒷받침해 줄 수 있는 접근방법이 필요하다고 하는 데에는 문헌상으로 어느 정도 그 견해가 일치하고 있는 것으로 보인다. 따라서 이러한 접근방법에 기하여 관련 행정기관, 사업자 및 소비자 모두에게 현행법이 공유경제에 어떠한 방식으로 적용되어야 하는지에 관한 지침과 정책방향을 제시하고 공유경제가 균형 잡힌 상태에서 계속하여 발전할 수 있는 기틀을 마련하여 줄 수 있는 시각이 필요하다.

앞 장에서 살펴본 두 가지 문제, 즉 (1) P2P거래에 관한 규제와 (2) 공용플랫폼에 관한 규제를 우선 현행법상 어떻게 규정하고 있는지 정확히 살펴보고 공유경제 플랫폼 경제에 적용될 수 있는 새로운 규제모델에 관하여 살펴보려고 한다.

1. 공유경제에 대한 현행법의 적용

(1) peer에 대한 시장 진입요건

현행법상 많은 사업자 관련 법률과 소비자법률은 일정한 목적으로 사업을 제공하게 되면 사업자로서 일정한 요건을 갖추어서 신고, 등록 내지 허가 절차를 밟도록 하고 있다. 이러한 시장 진입요건은 각종 법률에서 일정한 공정경쟁정책과 공공안전을 위하여 필요한 경우에 그 필요에 맞추어 각 요건과 절차를 규정하고 있다. 예컨대 전자상거래소비자보호법에 의하면 통신판매를 업으로 하거나(통신판매업자) 물품을 제조·수입·판매하거나 용역을 제공하는 자(사업자)는 모두 사업자로 된다. 따라서 이러한 통신판매업자는 통신판매업 신고를 해야 한다(전자상거래소비자보호법 제12조 제1항 참조).

이와 같은 사업자에 관하여 설정한 시장 진입요건을 peer에 대하여 적용할 것인지가 문제된다. 다르게 말하면 간헐적인 사업목적을 가지고 있는 peer에 대하여 사업자에게 적용되는 것보다 더 완화된 기준을 적용해야 하지 않을까 하는 정책방향의 설정이 문제된다. 유럽연합의 경우

서비스 지침의 적용과 관련하여 명백히 간헐적으로 서비스를 제공하는 사적 개인들에게는 덜 엄격한 요건을 설정할 것을 요구하고 있다. 유럽연합에서는 그와 동시에 사업자에게 적용되고 있는 요건과 절차에 관한 규제를 완화 내지 간소화할 수 있는지도 고려해 볼 것을 촉구하고 있다. 왜냐하면 동일한 업종이라면 공정한 경쟁을 위하여 같은 기준 내지 유사한 기준이 적용되지 않는다면 불공정한 경쟁이 발생할 수 있기 때문이다.

전자상거래소비자보호법의 경우에도 이와 관련하여 일부 규정이 있다. 즉 통신판매신고와 관련하여 간이사업자 제도를 인정하고 있다. 그에 따르면 소규모 사업자를 인정하여 일정한 기준에 의하여 통신판매업 신고를 면해 주고 있다. 즉 통신판매신고가 면제되는 예외적인 사업자는 기본적으로 통신판매의 거래횟수, 거래규모 등이 소규모인 사업자로서(동법 제12조 제1항 단서) 공정거래위원회가 정한 고시에 따르면 현재 (1) 최근 6개월 동안 통신판매의 거래횟수가 20회 미만인 경우와 (2) 최근 6개월 동안 통신판매의 거래규모가 1200만 원 미만인 경우이다.[41] 하지만 이러한 사업자의 요건에 해당하더라도 통신판매업 신고만 면제되는 것이지 그 밖의 사업자의 의무와 책임은 그대로 부담하게 된다. 따라서 현재 전자상거래소비자보호법에서 Peer개념과 공유경제의 제도적 취지를 완전히 반영하고 있다고 볼 수는 없다.

우리 법상으로 아직 사업자와 공유경제에서 활동하는 개인(Peer)을 명시적으로 구분하는 일반적인 척도는 존재하지 않는다. 유럽연합의 경우에도 현재 유럽연합 차원에서 이러한 법적 규정을 가지고 있지 않다. 하지만 회원국들 중에는 보수를 대가로 서비스를 제공하는 사업자와 단지 발생하는 비용만을 보상받는 개인(Peer)으로 구분하는 나라가 있다. 그에 반하여 한계 수치의 제시를 통하여 구분을 시도하는 나라도 있다. 이러한 구분기준은 사업영역별로 구체화되며 취득하는 소득 또는 제공되는 서비스의 횟수 등을 기초로 산정된다. 이러한 구분수치 이하에 있는

41_ 통신판매업 신고 면제 기준에 대한 고시 [시행 2015. 8. 25.] [공정거래위원회고시 제2015-10호, 2015. 8. 25. 일부개정] 제2조 제1항.

자들에게는 일반적인 서비스제공자에게 요구하는 것보다 적은 제한들이 적용된다. 실질적으로 확인된 구분수치들은 영업적으로 제공하지 않은 자의 개념정의에서 명백한 법적 기준을 설정함에 있어서 좋은 대안이 될 수 있다. 예컨대 유럽의 몇몇 국가들은 운송 분야에서 전체 년 매출이 특정한 수치 이하인 경우에는 허가요건을 면해 주려는 계획을 가지고 있다. 또한 임대분야에서도 몇몇 나라들은 예컨대 연(年) 90일처럼 일정한 기준수치 이하인 경우에는 사업자로서 신고 내지 허가를 받지 않는 예외를 만들 예정이다. 다른 나라의 도시들의 경우에는 임대목적물이 주된 주거인지 부수적 주거인지에 따라 구분하여 주된 주거인 경우에는 간헐적인 경우에만 허용되는 것으로 볼 예정이다.

우리 입법자도 이러한 국제적인 입법적 추세에 따라 간헐적 사업목적의 공유경제 주체를 명확히 구분하고 이러한 자들에게 일반 사업자에 비하여 덜 엄격한 규제를 가하는 것이 필요하다. 현재 존재하는 전자상거래소비자보호법상의 기준 및 규제프리존의 기준은 이러한 간헐적 사업목적의 주체를 정의하기 위한 시도 중의 하나로 평가된다.

(2) 플랫폼에 대한 규제

온라인 플랫폼은 정보통신서비스 제공자로서의 지위를 갖는다(정보통신망법상의 정보통신서비스 제공자 개념). 즉 온라인 플랫폼이 정보통신서비스 제공자에 해당한다면 이러한 서비스 제공을 위하여 특별한 요건이나 절차가 요구되지 않는다. 이러한 이유로 '정보통신서비스 제공자'가 기본적으로 제공하는 것 이외에 추가로 다른 서비스를 제공하는지 여부를 살펴보아야 한다. 예컨대 온라인 플랫폼도 플랫폼을 통하여 시장을 형성하고 중개서비스를 기본적으로 제공하는 이상 전자상거래 소비자보호법상의 통신판매업자에 해당한다. 따라서 플랫폼도 통신판매업 신고의 대상이 되며 자신이 체결한 소비자와의 플랫폼 이용계약에 대하여는 전자상거래소비자보호법이 사업자에게 부과하는 각종 의무를 이행해야 한다.

온라인 공용플랫폼의 본질을 규명하기 위하여 기본적으로 P2P 서비스를 제공하는 서비스 제공자와의 관계가 중요하다. 유럽연합의 집행위원회는 이러한 필요성을 인식하고 몇 가지 고려의 대상이 될 수 있는 사실적이고 법률적인 표지를 제시하였다. 즉 플랫폼에서 1) 해당 서비스를 제공받는 이용자가 지불해야 할 최종가격을 제시하거나 추천하고 있는가, 2) 가격 이외에 핵심적인 계약조항을 설정하고 있는가, 3) 해당 서비스 제공을 위하여 핵심적인 자산을 소유하고 있는가의 여부를 기준으로 제시하였다. 여기에 추가하여 언급되고 있는 다른 중요한 고려요소로는 공용플랫폼이 비용을 발생시키고 제공되는 해당 서비스와 관련하여 모든 위험을 감수하는지 여부 그리고 해당 서비스를 제공하는 자와 공용플랫폼 사이에 고용관계가 존재하는지 여부 등이다.

여기서 제시된 대부분의 표지들이 충족된다면 공용플랫폼이 해당 서비스 제공자에 대하여 상당한 영향력 내지 통제를 행하고 있다는 것을 의미하게 된다. 이러한 경우에 공용플랫폼은 제공된 서비스의 이행을 위하여 peer를 고용하고 있는 서비스 제공자로서의 역할을 할 수 있다. 그 반대로 제시된 표지들이 거의 충족되고 있지 않다고 한다면 플랫폼의 서비스 제공자에 대한 영향력 행사와 통제가 미미한 정도라고 할 수 있다.

이와 같은 공용플랫폼과 그 활동의 본질에 대한 개별 사례를 바탕으로 한 구체적 평가는 그 법적 규제 수준을 설정함에 있어서 매우 중요한 의미를 갖는다. 만약 공용플랫폼이 서비스 제공자에 해당한다면 해당 구체적 사업영역에서 활동하고 있는 사업자에게 요구되는 기준과 영업허가와 등록 등 구체적 사업영역에 대한 규제를 준수해야 한다. 그에 반하여 단순한 '정보통신서비스제공자'에 머물고 있다면 개별적인 사업영역에 대한 규제는 당연히 적용될 여지가 없는 것이다.

하지만 이러한 사례별 평가의 내용은 좀 더 자세히 살펴볼 필요가 있다. 왜냐하면 이러한 기준들이 온라인으로 이루어지는 p2p거래에 대하여 공용플랫폼이 행사하는 통제정도를 평가함에 있어서 효과적이기는 하지만, 제시된 기준 중에는 이상한 결과를 야기하기도 한다. 예컨대 유휴자원의 공용에 있어서 해당 자원이 한 peer의 소유에 속하는 것이 일반적이라고 한다면, 플랫폼을 운영하는 자원이 공용플랫폼의 소유에 반드시 속하여야 하는지는 의문이 들 수 있다. 또한 가격 설정과 관련하여, 이것이 많은 경우에 플랫폼의 통제 정도를 파악하는 데 유용한 기준이 될 수 있기는 하지만, 공용플랫폼 중에서도 유상이 아닌 무상으로 peer 사이에 교환을 중개하는 것을 목적으로 만들어진 경우도 있으므로 이러한 경우에는 가격과 관련된 표지는 의미가 없을 것이다.

이와 관련하여 현재 상황을 보면 플랫폼에 의하여 행하여지는 기술적, 자동적, 수동적 행위에 대하여 면책을 줄 필요도 있지만, 그에 반하여 각 정책당국에서는 공용플랫폼에게 책임을 부과하는 정책이나 행위를 요구하고 있다. 이러한 경우에 면책을 받고 싶어 하는 공용플랫폼은 이 중 어느 잣대를 기준으로 움직여야 하는지에 관하여 혼란을 겪을 수도 있다. 이처럼 공용플랫폼에 대한 규제기준이 없는 불명확성으로 인한 위험이 커지고 있어 법적 분쟁을 야기할 가능성이 크므로 명확한 규제기준을 설정하는 것이 공유경제발전에 큰 도움이 될 것이다.

(3) 소비자보호

소비자법은 사업자와 소비자의 구분을 기초로 만들어졌다. 이에 따라 소비자법이 적용되기 위해서는 소비자에 대하여 사업을 영위하는 사업자가 상대방이어야 한다. 전통적인 B2C거래에 대하여 바로 소비자법이 적용되고 있다.

그에 반하여 공유경제에서는 peer가 항상 전문적인 사업자의 지위에 있지 않고 공용플랫폼도 항상 사업자성을 갖는 것이 아니다. 만약 공용플랫폼과 상품이나 서비스 제공을 하는 peer가 모두 사업자가 아니라고 한다면 여기서 일어나는 거래에 대하여는 소비자법상의 각종 규제가 적용되지 않는다. 이러한 경우 공유경제에서 소비자보호를 어떠한 방식으로 달성해야 하는가 하는 핵심적인 문제에 봉착하게 된다.

이러한 이유로 P2P거래에서 소비자보호를 하기 위해서는 1) 어떠한 요건에서 서비스제공자가 사업자로서의 지위를 갖고, 2) 어떠한 요건에 공용플랫폼이 서비스 제공자로의 지위를 갖는지가 중요한 문제로 부각된다.

전문적인 사업자가 소비자를 대상으로 거래하는 영역을 규제하기 위하여 만든 소비자법이 간헐적으로 상품이나 서비스를 제공하는 비전문가인 peer가 주체가 되는 공유경제에 적용하기에 적합하지 않다고 한다면 결과적으로 이에 관한 입법이 존재하지 않는 것이다. 그렇다면 입법의 불비로 P2P경제에서 일어나는 안전, 건강과 환경 등 다양한 측면에서 발생하는 문제에 대하여 이용자가 보호를 받지 못하게 되는 결과에 이른다. 하지만 P2P경제를 이용하는 소비자도 B2C거래를 하는 소비자와 동일한 수준의 보호를 받을 필요가 있다.

peer는 전문적인 사업자가 아니므로 전문적인 사업자가 상품과 서비스를 판매하는 경우를 전제로 하여 만든 규정들을 peer에게 적용하게 되면 peer에게 부당하게 불리한 결과가 초래될 것이다. 예컨대 비어 있는 여분의 방을 간헐적으로 빌려주는 자에게 호텔에 적용되는 의무를 이행하라고 한다면 이러한 호스트에게 과도한 부담을 안겨줄 뿐만 아니라 사실상 받은 수익으로 이를 이행할 수 없게 만들 것이다. 이에 따라 peer에 대하여는 완화된 기준을 적용하는 것이 강하게 요청된다고 할 수 있다.

결국 공유경제에서는 사업자에게 부과된 각종 규제를 적용하는 것이 가능하지 않아서 완화된 규제의 적용이 요청되지만, 그와 동시에 소비자보호를 확보하는 것도 중요한 정책적 목표가 된다. 이처럼 대립하는 것처럼 보이는 두 가지 목표를 동시에 달성하는 것이 입법자에게 부여된 새롭고 어려운 과제라고 할 수 있다.

2. 공유경제에 적용될 새로운 규제모델

(1) 문제의 제기

앞에서 살펴본 바와 같이 사업자에게 적용되는 각종 규제입법은 상품과 서비스를 제공하는 peer에게는 너무 과도한 규제가 되므로 적절한 규제라고 할 수 없다. 하지만 이처럼 사업자에게 적용되는 다양한 규제를 P2P에 대하여 적용하지 않게 되면 사업자 규제를 통하여 달성하려고 하였던 소비자보호의 각종 규제정책이 사라져 소비자보호가 제대로 이루어지지 않을 수 있다. 따라서 공유경제에서 어떠한 방식을 통하여 소비자를 효과적으로 보호할 것인지에 대한 문제가 제기된다.

공유경제에서 소비자보호 문제를 구체적으로 살펴보기 전에 전통적인 소비자법에서 소비자보호를 하게 된 근거를 살펴보는 것이 우선 필요하다. 왜냐하면 공유경제에서도 동일한 필요성이 존재하는지 여부를 검토하여 소비자법의 적용가능성을 검증할 필요성이 있기 때문이다. P2P거래에 대하여 사업자에게 부과된 과도한 규제를 적용할 필요가 없다는 널리 주장되고 있는 가설에는 소비자법에 적용되는 원리가 P2P에 적용될 필요가 없다는 논거가 제대로 설정되어야 하기 때문이다.

공유경제에 대하여 최소한의 규제가 필요하다는 가설은 다음과 같은 논거를 근거로 하고 있다. 첫째, 주체를 중심으로 하여 B2C와 P2P거래는 다르다고 하는 것이다. 소비자가 명백히 약자의 지위에 있는 B2C거래에서와는 달리 P2P거래에서는 소비자와 사업자 구분은 명백하지 않으며 어느 쪽이 약자의 지위에 있는지가 명백하지 않다.

두 번째 논거는 정보의 비대칭 문제를 대부분 완화할 수 있으며 플랫폼을 통하여 활동하는 경제주체에게 상당한 이익(이나 인센티브)을 제공할 수 있다는 것이다. 공용플랫폼에서는 다양한 정보수집이 가능하고 평판도 시스템을 기반으로 하여 새로운 자율규제 모델이 형성될 수 있으며 이와 같이 정보를 기반으로 한 다양한 보호방안을 통하여 시장실패를 해결할 수 있다고 한다.

이와 관련하여 경험재와 신뢰재 사이의 구분을 할 필요가 있다.[42] 경험재는 소비자의 거래경험을 통하여 존재하는 비대칭의 문제가 완화할

42_ 이러한 구분으로 MONOPOLKOMMISSION, Hauptgutachten XXI: Wettbewerb 2016
－Kapitel 5: Digitale Märkte: Sharing Economy und FinTechs, 2016.

수 있으나, 신뢰재는 그에 반하여 정보비대칭이 거래경험을 통하여 완화되지 못한다. 예컨대 자동차서비스의 경우에 자동차의 청결도 또는 운전자의 운전방식은 거래경험을 통하여 확인할 수 있다(경험재). 그에 반하여 자동차 엔진의 상태는 거래경험을 통하여 정확히 확인할 수 없다(신뢰재). 경험재의 경우에는 평판도 시스템이 정보비대칭의 문제를 상당한 정도로 해결할 수 있고 그에 따라 법적 규제 필요성이 크지 않을 수 있다.[43] 그에 반하여 신뢰재의 경우에는 평판도 시스템이 정보비대칭의 문제를 근본적으로 해결해 주지 못한다.

세 번째 논거는 플랫폼의 이해관계와 관련되어 있다. 플랫폼은 방대한 양의 정보를 소유하고 있어서 이를 통하여 시장을 규율할 수 있는 가능성을 가지고 있을 뿐만 아니라, 시장을 적절하게 규제할 자체 이해관계를 가지고 있다. 온라인 플랫폼의 서비스 품질과 경제적 성패는 플랫폼 자체에서 이루어지는 경제적 거래행위와 밀접한 관련을 가지고 있다. 따라서 peer 사이에서 원활한 거래가 일어나도록 하는 것은 안전하면서도 효율적인 시장의 형성을 의미하므로 플랫폼이 갖는 기본적 이해관계와 일치한다. 이처럼 플랫폼의 이해관계는 다른 플랫폼 참가자들과 동일하게 효율적인 시장의 형성에 있다고 보는 것이 일반적 경험칙에 해당한다고 볼 수 있다.

요약하자면 플랫폼은 P2P온라인 거래를 규제할 이해관계를 가지고 있고 이러한 규제를 적절하게 할 수 있는 다양한 수단을 활용할 수 있다. 이러한 시각은 기존의 규제수단을 재고하고 공적 규제를 줄여서 자율규제를 확대할 수 있는 논거로 활용될 수 있을 것이다.

(2) 공유경제에 존재하는 시장실패와 규율필요성

앞에서 제시한 공유경제에 대하여 소비자법이 적용될 수 없는 논거는

43_ 평판도 시스템의 효과에 관하여 자세한 것은 OECD, Protecting Consumers in Peer Platform Markets: 2016 Ministerial Meeting on the Digital Economy Background Report, OECD Digital Economy Papers No. 253, 2016 sowie FN 183.

공유경제의 특성을 정확히 파악하고 새로운 규제를 모색하는 데 중요한 관점들을 제시하여 주고 있다. 그렇다고 하더라도 공유경제에 대한 규제가 전혀 필요 없다는 결론에 이르러서는 안 되고 앞의 지적에도 불구하고 소비자보호에 문제가 있는 부분이 존재하는지를 살펴볼 필요가 있다.

공유경제에서 플랫폼들이 정보의 불평등을 상당히 효과적인 방법으로 해결할 수 있다는 것을 실제로 보여 주고 있지만, 그렇다고 하여 공용 플랫폼에서 발생하는 시장실패가 모두 이를 통하여 해결되었다고 보기는 어렵다. 우선 모든 정보비대칭의 문제가 플랫폼을 통하여 완전히 해결되었다고 보기 어렵다. 또한 P2P거래는 새로운 유형의 서비스와 활동을 가능하게 하여 잠재적으로 새로운 추가적인 문제가 이를 통하여 발생할 여지를 가지고 있다. 그 밖에도 플랫폼이 그 해결에 관심이 없는 여러 시장실패 요인이 존재한다. 그 대표적인 예로 P2P 숙박 플랫폼에서 임시숙소를 예약한 고객이 일으킨 소음 문제가 있을 것이다(외부효과). 그 밖에 불공정거래행위와 독점적 지위의 형성에 대한 위험은 플랫폼 자체에서 해결하도록 기대하기는 어려울 것이다.

플랫폼에서 시행하고 있는 자율규제가 효율적이지 않을 수 있다는 우려, 다른 시장실패에 대한 고려의 부재 이외에도 규제 필요성은 다른 외부 요인에 의하여 추가로 제기된다. 예컨대 P2P서비스를 통하여 달성되는 분배의 결과가 공정하지 못할 수 있다. 예컨대 특정 인종에게 대여하지 않은 호스트 문제에서 보는 바와 같이 특정 빈곤계층과 소외계층에 대한 차별의 위험성이 존재한다.

이러한 측면에서 공유경제가 갖는 경제적·사회적 효과에 대한 분석이 아직 부족하며 주장되는 내용에 대한 증거가 불충하고 혼재되어 있다고 볼 수 있다. 이에 따라 공유경제의 효과분석이 적절하게 이루어지는 것이 필요하다. 어떤 연구결과에서는 공유경제가 소득상위층보다는 소득하위층에게 이익이 되므로 공용플랫폼들이 소득재분배효과를 갖는다고 주장한다. 그에 반하여 다른 연구결과에서는 빈곤층과 취약계층에 대한 다른 경제적 효과를 언급하며 차별의 위험성을 언급하기도 한다.

이러한 두 경우를 보면 공유경제가 분배의 효과 측면에서 정확하게 평가될 필요성이 있다는 점을 공통적으로 보여 주고 있다.

(3) 규제의 방식

P2P거래에 대한 외부적 규제 필요성이 갖는 중요성에 대하여 충분히 논의되었으므로 이제는 그 규제방식이 어떻게 이루어져야 하는지에 관하여 살펴보려고 한다.

1) peer의 개념정의

어느 행위까지 비전문적 P2P거래로 볼 수 있는지를 입법을 통하여 정할 필요가 있다. peer의 개념정의를 소득과 같은 일반적 요소를 기준으로 할 수도 있고 특정한 영역에서, 예컨대 주거의 단기 임대에서처럼 연(年) 단위에서 최대임대 일수를 기준으로 할 수 있다.

사실 많은 서비스의 경우에 사업자와 비전문가적 peer를 엄격히 구분하기보다는 그 대략적인 범위를 설정하는 것이 타당할 것이다. 그럼에도 불구하고 사업자에게 적용되는 규제 내용과 비전문가적인 peer의 지위를 명확히 정의하고, 이에 대해 적용되는 규제를 엄격히 구분함으로써 명확한 해석과 적용이 가능하도록 할 필요가 있다. 유럽연합에서는 아직 명확한 기준이 정해져 있지 않지만, 서비스 제공의 빈도, 매출액과 이익추구에 따른 동기 등이 기준이 될 수 있다고 한다.

2) 공유경제에서 안전과 소비자보호 문제

그다음 단계로 입법적으로 고민해야 할 것은 공유경제에서 안전의 문제와 소비자보호 문제를 어떻게 달성할 수 있느냐는 것이다. 유럽연합의 경우 공유경제는 아직 새롭게 발전하고 있는 새로운 현상이라는 점을 감안하여 모든 공유경제에 적용되는 엄격한 규제내용을 설정하기 보다는 규모에 따라 탄력성을 갖는 일반원칙만을 설정할 것을 권장하고 있다. 이와 같은 일반원칙을 설정함에 있어서 입법자는 peer가 스스로의 판단에 따라 자신의 행위에 대한 위험성을 판단하고 어떠한 조치가 적합하고 구체적인 사정하에서 적용될 수 있는지를 결정할 수 있도록 하여야 한다는 것이다.

이러한 점을 고려한다면 입법자는 규제내용과 그 집행에 있어서 유연한 입장을 취할 필요가 있다. 규제는 사업의 규모에 따라 유연하게 설정되어야 하며, 규제당국은 규제위반에 대하여 구체적인 사정을 기초로 판단하여 유연한 태도를 견지해야 한다. 그에 따라 가장 유연한 입장을 취하여 위반의 정도에 따라 문제의 비공식적 접근에서부터 위반행위에 대한 제재까지 다양한 조치를 고려할 필요가 있다는 것이다.

V. 나가며

전통적으로 사업자에게 적용되기 위하여 만든 법적 규제를 peer에 의하여 제공되는 상품과 서비스의 제공에 적용하기에는 peer에게 과도한 부담이 되며 명백히 부적합하다. 하지만 사업자에게 적용되는 법률규정을 P2P서비스에 적용하지 않게 되면 소비자보호에 공백이 발생하게 되며 소비자를 많은 위험에 놓이게 한다. 이에 따라 이러한 위험을 적절하게 규제하면서 새롭게 발전하고 있는 P2P거래에 장애가 되지 않도록 두 가지 목적을 적절하게 조화시킬 수 있는 규제방식이 요구된다.

접근방법 중에서 가장 적합한 것으로 보이는 것은 첫째, 자율규제를 통한 플랫폼의 자정능력을 활용하는 방법이다. 플랫폼은 거기서 활동하는 peer에 대하여 광범위한 통제가능성을 가지고 있다. 이를 통하여 정보비대칭성을 완화하고 경제주체들에게 강한 인센티브를 제공할 수 있는 것이 가능하게 된다. 따라서 사적인 플랫폼 운영자들에게 법적 규제가 아닌 다양한 자율규제 수단을 먼저 활용할 수 있도록 하고 법적 규제는 최후의 수단으로 남기는 것이 권장된다.

결국 대부분의 경우 플랫폼의 관심사는 일반적인 참가자들의 이해관계와 동일하다고 할 수 있다. 즉 peer의 거래를 촉진시키며 안전하고 효율적인 온라인 시장의 발전이라는 목적을 가지고 있다. 이에 따라 공유경제에 대한 규제의 역할을 재설정할 필요가 있다. 즉, 규제 내용과 집행에 있어서 법적 규제와 자율규제수단을 동시에 고려해야 한다.

두 번째 전략은 공용 플랫폼을 자율규제수단의 주체로뿐만 아니라, 적은 비용을 통하여 강력한 효력을 가질 수 있고 자정능력을 행사할 수 있는 집행자로서 고려하는 것이다(예컨대 계정차단).

이러한 결론은 입법을 담당하는 규제기관에서 공유경제에 대한 규제를 설정하지 않을 것을 전제로 한다. 하지만 규제당국에서는 플랫폼이 해결하지 못하거나 해결하는 데 관심이 없는 심각한 문제들에 대하여는 법적 규제를 고려할 필요가 있다. 더 나아가 (예컨대 소외계층이나 특정 집단에 대한 공유경제의 영향과 관련된) 분배문제와 (예컨대 가격 설정 메커니즘이나 특정 상품의 판매와 같은) 가치문제에 대하여 입법자의 규제 필요성이 존재할 수 있다.

이러한 규제를 설정함에 있어서 입법자가 고려해야 하는 점은 이러한 규제가 간헐적 peer와 전문적 사업자 사이의 구분을 근거로 하여 사업 규모를 고려하여야 하며 규제 내용과 집행에 있어서 모두 유연한 접근 방식을 취할 필요가 있다는 것이다.

참고문헌

1. 국내문헌

강문수, 숙박 분야 공유경제에 관한 법제연구, 한국법제연구원, 2015.

강병준/최무현, 공유경제의 전망과 과제에 관한 탐색적 연구, 정책개발연구 13(1), 2013.

강한별/남영숙, "도시 공유경제를 통한 자원순환 관점에서의 도시 분석 및 개선 방안 연구", 한국환경교육학회 학술대회 자료집, 2016.

고윤승, ICT 발달에 따른 공유경제에 대한 소고, e-비즈니스연구 15(6), 2014.

곽노완, '공유도시 서울'과 글로컬아코라의 공유도시, 마르크스주의 연구 10(3), 2013.

길현종/박제성/김수영/박은정/이다혜, 공유경제와 고용관계, 한국노동연구원 연구보고서 2016.7.

김민식/정원준, ICT 산업의 발전과 빅뱅파괴 혁신의 이해ㅡ파괴적 혁신과의 비교를 중심으로, 초점 제26권 1호, 2014.

김재원/윤유동/정유진/김기연, R프로그래밍을 활용한 공유경제의 한국인 집단 지성: 텍스트 마이닝 및 시계열 분석, 인터넷 정보학회논문지 17(5), 2016.

김점산/박경철/고진, "카셰어링의 사회경제적 효과", 이슈&진단 제183호, 2015.

노영희, 공유경제의 도서관 적용에 관한 연구, 한국비블리아학회지 27(3), 2016.

박건철/이상돈, 도시 · 사회혁신을 위한 디지털 공유경제, 서울디지털재단, 2016.

반정화/박윤정, "서울시 공유경제 활성화방안", 서울연구원 연구보고서, 2015.

송경석, 디지털기술의 발달에 따른 금융부분의 공유경제 비즈니스 모델 탐색, Journal of Information Technology Applications & Management 21(4), 2014.

송오식, 인터넷 기술의 발전과 디지털 음악저작권 분쟁ㅡ소리바다사건을 통해 본 P2P 파일공유와 저작권 문제, 민사법연구 15권 2호, 2007.

송태원, 공유경제를 통한 혁신과 규제에 관한 일 고찰: 법경제학적 접근을 중심으로, 법제논단 2015.6.

심수진, 공유경제 서비스 사용의 영향요인에 대한 실증 연구, 인터넷전자상거래연구 16(4), 2016.

연기영/손미선, 음악저작권의 내용과 P2P서비스 침해에 대한 이용자의 서비스 제공자의 책임, 스포츠엔터테인먼트와 법 제19권 제1호, 2016.

이다혜, 공유경제(Sharing economy)의 노동법적 쟁점, 노동법연구 42, 2017.3.

이대희, 특수한 유형의 OSP의 기술적인 조치의무: 소리바다 5판결을 중심으로, 저작권 80호, 2007.

이병준, 전자상거래에 관한 법제의 현황과 과제, 외법논집 제32집, 2008.

이성엽, 공유경제(Sharing economy)에 대한 정부규제의 필요성, 행정법연구, 행정법이론실무학회, 2016.

정보통신정책연구원, 공유경제 비즈니스 모델과 새로운 경제 규범, 정책연구 15-59, 2015.

정상조/박준석, OSP의 기술적조치에 관한 의무: 소리바다 사건을 중심으로, Law&Technology, 2008.

주덕, 지역 공유경제 활성화를 위한 사회적 자본 증진방안, 관광연구 31(4), 2016.

차두원/진영현, 초연결시대 공유경제와 사물인터넷의 미래, 한스미디어, 2015.

현대경제연구원, 현안과 과제 -2016년 다보스 포럼의 주요 내용과 시사점 '4차 산업 혁명', 글로벌 성장 원동력으로, 이슈리포트 16-2호, 2016.1.19.

2. 외국문헌

Bessen, James, Learning by Doing: The Real Connection Between Innovation, Wages, and Wealth, Yale University Press, 2015.

Bundesrats, Bericht über die zentralen Rahmen- bedingungen für die digitale Wirtschaft, 2017.

Busch, C., H. Schulte-Nölke, A. Wiewiórowska-Domagalska, and F. Zoll, The rise of the platform economy: A new challenge for EU consumer law?, Journal of European Consumer and Market Law 5(1), special issue: the rise of the platform economy, 2016.

Cheng, M., Sharing economy: A review and agenda for future research,

International Journal of Hospitality Management 57, 2016.

Christensen CM. The Innovator's dilemma: When new technologies cause great firms to fail, Boston, MA: Harvard Business School Press, 1997.

Christoph Busch, CROWDSOURCING CONSUMER CONFIDENCE: How to Regulate Online Rating and Review Systems in the Collaborative Economy, in: Alberto De Franceschi(ed.), European Contract Law and the Digital Single Market, Intersentia, Cambridge, 2016.

Denning, P., Horning, J., Parnas, D., & Weinstein, L. 2005. "Wikipedia risks." Communications of the ACM, 48(12): 152. 2005.

Dittmann/Kuchinke, Ordungsökonomische Aspekte der Sharing Economy, ORDO Bd. 66, 2015, 243.

Ert, E., A. Fleischer, and N. Magen, Trust and reputation in the sharing economy: The role of personal photos in Airbnb, Tourism Management 55, 2016.

European Parliament, European agenda for the collaborative economy— Supporting analysis {COM(2016) 356final}, Brussels, 2.6.2016 SWD(2016) 184 final.

European Parliament, The Cost of Non-Europe in the Sharing Economy, Economic, Social   and Legal Challenges and Opportunities, 2016.

Flash Eurobarometer 438—TNS Political & Social, "The use of collaborative platforms", June 2016.

Gemeente Amsterdam, Evaluatie toeristische verhuur van woningen 2016, S. 10.

Giles, J. 2005. "Internet encyclopaedias go head to head: Jimmy Wales' Wikipedia comes close to Britannica in terms of the accuracy of its science entries". Nature. 438 (7070): 900−1. 2005.

Gillian Hadfield, Legal Barriers to Innovation: The Growing Economic Cost of Professional Control over Corporate Legal markets, 60 「JSTAN. L. REV」, 1689, 2007.

Hamari, J., M. Sjöklint, and A. Ukkonen, The sharing economy: Why people participate in collaborative consumption, Journal of the Association for Information Science and Technology 67(9), 2015.

Intuit 2020 Report, Twenty Trends that will Shape the Next Decade, 2010.

Juliet Schor, "Debating the Sharing Economy", Great Transition Initiative Toward a Transformative vision and praxis, 2014.

Katz, V., Regulating the sharing economy, Berkeley Technology Law Journal 30(4), 2015.

LG Berlin, B. v. 3.2.2015 - 67 T 29/15; LG Berlin, B. v. 18.11.2014 - 67 S 360/14.

Martin C. J., P. Upham, and L. Budd, Commercial orientation in grassroots social innovation: Insights from the sharing economy, Ecological Economics 118, 2015.

Martin Kenny, John Zysman, 「The rise of the platform economy」, Issues in Science and Technology, National Academies of Sciences, Engineering and Medicine, Spring, 2016.

Maurice Geluk, Tweede Kamer steunt Amsterdam bij aanpak toeristische verhuur, Het Financieele Dagblad (20.6.2017).

MONOPOLKOMMISSION, Hauptgutachten XXI: Wettbewerb 2016—Kapitel 5: Digitale Märkte: Sharing Economy und FinTechs, 2016.

Möhlmann, M., Collaborative consumption: determinants of satisfaction and the likelihood of using a sharing economy option again, Journal of Consumer Behavior 14, 2015.

OECD, Protecting Consumers in Peer Platform Markets: 2016 Ministerial Meeting on the Digital Economy Background Report, OECD Digital Economy Papers No. 253, 2016.

Owyang J., The collaborative economy: Products, services, and market relationships have changed as sharing startups impact business models. To avoid disruption, companies must adopt the collaborative economy value chain, Altmeter, 2013.

PwC Consumer Intelligence Series, The Sharing Economy, 2015.

Rachel Botsman/Roo Rogers, 「What's Mine is Yours: The Rise of Collaborative Consumption」, HarperCollins Publishers, 2010.

Rauch/Schleicher, George Mason University Law and Economic Research Paper Series, Research Paper No. 15-01, 2015.

Rifkin J, The Age of Access: The New Culture of Hypercapitalism, Where all of Life is a Paid-For Experience, Paperback, 2001.

Rifkin J, The Zero Marginal Cost Society, Palgrave, MacMillan, 2014.

Smith A., Shared, Collaborative and On Demand: The new digital economy, PewResearch Center, 2016.

Sundararajan, A., The Sharing Economy, Cambridge, MA: The MIT Press, 2016.

Wewer, Faire Chancen für die kollaborative Wirtschaft?, ZRP 2016.

공유경제 법안에 대한 고찰*

이병준**

I. 들어가며

공유경제(sharing economy) 내지 협력적 소비(collaborative consumption)는 오래전부터 존재하였지만, 플랫폼 경제가 등장하면서 전 세계적으로 비약적인 성장을 달성하고 있다. Airbnb와 Uber와 같은 세계적인 기업이 바로 공유경제를 실현하고 있다고 주장하고 있다. 하지만 이러한 세계적인 기업들은 불법성 논란을 일으키고 있기도 하다. 대표적으로 Airbnb는 공정거래위원회로부터 불공정한 약관에 대한 시정명령을 받은 적이 있으며,[1] Uber는 일부 서비스가 우리나라에서 금지되었다.[2] 이러한 불법성 논란은 물론 우리나라에서만 있는 것이 아니라 전 세계적으로 일어나고 있다.[3]

---

* 이 논문은 소비자법연구 제4권 제2호(2018)에 게재된 것입니다.

** 한국외국어대학교 법학전문대학원 교수.

1_ 에어비앤비 환불 정책상 불공정 약관 시정명령(2016년 11월 18일자 공정거래위원회 보도자료). 이에 관하여 이병준, "새로운 유통방식으로서의 공용경제(sharing economy)와 그 법적 규제방식에 관한 연구", 「유통법연구」 제4권 제2호, 2017, 39면 이하.

2_ 이에 대하여는 심재한, "Sharing Economy와 법", 「경쟁법연구」 제36권, 2017, 276면 이하.

3_ 공유경제산업에 대한 법적 미비로 인해 불법이라는 견해로 이성엽, "공유경제(Sharing

하지만 많은 나라에서는 공유경제를 적절한 규제의 틀에 두기 위하여 공유경제 주체를 위한 시장진입요건을 규정하고 사업자에 대한 규제보다는 완화하고 있으나, 공유경제로 인하여 발생하는 부작용에 대처하기 위한 규정들도 적극적으로 두기도 한다.[4] 그에 반하여 우리나라에서는 아직도 공유경제는 규제공백상태에 있다. 왜냐하면 기존에 사업자에게 적용되었던 각종 법률들은 진정한 의미에서의 공유경제에 대하여는 적용하기 어렵기 때문이지만 아직 적극적으로 이를 규정하는 법률이 없다. 이러한 법적 상황에서 공유경제는 이익이 충돌하는 관련 업계의 강력한 반발로 인하여 제대로 성장하지 못하고 있다.

이에 김수민 의원 대표발의 공유경제기본법안[5]은 상당한 의미가 있

economy)에 대한 정부규제의 필요성 - 차량 및 숙박 공유를 중심으로", 「행정법실무」 제44호, 2016, 30면; 윤현석, "공유경제의 법적 과제", 「원광법학」 제33권 제4호, 2017, 59면; 공유경제는 플랫폼 자본주의에 불과하므로 규제가 필요하다는 문헌으로 Kenney, Martin/John Zysman, "The Rise of the Platform Economy", *Issues in Science and Technology* 32, no. 3, 2016. 그에 반해 낡은 법률들이 공유경제를 통한 창조적 혁신에 방해가 되고 범법자로 만든다는 견해로 Hadfield, Gillian K., "Legal Barriers to Innovation: The Growing Economic Cost of Professional Control Over Corporate Legal Markets", *Stanford Law Review* Vol. 60, 2008, p. 102(Available at SSRN: https://ssrn.com/abstract=1104902); 공유경제산업을 기본적으로 진흥하는 시각에서 숙박공유에 대한 규제방식 검토로는 이병준, "숙박공용(house sharing)과 그 법적 규제", 「소비자문제연구」 제49권 제1호, 2018, 66면 이하.

4_ 프랑스 입법례에 관하여 박현정, "디지털 공화국을 위한 법률—프랑스의 정보통신 관련 법제 개혁", 「경제규제와 법」 제9권 제2호, 2016, 233면 이하; 프랑스, 이탈리아, 독일의 접근방식에 대하여 이병준/황원재/박미영, "유럽연합 전자상거래 플랫폼 규제동향과 시사점", 「외법논집」 제42권 제3호, 2018, 9면 이하; 숙박공유에 관하여 네덜란드(암스테르담), 미국(시카고), 독일(베를린), 프랑스(파리), 오스트리아(비엔나), 일본의 규제방식에 대하여는 이병준, 「소비자문제연구」 제49권 제1호, 2018, 71면 이하; 한편 유럽연합 차원에서 온라인 중개플랫폼의 급속한 성장에 따른 법의 조정 필요에 따라 잠재적 해결방안 제시를 위한 준비로서 신중한 접근을 하는 학술 토론안에 대하여는 Research group on the Law of Digital Services, "Discussion Draft of a Directive on Online Intermediary Platforms", EuCML 2016, 164; 독일에서의 논의에 대하여는 Busch et al., "Ein neues Vertrags- und Verbraucherrecht für Online-Plattformen im Digitalen Binnenmarkt?", MMR 2016, 788 f.

5_ 공유경제기본법안(김수민의원 대표발의), 의안번호 12610, 2018. 3. 22.

다. 왜냐하면 공유경제에 대한 기본적 법적 틀을 제공하려고 하고 있기 때문이다. 그리고 최근에 이 기본법을 수정하여 공유경제에서 문제가 되는 숙박공유와 차량공유에 대한 특례규정을 도입한 공유경제촉진특별법안을 제안하려고 한다. 본 논문은 이 두 법안의 내용을 분석하고 그 의미를 살펴보려고 한다.

II. 공유경제기본법안의 내용과 평가

1. 법안의 목적

2018년 3월 22일에 김수민 의원에 의하여 대표발의된 공유경제기본법안은 "개인이 소유한 유휴자산을 ICT 기술을 활용하여 타인에게 대여하는 개념의 공유경제(sharing economy)가 빠르게 성장하고 있으며, 전통적인 숙박산업에서부터 최신의 디지털 콘텐츠 거래까지 그 영향력이 다양한 분야에서 확장되고 있다는 인식하에서 공유경제에 관한 국가 차원의 법적 지원·관리체계를 마련함으로써 일자리 창출 및 유휴자산의 경제적 가치 제고를 도모하고, 4차 산업혁명 시대에 새로운 경제성장의 기반을 마련하려는 것"이라고 법의 제정취지를 밝히고 있다. 공유경제 지원 및 관리를 위하여 서울특별시, 부산광역시, 광주광역시 등 3개 광역자치단체 및 강동구, 구리시, 거창군 등 34개 기초자치단체에서 공유경제 촉진을 위한 조례를 마련하여 시행 중에 있으나, 국가 차원의 공유경제 관련 법적 지원·관리체계는 마련되지 않은 실정이다.

2. 법안의 내용

(1) 개념정의
공유경제기본법안은 총 11개의 규정으로 구성되어 있다. 제1조의 목적규정 바로 다음에 둔 개념정의규정(제2조)에서 공유경제의 중요한 구성요소에 대해 정의하고 있다.

1) 공유경제 개념

본 법안에서는 공유경제를 "정보통신기술을 활용하여 특정 서비스의 수요자가 해당 서비스를 창출하는 유휴자산을 보유한 공급자에게 유휴자산의 사용에 대한 대가를 지불하고 유휴자산이 창출하는 서비스를 소비함으로써 사회적·경제적·환경적 가치를 창출하는 경제활동을 말한다"고 정의하고 있다(제2조 제1호). 공유경제 내지 협력적 소비는 기본적으로 유휴자산을 다른 사람과 같이 이용한다는 넓은 개념이다.[6] 그런데 법안은 명확한 의도를 가지고 공유경제 개념을 좁히고 있다. 즉 플랫폼을 통하여 이루어지는 유상 거래에 대하여만 규제하려고 하는 것이다. '정보통신기술을 활용하여'라는 표현과 제7호의 중개사업자 개념을 통하여 명확히 온라인 플랫폼을 활용한 공유경제에 초점을 맞추고 있다는 것이 드러난다. 물론 공유경제는 오래전부터 존재하였지만, 플랫폼 경제와의 결합을 통하여 비약적으로 발전하고 있을 뿐만 아니라, 대규모로 거래가 일어남에 따라 법적 규제 필요성도 바로 이 영역에서 발생하고 있다는 측면을 생각하면 매우 타당한 접근방식이라고 생각된다. 현재 모든 국가의 입법례에서도 이처럼 온라인 플랫폼을 통한 공유경제 실현에 입법의 초점이 맞추어지고 있다는 측면에서도 이 법안의 접근방식은 타당하다고 생각된다.[7]

또한 본 법안은 유상의 공유경제라는 개념정의를 통하여 그 적용범위를 제한하고 있다. 즉, 유휴자산을 제공하는 공급자와 제공받는 수요자 사이의 거래가 유상으로 이루어질 것을 그 요건으로 한다. 이처럼 유상의 공유경제로 법의 적용범위를 제한하는 것도 타당한 것으로 생각된

6_ 공유경제 개념 및 용어의 타당성에 관하여는 이병준, 「유통법연구」 제4권 제2호, 2017, 39면 이하; 심재한, 「경쟁법연구」 제36권, 2017, 269면 이하.

7_ 그러나 기획재정위원회의 검토보고서에 의하면 온라인에만 한정할 수 있는 본 요건을 삭제하고 오프라인에서의 공유경제까지 포섭할 것을 제안한다(기획재정위원회, 공유경제기본법안 검토보고, 2018. 9, 12면 이하).

다. 왜냐하면 공유플랫폼에서 유상의 공유경제가 일어날 때 각 당사자들 모두에게 또는 한 당사자에게만 중개수수료 등의 명목으로 비용을 지불받고 있으며, 이러한 비용을 지급받은 플랫폼에 대한 규제만을 하는 것이 타당한 것이다. 따라서 본 법안의 시각에서는 무상의 공유경제는 법의 테두리 밖에 두더라도 제대로 성장할 것으로 기대하고 있는 것이다.

2) 유휴자산

본 법안은 공유경제를 통하여 거래되는 대상을 '유휴자산'으로 개념 짓고 이를 '자산의 보유자가 스스로 사용하기 위한 목적으로 취득·보유하였으나 보유자가 사용하지 않는 유·무형의 자산'으로 개념정의하고 있다(제2조 제2호). 물론 공유경제를 논할 때 그 대상을 유휴자산이라고 칭한다. 하지만 유휴자산에 대한 개념정의를 할 필요가 있었는지 의문이며, 본 법안에서 이 개념정의는 제대로 이루어지지 않은 것으로 보인다.

우선 공유경제를 통하여 거래되는 자산은 모든 재화와 용역이며, 더 나아가 디지털 콘텐츠도 포함된다. 따라서 유체물인 물건은 물론, 노동력, 지식 등도 모두 공유의 대상이다. 이러한 측면에서 (유·무형으로 표현되고는 있으나) '자산(esset)'이라는 표현이 이 모두를 포괄하고 있는지 의문이다.

더 나아가 '보유자가 사용하지 않은' 자산으로 제한하고 있으나, 보유자가 사용하고 있는 자산이라고 하더라도 공동 활용의 여력이 있다면 같이 공유[8]할 수 있는 것이므로 이 표현도 다소 좁은 느낌이 든다. 하지만 공급자가 반드시 해당 자산을 소유할 필요가 없다는 측면에서 소유 개념을 사용하지 않고 '보유'라는 개념을 사용한 것은 타당해 보인다. 또한 소유권의 대상이 되지 않은 노동력, 지식과 같은 거래대상도 존재한

8_ '공유'라는 개념은 민법상 공동소유를 의미한다. Sharing economy를 번역하면서 '공유경제'로 그 표현이 정착되었으나 이 경제모델은 소유가 아닌 이용에 집중되어 있는 것이 특징이다. 정확하게는 '공용경제'가 본래의 정의에 더 적합한 표현이 되겠으나 이미 일반적으로 정착된 표현이 존재하므로 계속 '공유경제'로 논의를 이어갈 것이다(이에 관하여 자세한 것은, 이병준, 「유통법연구」 제4권 제2호, 2017, 40-41면).

다는 측면을 생각하면 '보유'개념은 적절한 것으로 평가된다.

3) 공유경제 관련 당사자

현행법상 경제현상을 다루는 많은 법률에서 주체는 '사업자'와 '소비자'이다. 하지만 공유경제에서는 기본적으로 공급과 수요의 주체는 모두 개인들인 것이 일반적이다. 따라서 공유경제는 peer to peer economy 라고 부른다. 여기서 peer는 사업자가 아닌 개인을 의미한다.[9] 그러므로 사업자와 소비자 개념을 피하고 법안은 의식적으로 '공급자'와 '수요자' 라는 표현을 사용하고 있다. 이에 따라 공급자는 '자신이 보유하는 유휴자산의 사용에 대한 대가를 지급받고 유휴자산을 수요자의 사용에 제공하는 자'로(제2조 제3호), 수요자는 '유휴자산의 이용에 대한 대가를 지급하고 유휴자산이 창출하는 서비스를 소비하는 자'로 정의되고 있다(제2조 제6호).

공유 플랫폼을 정의하기 위하여 법안은 '중개사업자'라는 개념을 사용하고 있다. 즉, 중개사업자를 '정보통신기술을 활용하여 수요자와 공급자 간 유휴자산 사용에 관한 거래를 중개하는 자로서 제7조에 따라 지정된 자'로 정의하고 있다. 본 개념을 통하여 논란이 되고 있는 플랫폼을 의식적으로 피하고 있으며, '정보통신기술을 활용하여'와 '중개' 개념을 통하여 플랫폼 개념을 묘사하고 있다. 물론 엄격한 의미에서 보면 '중개사업자'개념이 플랫폼에 사용하기에는 적합하지 않다.

우선 '중개자' 개념은 플랫폼 개념보다 좁은 측면이 있다.[10] 왜냐하면 플랫폼 안에서 중개행위를 하는 자들이 있기 때문이다. 예컨대 플랫폼에서 개설한 블로그 등을 통하여 중개가 일어나기도 한다. 또한 '중개'개념 역시 플랫폼 현상을 지칭하기에는 좁다고 보아야 한다.[11] 많은 공유플랫폼들에서는 자신은 시장(Marketplace, 정확히는 거래의 장소) 내지 중개자에 불과하다고 한다. 물론 이러한 중개자의 지위에 머무는 공유플랫

9_ 이병준, 「유통법연구」 제4권 제2호, 2017, 39면 이하.

10_ 이병준/황원재/박미영, 「외법논집」 제42권 제3호, 2018, 5면.

11_ 이병준/황원재/박미영, 「외법논집」 제42권 제3호, 2018, 8면.

공유경제 법안에 대한 고찰 57

폼도 있지만, 많은 공유플랫폼은 스스로 가격설정의 조건, 공급자에 대한 요구사항, 거래조건에 대한 약관, 대금수령, 환불조건 등을 정하여 거래에 직접적으로 관여하는 정도가 강하다. 이에 따라 최근의 공유플랫폼은 중개자로서 면책이 가능함에도 불구하고 이러한 플랫폼에게 더 나아가 거래의 당사자로서의 지위를 부여한 경우가 늘어나고 있다. 하지만 엄격한 의미에서 법적 개념에 부합하지는 않지만, 공급자와 수요자가 상호 거래할 수 있는 기회를 부여하고 간접적 네트워크 효과를 활용한다는 측면에서 광의의 중개자 개념에는 포함시키는 것으로 볼 수 있으므로 아주 잘못된 표현을 사용한 것은 아니라고 평가할 수 있다.

'중개사업자'라는 개념이 이처럼 불명확성을 가지고 있지만, 현상적으로는 공유플랫폼으로 특정하기에는 문제가 없다. 또한 본 법안은 그 적용대상을 한정하여 제7조의 지정을 받은 중개사업자만을 대상으로 한다. 제7조의 지정절차가 도입된 이유는 모든 공유플랫폼을 규제대상으로 포함시키지 않기 위해서이다. 문제가 되는 대규모 플랫폼만을 주된 규제대상으로 삼은 것이다. 이처럼 지정된 공유플랫폼에 대하여만 특별한 의무가 부과되며(제8조) 그 이행에 대한 지도 및 조언이 이루어지게 된다(제11조).

4) 상시공급자와 일시적 공급자의 구분

공유플랫폼에서 활동하는 공급자는 사업자와 개인이 혼재해 있는 경우가 많다. 이처럼 사업자가 공급자로서 공유경제의 주체가 될 수 있는지에 관하여 의문을 제기하는 경우도 있으나, 현상적으로 사업자와 개인이 혼재된 플랫폼이 많으므로 많은 연구분석에서는 이처럼 사업자와 개인이 혼재되어 있는 공유플랫폼을 인정하고 그 논의대상으로 하고 있다.[12] 본 법안에서도 이처럼 사업자와 개인을 구분하기 위한 쟁점을 해결하기 위하여 '상시공급자'와 '일시적 공급자'라는 표현을 사용하고 있다(제2조 제4호 및 제5호). 여기서 우리가 주의할 점은 개인이 유상으로 유휴

12_ 심재한, 「경쟁법연구」 제36권, 2017, 275면 이하; 이병준, 「소비자문제연구」 제49권 제1호, 2018, 70면; 이병준/황원재/박미영, 「외법논집」 제42권 제3호, 2018, 5면.

자산을 공급하더라도 바로 사업자가 되지 않는다는 점이다. 즉, 수익을 목적으로 유휴자산을 공급하더라도 일정한 거래금액·거래빈도를 넘은 경우에만 개인이 사업자가 되는 것이다.[13] 이러한 측면에서 거래금액·거래빈도를 기준으로 이를 넘어선 경우에 상시공급자, 넘어서지 않은 경우를 일시적 공급자로 정의한 것은 타당하다고 생각된다. 그리고 이러한 기준은 별도의 조문(제9조)을 통하여 구체적으로 정하도록 하고 있다.

공급자가 사업자인지 아니면 단순한 개인으로 머무는지는 매우 중요한 문제이다. 이것은 두 가지 측면에서 중요하다. 전자상거래소비자보호법을 예로 설명하자면, 첫째, 사업자로서 각종 규제의 대상이 된다. 공급자가 사업자이면 전자상거래소비자보호법에 따른 통신판매업신고를 해야 하며, 각종 의무와 책임에 관한 규정들이 적용된다. 그에 반하여 사업자가 아닌 자에 대하여는 이러한 규제를 바로 적용하면 안 되며, 완화된 규정을 적용할 여지가 있는지를 고려해야 한다. 둘째, 공급자가 사업자이고 수요자가 소비자라면 이 수요자는 동법상 소비자로서 각종 보호수단의 적용을 받는다. 전자상거래소비자보호법의 경우에 대표적인 것으로 철회권을 행사할 수 있게 된다. 따라서 이 구분은 소비자보호가 이루어지는 거래인지 아닌지가 결정되는 중요한 판단요소인 것이다.

(2) 국가와 지방자치단체의 책무 등

많은 기본법이 그러하듯 본 법안도 국가와 지방자치단체의 책무(제3조)와 기본계획 수립에 관한 규정(제5조)을 두고 있다.

국가의 책무로서는 공유경제 촉진을 위하여 필요한 제도와 여건을 조성하고 이를 위한 시책을 마련할 책무를 부과하고 있다(제3조 제1항). 지방자치단체는 국가의 시책에 따라 관할 구역의 특성을 고려하여 공유경

13_ 개인이 언제 상인이 되는지의 문제에 관하여 심재한, 「경쟁법연구」 제36권, 2017, 275면; 개인이 언제 사업자가 되는지의 문제에 대하여 이병준, 「유통법연구」 제4권 제2호, 2017, 39면 이하; 이병준, 「소비자문제연구」 제49권 제1호, 2018, 88면; 이병준/황원재/박미영, 「외법논집」 제42권 제3호, 2018, 15면.

제를 촉진하기 위한 시책을 수립·시행할 책무를 진다(제3조 제2항).

기획재정부장관은 공유경제의 촉진을 위한 기본계획을 5년마다 수립하여야 한다(제5조 제1항). 이때 기본계획에는 공유경제 촉진을 위한 기본방향과 추진 목표, 공유경제를 촉진하기 위한 관련 법령과 제도의 개선, 공유경제 기반 조성과 분야별 중점 추진전략, 공유경제 참여자 간의 상호협력에 관한 사항 등이 포함되어야 한다(제5조 제2항). 기본계획은 공유경제정책심의위원회의 심의를 거쳐 확정해야 하며(제5조 제4항), 기획재정부장관은 기본계획에 따라 연도별 시행계획(이하 "시행계획이라 한다)을 수립하고 추진하여야 한다(제5조 제5항).

이러한 규정을 통하여 본 법안이 공유경제의 규제보다는 촉진에 무게 중심이 있다는 사실이 명백히 드러난다. 기본적으로 공유경제는 촉진의 대상인 것이고 규제의 대상이 아니다. 다만 공유경제에서도 부작용이 드러날 수 있으므로 합리적이고 건전하게 공유경제가 성장할 수 있고 부작용이 그 성장에 장애가 되지 않도록 하기 위하여 합리적인 규제가 필요한 것이다. 이러한 촉진을 위한 기본계획 수립에 있어서 기본적으로는 기획재정부가 관장을 하지만, 공유경제영역이 다양하게 퍼져 있음을 감안하면 이와 관련된 부처의 협력은 필수적이라고 할 수 있다. 이에 따라 기획재정부장관은 기본계획을 수립함에 있어 관계 중앙행정기관의 장과 협의하여야 하고, 중개사업자 등 공유경제와 관련된 기관·단체 등에게 의견의 제출을 요청할 수 있도록 규정하고 있다(제5조 제3항).

(3) 공유경제정책심의위원회

본 법안은 공유경제 정책에 관한 다양한 사항들을 심의하기 위한 심의기구로 기획재정부에 공유경제정책심의위원회를 두는 것을 상정하고 있다(제6조 제1항). 정책심의위원회에서는 기본계획의 수립·변경에 관한 사항, 공유경제의 관리·감독에 관한 사항, 공유경제 정책과 관련된 관계 중앙행정기관 및 지방자치단체와의 협의·조정에 관한 사항, 제7조에 따른 중개사업자 지정에 관한 사항, 제9조에 따른 업종별 공급자 구분기준에 관한 사항, 그 밖에 공유경제과 관련된 법령·제도의 개선 등 공유경제의 촉진을 위하여 대통령령으로 정하는 사항 등을 심의한다.

(4) 공유경제 중개사업자

1) 중개사업자의 지정

본 법안은 앞에서 살펴본 바와 같이 모든 공유플랫폼을 그 적용대상으로 하지 않는다. 특별한 지정절차를 마련하여 문제되는 대규모 공유플랫폼의 합리적 규제를 도모하고 있는 것이다.

구체적인 지정절차의 내용은 매우 간단하게 규정되어 있다. 지정의 주체는 기획재정부장관이며, 지정이 이루어지려면 중개사업자에게 지정사실을 통지하도록 하고 있다(제7조 제1항). 중개사업자의 지정요건, 지정절차, 지정취소 등에 관한 구체적인 사항은 법률에서 정하지 않고 대통령령으로 위임하고 있다(제7조 제2항).

이러한 지정요건을 정하는 것은 매우 정치적·법정책적으로 중요한 의미를 가지며, 본법안의 사실상 가장 중요한 내용을 담고 있다고 할 수 있다. 하지만 이 문제의 정치적 해결을 법률에서 하지 않고 대통령령으로 위임함으로써 이 부분에 대한 분란은 입법과정에서는 피했지만, 시행령 작업에서 필연적으로 발생할 것으로 보인다. 따라서 법률에서 일부라도 예시 등의 방법을 통하여 구체적으로 지정요건 등의 기준을 마련하는 것은 필요하지 않은가 생각된다. 하지만 뒤에서 살펴볼 바와 같이 중개사업자에 대한 규제 정도가 크지 않으므로 이러한 상태에서도 크게 문제가 없는 것으로 볼 여지도 있다.

2) 중개사업자의 의무

중개사업자가 지정절차에 의하여 지정되면 각종 의무가 부과된다.

첫째는 공급자와 수요자 간 유휴자산에 관한 정보비대칭을 해소하기 위하여 필요한 조치를 취할 의무이다(제8조 제1항). 정보비대칭은 비대면으로 거래가 이루어지는 공유플랫폼을 통한 거래에서도 존재한다. 이 문제는 전통적인 소비자법의 과제이나, P2P경제에서도 동일하게 존재하게 된다. 앞에서 살펴본 것처럼 공유경제에서의 거래주체는 원칙적으로 사업자 대 소비자(B2C)가 아니라 개인 대 개인(P2P)이므로 소비자법의 보호수단들은 적용될 수 없다.[14] 따라서 이러한 정보비대칭을 해소하는 의무를 개인에게 부과하는 것은 적합하지 않다. 그러나 소비자법에서는 전통적으로 이 의무를 부담하는 것은 사업자이지만, 공유경제에서는 사업자가 존재하지 않으므로 (또는 존재하지 않을 시) 이를 해소할 의무를 공유플랫폼에 부과하는 것은 타당하다고 할 수 있다.

본 규정에서 정보비대칭을 해소하기 위한 조치를 명시적으로 규정하고 있지 않다. 즉, 공유플랫폼의 자율규제에 맡기고 있는 것이다. 전통적으로는 거래하고자 하는 유휴자산에 대한 정보를 제공할 수 있는 방안을 마련하는 것으로 이러한 비대칭의 문제를 해결할 수 있을 것이다. 그러나 최근의 경향에 따라 공급자에 대한 이용후기와 같은 평판도 평가시스템의 활용도 고려해야 한다.[15] 이러한 평판도 평가시스템이 공정하게 설계된다면 오히려 정보비대칭의 문제는 쉽게 해결되고 기존의 거래방식보다 더 정확한 정보제공을 통하여 수요자보호가 이루어질 수 있다.

둘째는 거래를 중개하면서 수집한 공급자와 수요자의 개인정보를 보호·관리할 책임을 부과하고 있다(제8조 제2항). 본 규정을 통하여 개인정보보호법 및 정보통신망법상의 개인정보보호를 할 의무를 제시하는 것은 주의적 내용만을 담고 있다고 생각한다. 본 규정을 통하여 새로운 내용을 담고 있는 의무는 개인정보관리책임이다. 즉, 공유플랫폼에 대

14_ 이병준, 「소비자문제연구」 제49권 제1호, 2018, 90면 각주 64). 유럽연합에 대하여는 European Parliament, 「Internal Market and Consumer Protection: Critical assessment of European Agenda for the collaborative economy」, 2017, p. 5.

15_ 이병준/황원재/박미영, 「외법논집」 제42권 제3호, 2018, 21-22면; Busch, Christoph, "CROWDSOURCING CONSUMER CONFIDENCE: How to Regulate Online Rating and Review Systems in the Collaborative Economy", in: Alberto De Franceschi(ed.), 「European Contract Law and the Digital Single Market」, Intersentia, Cambridge 2016, pp. 223-243; Busch, Christoph, "Towards a "New Approach" in European Consumer Law: Standardisation and Co-Regulation in the Digital Single Market", 「EuCML」 5/2016, 197 f.

하여 특히 공급자와 수요자 사이에 일어난 거래정보 등의 개인정보를 수집하여 관리할 수 있는 법적 근거를 마련하는 한편 이를 관리하는 책임까지 부과하고 있는 것으로 이해된다. 이 규정은 뒤에 있는 공급자별 거래금액 및 거래빈도에 관한 통계를 정기적으로 작성하여 기획재정부장관에게 제출할 의무와 연관된 것이다(제8조 제4항).

셋째는 거래로 인하여 발생한 수요자의 불만처리 및 피해구제를 위한 절차를 마련할 의무이다(제8조 제3항).[16] 이와 같은 의무는 전자상거래소비자보호법에서 통신판매중개업자에게 부과되고 있는 의무와 동일하다(동법 제20조 제3항). 하지만 공유플랫폼도 통신판매중개업자에 해당하지만, 기본적으로 전자상거래소비자보호법은 사업자 대 소비자 거래를 대상으로 하고 있으므로 해당 법의 의무가 공유플랫폼에도 당연히 적용되는 것은 아니라서 둔 규정이라고 생각된다.

마지막으로 공급자별 거래금액 및 거래빈도에 관한 통계를 정기적으로 작성하여 기획재정부장관에게 제출할 의무가 부과된다(제8조 제4항). 이 규정은 플랫폼 경제에서 플랫폼이 다양한 거래정보를 수집하고 이용(data driven economy)하고 있다는 측면을 고려하여 규제수단에서도 정보수집을 활용하려고 하는 방식이다. 앞에서 살펴본 것처럼 공급자별 거래금액 및 거래빈도의 확인은 상시공급자와 일시적 공급자를 구별하고 적용되어야 할 법규, 즉 사업자법을 상시공급자에게 적용하기 위한 필수적인 절차이다. 이를 통하여 공유경제에서 사업자와 개인이 공급자로 혼재하여 존재하는 플랫폼에서 일정한 질서가 마련될 수 있을 것이다. 즉, 적용되어야 할 법률이 명확해지고, 내야 할 세금의 문제가 명확히 해결되는 등 다양한 법적 쟁점들이 이러한 정보의 수집, 관리 및 제공을 통하여 해결될 것으로 기대된다.

16_ 또한 공유경제의 공급자도 일반 개인으로서 공유경제 거래로부터 불만이 있거나 피해를 입을 수 있으므로, 수요자 뿐 아니라 공급자에 대하여도 불만처리 및 피해구제를 위한 절차를 마련할 필요가 있음을 기획재정위원회의 검토보고서에서 지적하고 있다(기획재정위원회, 공유경제기본법안 검토보고, 2018. 9, 18면).

본 규정에서 특히 '공급자'별로 거래금액 및 거래빈도에 관한 통계를 제출할 의무가 부과되는 것은 의미가 있다. 왜냐하면 공급자가 여러 개의 공유플랫폼을 통하여 유휴자산을 공급(multi homing)할 가능성이 존재하므로 공유플랫폼에서 제공하는 정보를 통하여 공급자별로 정확한 정보를 수집할 필요가 있다.[17] 따라서 개별적인 공유플랫폼에서는 일시적 공급자로 보일지 모르겠지만, 전체 통계를 합산하였을 때 정한 거래금액 및 거래빈도를 넘어선 경우에는 해당 공급자는 상시공급자가 될 수 있는 것이다.

본 법안에서는 공유플랫폼에 부과되고 있는 의무위반에 대하여 명시적으로 새로운 제재수단을 규정하고 있지 않다. 다만 제11조에서 기획재정부장관이 이러한 의무를 이행하는 데 필요한 지도 및 조언을 할 수 있는 지위를 부여하고 있다. 따라서 본 법안상 공유플랫폼에 부과되고 있는 의무는 사업자의 자율규제를 유도하고 있는 것이고, 기획재정부장관이 필요한 경우에 지도 및 조언을 할 수 있도록 함으로써 행정기관에 의한 공동규제를 도모하고 있다. 이러한 입법태도는 매우 타당한 것으로 평가된다. 미국 및 유럽연합에서도 보고서를 통하여 공유경제의 발전에 장애가 되지 않도록 법적 규제를 최대한 자제하고 최대한 자율규제를 유도하도록 권고하고 있다.[18]

(5) 상시공급자와 일시적 공급자
1) 공급자의 구분
앞에서 살펴본 바와 같이 일시적 공급자와 상시공급자를 구분하는 것

17_ 이병준, 「소비자문제연구」 제49권 제1호, 2018, 90면.

18_ COMMUNICATION FROM THE COMMISSION TO THE EUROPEAN PARLIAMENT, THE COUNCIL, THE EUROPEAN ECONOMIC AND SOCIAL COMMITTEE AND THE COMMITTEE OF THE REGIONS, 「Online Platforms and the Digital Single Market Opportunities and Challenges for Europe」, Brussels, 25.5.2016, COM(2016) 288 final, p. 5; European Parliament, 「Internal Market and Consumer Protection: Critical assessment of European Agenda for the collaborative economy」, 2017, p. 24.

은 공유경제에서 매우 필수적인 문제이다. 이를 위하여 본 법안은 기획재정부장관에게 위원회의 심의를 거쳐 공급자를 일시적 공급자와 상시 공급자로 구분하는 업종별 구분기준을 정하도록 하고 있다(제9조 제1항). 일시적 공급자인 개인과 상시공급자인 사업자의 구분은 거래영역별로 다르기 때문에 업종별로 구분기준을 정하는 것은 매우 필요한 작업이다. 구체적으로는 해당 업종을 규제하고 있는 사업자법에 따라 그 기준을 정해야 할 것이다. 그리고 이러한 기준을 정할 때 당연히 업종별 공급자의 거래금액·거래빈도를 고려해서 정해야 할 것이다(제9조 제2항).

이와 같은 구분을 통해 현재 공유경제와 관련하여 다양한 영역에서 발생하고 있는 불법성 논란을 잠재우고 공유경제가 건전하게 성장할 수 있는 토대를 마련할 수 있을 것이다. 예컨대 숙박업의 경우에 공유경제를 실현하는 개인들이 유상으로 숙박제공을 하고 있으나 민박업 내지 통신판매신고를 하지 않았다는 측면에서 처벌을 받는 사례가 있었다.[19] 그 이후 이러한 개인은 해당 특별법상의 사업자가 아니라는 인식이 강해지고 있어 처벌에 관한 소식은 많이 접할 수 없지만, 현재 상시공급자에 해당하는 사업자도 공유플랫폼에서 공급자로 존재하므로 해당 법률을 우회할 수 있는 가능성이 충분히 존재하고 있는 것이 문제이다.[20] 따라서 공유플랫폼에서 활동하고 있는 공급자들은 상시공급자인 사업자와 일시적 공급자인 개인으로 명확히 구분하여 불법성 논란, 각종 규제법규의 우회에 관한 논란을 잠재울 수 있는 명확한 기준이 필요하다는 측면에 이 규정은 반드시 도입되어야 할 내용이라고 생각된다.

19_ 한국일보, 법원 "숙박업 신고 안한 에어비앤비 불법", 2015. 9. 23. 자 기사(http://www.hankookilbo.com/News/Read/201509231878179159).

20_ 기획재정위원회의 검토보고서에서는 동 법안 제2조의 '상시공급자'의 개념과 '유휴자산'을 보유한 공급자의 개념이 충돌할 여지가 있음을 지적하고 있다(기획재정위원회, 공유경제기본법안 검토보고, 2018. 9., 20면). 현재 공유경제 플랫폼에는 자기 사용의 목적이 아닌 사업자들도 일반적으로 활동하고 있기 때문에 이들을 규제해야 할 필요성은 당연히 존재한다. 따라서 일반 개인으로서 '유휴자산'을 보유한 공급자와 사업자인 '상시공급자'를 제2조의 정의규정에서 좀 더 명확히 구분해 줄 필요가 있다.

2) 일시적 공급자에 대한 규제완화

공유경제플랫폼에서 활동하는 공급자는 사업자와 개인이 혼재되어 있는 것이 현재 거래상황이고 이를 본 법안도 반영하고 있음은 앞에서 살펴보았다. 하지만 진정한 의미에서 공유경제를 실현하는 것은 사업자가 아니라 개인들이고 이들 개인들은 규제완화와 촉진의 대상이 되어야 하는 것이다. 만약 이들 개인들에게 기존의 사업자에게 적용되는 입법을 적용한다면 이들은 아예 해당 공유경제 영역에서 유휴자산을 제공하는 것을 포기하고 말 것이다. 왜냐하면 이들은 사업자에게 적용되는 엄격한 규제를 받으면서 유휴자산을 다른 사람과 같이 이용할 능력과 여력이 없기 때문이다. 그에 반하여 공유경제에서 활동하는 사업자들은 기존의 관련 사업자를 규제하는 법률에 의하여 규제를 받아야 하는 것이다. 이러한 사업자들이 공유경제를 실현한다는 이유로 기존의 규제입법을 회피하고 규제완화를 외치는 것은 정당하지 않다. 그렇지 않다면 숙박과 여객운송처럼 국내입법에서 사업자들이 특별한 진입요건을 엄격히 규정하고 있는 경우에는 기존 사업자와의 규제형평성 문제를 낳을 것이다. 즉, 동일한 숙박 내지 운송 서비스를 제공하면서도 한쪽에서는 공유경제를 실현한다는 이유로 완화된 법적 규제를 가하는 경우에는 엄격한 규제를 받는 기존 사업자들의 반발을 살 수밖에 없다. 본 법안도 이러한 배경을 기초로 개인에 해당하는 일시적 공급자인 개인에 대한 규제완화를 위한 제도적 개선방안을 규정하고 있다(제10조).

이러한 규제완화는 개별적인 거래영역을 규율하는 법률에서 일어나야 하므로 기획재정부장관에게 관계 법령 소관 중앙행정기관의 장과 협의하여 규제완화에 관한 제도개선 방안을 마련하도록 규정하고 있다. 즉, 공유경제기본법을 관장하는 기획재정부가 공유경제 촉진과 진흥의 주무부서로서 규제완화가 일어나야 하는 영역을 확정하고 이를 완화하는 방식은 관련 부처와 상의하도록 규정하고 있는 것이다. 규제완화 방식에서 이처럼 공유경제기본법이 갖는 역할과 산업 내지 사업 영역별 특별법의 역할을 적절하게 분리하는 본 규정의 내용도 타당하다고 생각된다.

3. 법안에 대한 종합적 평가

공유경제기본법안은 몇 가지 부분적인 의문점이 있는 내용을 빼고는 공유경제에 관한 기본적인 내용을 담고 있는 기본법으로서 충실한 법안이라고 평가된다. 특히 과도한 새로운 규제를 창설하지 않고 사업자의 자율규제 및 행정기관과의 공동규제를 도모하고 있고, 공유경제에서 해결해야 할 핵심적인 쟁점에 관한 내용을 담고 있다.

Ⅲ. 공유경제 촉진에 관한 특별법안의 내용과 평가

공유경제 촉진에 관한 특별법안은 아직 정식으로 상정된 법안은 아니고 김수민 의원실에서 작성을 준비하고 있는 안이다. 하지만 공유경제 기본법의 수정안이라는 측면에서 해당 법안을 고찰할 필요가 있다.

1. 기본법과의 차이점

공유경제촉진특별법안은 공유경제기본법안과 상당한 차이를 보이고 있다.

첫째, 공유경제에서 근본적인 문제라고 할 수 있는 상시공급자와 일시적 공급자의 구분문제와 이와 관련한 규정을 삭제하고 있어 근본적으로 기본법으로서의 성격을 포기하고 있다. 둘째, 중개사업자와 관련하여 지정제도를 삭제하는 한편, 우수중개사업자의 지정제도로 대체하고 있다(제8조). 셋째, 현재 문제되고 있는 공유경제 영역인 숙박공유 및 승차서비스 공유에 관한 특례규정을 신설하고 있다(제9조 및 제10조). 넷째, 숙박공유 및 승차서비스 공유 관련 특례규정을 위반하였을 때 문제를 규제하기 위한 벌칙규정을 신설하고 있다(제12조).

2. 삭제된 규정의 문제점

(1) 상시공급자와 일시적 공급자의 구분 포기에 따른 진정한 공유경제 촉진법으로서의 의미상실

공유경제의 기본적인 쟁점인 상시공급자인 사업자와 일시적 공급자인 개인의 구분문제를 포기하는 한편, 일시적 공급자인 개인에 대한 규제완화노력에 관한 규정을 삭제한 것은 매우 아쉽다고 할 수 있다. 공유경제촉진법은 해당 공유플랫폼에서 활동하는 개인에 대한 규제완화에 초점을 맞추어야 하는데, 공유경제촉진특별법안은 이러한 측면에서 매우 아쉽다고 할 수 있다. 오히려 새롭게 도입된 우수중개사업자 지정제도를 통하여 중개플랫폼의 진흥에 초점이 맞추어져 있는데, 과연 이러한 태도가 필요한지에 대한 의문이 있다.

(2) 중개사업자 지정제도 폐지에 따른 적용범위의 확대 문제점

또한 중개사업자에 대한 지정제도가 폐지됨으로써 중개사업자의 의무에 관한 규정이 자연스럽게 확장되는 효과가 있다. 즉, 공유경제기본법안에서는 해당 의무규정은 지정받은 공유플랫폼에만 적용되었으나, 공유경제촉진특례법에서는 이러한 지정제도가 폐지됨으로써 모든 공유플랫폼에 대하여 해당 규정이 확대될 가능성이 있다. 공유경제를 실현하는 스타트업 플랫폼에 대한 규제가 이루어질 수 있다는 측면에서 과도한 규제라는 논란이 발생할 여지가 있어 보인다.

3. 새롭게 신설된 규정내용

(1) 우수중개사업자에 대한 지정제도

본 법안에서는 중개사업자에 대한 지정제도를 폐지하고 우수중개사업자의 지정제도를 신설하고 있다. 같은 지정제도로 보이지만, 그 성격이 매우 다른 지정제도이다. 공유경제기본법안에서 도모하였던 지정제도는 문제되고 있는 대규모 공유플랫폼을 지정하는 한편, 해당 공유플랫폼에 대하여 의무를 부과함으로써 적정한 자율규제를 유도하고, 그 준수에 대한 행정적 지도 및 조언을 함으로써 공동규제를 통한 합리적인 규제를 확보하는 것이 지정제도의 목적이라고 생각된다. 그에 반하여 본 특례법안에서 정하고 있는 우수중개사업자에 대한 지정제도는 행정적·재정적 지원에 그 목적이 있다(제8조 제2항).

우수중개사업자의 지정제도도 필요한 규정내용을 담고 있다. 특히 현재 각 광역시 및 지방자치단체에서 공유경제 촉진조례를 제정하고 시행하고 있으므로 이에 대한 법적 근거를 마련하여 공유경제 플랫폼을 지원하는 방안을 법제화하는 것은 의미가 있다. 더 나아가 본 규정은 지정주체를 기획재정부장관 및 지방자치단체의 장으로 함으로써 지정주체를 중앙행정기관의 장으로 확대하고 있다(제8조 제1항). 그 밖에 지정취소에 관한 사항(제8조 제3항) 및 지정절차 등에 필요한 사항(제8조 제4항)과 관련된 규정을 두고 있다.

(2) 개별 공유영역에 관한 특례규정
1) 관련 특별법과의 관계 설정 필요

공유경제촉진특례법안은 현재 논의가 많이 되고 있는 숙박공유와 자가용 승차공유에 관한 특례규정을 담고 있다. 원래 숙박공유와 자가용 승차공유는 해당 규정에서도 예외규정임을 밝히고 있듯이 공중위생관리법 및 여객자동차 운수사업법을 통하여 규제될 수도 있는 사항이다. 특히나 숙박공유는 주택시장과 호텔 등 숙박업 상황과 관련된 정책적 측면이 강하고 자가용 승차공유는 여객운송업 상황과 밀접한 연관성이 있으므로 미래산업의 도입과 규제완화 차원에서 반드시 도입되어야 할 필요성은 존재하지만, 국가 및 시도 등 지방자치단체 상황도 고려해서 판단할 문제라고 생각된다. 이러한 측면에서 관련 법규를 관장하고 있는 행정부처와 상의 및 관련 업계의 이해관계 조정 등을 거친 후 본 규정을 도입하는 것이 필요하다고 생각된다. 이러한 관점에서는 공유경제촉진특별법에서 해당 규제완화에 관한 규정을 둘 수도 있지만, 오히려 해당 관련 법률에서 공유경제를 반영하도록 유도하는 것이 타당해 보인다. 물론 현재 관련 논의들을 감안하면 해당 관련 법률의 개정이 어려울 수도 있지만, 전체 법체계상으로는 그 법률에서 이에 관한 내용들을 반영하는 것이 옳다고 생각된다.

 2) 특례규정의 내용

 숙박공유에 관한 특례규정에서는 숙박공유 서비스를 제공하려고 하는 공급자에게 등록할 것을 요구하고 있으며(제9조 제1항), 이러한 숙박서비스 공급자는 연간 180일 이내로 숙박서비스를 공급하는 한편, 일정한 안전·위생기준을 준수하면 된다(제9조 제2항). 그런데 본 법안에 의한 숙박공유 서비스 공급은 공중위생관리법상의 숙박업으로 보지 아니한다(제9조 제5항). 숙박서비스 공급자는 특별자치시장·특별자치도지사·시장·군수·구청장의 감독을 받으며, 감독을 위하여 필요하면 숙박서비스 공급자는 보고를 하거나 자료의 제출에 관한 명령을 받을 수 있고 소속 공무원으로부터 숙박서비스 공급자의 시설, 서류 등의 검사 등 필요한 조치를 받을 수 있다(제9조 제3항).

 자가용 승차공유 특례규정에서는 자가용을 이용하여 수요자에게 승차서비스를 제공하고자 하는 공급자인 승차서비스 공급자가 중개사업자를 거치는 경우에는 유상으로 운송서비스를 제공할 수 있도록 하는 여객자동차 운수사업법에 대한 예외규정을 마련하고 있다(제10조 제1항). 그런데 승차서비스 공급자의 등록 내지 신고 요건 및 절차에 관하여는 규정이 없다. 이들은 바로 승차서비스 중개사업자에게만 공급자로서 등록하여 서비스 제공을 개시하면 되는 것으로 전제하고 있는 것으로 보인다. 등록요건은 오히려 승차서비스 중개사업자에게만 정하고 있고 구체적인 요건으로 수요자 및 공급자의 보호계획만 명시할 뿐 나머지는 대통령령으로 위임하고 있다(제10조 제2항). 승차서비스 중개사업자는 승차서비스 공급자별 거래 자료를 정기적으로 작성하여 시ㆍ도지사에게 제출해야 할 의무를 부담한다(제10조 제3항). 승차서비스 중개사업자에 대한 감독 등에 관한 규정은 숙박공유에서와 동일하다(제10조 제4항).

3) 상이한 접근방식에 대한 의문과 관련 논의를 통한 대폭적인 내용의 수정 필요

양 규정은 그 접근방식에 있어서 상당한 차이를 보이고 있다. 숙박공유의 경우 숙박 서비스를 제공하는 공급자에 대한 등록규정과 의무규정만 두고 중개사업자에 대한 규정이 없다. 그에 반하여 자가용 승차공유의 경우 공급자에 대한 규정은 없고 승차공유 중개사업자에 대한 등록규정과 의무규정만을 두고 있다. 숙박공유이든 승차공유이든 모두 공급자와 중개사업자에 대한 등록 내지 신고규정과 의무규정을 마련할 필요가 있다고 생각된다.

그리고 현재의 법안 내용은 숙박공유와 자가용 승차공유에 대한 규율을 하기에는 그 내용이 상당히 부족한 것으로 보인다. 해외 입법례만 보더라도 그 내용이 상당히 부족한 것을 확인할 수 있다. 물론 제시된 법안이 아직 상정된 것이 아니고 논의를 촉진하기 위한 토론안이라고 볼 수 있다. 따라서 제안된 규정에 만족하지 말고 앞으로 진지하고 세밀하게 해외 입법례를 비교하면서 숙박공유 및 자가용 승차공유에 관한 논의가 진행되었으면 한다.

4. 법안의 종합적 평가

본 특별법안은 공유경제의 핵심적인 쟁점인 사업자에 해당하는 상시 공급자와 개인에 해당하는 일시적 공급자에 대한 규정을 제외시키고 있으며, 새롭게 도입하려는 숙박공유와 자가용 승차공유에 관한 특례규정은 논의를 위한 단초로서는 의의가 있지만 현재의 법안 내용으로는 적절한 규율이라고 보기 힘들다.

우수중개사업자의 지정제도를 통하여 국내 공유플랫폼을 지원하는

것도 필요한 사업이라고 생각된다. 하지만 공유경제에서 발생하고 있는 필수적인 법적 규율이 만들어지지 않고 공유플랫폼의 적절한 자율규제 노력과 행정기관과의 공동규제를 통하여 불법성 논란이 제거되지 않는 한 공유경제가 제대로 성장할 수 있는 토대가 마련될 수 없을 것이다. 이러한 차원에서 기본법의 기본적인 내용을 다시 담을 필요가 있다고 생각된다.

IV. 나가며

공유경제는 새로운 상품과 서비스의 유통방식으로서 정체된 경제상황에 새로운 자극을 줄 수 있으며, 미래 경제생활의 핵심적인 모습이 될 가능성이 크다. 또한 하나의 직장을 제대로 가지고 있지 못한 개인들이 부수입을 얻을 수 있는 모델이며 자원의 낭비를 줄일 수 있고 친환경적 경제생활을 장려하기도 한다. 이러한 많은 장점들에도 불구하고 새로운 경제모델인 공유경제가 우리나라에 완전히 정착하지 못하고 불법성 논란 및 기존 업계의 반발에 부딪히고 있다.

여기에는 공유경제를 제대로 규율하는 입법이 이루어지지 못해 법적 규제환경이 마련되지 않은 것도 큰 영향을 미치고 있는 것으로 보인다. 진정한 의미에서 공유경제에서 활동하는 공급자들은 개인들이다. 이들은 사업자가 아니기 때문에 기존의 사업자를 대상으로 하는 사업자법을 이들에게 적용한다면 공유경제는 성장하지 못할 것이다. 따라서 기존의 법적 틀보다는 완화된 규정을 적용하는 것이 맞다. 그렇다고 무규제도 타당하지 않다. 왜냐하면 공유경제도 많은 문제점들을 야기하고 있으며 그 문제점들을 해결하기 위한 제도적 장치가 마련되어야 하기 때문이다.

그런데 공유경제 규제에서 반드시 법적 규제만이 타당한 것이 아니다. 최소한도의 진입요건과 의무부과가 법률로 정해지고 그 밖의 사항은 자율규제를 통하여 실현되는 것이 타당하다. 이러한 자율규제의 주체는 공유경제를 실현하고 있는 공유플랫폼에서 해야 한다. 이러한 시각에서 공유경제기본법안은 매우 타당한 방향을 제시하고 있다고 생각된다. 적극적인 규정을 하고 있지 않은 것처럼 보이지만, 이러한 적극적인 규정을 두고 있지 않은 것이 오히려 공유경제 성장과 발전에 도움을 줄 수 있다. 공유플랫폼은 법적 규제 완화만을 주장하지 말고 적극적으로 자율규제가 주가 되는 법적 환경이 만들어질 수 있도록 스스로 적합한 규율모델을 설정할 필요가 있고 이때 해당 사업영역의 규제기관이 적절히 관여하여 공동규제모델을 정립하는 것이 올바른 방향이라 생각된다.

법률적으로는 공유경제를 실현하는 공급자와 공유플랫폼의 시장 진입요건과 절차 그리고 최소한도의 의무규정을 마련하는 것이 필요하다. 이러한 측면에서 공유경제촉진특별법안은 의미가 있는 것으로 보인다. 하지만 이러한 규정을 공유경제에 관한 특별법에서 둘 것인지 아니면 해당 사업영역과 관련된 법률에서 둘 것인지는 논의가 필요한 부분이라고 생각된다. 그리고 현재의 규정내용은 매우 불안정하고 부족하다. 그렇지만 공유경제에 대한 적절한 규제를 하기 위한 논의를 촉발한다는 점에 있어서는 좋은 토론 자료로서 기능한다고 생각된다.

참고문헌

1. 국내문헌

기획재정위원회, 공유경제기본법안 검토보고, 2018. 9.

박현정, "디지털 공화국을 위한 법률—프랑스의 정보통신 관련 법제 개혁", 「경제규제와 법」 제9권 제2호, 2016.

심재한, "Sharing Economy와 법", 「경쟁법연구」 제36권, 2017.

윤현석, "공유경제의 법적 과제", 「원광법학」 제33권 제4호, 2017.

이병준, "새로운 유통방식으로서의 공용경제(sharing economy)와 그 법적 규제 방식에 관한 연구", 「유통법연구」 제4권 제2호, 2017.

이병준, "숙박공용(house sharing)과 그 법적 규제", 「소비자문제연구」 제49권 제1호, 2018.

이병준/황원재/박미영, "유럽연합 전자상거래 플랫폼 규제동향과 시사점", 「외법논집」 제42권 제3호, 2018.

이성엽, "공유경제(Sharing economy)에 대한 정부규제의 필요성—차량 및 숙박 공유를 중심으로", 「행정법실무」 제44호, 2016.

진도왕, "차량공유사업(Car-Sharing Business)과 여객자동차운수사업법 제81조 —공유경제와 소비자보호의 관점에서", 「홍익법학」 제17권 제4호.

2. 외국문헌

Busch, Christoph, "CROWDSOURCING CONSUMER CONFIDENCE: How to Regulate Online Rating and Review Systems in the Collaborative Economy", in: Alberto De Franceschi(ed.), 「European Contract Law and the Digital Single Market」, Intersentia, Cambridge 2016, pp. 223-243.

Busch, Christoph, "Towards a "New Approach" in European Consumer Law: Standardisation and Co-Regulation in the Digital Single Market", EuCML 5/2016, 197.

Busch, Christoph/Dannemann, Gerhard/Schulte-Nölke, Hans, "Ein neues Vertrags- und Verbraucherrecht für Online-Plattformen im Digitalen

Binnenmarkt?", MMR 2016, 788.

COMMUNICATION FROM THE COMMISSION TO THE EUROPEAN
PARLIAMENT, THE COUNCIL, THE EUROPEAN ECONOMIC AND SOCIAL
COMMITTEE AND THE COMMITTEE OF THE REGIONS, Online Platforms
and the Digital Single Market Opportunities and Challenges for Europe,
Brussels, 25.5.2016, COM(2016) 288 final.

European Parliament, 「Internal Market and Consumer Protection: Critical
assessment of European Agenda for the collaborative economy」, 2017.

Hadfield, Gillian K., "Legal Barriers to Innovation: The Growing Economic
Cost of Professional Control Over Corporate Legal Markets", Stanford Law
Review Vol. 60, 2008(Available at SSRN: https://ssrn.com/abstract=1104902)

Kenney, Martin/John Zysman, "The Rise of the Platform Economy", Issues in
Science and Technology 32, no. 3, 2016.

Research Group on the Law of Digital Services, "Discussion Draft of a
Directive on Online Intermediary Platforms", EuCML 2016, 164.

각론: 다양한 공유경제 유형과 소비자보호

개인 간 거래를 중개하는 온라인 플랫폼 운영자의 의무와 책임

─이용자의 지위에 따른 분석을 중심으로─

정신동*

I. 들어가며

1. 논의의 배경

플랫폼 경제(Platform Economy)에 있어 사업자가 아닌 개인들은 많은 경우 재화 또는 용역의 수요자로 등장하지만, 일정한 경우 스스로 공급자[1]가 되어 나타나기도 한다. 숙박공유 플랫폼, 승차공유 플랫폼 그리고

---

* 이 논문은 소비자법연구 제7권 제4호(2021)에 게재된 것입니다.

** 강릉원주대학교 법학과 조교수, 법학박사.

1_ 공급자도 소비자 개념하에 포섭시킬 수 있다는 전제하에 소비자인 공급자를 가리키는

중고물품의 거래가 알선되고 있는 플랫폼들이 이에 해당하는데, 이러한 온라인 플랫폼을 통하여 개인들은 자신이 이용하지 않고 있는 유휴자원을 매도하거나 임대하는 등의 방식을 통해 (추가) 수입원을 창출하고 있다. 우선 공유경제(Sharing Economy)[2]는 글로벌 금융위기 이후 경제성장의 둔화, 인구노령화 및 1인 가구의 증가 등으로 새로운 소득원과 유휴자원의 공동 이용(Utility)에 대한 필요성이 증대하면서 전 세계적으로 급속히 확산된 바 있고, 특히 온라인 플랫폼을 매개로 유휴자산에 대한 공급자와 수요자 간의 거래가 성사되면서 다양한 분야에서 신산업으로 부상하였다. 비록 기존 사업자와의 이해관계 상충과 갈등이 많이 문제된 바 있고, 지금도 공유경제에 대한 사회적 합의가 부족한 국가도 있지만 예컨대 숙박공유 플랫폼인 에어비앤비나 승차공유 플랫폼인 우버의 경우 설립 4~5년 만에 기존 호텔업계나 운송업계를 위협할 정도로 급성장하였다.

나아가 최근 국내에서는 온라인 플랫폼을 이용한 중고물품 거래도 활발하게 이루어지고 있다. 과거에 벼룩시장이나 아나바다 운동[3] 등이 있었다는 점에서 개인 간 중고물품을 직접 거래하는 것이 최근에서야 일어나고 있는 현상이라 말할 수는 없겠지만, 온라인 플랫폼을 기반으로 한 개인 간 거래의 성장은 중고물품에 대한 인식과 중고물품 거래 현상을 완전히 바꾸어 놓은 상황이다. 현재 개인 간 중고거래와 관련하여 "당근하세요?"라는 신조어가 널리 사용되고 있고, 2020년 6월 기준 스마트 폰 이용자 중 중고거래 앱을 사용하는 이용자가 1,000만 명을 넘어서 4명 중 1명은 스마트 폰으로 중고거래 서비스를 이용하고 있는 것으로

표현으로 프로슈머(Prosumer)라는 개념이 사용되고 있다.

2_ 일반적으로 Sharing Economy를 공유경제라고 번역을 하고 있기 때문에 본고에서도 이 표현을 차용한다. 하지만 이 사업모델의 핵심은 소유가 아니라 이용에 있고, 민법상의 공동소유 형태인 공유와 혼동을 초래할 수 있다는 맥락에서 공용경제가 더 적절한 번역어라고 생각된다. 이를 정면으로 지적하는 문헌으로 이병준, "새로운 유통방식으로서의 공용경제(Sharing Economy)와 그 법적 규제방식에 관한 연구", 「유통법연구」 제4권 제2호, 2017, 40면 이하 참조.

3_ 아껴 쓰고 나눠 쓰고 바꿔 쓰고 다시 쓰기 운동을 말한다.

나타난 바 있다.[4] 또한 2021년 7월 한국소비자원이 발표한 자료에 의하면[5] 특별히 디지털에 친숙한 Z세대[6]의 전자상거래 이용이 증가하면서 중고거래 플랫폼에서의 재판매를 염두에 두고 제품을 구매하거나 아이돌 굿즈를 직접 제작해 판매하는 등 새로운 온라인거래 트렌드가 등장하고 있는 것으로 나타났다.[7] 이는 불과 몇십 년 전만 하더라도 중고물품 거래가 물자절약이나 재활용의 상징이었을 뿐 유행이나 트렌드와는 거리가 먼 행위였다는 점에서 거래 환경에 상당한 변화가 진행 중임을 의미하고 있다.[8]

그런데 이처럼 개인 간 거래를 중개하는 온라인 플랫폼들은 공급자 역할을 하는 개인들에게 상당한 이익을 가져다주기도 하지만, 다른 한편으로 「전자상거래 등에서의 소비자보호에 관한 법률」(이하 '전자상거래법'이라 한다)[9]상의 해석 문제를 야기하거나 입법자에게 일련의 과제를 던져 주고 있기도 하다. 이러한 상황하에서 전자상거래법 전부개정안이

4_ 닐슨코리아클릭, 모바일 중고거래 이용자 1000만 시대. 월간토픽, 306-2호. 2020. 7. 23.
   http://www.koreanclick.com/insights/newsletter_view.html?code=topic&id=583&page=1&utm_source=board&utm_medium=board&utm_campaign=topic&utm_content=20200723.

5_ 온라인 플랫폼에서 중고거래·리셀테크하는 Z세대-Z세대 소비자상담 중 전자상거래 비중 10년 전보다 늘어,
   https://www.consumer.go.kr/user/ftc/consumer/cnsmrBBS/740/selectInfoCDMGCSLCDetail.do?infoId=A1078576.

6_ 1990년대 중반부터 2000년대 초반 사이에 태어나 스마트 폰에 익숙한 디지털 세대를 말한다.

7_ 최근 3년 간('18년~'20년)의 소셜 데이터를 분석한 결과 Z세대의 중고거래 플랫폼 관련 언급량은 '18년 1,183건, '19년 1,195건, '20년 2,946건으로 증가 추세이고, 언급된 키워드는 '사기'와 '환불'이 많았으며 계좌이체로 먼저 입금한 후 물건을 양도받지 못한 사례와 제품 수령 후 상태가 불량해 환불을 요구했으나 거부당했다는 내용 등이었다고 한다.

8_ 중고품 거래의 시대적 변화에 대해서는 박고은·천혜정, "당근하세요?: 모바일 플랫폼을 이용한 소비자간 중고품 거래 경험의 의미", 「소비자문제연구」 제51권 제3호, 2020, 84면 이하 참조.

9_ 전자상거래 등에서의 소비자보호에 관한 법률 [시행 2018. 12. 13.] [법률 제15698호, 2018. 6. 12, 일부개정].

공정거래위원회에 의해 마련되어 2021년 3월 5일부터 4월 14일까지 입법예고된 바 있었는데,[10] 개인 간 거래 온라인 플랫폼 운영사업자로 하여금 신원정보 확인 및 분쟁발생 시 제공 의무를 명확히 하고, 판매자에 대한 결제대금예치제도 활용 등 권고 의무를 부과하는 조항을 마련하였다가 상당한 논쟁의 대상이 된 바가 있었다.[11] 다만 아직까지 개인 간 거래를 중개하는 온라인 플랫폼 운영자의 의무와 책임을 이용자들이 처한 개별적 상황에 따라 부여되는 (개인으로서의 또는 소비자로서의) 지위에 따라 집중적으로 논의한 바는 없었던 것으로 보인다.[12] 이에 본고에서는 우선 ⅰ) 현재 개인 간 거래가 널리 행해지고 있는 온라인 플랫폼들이 수행하는 기능을 중심으로 그 유형을 분류한 뒤에, ⅱ) 온라인 플랫폼 운영자에게 일반적으로 요구되어야 할 의무와 책임이 개인 간 거래를 중개하는 플랫폼에 대해서도 의미를 가지는 경우를 살펴보고, ⅲ) 개인인 공급자와 사업자인 공급자를 구분하기 위해 온라인 플랫폼 운영자에게 요구되어야 할 의무를 검토해 본다. 그리고 마지막으로 ⅳ) 비록 개인 간 거래를 중개하는 온라인 플랫폼이지만 일정한 경우 이러한 개인들이 소비자임을 전제로 플랫폼 운영자가 부담해야 하는 의무와 책임에 대해 살펴보기로 한다.

2. 용어의 사용

현재 개인 간 거래를 칭하기 위해 일반적으로 사용되고 있는 용어의

10_ 전자상거래등에서의 소비자보호에 관한 법률 전부개정법률안(공정거래위원회), https://www.moleg.go.kr/lawinfo/makingInfo.mo?lawSeq=62975&lawCd=0&&lawType=TYPE5&mid=a10104010000에서 확인할 수 있다.

11_ 공정거래위원회 전자상거래법 전부개정안상에서 개인간 거래의 경우 판매자 신원정보 제공을 과도하게 요구하고 있다는 비판적 문헌으로 이병준, "온라인 플랫폼을 통한 개인간 거래와 소비자보호 – 당근마켓과 연관된 전자상거래법 전부개정안 제29조를 중심으로", 「소비자법 연구」 제7권 특별호, 2021, 106면 이하 참조.

12_ 유사한 주제를 다루는 문헌으로 조아름·신현주·김주찬, "온라인 중고거래 중개자에 관한 문제점과 개선방안", 「한국IT서비스학회지」 제14권 제1호, 2015, 69면 이하.

예는 다양하다. 우선 사업자가 거래 당사자로 등장하지 않기 때문에 소비자 간 거래라고 표현하거나 약어로서 C2C라는 용어가 널리 사용되고 있다. 그러나 이처럼 소비자라는 개념을 활용하여 개인 간 거래를 표현하게 되면 마치 (대등한) 일반 사인들 간의 거래도 소비자문제의 대상이 되는 듯이 오해를 야기할 수 있다는 점에서 적절한 표현은 아니라고 생각된다.[13] 소비자라는 개념은 거래 상대방이 사업자임을 전제로 함이 일반적이므로 소비자 간 거래 내지 C2C라는 용어의 사용은 지양될 필요가 있어 보인다. 이에 본고에서는 개인(Peer) 간 거래 또는 약어로서 P2P라는 용어를 사용하기로 한다. 다만 개인(Peer) 간 거래를 소비자 거래로 정의하고 있는 일부 해외 입법례를 소개하는 등 불가피한 경우[14]에는 개인과 소비자를 혼용해서 사용하기로 한다.

나아가 공급자로서의 개인을 표현하기 위해 '개인판매자'라는 용어가 사용되기도 하는데,[15] 본고에서는 개인공급자 및 개인수요자라는 표현을 사용하기로 한다. 온라인 플랫폼을 통해 성사되는 개인 간 거래의 유형은 매우 다양한데 개인판매자 내지 개인구매자라는 용어를 사용하게 되면 매매계약에 한정되는 것으로 오해할 여지가 있기 때문이다. 따라서 법률 규정의 인용 등 불가피한 경우를 제외하고는 개인 간 거래에서 재화 또는 용역을 제공하는 자를 '개인공급자', 개인공급자와 거래하고자 하는 (개인인) 상대방은 '개인수요자'라고 표현하기로 한다.

13_ 같은 견해로 이병준, "온라인 플랫폼을 통한 개인간 거래와 소비자보호―당근마켓과 연관된 전자상거래법 전부개정안 제29조를 중심으로", 「소비자법 연구」 제7권 특별호, 2021, 98면.

14_ 예컨대 아래 III. 2.

15_ 2021년 공정거래위원회 전자상거래법 전부개정안 제29조가 대표적인 예이다.

II. 개인 간 거래를 중개하는 온라인 플랫폼의 유형 및 거래 특성

1. 기능에 따른 온라인 플랫폼의 분류

플랫폼이라는 표현은 굉장히 다양한 의미로 우리 주변에서 널리 사용되고 있는 친숙한 용어로서 개별 법률들에서 적용범위 제한 내지 규제영역 한정을 위해 세부적으로 용어를 정의하지 않는 이상[16] 플랫폼 개념을 명확히 하는 것은 어려운 일이다. 다만 현재 개인 간 거래가 널리 행해지고 있는 온라인 플랫폼에 한정하여 온라인 플랫폼이 수행하는 기능을 중심으로 이들을 유형화해 보면 크게 3가지 카테고리로 분류될 수 있다.[17] 우선 고객이 온라인 플랫폼 운영자에 의해 통제되는 디지털 환경하에서 공급자의 물품, 서비스 또는 디지털 콘텐츠의 공급에 관한 계약을 체결할 수 있도록 하는 온라인 플랫폼을 생각할 수 있다.[18] 이는 온라

16_ 2021년 공정거래위원회의 전자상거래법 전부개정안에서는 '온라인 플랫폼 운영사업자'를 거래방식 및 관여도 등에 따라 '정보매개', '연결수단 제공', '거래 중개'등으로 구분하여 규정하고 있다. 정보교환 매개 서비스는 예를 들어 블로그나 카페 등과 같이 자발적으로 재화 등의 거래가 이루어지는 경우를 말하고, 연결수단 제공 서비스는 가격비교사이트 등과 같이 재화 등의 거래를 목적으로 하지만 입점업체로의 링크를 통해 거래개시를 알선하는 경우를 말하며, 거래 중개 서비스는 플랫폼에서 직접 청약을 접수하고 대가지급이 이루어지는 형태의 오픈마켓이나 앱마켓 등을 의미한다고 한다. 이 개념에 대한 비판적 문헌으로 김세준, "전자상거래법 전부개정안의 몇 가지 쟁점에 대한 검토-온라인 플랫폼 운영사업자를 중심으로", 「소비자법 연구」 제7권 특별호, 2021, 13면 이하; 서종희, "입법원칙을 기초로 바라본 전자상거래법 전부개정안의 의미와 한계", 「소비자법 연구」 제7권 특별호, 2021, 39면 이하.

17_ 거래 관련 온라인 플랫폼의 유형에 대한 자세한 논의로는 정신동, "법적 규제대상으로서 온라인 플랫폼의 유형에 관한 연구-EU법과 2021년 전자상거래법 전부개정안의 분석을 중심으로", 「유통법연구」 제8권 제1호, 2021, 81면 이하 참조.

18_ 이러한 플랫폼 유형을 구체화하고 있는 비교법적 사례로 2019년 EU 개정 소비자권리 지침 Art. 4(1)(e)(17)과 유럽법연구소(ELI)의 온라인 플랫폼 모델법 제1조 제2항 제a호가 있다.

인 플랫폼 내에서 플랫폼 운영자가 제공하는 계약 체결 시스템을 통해서 계약이 체결되는 경우를 전제한 것으로서 온라인상의 오픈마켓을 대표적인 예로 언급할 수 있는데, 개인 간 거래가 중개되는 온라인 플랫폼도 이에 해당할 수 있다. 예컨대 숙박공유 플랫폼인 에어비앤비의 경우 온라인 플랫폼에서 숙소나 체험을 둘러보며 마음에 드는 숙소나 체험을 찾아 호스트 소개, 이전 게스트가 남긴 후기, 예약 취소 옵션을 살펴본 뒤 숙소 예약을 완료할 수 있다. 그리고 예약이 확정되는 즉시 결제 수단으로 요금이 청구되는데 (숙소에 문제가 없는지 확인할 수 있도록) 예약 시점과 관계없이 게스트의 체크인 예정 시간을 기준으로 24시간이 지난 후에 호스트에게 대금이 지급되고 있다. 즉 온라인 플랫폼이 게스트와 호스트 등록, 검색 서비스뿐만 아니라 예약 및 대금의 결제 기능까지 담당하고 있는 거래 관여형 플랫폼이라고 말할 수 있다. 나아가 플랫폼이 통제하는 전자적 환경하에서 계약 체결 및 대금결제가 이뤄지는 중개 플랫폼은 중고마켓에도 존재하는데 중고물품 거래에 있어 헬로페이라는 안전결제 시스템을 이용하도록 하고 있는 헬로마켓이 대표적인 예에 해당한다.

개인 간 거래가 행해지는 두 번째 유형으로 온라인 플랫폼 운영자에 의하여 통제되는 디지털 환경하에서 공급자가 광고를 할 수 있고, 수요자가 공급자를 검색·접촉하여 플랫폼 밖에서 거래할 수 있도록 하는 기능을 제공하는 온라인 플랫폼을 생각할 수 있다. 이 경우에도 거래를 알선한다는 측면에서 앞선 첫 번째 유형의 온라인 플랫폼과 공통점을 가지지만, 온라인 플랫폼 운영자에 의해 통제되는 환경에서 당사자들 간의 계약이 체결될 필요는 없고, 연락이 가능하게끔 기능(예컨대 메시지 전달 기능 또는 채팅 기능을 생각할 수 있다.)을 제공하고 온라인 플랫폼 밖에서의 최종 거래를 위해 공급자들의 상품 검색이 가능하게끔 서비스를 제공하면 된다. 이 두 번째 플랫폼 유형은 거래를 위한 일종의 매칭 서비스만 제공하는 플랫폼이라고 말할 수 있을 것인데 당근마켓과 같은 중고거래 시장이 이에 해당한다.[19] 특히 당근마켓의 경우 개인들 사이의 중고거래에 개입하지 않음을 원칙으로 하면서 당근마켓 내의 채팅을 통해 거래와 관련된 대화를 하고 누구나 찾기 쉽고 안전한 공공장소에서 이웃과 직거래하는 것을 권장하고 있다. 예컨대 에어비앤비에서와 달리 온라인 플랫폼이 통제하는 전자적 환경하에서 계약의 체결 및 대금의 결제가 이뤄지도록 하고 있지 않기 때문에 거래 매칭 서비스만 제공한다고 볼 수 있으며, 중고거래 피해가 대부분 택배거래와 계약금 선입금에서 발생하므로 이에 대한 주의가 필요함을 고지하면서 직거래를 유도하고 있다. 그 밖에 대학생들이 자신이 사용하던 중고 대학교재를 거래할 수 있는 에브리타임 책방 서비스도 거래 매칭형 온라인 플랫폼으로 볼 수 있다. 여기서도 전공서적 등을 중고거래 하고자 하는 이용자들이 에브리타임이라고 하는 대학교 커뮤니티에서 접촉하여 (대개) 대학 근처 등에서 직거래가 이뤄지고 있다. 끝으로 개인 간 거래가 행해지는 세 번째 유형으로는 사회관계망 서비스를 제공하는 SNS 플랫폼을 생각할 수 있다.[20] 현행 전자상거래법 제9조의2[21]에서 규율하고 있는 전자게시판[22] 서비스 제공자에 해당하는 플랫폼 유형인데,[23] 비록 거래의 중개 내지

19_ 거래 매칭 플랫폼 개념에 대해서는 이병준, "온라인 플랫폼을 통한 개인간 거래와 소비자보호—당근마켓과 연관된 전자상거래법 전부개정안 제29조를 중심으로", 「소비자법 연구」 제7권 특별호, 2021, 101면; 정신동, "법적 규제대상으로서 온라인 플랫폼의 유형에 관한 연구—EU법과 2021년 전자상거래법 전부개정안의 분석을 중심으로", 「유통법연구」 제8권 제1호, 2021, 93면 이하 참조.

20_ SNS 플랫폼 내 소비자법 쟁점에 대해서는 이병준, "소셜네트워크서비스 플랫폼의 경쟁법적 · 소비자법적 쟁점", 「유통법연구」 제6권 제2호, 2019, 57면 이하 참조.

21_ 2016년 전자상거래법 개정 시에 신설된 조문으로 전자게시판서비스 제공자에 대해 일련의 규제를 신설함으로써 소위 카페, 블로그 등 새롭게 등장한 플랫폼 환경하에서 소비자 보호를 현실화하려는 목적에서 도입되었다

22_ 여기서 게시판은 「정보통신망 이용촉진 및 정보보호 등에 관한 법률」 제2조 제1항 제9호상 게시판을 말하는 것으로서, "그 명칭과 관계없이 정보통신망을 이용하여 일반에게 공개할 목적으로 부호'·문자·음성·음향·화상·동영상 등의 정보를 이용자가 게재할 수 있는 컴퓨터 프로그램이나 기술적 장치"로 정의된다.

23_ 폐쇄적 환경 속에 일부 공유자들 간에만 사진, 댓글이 공유되는 기능이 제공되는 경우 정보통신망법상 게시판 그리고 전자상거래법상 전자게시판에 해당하는지 의문이 제기될 수 있다는 최근 문헌으로 신영수, "전자상거래법상 전자게시판 규제의 요건 및

알선을 목적으로 마련된 온라인 플랫폼은 아니지만 적지 않은 개인 간 거래가 일어나고 있는 것으로 추정되고 있다.

2. 플랫폼을 통한 개인 간 거래의 특성

플랫폼 경제에 있어 최근 두드러지는 개인 간 거래의 특성은 개인과 사업자라는 지위의 구분이 점점 어려워지고 있다는 점이다. 예컨대 숙박공유 플랫폼인 에어비앤비를 통해 1회성 내지 간헐적인 숙박 서비스 제공이 이뤄지지 않고, 계속적이고 반복적으로 여유공간을 빌려주고 이에 따른 수익이 발생하는 경우가 많은데 순수한 의미의 공유경제 활동으로 보기도 어려울 뿐만 아니라 이제는 사업자로서의 지위를 가져 소비자법 및 각종 세법상의 의무[24]를 부담하는 주체가 되기도 한다. 이러한 현상은 중고거래가 행해지는 온라인 플랫폼에서도 마찬가지여서 이제는 순수한 의미의 개인 간 물품 거래로 볼 수 없는 경우도 발생되고 있다. 예컨대 최근 한정판 운동화에 대한 리셀테크[25]가 활성화되고 있는 등 희소성이 높은 한정품이나 이벤트성 제품을 구매한 뒤 중고 시장에서 소위 프리미엄(웃돈)을 붙여 판매하는 경우가 확산되고 있다.[26] 또한 소위 아이돌 소속사에서 제작한 아이돌굿즈를 구매만 하지 않고 스티커, 키링 등의 굿즈를 직접 제작하고 이를 SNS 등을 통해 공동구매 방식으로 판매하는 자도 점점 늘어나고 있는데 이 역시도 순수한 개인 간 거래라고 보기 어려운 상황이 나타나고 있다.

SNS플랫폼에 대한 적용범위", 「동북아법 연구」 제15권 제2호, 2021, 275면 이하 참조.

24_ 이에 대해서는 아래 IV. 2. (2) 참조.

25_ 되판다는 의미의 리셀(Resell)과 재테크의 합성어라고 한다.

26_ http://www.segyebiz.com/newsView/20210127507997.

III. 온라인 플랫폼 운영자의 일반적 의무와 개인 간 거래

온라인 플랫폼 운영자에게 일반적으로 요구되어야 할 의무와 책임이 사업자와 소비자 간의 거래가 아니라 개인 간 거래가 중개되는 경우에도 적용될 수 있는지 또는 적용되어야 마땅한지 논의될 필요가 있다. 이하에서는 개인 간 거래를 중개하는 온라인 플랫폼과 직접적으로 관련되어 있는 논의를 진행하기에 앞서 거래를 중개하는 온라인 플랫폼 운영자에게 일반적으로 요구될 수 있는 의무를 계약 상대방 투명성, 검색순위 투명성 및 이용후기 시스템 운영과 관련하여 간략히 살펴본다.[27]

1. 계약 상대방의 투명성

온라인 플랫폼을 통해서 재화 또는 용역에 관한 계약을 체결하는 경우 이 계약의 구속력이 플랫폼 운영자와의 관계에서 발생하는 것인지, 제3의 공급자와의 관계에서 발생하는 것인지 불명확한 경우가 있을 수 있다.[28] 이러한 거래 당사자에 대한 오인 가능성은 특히 온라인 플랫폼 운영자가 중개자로서의 역할뿐만 아니라 부분적으로 공급자의 지위를 가지는 경우에는 더욱 높을 것이다. 이러한 전제하에 현행 전자상거래법 제20조 제1항은 통신판매중개자의 의무와 책임이라는 표제하에 통신판매중개자가 자신이 통신판매의 당사자가 아니라는 사실을 소비자가

27_ 이용자에 대한 온라인 플랫폼의 일반적 의무라 하면 플랫폼 내 불법·위해 콘텐츠 차단 등 매우 다양한 의무들이 논의될 수 있지만 본고에서는 거래와 직접적으로 관련 있는 일반적 요구사항으로 한정한다.

28_ 이처럼 온라인 플랫폼을 통한 거래에 있어 거래 상대방이 투명하지 않다는 사실은 한국법제연구원이 시행한 「2019년 전자상거래 소비자피해 현황과 소비자인식 실태조사」에서도 확인된다. 이에 의하면 소비자들은 온라인 플랫폼을 통해 물품 등을 구매할 때 플랫폼 운영자를 계약의 당사자로 이해하거나(37.7%), 플랫폼 운영자와 입점사업자 모두를 계약의 당사자로 이해하고 있어(34.0%), 최소 71.7%의 소비자가 거래플랫폼을 단순한 중개자 이상으로 인식하고 있다고 한다.

쉽게 알 수 있도록 미리 고지하도록 규정하고 있다. 구체적인 고지 방법은 총리령에 위임하고 있는데, 이에 따라 전자상거래법 시행규칙 제11조의2가 사이버몰의 초기 화면에 알리는 방법, 통신판매중개자의 명의로 표시·광고를 하는 경우 그 표시·광고를 하는 매체의 첫 번째 면에 알리는 방법 등 자세한 고지 방식을 열거하고 있다.[29] 그리고 통신판매중개자가 자신이 판매 당사자가 아니라는 사실을 고지하지 않은 경우 통신판매중개의뢰자의 고의 또는 과실로 소비자에게 발생한 재산상 손해에 대하여 통신판매중개자와 통신판매중개의뢰자가 연대하여 배상할 책임을 진다고 규정하고 있다(제20조의2 제1항). 이처럼 계약 상대방의 투명성을 확보하기 위해 고지의무를 규율하고 있는 전자상거래법 제20조 제1항은 개인 간 거래를 중개하는 온라인 플랫폼 운영자에 대해서도 적용 가능함이 원칙이다. 전자상거래법 제20조 제1항은 통신판매중개의뢰자가 사업자인지 개인인지를 구분하고 있지 않기 때문이다.[30] 따라서 숙박공유 플랫폼인 에어비앤비 또는 헬로마켓과 같은 중고거래 플랫폼의 경우 자신이 아닌 제3의 공급자와 계약이 체결된다는 점은 개인 수요자에게 명확히 인식시킬 필요가 있다.

다만 전자상거래법 제20조 제1항의 고지의무와 제20조의2 제1항에 따른 연대배상책임이 적용되기 힘든 경우가 있을 수 있는데 예컨대 직거래를 원칙으로 하는 거래 매칭형 중고거래 플랫폼이 이에 해당한다. 통신판매를 중개하기 위해서는 우선 거래 당사자 간의 통신판매가 존재해야 하는데 당근마켓과 같이 지역기반의 직거래를 원칙으로 하는 경우 개인들 사이에 통신판매가 행해지지 않고 궁극적인 계약 체결이 대면거래의 형식으로 이루어지기 때문이다.[31] 즉 이 경우에는 중고거래 플랫폼

29_ 그 밖에 전자상거래법 시행규칙 제11조의2는 일정한 경우 고지의무 이행 시에 준수해야 할 글씨 크기까지 제시하여, 계약 당사자를 고지하는 글씨와 같거나 그보다 더 크게 해야 한다고 규정하고 있다(동조 제2항).

30_ 이러한 맥락에서 전자상거래법 제20조 제2항도 통신판매중개의뢰자의 신원정보를 제공할 통신판매중개업자의 의무를 규정하면서 통신판매중개의뢰자가 사업자인 경우와 비사업자인 경우를 명시적으로 구분하면서 규정하고 있다.

이 중개할 통신판매가 없는 것이 되고, 현행 전자상거래법 제20조 및 제20조의2는 적용되기 어려워진다. 그러나 이는 예외적으로 현행 전자상거래법 관련 규정이 적용되기 어렵다는 것이지 계약 상대방의 투명성과 관련된 고지의무가 전혀 필요 없다는 것을 의미하지는 않는다. 다양한 유형의 온라인 플랫폼 비즈니스가 등장하기 전에 통신판매라고 하는 낡은 개념들을 전제로 마련된 규정들이기 때문에 계약 상대방 투명성 확보를 위한 고지의무가 단순 매칭 서비스 제공형 온라인 플랫폼에도 확대 적용되도록 개정할 필요가 있어 보인다. 비록 계약 상대방이 누구인지 오인할 가능성은 크지 않다고 하더라도 플랫폼 거래의 3 당사자 특성상 거래 상대방을 투명하게 하는 것은 의미가 적지 않고, 공유경제 플랫폼이나 중고거래 플랫폼과 같이 개인 간 거래를 중개하는 경우에도 다른 유형의 서비스가 함께 제공되는 하이브리드 형태로 진화하고 있다는 점에서 고지의무는 필요해 보인다. 다만 계약의 체결까지 온라인 플랫폼 내에서 행해지는 것은 아니므로 계약 상대방 투명성 확보를 위한 고지의무를 위반하였다고 하여 연대배상과 같은 책임을 부담시킬 필요는 없는 것으로 판단된다.

나아가 전자상거래법 제20조 제1항 및 제20조의2 제1항에 따른 고지의무와 책임의 구체적 내용이 온라인 플랫폼상에서의 계약 상대방의 투명성과 관련된 이용자 보호에 충분하지 않음이 지적될 필요가 있다. 우선 계약 상대방의 오인 가능성 때문에 부과되는 책임임에도 불구하고 통신판매중개의뢰자의 고의 또는 과실로 발생한 재산상 손해에 대하여 온라인 플랫폼 운영자가 연대 배상책임을 지도록 규정하고 있는 것은

31_ 같은 견해로 이병준, "온라인 플랫폼을 통한 개인간 거래와 소비자보호-당근마켓과 연관된 전자상거래법 전부개정안 제29조를 중심으로", 「소비자법 연구」 제7권 특별호, 2021, 105면 이하. 특히 이 문헌은 경우에 따라서 거래 당사자의 의사에 의해 당근마켓에서 제공하는 거래 매칭기능을 통하여 비대면으로 계약이 체결되고 배송을 통하여 계약을 이행하는 경우도 있을 수 있지만 이러한 방식의 통신판매는 계약당사자의 선택에 따라 이루어지는 계약체결방식이고 플랫폼 사업자인 당근마켓에서 주어진 기능이 아님을 설득력 있게 지적하고 있다.

법리에도 부합하지 않고, 이용자 보호에도 충실하지 못하다. 따라서 책임의 형태가 단순히 손해배상책임을 부과하는 방식이 아닌 이행청구권 행사를 포함한 계약상의 모든 책임을 부과하는 방식으로 전환할 필요가 있다. 즉 플랫폼을 통해 타인과 계약을 체결하게 된다는 점을 고지하지 않은 온라인 플랫폼 운영자는 계약의 당사자가 아님에도 타인이 체결한 계약상의 모든 의무와 책임을 부담하도록 개정될 필요가 있다.[32] 이처럼 일정한 경우 플랫폼 운영자에게 계약의 당사자에 준하는 지위를 인정하는 것이 과도한 책임을 부담시키는 것으로 생각될 수도 있지만, 자신이 계약 상대방이 아니라는 사실을 고지하는 것이 실제에 있어 어렵지도 않고 과도한 비용을 발생시키는 것도 아니며 이용자의 편익을 저해하는 것도 아니라는 점에서 과잉 책임으로 보기는 어렵다고 생각된다.

또한 계약 상대방의 오인가능성이 높은 개별적 상황에 대해서는 온라인 플랫폼 운영자의 투명성 관련 의무를 세부적으로 규정할 필요가 있는데 이 역시도 법률 규정의 보완이 필요해 보인다. 그러한 개별 상황으로는 첫째로 온라인 플랫폼 운영자 자신이 직접 제공하는 재화 또는 용역과 공급자가 제공하는 재화 또는 용역이 명확히 구분되어 표시되지 않아 플랫폼 운영자를 거래 상대방으로 오인 가능한 경우, 둘째로 각종 기획광고와 같이 온라인 플랫폼 운영자의 명의로 행하는 재화 또는 용역에 대한 표시·광고에 있어 실제 계약 당사자가 공급자임이 명확히 표시되지 않아 플랫폼 운영자를 거래 상대방으로 오인 가능한 경우를 생각할 수 있을 것이다.[33] 이러한 경우 특별한 방식으로 계약 상대방의

32_ 그러한 방식을 취하고 있는 예로 유럽법연구소(ELI)의 온라인 플랫폼 모델법 제19조가 있다.

33_ 이러한 상황을 전제로 (비록 불완전한 부분이 있지만) 공정거래위원회 전자상거래법 전부개정안 제24조 제2항이 "온라인 플랫폼 운영사업자는 자신이 운영하는 온라인 플랫폼을 통하여 재화 등의 거래가 중개되는 경우 자신이 직접 제공하는 재화 등과 온라인 플랫폼 이용사업자가 제공하는 재화 등을 구분하여 표시하여야 한다."고 규정하고 있고, 제25조 제3항이 "온라인 플랫폼 운영사업자는 자신이 운영하는 온라인 플랫폼을 통하여 재화 등의 거래를 중개하는 경우 자신의 명의로 재화 등을 표시·광고 또는 공급하거나 자신의 명의로 계약서(계약내용에 관한 서면을 포함한다)를 교부하는 때

투명성이 보장되지 않았다면 고객으로 하여금 공급자와 고객 간의 계약상 공급자에게 행사할 수 있는 권리 및 구제수단을 온라인 플랫폼 운영자에게도 행사할 수 있도록 규정이 보완될 필요가 있다.

2. 검색순위와 이용후기 시스템

검색결과 · 순위, 이용자의 후기 작성 및 평점 부과는 온라인 플랫폼 이용자의 의사 결정에 상당한 영향을 미치고 있는데 이는 개인 간 거래가 중개되는 경우에도 마찬가지이다. 공유경제 플랫폼 내지 중고거래 플랫폼에서도 검색기능이 제공되어 공급자가 노출되는 순위 및 그 결정 기준이 중요한 의미를 가지고 있고, 거래 후기 작성기능이 제공되어 개인인 공급자들의 평판을 기초로 수요자들의 선택이 행해지고 있다. 예컨대 당근마켓의 경우 이용자의 다양한 활동을 기초로 하여 만든 매너온도라는 지표를 알려 주고 있는데 이용자들로 하여금 이를 확인하고 중고거래를 할 것을 권장하고 있다. 36.5도에서 시작해서 99도까지 올라갈 수 있는데 매너온도가 유난히 낮은 이용자를 발견한 경우에는 가입일, 인증횟수, 재거래 희망률, 텍스트화되어 있는 이용후기 등을 면밀히 확인하고 거래할 것을 권고하고 있다.

현재 국내에서 검색결과와 이용후기 조작에 대한 법적 규율은 대체로 전자상거래법 제21조 제1항 제1호에 의해 해결되고 있다. 이 규정은 전자상거래 사업자가 해서는 안 되는 금지행위를 나열하고 있는데 주로 동항 제1호상의 "거짓 또는 과장된 사실을 알리거나 기만적 방법을 사용하여 소비자를 유인 또는 소비자와 거래하거나 청약철회 등 또는 계약의 해지를 방해하는 행위"를 근거로 검색결과 내지 이용후기 조작을 규율하고 있다.[34] 그러나 이러한 규율 방식은 사후적인 규제만 가능하여

기만적 유인행위로부터 사전적 보호를 실시하기에는 미흡하기 때문에 기만적 유인행위를 사전에 차단하기 위해 검색순위를 결정하는 주요결정 기준을 표시하도록 의무화하고, 이용후기 시스템이 운영되는 경우 이용후기의 수집·처리에 관한 정보를 공개할 필요성이 제기되고 있는 상황이다.[35]

이처럼 검색순위를 결정하는 주요결정 기준을 표시하고, (평점 부과를 포함한) 이용후기의 수집·처리에 관한 정보를 공개할 필요성은 개인 간 거래가 중개되는 경우에도 마찬가지일 텐데 최근 유럽연합 권역에서 행해진 일련의 입법 활동들이 적지 않은 시사점을 던져 주고 있다. 우선 검색순위 투명성과 관련해서는 2019년 11월 소위 New Deal for Consumers로 불리는 EU 소비자보호규정의 강화 및 현대화를 위한 입법지침[36]의 제정을 통해 보완된 EU 소비자권리지침이 참고될 필요가 있다. 개정 EU 소비자권리지침은 우선 온라인 시장(Online Marketplace)이라는 개념을 신설하였는데 구체적으로 동 지침 Art. 4(1)(e)(17)가 이 지침상에서의 온라인 시장 개념을 "소비자가 웹사이트, 웹사이트의 일부분 또는 사업자에 의해 운영되거나 사업자의 이름으로 운영되는 애플리케이

2015. 8. 20. 일부개정]이 전자상거래법 제21조 제1항 제1호에 해당할 수 있는 구체적 유형으로 "사이버몰에서 판매하는 재화 등의 품질 및 배송 등과 관련하여 사업자에게 불리한 이용후기를 삭제하거나 사업자에게 고용된 자 또는 사이버몰이 후원하고 있는 소비자로 하여금 거짓으로 사업자에게 유리한 이용후기를 작성하도록 한 경우" 및 "사업자가 광고비를 받았다는 사실을 소비자에게 알리지 않고 '베스트, 추천, 기대, 화제' 등의 명칭을 붙여 재화 등을 소개함으로써 소비자로 하여금 재화 등에 대한 합리적인 평가가 토대가 되어 추천된 재화 등으로 오인하게 한 경우"를 제시하고 있는데 이는 모두 사업자와 소비자간의 거래를 전제한 것이지 개인 간 거래를 예정한 것이 아니다.

35_ 이러한 차원에서 공정거래위원회 전자상거래법 전부개정안 제16조가 정보의 투명성 확보 조치라는 표제 하에 검색결과·순위 및 사용자 후기에 관한 특별 규정을 신설하고 있다.

36_ Directive (EU) 2019/2161 of the European Parliament and of the Council of 27 November 2019 amending Council Directive 93/13/EEC and Directives 98/6/EC, 2005/29/EC and 2011/83/EU of the European Parliament and of the Council as regards the better enforcement and modernisation of Union consumer protection rules.

선 등의 소프트웨어를 사용하여 다른 사업자나 소비자와 원거리계약을 체결할 수 있도록 하는 서비스"[37]라고 정의하고 있다. 즉 온라인 시장을 사업자와 소비자 간의 거래가 중개되는 경우로 한정하지 않고, 개인 간 거래 또는 (본 지침상의 용어를 차용하면) 소비자 간 거래가 중개되는 경우도 포함되도록 넓게 정의하고 있다. 그리고 이러한 개념 정의를 기반으로 하여 B2C 거래와 P2P 거래가 일어나는 모든 온라인 마켓플레이스에 부과되는 정보제공의무를 도입하고 있는데 특히 검색순위를 결정하는 주요 매개변수 및 매개변수 간의 중요도를 공개하도록 하여,[38] 소비자 기만이나 선호도 왜곡을 방지하고 보다 정확한 검색·배열 순위 제공을 통한 온라인 플랫폼 운영의 투명성을 제고하고 있다.[39] 국내에서도 플랫폼 운영자의 영업비밀에 해당하거나 이용자들에 의한 어뷰징이 예상되는 경우가 아니라면 검색순위를 결정하는 주요결정 기준을 표시하도록 의무화할 필요가 있고, 이 경우 개인 간 거래를 중개하는 온라인 플랫폼이라고 하여 달리 판단할 것은 아니라고 생각된다.

나아가 개인 간 거래가 중개되는 플랫폼상에서의 이용후기 수집·처리 투명성과 관련해서는 2019년 12월에 공개된 유럽법연구소(European Law Institute: ELI)의 온라인 플랫폼 규율에 대한 모델법(Model Rules on Online Platforms)을 참고할 필요가 있다. 이 모델법은 플랫폼 규율을 위한 기본법 제정을 목표로 하는 것으로서 온라인 플랫폼 내 B2B 거래, B2C 거래 그리고 개인 간 거래가 행해지는 모든 경우를 예정하고 이용후기

37_ Art. 4(1)(e)(17): 'online marketplace' means a service using software, including a website, part of a website or an application, operated by or on behalf of a trader which allows consumers to conclude distance contracts with other traders or consumers.

38_ 개정된 EU 소비자권리지침상의 Art. 6a(1a).

39_ 이 지침은 독일의 경우 민법전을 개정하여 국내법화되고 있는데 이미 민법전 개정안이 2020년 10월 입법예고된 바 있다(Entwurf eines Gesetzes zur Änderung des Bürgerlichen Gesetzbuchs und des Einführungsgesetzes zum Bürgerlichen Gesetzbuche in Umsetzung der EU-Richtlinie zur besseren Durchsetzung und Modernisierung der Verbraucherschutzvorschriften der Union, 30.10.2020.).

시스템 운영과 관련된 조문을 두고 있다. 즉 개인 간 거래가 중개되는 온라인 플랫폼의 경우에도 이용후기 정보를 수집, 처리 및 게시하는 방법에 대해 정보를 공개하도록 하면서 이용후기 시스템 운영에 있어 주의의무를 이행한 것으로 추정하는 일련의 기준[40]들을 제시하고 있다. 이와 유사하게 국내에서도 이용후기 시스템을 운영하는 온라인 플랫폼 운영자에게는 이용후기의 수집·처리에 관한 정보를 공개하도록 할 필요가 있어 보이고, 이 경우에도 개인 간 거래를 중개하는 온라인 플랫폼이라고 하여 달리 판단할 것은 아니라고 생각된다.

IV. 개인인 공급자와 사업자인 공급자를 구분하기 위한 의무

1. 공급자 지위에 관한 온라인 플랫폼 운영자의 고지의무

플랫폼을 통해 공급자와 거래하는 이용자에게 있어서는 자신이 온라인 플랫폼 운영자가 아니라 제3의 공급자와 계약을 체결한다는 사실을 인식하는 것만으로 충분하지 않고, 제3의 공급자가 사업자인지 여부 그리고 (이와 연결하여) 해당 계약에 소비자법이 적용되어 특별한 보호를 받을 수 있는지 여부도 인식할 필요가 있다. 이는 특히 개인 간 거래가 중개되는 온라인 플랫폼에 사업자와 소비자 간의 거래도 함께 중개되는 복합형 온라인 플랫폼에서 큰 의미를 가지게 될 것이다. 예컨대 숙박공

40_ 유럽법연구소(ELI)의 온라인 플랫폼 모델법 제6조가 이를 상세히 규정하고 있다. 예컨대 온라인 플랫폼 운영자가 이용후기가 검증된 진실한 경험에 기인한 것이라고 광고한다면 이를 보장하는 합리적인 조치를 취해야 하고, 정당한 이유가 없는 한 이용후기 게시를 거부하거나 삭제해서는 안 되며, 이용후기가 게시되는 기본 순서가 이용자에게 오인을 유발하지 않도록 상당한 조치를 취하도록 규정하고 있다. 나아가 이용후기를 일정 기간 동안만 게시하는 경우 이 기간을 이용자에게 고지하도록 하면서, 개별 이용후기가 합산된 평점으로 제공되는 경우 이에 이용되는 전체 이용후기 개수를 표시하고 이용자에게 계산방식과 관련된 오인을 유발하지 못하도록 규정하고 있다.

유 플랫폼으로 널리 알려져 있는 에어비앤비에서 숙박업자가 제공하는 숙박서비스가 함께 검색·제공되는 경우, 중고물품 거래가 중개되는 온라인 플랫폼에 사업자도 공급자로 등장하는 경우 해당 공급자가 사업자인지 단순히 개인으로서 공급하는 자인지 여부는 거래 상대방 입장에서 매우 중요한 의미를 가지게 될 것이다.[41] 현재 대표적인 중고거래 플랫폼인 당근마켓의 경우 원칙적으로 전문판매업자의 상업적인 판매를 허용하지 않고 전문판매업자의 거래로 분류되면 게시글이 미노출될 수 있다고 안내하면서,[42] 만약 동네 이웃을 위한 사업을 운영하는 경우라면 소위 비즈프로필[43]을 만들어서 사업자성이 드러나도록 유도하고 있는데 공급자의 지위를 명확히 구분할 수 있다는 점에서 적지 않은 의미가 있다고 생각된다.

온라인 플랫폼 운영자로 하여금 제3의 공급자의 지위에 대해서 수요자인 이용자들에게 정보를 제공하고 경우에 따라서 소비자보호법이 적용되지 않음을 고지할 의무는 유럽연합 권역의 입법례에서도 확인 가능하다. EU 소비자권리지침 제6a조[44]와 유럽법연구소(ELI)의 온라인 플랫폼 모델법 제14조[45]가 대표적인 예인데, 이들 모두 "물품, 서비스 또는

41_ 이를 강조하는 선행 문헌으로 정신동, "2021년 전자상거래법 전부개정안의 주요 쟁점과 향후 과제", 「소비자법 연구」 제7권 특별호, 2021, 81면 참조.

42_ 예컨대 핸드메이드 제품은 이윤 추구를 목적으로 하는 거래로서 판매가 제한된다고 안내하고 있다.

43_ 당근마켓이 제공하는 SNS로서 사업자의 가게에 대한 정보를 공유하고 이용 후기, 채팅 등 온라인상 고객과 소통할 수 있는 기능을 제공하는데 최대 3개까지 생성할 수 있다.

44_ 제6a조 온라인 시장에서 체결된 계약에 있어서 추가적인 정보제공의무 (1) 소비자가 온라인 시장에서 원거리 계약 또는 이에 상응하는 계약의 청약에 구속되기 전에 온라인 시장 운영자는 명확하고 이해하기 쉽고 사용 중인 원격통신수단에 적합하게 다음과 같은 정보를 소비자에게 제공한다.
a) …
b) 상품, 서비스 또는 디지털 콘텐츠를 제공하는 제3자의 온라인 시장에 대한 정보제공에 기초하여 사업자인지의 여부;
c) 상품, 서비스 또는 디지털 콘텐츠를 제공하는 제3자가 사업자가 아니라면 유럽연합 소비자보호법에 규정된 소비자권리는 그 계약에 적용되지 않는다.

디지털 콘텐츠를 제공하는 제3자가 사업자인지의 여부" 그리고 "물품, 서비스 또는 디지털 콘텐츠를 제공하는 제3자가 사업자가 아니라면 유럽연합 소비자보호법에 규정된 소비자권리는 그 계약에 적용되지 않는다"는 사실을 이용자들에게 고지하도록 하고 있다. 다만 양 규정은 공급자가 사업자인지 또는 개인인지 여부를 온라인 플랫폼 운영자가 어떻게 확인하여 수요자인 이용자에게 정보를 제공할 것인지에 대해서는 상이한 태도를 취하고 있다. 우선 2019년 개정 EU 소비자권리지침 제6조a 제1항 (b)는 제3의 공급자가 개인으로서 활동하는지 사업자로서 활동하는지를 스스로 온라인 플랫폼 운영자에게 알리고, 플랫폼 운영자는 개별 공급자가 스스로 자신의 지위에 관해 고지한 바를 신뢰하여 이를 토대로 사업자성 여부를 이용자들에게 고지해도 되는 것으로 규정하고 있다. 즉, 온라인 플랫폼 운영자가 제3의 공급자가 제공한 정보를 온전히 신뢰해도 되는 것으로 규율하고 있다. 이에 반해 유럽법연구소(ELI)의 온라인 플랫폼 모델법 제14조는 제3의 공급자가 자신의 지위에 대해 플랫폼 운영자에게 제공한 정보를 신뢰해도 된다는 원칙을 설정하면서도, 플랫폼 운영자가 플랫폼 내 거래와 관련하여 이용할 수 있는 데이터를 기반으로 공급자 스스로가 제공한 정보가 사실과 다름을 알았거나 알수 있었을 경우에는 적절한 조치를 취할 의무를 부과하고 있다. 예컨대 제3의 공급자가 자신이 사업자로서 행위하지 않는다고 플랫폼 운영자에게 선언하였는데, 거래 행태 또는 대량의 사용후기 숫자가 사업자로서 행위하고 있음을 암시한다면, 플랫폼 운영자는 이용자들이 제3자인 공급자의 지위에 대해 오인하지 않도록 보장할 수 있는 (예컨대 공급자 스스로 잘못된 정보를 변경하도록 요구하거나 온라인 플랫폼 운영자가 직접 변경하는 등) 적절한 조치를 취해야 한다. 이러한 차원에서 유럽법연구소(ELI)의 온

45_ 제14조 공급자에 대한 정보를 제공할 의무 1. 플랫폼 운영자는 공급자와 고객 사이의 계약이 체결되기 직전에 현저한 방식으로 공급자가 자신의 물품, 서비스 또는 디지털 콘텐츠를 사업자로서 제공하는지 여부를 고객에게 고지해야 한다. 공급자가 사업자가 아닌 경우 플랫폼 운영자는 소비자법이 공급자와 고객 사이의 계약에 적용되지 않는다는 점도 고객에게 고지해야 한다.

라인 플랫폼 모델법은 공급자의 자기선언을 신뢰할 것을 아무런 예외 없이 허용하는 EU 소비자권리지침 제6조a 제1항 (b)와 구분된다.

생각건대 현재 기술적 수준을 고려해 보았을 때 거래를 중개하는 온라인 플랫폼 운영자는 다양한 데이터를 기반으로 하여 공급자의 사업자성을 확인하는 것이 충분히 기대가능하다고 보인다. 이는 특히 에어비앤비나 헬로마켓처럼 온라인 플랫폼을 통해 계약이 체결되는 경우 거래와 관련된 많은 데이터를 쉽게 확보할 수 있다는 점에서 더욱 그러하고, 나아가 당근마켓과 같이 거래 매칭형 플랫폼 서비스가 제공되는 경우에도 과도한 요구는 아닌 것으로 판단된다. 이미 당근마켓의 경우 예컨대 '동일 상품군에 한하여 많은 재고를 보유하거나 다양한 사이즈나 색상으로 판매하는 경우', '동네와 상관없는 인터넷 쇼핑몰 물품을 판매하는 경우', '점포 정리를 위해 새상품인 물품을 판매하는 경우', '대량으로 주문받는 경우' 등은 원칙적으로 금지한다고 안내하면서 이용자들의 게시글들을 모니터링하고 있음을 밝히고 있다.

2. 사업자인 공급자와 개인 공급자의 경계

(1) 소비자법 영역에서의 구분

지금까지 논의한 공급자가 사업자인지 개인인지 그 지위를 이용자들에게 알릴 온라인 플랫폼 운영자의 의무는 실제 공급자의 지위가 어느 정도 분명하게 구분될 수 있을 때 의미가 있을 것이다. 예컨대 공급자가 온라인 플랫폼에서 활동을 시작하려고 할 때 처음부터 사업자성이 분명하다면 이를 플랫폼 운영자에게 알리고 개인이 아니라 사업자로 활동함을 외부에 표시함에 큰 어려움이 없을 것이다. 그런데 초기에는 개인 공급자로 활동하였으나 점점 그 거래 횟수와 거래 액수가 늘어나 지속적이고 반복적인 사업의 특성이 나타나는 경우 언제부터 Peer가 사업자로 변모하였는지 그 경계선을 획정하는 것은 매우 어려운 문제이다. 예컨대 숙박공유 플랫폼을 통한 개인의 숙박제공이 연간 임대 일수가 어느 정도일 때부터 사업자성을 가지는 것으로 봐야 할지, 중고거래가 행해지는 온라인 플랫폼에서 신발 등의 리셀테크가 반복적으로 행해지는 경우 또는 인기가수의 팬들이 아이돌 굿즈를 스스로 제작하여 어느 정도 지속성을 가지면서 판매하는 경우 어떤 경계선을 넘어서게 되면 Peer가 아닌 사업자로 보아야 하는지 어려운 문제가 발생한다. 이를 전자상거래법의 적용과 관련해서 살펴보면 언제부터 Peer가 (전자상거래법의 엄격한 적용을 받는) 통신판매업자로 변모하는지 문제에 해당하게 될 것인데 현재 전자상거래법은 이들의 구분을 사실상 포기하고 있는 상황이고, 단지 이미 사업자인 통신판매업자 중에서 통신판매업 신고가 면제되는 영세 사업자를 구분해 내는 기준만 설정하고 있다.[46]

이러한 상황에서 (특히 공유경제와 관련하여) 어느 행위까지 비전문적인 개인 간 거래로 볼 수 있는지를 입법을 통해 정할 필요가 있다는 견해가 설득력 있게 제기되고 있다.[47] 이 견해에 의하면 개인(Peer)의 정의를 소득과 같은 일반적 요소를 기준으로 할 수도 있고, 주거의 단기임대와 같은 특정 영역에 있어서는 연(年) 단위에서 최대임대 일수를 기준으로 할 수도 있다고 한다. 다만 많은 경우 사업자와 비전문가적 개인을 엄격히 구분하기보다는 그 대략적인 범위를 설정하는 것이 타당할 것이라고 한다. 생각건대 이러한 맥락에서 개인 간 거래가 중개되는 온라인 플랫폼과 관련하여 행해진 세법상의 사업자 개념 논의를 참고할 필요가 있어 보인다. 아직까지 전자상거래법을 포함한 특정 영업 관련 법령들이 대부분 이 문제에 대한 해답을 주지 않고 있는데, 최근 공유경제에서의 공급자에게 과세를 하기 위한 목적으로 세법(특히 소득세법)상의 논의가 진전된 바 있기 때문이다. 개별 법률들에서는 규율 목적에 따라 같은 용어

46_ 통신판매업 신고 면제 기준에 대한 고시[공정거래위원회고시 제2020-11호, 2020. 7. 29. 일부개정] 제2조에 의하면 ⅰ) 직전년도 동안 통신판매의 거래횟수가 50회 미만인 경우 또는 ⅱ) 부가가치세법 제2조 제4호의 간이과세자인 경우 통신판매업 신고를 하지 않아도 된다.

47_ 이병준, "새로운 유통방식으로서의 공용경제(Sharing Economy)와 그 법적 규제방식에 관한 연구", 「유통법연구」 제4권 제2호, 2017, 68면.

에 대해 개념 정의를 달리할 수 있고,[48] 따라서 조세법 영역과 소비자법 영역에서의 사업자 개념이 완전히 동일하다고 보기는 어렵지만 전자상거래법상 사업자와 개인을 구분할 수 있는 하나의 징표로는 활용할 수 있을 것이고, 사업자와 개인을 구분할 수 있는 대략적인 범위의 설정에 도움을 줄 수도 있기 때문이다. 이에 이하에서는 온라인 플랫폼상에서 사업자인 공급자와 개인 공급자를 구분하는 문제를 공유숙박 플랫폼에 대한 세법상 논의와 연결하여 살펴보기로 한다.

(2) 세법 영역에서의 구분

최근 국세청에서는 몇몇 신종업종에 관한 업종코드를 마련하여 2019년 9월 1일부터 사업자등록이 가능하도록 적용하고 있는데 개인 간 거래가 중개되는 온라인 플랫폼과 관련하여 숙박공유업 및 SNS 마켓이라는 업종코드가 신설되었다. 새로 마련된 업종코드 정의에 의하면 우선 숙박공유업을 "일반인이 빈방이나 빈집 같은 여유공간(숙박공간)을 여행객들에게 유상으로 제공하는 것으로 온라인 중개 플랫폼에 등록하여 숙박공간을 사용하고자 하는 임차인(GUEST)에게 공간을 공유·사용하게 함으로써 대가를 수령하는 산업활동"을 말한다고 정의하고 있고,[49] SNS 마켓은 "블로그·카페 등 각종 사회관계망서비스(SNS) 채널을 이용하여 물품판매, 구매 알선·중개업무[50]를 담당하는 산업활동"을 말한다고 설명하고 있다. 이처럼 숙박공유업 및 SNS 마켓이라고 하는 신종업종코드를 신설한 것은 단순히 Peer라고 볼 수 없고 세법상 사업자에 해당하는

48_ 칼 엥기쉬 지음/안법영·윤재왕 역, 「법학방법론」, 세창출판사, 2011, 17면 이하 참조.

49_ 본래 2019년 9월 1일 이전에는 민박업만 업종코드로 인정되던 것이 개정이 된 것이다. 다만 국세청 업종코드의 기본이 되는 통계청의 표준산업분류에 있어서는 아직까지 민박업만 있고 숙박공유업이 별도로 마련되어 있지는 않다.

50_ 국세청 안내에 의하면 단지 물건을 판매하거나 중개 수수료를 얻는 경우뿐만 아니라, 상품 홍보를 하고 홍보비 내지 수수료를 받는 경우도 SNS 마켓 수익활동에 포함된다고 한다.

자에게 과세를 하기 위한 기초를 마련한 것으로 볼 수 있다.

다만 구체적으로 어떠한 경우에 숙박공유업을 행하는 사업자 내지 SNS 마켓이라는 산업활동을 행하는 사업자로 등록해야 하는지에 대해서는 여전히 명확한 해답을 주고 있지 못한 상황이다. 신설된 업종코드를 근거로 하여 현재 국세청에서는 "1회성이 아니라 계속적이고 반복적으로 여유공간을 빌려주고 이에 따른 수익이 발생하는 경우 사업자등록"을 해야 한다고 안내하고 있지만 구체적인 기준을 상세히 제시하고 있지는 못하다. 사업자등록을 해야 하는 부가가치세법상 사업자는 "사업 목적이 영리이든 비영리이든 관계없이[51] 사업상 독립적으로 재화 또는 용역을 공급하는 자(부가가치세법 제2조 제3호)"를 말하는데 대법원에 의하면 "부가가치를 창출해 낼 수 있는 정도의 사업형태를 갖추고 계속 반복적인 의사로 재화 또는 용역을 공급하는 자"를 말한다고 하면서 여기서 사업이란 "통상 인적 자원과 물적 시설을 갖추고 이를 토대로 계속적이고 반복적인 영리활동을 하는 것"을 말하고, "단 한번의 공급만이 있었더라도 장래 계속적이고 반복적 공급이 예정되어 있고 그 시작으로서 이루어졌다면 계속적 반복적인 공급"으로 볼 수 있다고 한다.[52] 결국 부가가치세법상 납세의무자로서의 사업자와 비사업자인 개인을 구분하는 것도 당사자가 계속 반족적인 의사로 사업형태를 갖추어서 재화 또는 용역을 공급하는지 여부가 핵심 기준이 될 것인데 언제 이 기준이 충족되는지를 세부적으로 획정하는 것은 불가능해 보인다.

이와 달리 공유경제 활성화를 위해 2019년 개정된 소득세법의 내용, 즉 공유경제 활성화를 위해 기타소득 범위를 조정하여 종합소득세 세액 계산에 특례를 부여한 내용은 사업소득과 기타소득을 구분하는 기준을 숫자로 제시하고 있다는 점에서 (적어도 공유경제 부분에 있어서) 소비자법

51_ 영리목적을 불문하는 것은 부가가치세의 경우 세부담의 전가가 예정되어 있는 간접 세이기 때문으로서, 영리성을 필요로 하지 않는다는 점을 제외하면 사업상 독립성, 계속·반복성이 인정되는 경우라야 사업자에 해당하게 된다.

52_ 대판 99다33984; 대판 2010두8430.

상으로도 사업자와 비사업자인 개인을 구분함에 적지 않은 시사점을 주고 있다. 현재 소득세법 제21조는 기타소득에 해당하는 소득 유형들을 열거하고 있는데 동조 제1항 8의2호에서 "「전자상거래 등에서의 소비자보호에 관한 법률」에 따라 통신판매중개를 하는 자를 통하여 물품 또는 장소를 대여하고 대통령령으로 정하는 규모 이하의 사용료로서 받은 금품"을 기타소득 유형으로 명시하면서, 소득세법 시행령 제41조 제7항이 "대통령령으로 정하는 규모란 연간 수입금액 500만원[53]을 말한다"고 규정하고 있다. 이는 통신판매중개를 통하여 주택이나 주차장과 같은 장소나 자동차와 같은 물건의 대여행위를 소규모로 수행함에 따라 발생하는 소득에 대하여 사업소득이 아닌 기타소득으로 과세될 수 있도록 허용하여 공유경제를 활성화하려는 취지로 새로이 도입된 것으로서, 통신판매중개를 통하여 발생하는 대여소득에 대하여만 기타소득으로 과세될 수 있도록 하여 세원 파악이 어려운 개인 간 직접 대여보다는 세원이 노출되는 통신판매중개를 통한 대여활동을 장려하여 과표양성화 효과도 기대하였다고 한다.[54] 이전 소득세법상으로는 통신판매중개를 통한

53_ 연간 수입금액으로서 500만원을 말하는 것이고, 이 중 60%가 기타소득상 필요경비로 인정되기 때문에 대부분 사업소득에 비해 유리해진다.

54_ 다만 예컨대 숙박공유업의 경우 현재 에어비앤비 등을 통한 공유숙박 서비스 제공이 「관광진흥법」상에 규정되어 있는 '외국인관광 도시민박업'과 '한옥체험업', 「농어촌정비법」의 '농어촌민박사업'에 한정되어 있다는 점에서 소위 미등록 숙박시설을 통한 위법소득에 대한 과세문제가 발생할 수 있다. 과세와 관련하여 위법소득이란 적법하지 아니한 행위에 의하여 얻은 소득을 총칭하는 말로서 형사상 범죄에 해당하는 행위로 인한 소득, 민사상 유효한 요건을 갖추지 못하여 무효이거나 취소할 수 있는 법률행위에 의하여 취득한 소득 그리고 행정법규상 요구되는 허가 또는 인가를 받지 아니하고 얻은 소득을 총칭하는 것인데, 과거 대법원은 위법 소득에 대해 과세할 수 없다는 입장을 취한 바 있다(대판 64다925). 하지만 현재 대법원의 입장은 "과세소득이 되는지 여부는 이를 경제적 측면에서 보아 현실로 이득을 지배 내지 관리하면서 향수하고 있어 담세력이 있는 것으로 판단되면 족하고, 원인관계에 대한 법률적 평가가 반드시 적법, 유효하여야 하는 것은 아니"라고 하여(대판 81누136) 위법소득에 대한 과세가 가능함을 인정하고 있다. 정당한 소득을 얻은 자나 위법한 소득을 얻은 자나 모두 그 소득을 실질적으로 향유하고 있다는 점에서 다를 바 없고, 위법을 저지른 자를 세제상 우대하는 불합리한 결과가 초래되어서는 안 되므로 위법소득에 대한 과세를 조세공평

물품 또는 장소의 대여행위가 영리를 목적으로 계속적·반복적으로 이루어지면 사업소득으로 보아 이를 종합소득과세표준에 합산하여 신고하여야 하고, 대여행위가 일시적·일회적으로 이루어지면 기타소득으로 보았는데, 이로 인해 대여행위를 전업으로 하지 않더라도 개인이 특정 장소나 물건을 사용하지 않을 때에 주기적으로 대여하는 경우 해당 소득규모는 크지 않더라도 기타소득이 아닌 사업소득으로 분류되었던 것을 수정한 것이다.

이와 같이 공유경제 활성화를 위해 도입된 소득세법 개정 내용을 고려해 보면 소비자법 영역에 있어서도 공유경제 플랫폼을 통한 거래의 경우 비사업자인 개인이 사업자로 변모하는 기준선을 연 수입금액 500만원으로 볼 수 있을 것이다. 특별한 사유 없이 양 영역에서의 기준이 서로 상이하다면, 예컨대 사업소득으로 과세가 되는데 소비자법상으로는 비사업자로 파악되거나, 역으로 소비자법상에서는 사업자로 판단되는데 소득세법상으로는 사업소득이 아닌 기타소득으로 과세가 된다면 수범자 입장에서 큰 혼란이 발생할 수 있을 것이고, 가능한 한 세법상 사업자에 해당하는 자에게 소비자법상으로도 사업자성을 부여하는 것이 법적 안정성 차원에서도 합리적일 것이다. 그러나 현재 소득세법과 소비자법을 연관 지어 사업자성을 검토하는 방식도 온전히 지지되기는 힘들어 보인다. 소득세법상 특정한 소득금액이 사업소득인지 기타소득인지 구분하기 위해서는 우선 해당 소득금액이 사업소득에 해당하는지를 판단하기 위하여 영리 목적 여부, 자기의 계산과 책임하에 소득활동을 하는지 여부, 소득활동이 계속적·반복적인지 여부를 검토해야 한다.[55] 즉 소득세법 제21조 제1항에 열거된 소득에 해당하면 기타소득으로 인정될 수 있는 것이 아니라 동항 본문에서 명시하고 있듯이 '사업소득 이

의 원칙 차원에서 인정하고 있다.

55_ 소득세법 제19조(사업소득) ① 사업소득은 해당 과세기간에 발생한 다음 각 호의 소득으로 한다.

  21. 제1호부터 제20호까지의 규정에 따른 소득과 유사한 소득으로서 영리를 목적으로 자기의 계산과 책임 하에 계속적·반복적으로 행하는 활동을 통하여 얻는 소득.

외의 소득'임을 전제로 동항에 열거된 소득 중 어느 하나에 해당해야 한다.[56] 따라서 소득세법 제21조 제1항 각호의 소득이 계속적, 반복적인 활동에 기인한 것이라면 기타소득이 아니라 사업소득으로 분류되어야 하는데, 2019년 개정 소득세법에 따르면 통신판매중개를 통하여 발생하는 소규모 대여소득이 영리 목적으로 자기의 계산과 책임하에 계속적·반복적으로 수행되는 경우에도 연 수입금액 500만원 미만이면 사업소득이 아닌 기타소득으로 구분하는 듯하여 소득개념 구분에 관한 법체계와 상충되는 측면이 있다.[57] 이러한 소득세법상의 논란을 고려해 보면 공유경제 활성화를 위한 소득세법 개정 내용에 따라 연 수입금액 500만원 미만이라는 숫자를 소비자법 영역에서도 기계적으로 활용하는 것은 적절하지 않은 것으로 보이고 사업자와 비사업자의 개인을 구분하는 것은 여전히 추상적 기준에 따라야 하는 상황이다.

(3) 소 결

결론적으로 아직까지는 소비자법 영역이든 세법의 영역이든 비사업자인 개인이 사업자로 변모해 가는 경계선은 세부적으로 확정될 수 없는 상황이라 말할 수 있다. 향후 입법을 통해 개별 업종별로 대략적인 기준이 제시될 수는 있겠지만 현재로서는 영업 내지 직업활동인지 여부, 계속성 내지 반복성의 의사로 행위를 하는 것인지 등을 외부로 드러나는 정황들을 통해 확인해야 하는 상황이다. 그리고 이를 확인하는 것이 기대 가능한 주체는 온라인 플랫폼이 될 것이므로 공급자 스스로가 개인에서 사업자로 지위 변화가 있었음을 밝히도록 하면서, 플랫폼 내 거래 관련 데이터를 기반으로 공급자의 지위 변화를 알 수 있는 경우 사업자성이 드러날 수 있도록 조치할 의무를 플랫폼 운영자에게 부과하는

56_ 소득세법 제21조(기타소득) ① 기타소득은 이자소득 · 배당소득 · 사업소득 · 근로소득 · 연금소득 · 퇴직소득 및 양도소득 외의 소득으로서 다음 각 호에서 규정하는 것으로 한다.

57_ 이를 지적하는 문헌으로 김민창 · 박성용, 「공유경제 활성화를 위한 법 · 제도 개선방안」, 국회입법조사처 입법 · 정책보고서 제70호, 2020, 12, 61면.

것이 필요해 보인다.

V. 소비자인 이용자에 대한 온라인 플랫폼 운영자의 의무와 책임

1. 중개 서비스(용역)를 제공하는 통신판매업자로서의 온라인 플랫폼 운영자

온라인 플랫폼 내에서 중개되는 거래는 개인 간 거래라 할지라도, 즉 공급자와 수요자 간의 개별 계약관계는 대등한 지위를 가지는 Peer들 사이에 발생된다 할지라도, 온라인 플랫폼 운영자는 사업자라는 점에서 플랫폼 운영자와 이용자 간의 관계는 사업자와 소비자의 관계에 해당할 수 있다. 이 문제와 관련해서는 개인 간 거래를 중개하는 온라인 플랫폼 운영자가 현행 전자상거래법상 통신판매중개업자에 해당할 수 있지만 동시에 통신판매업자로서도 지위를 가져 결과적으로 이중적 지위를 가질 수 있는지가 논의될 필요가 있다. 현재 학계에서는 학설 대립이 진행 중인데[58] 우선 통신판매업자와 통신판매중개업자라는 양 개념을 엄격하게 구분해야 하고 이중적 지위를 인정하지 않는 입장에 의하면, 통신판매중개업자와 통신판매업자의 개념을 엄격히 구분하지 않을 경우 중개업자가 중개업자로서의 책임과 함께 판매업자로서의 책임을 함께 부담하게 되어 단순한 통신판매업자보다 책임이 지나치게 넓어질 수 있고, 구체적인 사건에서 어떠한 책임을 부담할 것인지 법률상 판단이 곤란해질 수 있다고 말한다. 이와 달리 통신판매중개업자는 온라인 플랫폼 이

58_ 이와 관련한 논의로는 이병준, "전자상거래법 개정안의 법적 쟁점과 앞으로의 과제", 「경제법연구」 제18권 제3호, 2019, 156면 이하; 정진명, "플폼을 이용한 전자거래의 법률문제", 「비교사법」 제24권 제4호, 2017, 1585면; 서희석, "통신판매중개자의 법적 지위와 책임", 「소비자법 연구」 제7권 제1호, 2021, 99면 이하; 고형석, "통신판매중개와 소비자보호", 「유통법연구」 제2권 제2호, 2015, 136면 이하.

용자와의 관계에 있어서는 중개라는 용역을 제공하는 자이므로 이미 통신판매업자의 지위도 가지고 있는 것이라고 보는 견해가 있다. 이 견해는 거래에 참여하는 자들의 역할 내지 상황을 중심으로 그 역할에 부합하는 책임, 즉 중개자로서의 책임 또는 중개 용역을 제공하는 통신판매업자의 책임을 부과하면 된다고 한다.

생각건대 현행 전자상거래법상 개념정의에 의하면 통신판매에는 재화뿐만 아니라 용역을 제공하는 경우도 포함되고(제2조 제2호), 중개·알선이라는 서비스도 당연히 용역 개념에 포섭되므로 온라인 플랫폼을 이용하는 고객과의 관계에 있어서 온라인 플랫폼 운영자는 통신판매업자의 지위를 가진다고 볼 것이다. 온라인 플랫폼 운영자가 중개 서비스를 제공한다는 사실은 분명하기 때문이다. 개인 간 거래를 중개하는 온라인 플랫폼은 이용자들과 플랫폼 이용계약 내지 중개계약을 체결하고 개인 공급자와 개인 수요자 간의 거래를 중개하는 경우가 대부분이므로 이용자에게 계약에 따라 중개서비스도 제공하는 것이고 플랫폼 운영자는 중개자이면서 동시에 판매자의 지위도 갖고 이에 상응하는 책임을 부담해야 한다. 또한 국내 전자상거래법의 경우 EU의 예와 달리 유상계약만이 통신판매에 해당한다고 제한하고 있지 않다. 즉 최소한 법률 문언상으로는 무상으로 제공되는 용역의 경우에도 그것이 통신판매의 요건을 충족시킨다면 전자상거래법이 적용될 수 있도록 법 체계가 마련되어 있다. 따라서 개인 간 거래를 중개하는 온라인 플랫폼 서비스가 무상으로 제공된다고 하여 플랫폼 운영자를 통신판매업자에 해당하지 않는다고 볼 수는 없다고 생각된다. 결국 개인 간 거래를 중개하는 온라인 플랫폼 운영자는 중개 용역 제공자로서 개인 공급자 및 개인 수요자를 포함한 모든 이용자들을 소비자로서 보호할 의무가 발생한다.[59]

다만 소비자보호를 위해 마련된 현행 전자상거래법 개별 조문들이 대

59_ 같은 취지로 이병준, "온라인 플랫폼을 통한 개인간 거래와 소비자보호―당근마켓과 연관된 전자상거래법 전부개정안 제29조를 중심으로", 「소비자법 연구」 제7권 특별호, 2021, 98면 및 104면.

부분 유상계약임을 전제로 하고 있기 때문에 유상계약에 한정하여 적용되어야 할 규정들은 무상으로 개인 간 거래를 중개하고 있는 온라인 플랫폼 운영자에게 곧바로 적용할 수는 없을 것이다. 그럼에도 불구하고 무상의 중개 용역을 제공하는 플랫폼 운영자에게 적용되어야 할 의미 있는 조항으로는 제12조에서의 통신판매업신고, 제13조에서의 신원 및 거래조건에 관한 정보제공의무가 고려될 수 있을 것이다. 예컨대 온라인 플랫폼 운영자는 통신판매업자로서 개인 판매자 및 개인 수요자 모두에게 신원정보 및 거래조건에 관한 정보를 제공하여 중개 용역에 관한 거래 상대방을 소비자로서 보호할 의무를 부담하게 된다.

이와 달리 온라인 플랫폼이 제공하는 개인 간 거래의 중개 서비스가 유상계약을 기반으로 제공되는 것이라면 통신판매업자에게 요구되는 의무와 책임이 넓은 범위에서 적용가능할 것이다. 예컨대 에어비앤비와 같은 숙박공유 플랫폼이 숙소 예약 완결시 호스트뿐만 아니라 게스트로부터도 중개 수수료를 받게 된다면[60] 이는 유상의 중개계약이 체결된 것으로서 유상의 중개 용역을 제공하는 통신판매업자에게 적용될 전자상거래법 규정이 적지 않을 것이다.

2. 계약 상대방의 투명성에 관한 책임과 개인 수요자의 소비자성

앞서 이미 살펴보았듯이 개인 간 거래를 중개하는 온라인 플랫폼 운영자에 있어서도 온라인 플랫폼을 통해서 재화 또는 용역에 관한 계약의 구속력이 플랫폼 운영자와의 관계에서 발생하는 것이 아니고 제3의 개인 공급자와의 관계에서 발생하는 것임을 명확히 할 의무는 중요한 의미를 가진다. 즉 자신의 거래 상대방인 공유경제 플랫폼이나 중고거래 플랫폼을 운영하는 자가 아니라 어느 한 개인임을 분명히 하고, 플랫

60_ 예컨대 에어비앤비의 총 예약 요금에는 에어비앤비 서비스 수수료라는 게스트 서비스 수수료가 포함될 수 있다. 이는 플랫폼을 운영하고 연중무휴 커뮤니티 지원 서비스를 제공하는 데 사용된다고 안내되고 있다.

폼 운영자 자신이 직접 제공하는 재화 내지 용역과 제3의 개인들이 공급하는 재화 내지 용역을 구분하며, 온라인 플랫폼 운영자의 명의로 행하는 재화 또는 용역에 대한 표시·광고에 있어 실제 계약 당사자가 제3의 공급자임을 명확히 표시하는 것은 적지 않은 의미를 가진다. 그리고 계약 체결 기능이 제공되는 온라인 플래폼에서 이들 의무가 위반되었을 경우에는 거래 상대방에 대한 오인 가능성을 근거로 개인 수요자로 하여금 개인인 공급자와의 계약상 공급자에게 행사할 수 있는 권리 및 구제수단을 온라인 플랫폼 운영자에게도 행사할 수 있도록 개정되어야 함은 이미 지적한 바와 같다. 즉 계약 상대방 투명성에 관한 의무를 이행하지 않았을 때 플랫폼 운영자에게 계약의 당사자에 준하는 지위를 인정하여 이행청구권 및 채무불이행에 따른 권리와 구제수단 모두를 행사할 수 있도록 하는 것이 필요해 보인다.

그런데 이 경우 본래의 계약 관계는 대등한 개인들 간에 형성된 것이었지만, 이제는 플랫폼 운영자에게도 거래 당사자에 준하는 지위를 부여할 수 있다는 차원에서 청약철회권 등의 소비자로서의 권리를 플랫폼 운영자에게 주장할 수 있는지 문제가 될 수 있다. 이제는 거래 상대방이 대등한 지위의 개인이 아니라 사업자인 온라인 플랫폼 운영자가 마치 거래 상대방인 듯한 지위를 가지기 때문이다. 즉 공급자와의 관계에서는 여전히 개인 간 거래로 볼 수 있지만 온라인 플랫폼 운영자와의 관계에 있어서는 사업자와 소비자 간에 있었던 거래로 질적인 전환이 이뤄져서 소비자법상의 권리, 예컨대 소비자철회권을 주장할 수 있는지 문제될 수 있다. 이처럼 개별 거래의 질적 전환을 인정하게 되면 소비자 보호가 두터워질 수 있다는 점에서 유럽법연구소(ELI)의 온라인 플랫폼 모델법 제21조 제1항은 이를 정면으로 도입하고 있다. 즉 플랫폼 운영자에 대한 권리 및 구제 수단이라는 표제하에 "제19조 또는 제20조 제1항을 적용하는 경우, 소비자인 고객은 공급자가 사업자인지에 관계없이 공급자가 사업자라면 공급자에 대해 행사할 수 있는 모든 권리와 구제수단을 플랫폼 운영자에 대해 행사할 수 있다."고 규정하고 있는데, 국내 소비자법제에도 이를 도입하는 것이 적절한지 논의할 필요가 있다고 생각된다. 즉 개인 간 거래에 있어 계약 상대방의 투명성에 관한 의무를 온라인 플랫폼이 위반했을 때, 실제 공급자가 비사업자라 할지라도 사업자인 공급자에게 행사할 수 있는 모든 권리와 구제수단을 개인수요자가 온라인 플랫폼 운영자에 대해 행사할 수 있도록 할 실익과 타당성이 논의될 필요가 있다.

VI. 나가며

지금까지 개인 간 거래가 널리 행해지고 있는 온라인 플랫폼들이 수행하는 기능을 중심으로 3가지 유형을 분류해 보았고, 온라인 플랫폼 운영자에게 요구되어야 할 의무와 책임에 대해 살펴보았다. 계약 상대방의 투명성 확보를 위한 의무, 검색결과 및 이용후기 시스템에 대한 주의의무가 온라인 플랫폼 운영자에게 일반적으로 요구되어야 할 의무로서 개인 간 거래를 중개하는 플랫폼에 있어서도 큰 의미를 가진다고 지적하였고, 개인인 공급자와 사업자인 공급자를 구분하기 위해 온라인 플랫폼 운영자에게 요구되어야 할 의무를 검토해 보았다. 특히 공유경제 활성화를 위해 개정된 소득세법상의 기타소득 범위 조정과 관련하여 이의 한계를 지적하고, 공급자 스스로가 자신의 사업자성 또는 비사업자성을 공개하거나 플랫폼 운영자가 거래와 관련된 데이터를 분석하여 공급자의 지위 변화를 확인하도록 할 제도적 필요성을 강조하였다. 끝으로 개인 간 거래의 중개라는 서비스를 제공한다는 측면에서 온라인 플랫폼 운영자와 개인인 이용자들 간의 관계를 사업자—소비자 관계로 파악할 필요성에 대해 살펴보았다. 개인 간 거래를 중개하는 온라인 플랫폼 현상은 현행 전자상거래법이 적절히 규율할 수 있는 범위를 벗어나 있기 때문에 향후 새로운 입법을 시도함에 있어 본고에서의 논의가 활용되기를 기대해 본다.

참고문헌

고형석, "통신판매중개와 소비자보호", 「유통법연구」 제2권 제2호, 2015.

김민창·박성용, 「공유경제 활성화를 위한 법·제도 개선방안」, 국회입법조사처
　　입법·정책보고서 제70호, 2020. 12.

김세준, "전자상거래법 전부개정안의 몇 가지 쟁점에 대한 검토―온라인 플랫폼
　　운영사업자를 중심으로", 「소비자법 연구」 제7권 특별호, 2021.

박고은·천혜정, "당근하세요?: 모바일 플랫폼을 이용한 소비자간 중고품 거래
　　경험의 의미", 「소비자문제연구」 제51권 제3호, 2020.

서종희, "입법원칙을 기초로 바라본 전자상거래법 전부개정안의 의미와 한계",
　　「소비자법 연구」 제7권 특별호, 2021.

서희석, "통신판매중개자의 법적 지위와 책임", 「소비자법 연구」 제7권 제1호,
　　2021.

신영수, "전자상거래법상 전자게시판 규제의 요건 및 SNS플랫폼에 대한 적용범
　　위", 「동북아법 연구」 제15권 제2호, 2021.

이병준, "새로운 유통방식으로서의 공용경제(Sharing Economy)와 그 법적 규제
　　방식에 관한 연구", 「유통법연구」 제4권 제2호, 2017.

이병준, "소셜네트워크서비스 플랫폼의 경쟁법적·소비자법적 쟁점", 「유통법연
　　구」 제6권 제2호, 2019.

이병준, "전자상거래법 개정안의 법적 쟁점과 앞으로의 과제", 「경제법연구」 제
　　18권 제3호, 2019.

이병준, "온라인 플랫폼을 통한 개인간 거래와 소비자보호―당근마켓과 연관된
　　전자상거래법 전부개정안 제29조를 중심으로", 「소비자법 연구」 제7권 특별
　　호, 2021.

조아름·신현주·김주찬, "온라인 중고거래 중개자에 관한 문제점과 개선방
　　안", 「한국IT서비스학회지」 제14권 제1호, 2015.

정신동, "법적 규제대상으로서 온라인 플랫폼의 유형에 관한 연구―EU법과
　　2021년 전자상거래법 전부개정안의 분석을 중심으로", 「유통법연구」 제8권
　　제1호, 2021.

정신동, "2021년 전자상거래법 전부개정안의 주요 쟁점과 향후 과제", 「소비자법연구」 제7권 특별호, 2021.

정진명, "플랫폼을 이용한 전자거래의 법률문제", 「비교사법」 제24권 제4호, 2017.

칼 엥기쉬 지음/안법영 · 윤재왕 역, 「법학방법론」, 세창출판사, 2011.

온라인 플랫폼을 통한 개인 간 거래와 소비자보호*

―당근마켓과 연관된 전자상거래법 전부개정안 제29조를 중심으로―

이병준**

I. 들어가며

1. 비대면의 선불식 전자상거래 모델과 문제점

전자상거래에서 소비자의 신뢰는 거래가 성립되기 위해서 매우 중요하다. 기본적으로 전자상거래법[1]은 상점을 가지고 있지 않은 사업자로부터 비대면으로 상품에 대한 계약이 체결되고 배송을 통하여 소비자에게 이행되는 거래모델을 기초로 해서 만들어졌다.[2] 통상의 매매계약에

* 본 논문은 한국소비자법학회와 한국외국어대학교 법학연구소 소비자법센터에서 공동 개최한 "전자상거래법 전부개정 특별 세미나"에서 발표한 논문을 대폭적으로 수정·보완한 것임. 이 논문은 2021년도 한국외국어대학교 교내학술연구비의 지원에 의하여 이루어진 것이며, 소비자법연구 제7권 특별호(2021)에 게재된 것입니다.
** 한국외국어대학교 법학전문대학원 교수.
1_ 전자상거래 등에서의 소비자보호에 관한 법률(약칭: 전자상거래법) [시행 2018. 12. 13.] [법률 제15698호, 2018. 6. 12., 일부개정].
2_ 전자상거래의 일반적 문제점에 관하여 이은영, "전자상거래에서 소비자의 권리", 「인터

서는 매매대금의 지급과 상품의 인도는 동시이행이다. 그러나 소비자가 먼저 대금을 지불해야 하는 선지급식 전자상거래가 자리를 잡으면서 사업자는 대금지급이 확보되어서 비대면 거래로 인한 위험이 없지만, 소비자는 상품의 대금을 지급한 이후에 배송받으므로 전적으로 거래의 위험을 떠안게 되었다. 초기 전자상거래에서부터 대금을 지급받은 후 잠적을 하거나 하자 있는 상품을 이행한 후 해당 사업자를 찾지 못함에 따른 불이익을 소비자가 부담하고 있다.

2. 현행 전자상거래법의 신뢰확보 방안

이와 같은 문제를 해결하기 위하여 전자상거래법은 계속 변모하여 왔다. 대금의 선지급으로 인한 문제를 해결하기 위하여 결제대금예치제도인 에스크로 제도가 전자상거래법에 도입되었다.[3] 이 제도는 소비자가 결제를 하면 일단 대금을 유치하였다가 제대로 된 이행이 확보된 이후 대금을 사업자에게 지급하는 것이다. 그러나 이 제도는 신속한 전자상거래를 저해하는 측면이 있을뿐만 아니라, 대부분의 거래에서 발생하지 않는 문제를 대응하기 위하여 굳이 에스크로 제도를 이용할 필요가 없기 때문에 많이 활용되지 못하고 있다.

전자상거래법은 전자상거래의 신뢰확보를 위하여 사업자 신원정보 확보와 제공의무를 제정 때부터 광범위하게 도입하고 있다. 사이버몰 구축 및 서버 관리를 하는 호스팅서비스 사업자(제9조 제2항 및 제3항) 및 소셜네트워크 서비스와 같이 비거래목적의 정보교환 플랫폼인 전자게

넷 법률」제1호, 2000, 46면 이하; 정진명, "인터넷을 통한 거래의 계약법적 문제",「비교사법」제6권 제1호, 1999, 291면 이하; 이병준,「현대 시민사회와 소비자계약법」, 집문당, 2013, 491면 이하 참조.

3_ 결제대금예치제도에 관하여 자세한 것은 남효순, "전자상거래의 보호와 에스크로제도",「인터넷과 법률」Ⅲ, 법문사, 2010, 167면 이하; 김두진, "전자상거래의 소비자보호—스팸메일 규제와 에스크로제도의 개선방안 등을 중심으로",「경제법연구」제7권 제1호, 2008, 79면 이하 참조.

시판서비스 제공자(제9조의2 제2항 및 제3항)는 사업자 정보를 확인하고 소비자와 분쟁이 발생이 발생한 경우 관련 당사자들의 요청에 따라 해당 사업자의 신원정보를 제공함으로써 원만한 분쟁해결에 협조해야 한다. 그에 반하여 통신판매중개업자는 판매자가 사업자인 경우에는 계약체결 전에 소비자에게 사업자의 신원정보를 확인하여 제공하여야 하며, 비사업자인 경우에는 거래에 문제가 생기는 것을 대비하여 해당 판매자의 신원정보를 확보하고 그 정보를 열람할 수 있는 수단을 마련해 주어야 한다(제20조 제2항). 호스팅서비스 사업자와 전자게시판서비스 제공자의 경우에는 위 의무를 위반한 경우에 행정적 제재만 가해지지만, 통신판매중개업자의 경우에는 더 나아가 "소비자에게 정보 또는 정보를 열람할 수 있는 방법을 제공하지 아니하거나 제공한 정보가 사실과 달라 소비자에게 발생한 재산상 손해에 대하여 통신판매중개의뢰자와 연대하여 배상할 책임"을 부담한다(제20조의2 제2항).

3. 전자상거래법 전부개정안과 중고거래 플랫폼인 당근마켓의 논란

공정거래위원회는 최근에 전자상거래법 전부개정안을 마련하여 2021년 3월 5일부터 4월 14일까지(40일간) 입법예고를 하였다.[4] 해당 전부개정안은 디지털 경제의 가속화와 코로나19 장기화에 따라 비대면의 전자상거래가 활성화됨으로 인하여 온라인 유통시장이 급성장하고 온라인 플랫폼 중심으로 거래구조가 재편되면서 이를 반영하는 전자상거래법의 현대화를 그 목적으로 한다. 전부개정안은 비대면의 선불식 전자상거래의 문제점 해결을 위하여 신뢰확보와 관련한 기존의 제도를 유지하는 한편, 이용후기에 관한 규정을 도입하여 기존의 전자상거래 사업자에 해당하는 온라인판매사업자가 소비자의 이용후기를 게시하는 경우 이용후기의 수집, 처리에 관한 정보를 공개하도록 규정하고 있다(개정안

4_ http://www.ftc.go.kr/www/selectReportUserView.do?key=10&rpttype=1&report_data_no=8985.

제16조 제4항).[5]

　현재 전부개정안과 관련하여 언론에서 가장 문제가 된 조문은 전부개정안 제29조로서 개인 간 전자상거래에서의 소비자 보호에 관한 규정이다. 기존 사업자와 소비자 사이에 중개규정과 함께 있는 개인 간 거래를 별도로 분리하여 규정하면서 현행법에 신원정보 열람 제공을 부과하고 있는 애매한 규정내용을 명확히 하여, 분쟁이 발생한 경우 소비자에게 신원정보를 제공하여 분쟁의 해결에 협조하도록 하고 있다는 점에서 변화가 있다(제29조 제1항). 또한 본 조에서 신설하고 있는 의무내용은 결제대금예치제도를 이용할 수 있음을 개인판매자 및 소비자에게 알려야 할 의무이다(제29조 제2항).

　다만 기존의 전자상거래법에서 불명확하게 표현되었던 조문이 개정안에서 별도 조문으로 개인 간 전자상거래로 표현되면서 당근마켓이 적용대상이 됨이 명확히 인식되면서 논란의 대상이 되고 있다. 특히 해당 조문에서 과다한 신원정보를 수집하도록 하는 것이 개인들의 개인정보를 침해한다는 이유로 문제되고 있다.[6] 이 제도는 앞에서 살펴본 것처럼 이미 전자상거래법에 존재하였던 제도이지만, 전자상거래법의 전부개정을 하면서 본 규정의 내용이 수정됨에 따라 재검토할 필요가 있는 것이다.[7]

5_ 이에 관한 연구로 김민아/김재영, "온라인 이용후기 관련 소비자 보호방안 연구", 「한국소비자원」, 2020 참조.

6_ "당근마켓 실명제 된다?" … 새 전자상거래법, 오해와 진실, 뉴시스 2021. 3. 9.자 기사 (https://newsis.com/view/?id=NISX20210308_0001363279&cID=10401&pID=10400).

7_ 사업자의 신원정보 제공의무와 그 위반에 대한 법률효과의 문제점에 관하여는 이병준, "전자상거래 플랫폼과 거래관계에 대한 책임", 「소비자법연구」 제5권 제1호, 2019, 22면 이하; 서희석, "통신판매중개자의 법적 지위와 책임", 「소비자법연구」 제7권 제1호, 2021, 111면 이하 참조.

4. 논의의 순서와 범위

본 논문에서는 우선 개인 간 전자상거래에 관한 현행법과 전부개정안의 내용을 살펴본 후(Ⅱ), 대표적인 개인 간 중고거래 장터인 당근마켓에 대한 현행법과 전부개정안 제29조의 적용가능성에 관하여 살펴보려고한다(Ⅲ). 그다음으로 현행법의 규정내용과 전부개정안 제29조의 내용을 비판적으로 고찰한 후(Ⅳ) 제29조의 규정내용에 대한 수정제안을 하려고 한다(Ⅴ).

Ⅱ. 개인 간 전자상거래에 관한 현행 전자상거래법과 전부개정안의 내용

언론에서 제기하고 있는 비판에 대하여 공정거래위원회는 전부개정안 제29조는 이미 기존에 존재하였던 제도를 명확히 한 것에 불과하다고 해명하였다.[8] 제29조를 수정하면서 과연 그러한지는 현행 조문과 전부개정안 제29조의 분석을 통하여 드러날 것이다. 왜냐하면 현행법의 내용을 수정하면서 제29조에 규정된 내용에는 상당한 내용의 변경이 이루어졌기 때문이다.

현행법	전부개정안
제20조(통신판매중개자의 의무와 책임) ② 통신판매중개를 업으로 하는 자(이하 "통신판매중개업자"라 한다)는 통신판매중개를 의뢰한 자(이하 "통신판매중개의뢰자"라 한다)가 사업자인 경우	제29조(개인간 전자상거래에서의 소비자보호) ① 재화 등의 거래를 목적으로 온라인 플랫폼 서비스를 제공하는 온라인 플랫폼 운영사업자는 자신의 온라인 플랫폼

8_ http://www.ftc.go.kr/www/selectReportUserView.do?key=11&rpttype=2&report_data_no=8997.

에는 그 성명(사업자가 법인인 경우에는 그 명칭과 대표자의 성명)·주소·전화번호 등 대통령령으로 정하는 사항을 확인하여 청약이 이루어지기 전까지 소비자에게 제공하여야 하고, 통신판매중개의뢰자가 사업자가 아닌 경우에는 그 성명·전화번호 등 대통령령으로 정하는 사항을 확인하여 거래의 당사자들에게 상대방에 관한 정보를 열람할 수 있는 방법을 제공하여야 한다.

제20조의2(통신판매중개자 및 통신판매중개의뢰자의 책임)

② 통신판매중개자는 제20조 제2항에 따라 소비자에게 정보 또는 정보를 열람할 수 있는 방법을 제공하지 아니하거나 제공한 정보가 사실과 달라 소비자에게 발생한 재산상 손해에 대하여 통신판매중개의뢰자와 연대하여 배상할 책임을 진다. 다만, 소비자에게 피해가 가지 아니하도록 상당한 주의를 기울인 경우에는 그러하지 아니하다.

을 통하여 재화 등을 판매하는 자가 사업자가 아닌 개인(이하 "개인판매자"라 한다)인 경우에는 그 개인판매자의 성명·전화번호·주소 등 대통령령으로 정하는 사항을 확인하여야 하고, 개인판매자와 소비자(재화 등을 사업자가 아닌 자로부터 제공받는 자도 포함한다. 이하 이 조에서 같다) 사이에 분쟁이 발생한 경우에는 소비자에게 그 정보를 제공하여 분쟁의 해결에 협조하여야 한다.

② 온라인 플랫폼 운영사업자가 제1항에 따른 개인판매자의 정보를 제공하지 아니하거나 제공한 정보가 사실과 다른 때에는 개인판매자의 고의 또는 과실로 소비자에게 발생한 손해에 대하여 개인판매자와 연대하여 배상할 책임을 진다. 다만, 소비자에게 피해가 가지 아니하도록 상당한 주의를 기울인 경우에는 그러하지 아니하다.

③ 온라인 플랫폼 운영사업자는 자신의 온라인 플랫폼을 통하여 개인 간 재화 등의 거래가 이루어지는 경우 제8조 제1항 제10호의 결제대금예치제도를 이용할 수 있음을 개인판매자 및 소비자에게 알려야 한다.

1. 현행 전자상거래법상의 규정

통신판매중개업자의 경우 통신판매중개의뢰자가 사업자와 사업자가 아닌 경우로 나누고 이들의 신원정보를 확인하도록 하는 규정은 2002년도부터 있었다.

(1) 통신판매중개업자를 통한 개인 간 거래의 경우 소비자보호 필요성

소비자법은 그 인적 적용범위를 사업자와 소비자로 정하고 있다(B2C: Business to Consumer).[9] 따라서 개인 간 전자상거래에서는 개인판매자는 사업자가 아니므로 소비자법은 원칙적으로 적용되지 않는다. 사업자를 전제로 하지 않은 거래에서는 그에 대응하는 소비자도 존재하지 않으므로 이러한 거래에서는 사업자와 소비자라는 표현을 사용하지 않고 개인 사이의 거래(Peer to Peer: P2P)로 칭한다.

개인 간 전자상거래의 경우에는 전통적으로 존재하는 정보비대칭의 문제가 발생하지 않으므로 전자상거래법에 의한 보호는 원칙적으로 필요하지 않다.[10] 따라서 개인 간 전자상거래의 경우에는 철회권과 같이 전통적으로 전자상거래법의 적용을 통하여 부여되었던 권리가 인정되지 않는다. 이 영역에 대하여는 소비자법은 적용되지 않고, 일반법인 민법이 적용될 뿐이다.

그러나 통신판매중개업자는 사업자로서 비사업자가 중개의뢰를 한 경우 소비자를 보호할 의무가 있다. 즉 통신판매중개업자는 중개계약의 체결을 통하여 중개계약의 상대방인 소비자를 사업자로서 보호할 의무가 부과될 수 있다. 개인들 사이의 거래의 측면이 아니라, 중개의 측면에서 통신판매중개업자는 사업자로서 소비자인 거래당사자를 보호할 의무를 고려할 수 있다. 이러한 측면에서 사업자인 통신판매중개업자의 의무로서 제20조 제2항의 의무가 도입된 것으로 보아야 한다.[11]

참고로 덴마크법상으로도 개인 사이에 계약이 중개사업자의 도움으

9_ 소비자법의 인적 적용범위를 정하고 있는 소비자와 사업자 개념에 관하여 자세한 것은 서희석, 「소비자계약의 법리」, 부산대학교출판부, 2018, 34면 이하; 이병준, 「현대시민사회와 소비자계약법」, 집문당, 2013, 311면 이하; 송오식, 「소비자계약법」, 전남대학교출판문화원, 2021, 92면 이하 참조.

10_ P2P경제의 등장으로 인한 사업자법 내지 소비자법의 규제정당성에 관한 논의로 자세한 것은 이병준, "새로운 유통방식으로서의 공용경제(sharing economy)와 그 법적 규제방식에 관한 연구", 「유통법연구」 제4권 제2호, 2017, 55면 이하 참조.

11_ 이와 같은 취지로 고형석, "전자상거래소비자보호법 제3조 제3항과 제20조 제2항의 관계에 대한 연구", 「법조」 제59권 제2호, 2010, 147면 이하 참조.

로 체결된 경우에는 개인 사이에 체결된 계약은 구매자가 소비자인 경우에 소비자계약이 체결된 것과 동일하게 취급되고 있다. 이 경우 판매자 또는 중개사업자는 소비자법을 준수해야 하며, 중개사업자는 소비자인 구매자에게 소비자법상의 정보제공의무와 같은 내용의 의무를 준수해야 한다. 그런데 우리나라 법과 달리 덴마크법상으로 온라인 플랫폼이 중개사업자가 되기 위해서는 1) 온라인 플랫폼이 계약당사자들을 중개해야 하며, 2) 온라인 플랫폼에서 고객으로부터 대금을 수령하거나 계약을 사전에 마련했어야 한다는 요건이 추가된다.[12]

(2) 통신판매중개의뢰자가 사업자와 비사업자인 경우의 구분

특히 제20조 제2항이 통신판매중개의뢰자가 사업자인 경우와 비사업자인 경우로 나누어서 규정하고 있다는 측면에 주목할 필요가 있다. 해당 조문에 의하면 통신판매중개의뢰자가 사업자인 경우에는 사업자가 제공해야 하는 각종의 신원정보를 통신판매중개업자가 청약이 이루어지기 전까지 제공해야 한다고 규정하는 반면, 통신판매중개의뢰자가 사업자가 아닌 경우 신원정보를 열람할 수 있는 방법만 제공하도록 규정하고 있다.

이 규정은 통신판매중개의뢰자가 사업자인 경우와 비사업자인 경우를 별도로 규정하고 있는 것뿐만 아니라, 더 나아가 통신판매중개의뢰자가 사업자인 경우와 비사업자인 경우가 함께 거래하는 경우도 염두에 둔 규정이라고 할 수 있다. 즉 통신판매중개업자가 사업자뿐만 아니라, 동시에 비사업자도 중개하는 경우에 통신판매중개의뢰자가 사업자인 경우에는 청약이 이루어지기 전에 신원정보가 제공됨에 반하여 비사업

12_ 이에 관하여 자세한 것은 S ø rensen, "Private law perspectives on platform services: Uber—a business model in search of a new contractual legal frame?", 「EuCML」 2016, 15 ff. 이를 언급하는 문헌으로 Franceschi, "Mitteilung und Grünbuch der Europäischen Kommission zu den Online-Platformen: eine kritische Würdigung", in: Blaurock/Schmidt-Kessel/Erler(Hrsg.), "Plattformen—Geschäftsmodelle und Verträge", 「Nomos」, 2018, S. 24.

자인 경우에는 청약이 이루어지기 전에 신원정보가 제공되지 않기 때문에 중개의뢰자와 거래하는 당사자는 거래상대방이 사업자인지 아니면 비사업자인지를 구분할 수 있다.

(3) 통신판매의 중개

신원정보를 제공해야 할 의무의 대상은 "통신판매"중개업자이다. 따라서 통신판매의 중개를 업으로 하는 당사자이어야 한다.[13] 따라서 중개업자가 거래의 중개를 하지만, 통신판매의 중개를 목적으로 하지 않고 단지 알선만 하고 대면거래와 같이 통신수단을 활용한 거래를 목적으로 하지 않는 경우에는 통신판매중개업자에 해당하지 않게 된다.

카카오대리가 전자상거래법 제20조 제1항의 고지의무를 부담하고 이를 위반한 경우에 제20조의2 제1항에 따른 책임을 부담하는 통신판매중개자인지가 문제된 사안에서 광주지방법원에서는 카카오대리는 통신판매중개는 아니라고 판단하였다.[14] 전자상거래법상 통신판매중개는 "사이버몰(컴퓨터 등과 정보통신설비를 이용하여 재화 등을 거래할 수 있도록 설정된 가상의 영업장을 말한다)의 이용을 허락하거나 자신의 명의로 통신판매를 위한 광고수단을 제공하거나 그 광고수단에 자신의 이름을 표시하여 통신판매에 관한 정보의 제공이나 청약의 접수 등 통신판매의 일부를 수행하는 방법으로 거래 당사자 간의 통신판매를 알선하는 행위"를 말하므로(동법 제2조 제4호, 같은 법 시행규칙 제3조), 카카오대리가 통신판매중개자로 인정되기 위해서는 대리운전기사가 통신판매를 하는 통신판매자에 해당하여야 한다. 그런데 전자상거래법상 통신판매는 "우편·전기통신, 그 밖에 총리령으로 정하는 방법으로 재화 또는 용역(일정한 시설을 이용하거나 용역을 제공받을 수 있는 권리를 포함한다)의 판매에 관한 정보를 제공하고 소비자의 청약을 받아 재화 또는 용역을 판매하는 것"을 말한다

13_ 통신판매의 개념에 관하여 자세한 것은 송오식, 「소비자계약법」, 전남대학교출판문화원, 2021, 234면 이하 참조.

14_ 광주지방법원 2019. 9. 5. 선고 2018나65100 판결.

(동법 제2조 제2호). 그런데 광주지방법원에서는 대리운전기사가 카카오대리를 통하여 대리운전 용역을 제공하는 것이 전자상거래법상 통신판매에 해당한다고 볼 수 없고, 나아가 카카오대리도 통신판매중개자에 해당한다고 볼 수 없다고 판단한 것이다.

사실인정을 한 판시내용을 살펴보면 다음과 같다: "① 이 사건 서비스에는 대리운전기사들이 고객들에게 자신들이 제공하는 대리운전 용역의 판매에 관한 정보를 제공하는 과정이 존재하지 않는다. ② 이 사건 서비스는 고객이 입력한 정보를 바탕으로 그 주변에 있는 대리운전기사들에게 위 정보 및 예상가격 등이 전송되어 대리운전기사가 위 요청을 수락할지 여부에 관하여 결정하는 방식으로 이루어지는데, 고객의 청약에 대리기사가 승낙하였다 하더라도 고객이 임의로 청약을 철회하는 것이 가능하고, 대리기사와 고객이 실제로 만난 이후에도 고객이 입력한 조건이 실제와 다르다거나 고객이 대리운전기사의 서비스 제공을 거절하는 등 다른 사정에 의하여 실제로 대리운전 용역의 제공이 불가능한 경우가 존재하여 이 사건 서비스의 경우 전기통신의 방법으로 판매가 완료되었다고 보기는 어렵다. ③ 전자상거래법은 전자상거래 및 통신판매 등에 의한 재화 또는 용역의 공정한 거래에 관한 사항을 규정함으로써 소비자의 권익을 보호하고 시장의 신뢰도를 높여 국민경제의 건전한 발전에 이바지함을 목적으로 하는데(전자상거래법 제1조), 위와 같은 이 사건 서비스의 내용 및 과정에 비추어 볼 때 이 사건 서비스가 전자상거래법이 보호하고자 하는 통신판매 거래에 해당한다고 보기 어렵다."

본 판결에서는 비록 카카오대리 서비스를 통하여 고객의 청약과 대리기사가 이에 승낙하는 형태로 계약이 체결되는 것처럼 보이는 절차는 있지만, 이는 대략적인 계약내용을 형성하기 위한 절차로서 서로 조건을 맞추어 보기 위한 절차일 뿐 확정적인 계약체결로 보기는 어렵다는 것이다. 즉 계약이 체결되기 위해서는 해당 내용에 법적으로 구속되겠다는 의사(법적 구속의사)가 요구되는데, 임의로 철회가 가능하다는 점, 입력한 내용이 실제와 다른 경우 언제든지 내용을 바꿀 수 있다는 점 등을 기초로 계약의 내용이 확정되지 않았을 뿐만 아니라, 당사자들이 해당 내용에 구속될 의사가 없다고 본 것이다. 그에 따라 광주지방법원에서는 카카오대리 서비스를 통하여 계약이 완전히 체결되지 않은 것으로 보았다. 따라서 카카오대리 서비스를 이용한 비대면의 통신판매 계약은 체결되지 않은 것이고 당사자들은 카카오대리 서비스를 통하여 단지 대리서비스를 원하는 승객과 대리기사를 만날 수 있는 기회(매칭)만 마련된 것일 뿐이다. 대리기사와 정식으로 계약이 확정적으로 체결된 것은, 당사자들이 만나서 대면으로 이루어지는 것으로 보았다. 본 판결을 통하여 명백히 드러나듯 대리운전기사의 알선 내지 중개가 일어나더라도 "통신판매"의 중개가 일어나지 않는다고 한다면 "통신판매"가 없다는 측면에서 통신판매중개자 내지 통신판매중개업자도 존재할 수 없는 것이다.

2. 전부개정안의 내용

(1) 변화되거나 추가된 개정내용

전부개정안에서는 플랫폼 사업자 중심으로 개정을 하는 한편, 개인간 전자상거래가 일어나는 경우에 관한 문제를 별도의 조문으로 제29조에서 규정하고 있다. 이 조문을 통하여 공정거래위원회는 실질적인 내용의 변화를 유도하지 않고 몇 가지 수정사항을 추가하려고 하였던 것으로 파악된다. 즉 1) 수집해야 하는 정보의 내용에 주소가 포함된 점, 2) 제공시점을 분쟁발생시점으로 특정하였다는 점, 3) 열람수단 제공이 아닌 정보를 제공해야 한다는 점(제1항), 4) 결제대금예치제도의 활용가능성에 대한 고지의무를 신설(제4항)하고 있다는 점이 변화된 내용이라고 보여진다. 그런데 표제가 "개인간 전자상거래"로 붙여지고 별도의 조문으로 해당 규정이 만들어지면서 중고거래 플랫폼의 반발을 샀고, 언론에서 제29조가 전부개정안의 중요 문제점으로 부각되고 있다. 그 초점은 개인정보의 과다수집에 따른 문제에 있다. 현행법상으로 법률상으로는 성명·전화번호만 규정되어 있지만, 추가적으로 수집할 수 있는 개인정보의 내용이 시행령으로 위임된 사항이어서 수집되어야 하는 개인정보는 "성명, 생년월일, 주소, 전화번호 및 전자우편주소"로 이미 규정되어 있었고, 통신판매중개업자가 다음 각 호의 정보를 보유한 경우에는 전자서명인증사업자 또는 신용정보회사 등을 통하여 확인한 신원정보와 해당 통신판매중개업자가 제공하는 통신판매중개의뢰자의 신용도에 관한 정보"까지 제공대상이 된다(동 시행령 제25조 제2항). 전부개정안에서는 시행령에 있던 내용 중 "주소"를 법령상 추가한 것뿐이다. 그럼에도 불구하고 제29조는 과도한 개인정보 수집을 허용한다는 측면에서 과도한 규정이라는 비판을 새롭게 받고 있다.

(2) 거래 매칭 플랫폼에 대한 적용?

표제상으로 보았을 때에는 전부개정안 제29조는 명백히 "개인간 전자상거래에서의 소비자보호"라고 하고 있고 규정 내용상으로도 "자신의 온라인 플랫폼을 통하여 재화 등을 판매하는 자"라는 표현을 사용하고 있어서 플랫폼을 통하여 거래가 일어나는 것을 전제로 하고 있다. 따라서 전부개정안 제29조상으로도 원칙적으로 전자상거래 중개가 플랫폼을 통하여 일어날 것을 전제로 하고 있다.

참고로 유럽법연구소(European Law Institute)에서 2020년에 발표한 온라인 플랫폼 모델법에서는 적용대상이 되는 온라인 플랫폼으로 4가지를 상정하고 있다(제1조 제2항). 즉 온라인 플랫폼 모델법의 적용대상이 되는 것은 1) 고객이 플랫폼 운영자에 의해 통제되는 디지털 환경 내에서 공급자의 상품, 서비스 또는 디지털 콘텐츠의 공급에 관한 계약을 체결할 수 있도록 하는 플랫폼, 2) 고객이 공급자를 검색하여 플랫폼 밖에서 계약을 체결할 수 있도록 검색기능을 제공하는 플랫폼 운영자에 의하여 통제되는 디지털 환경에 공급자가 광고를 할 수 있도록 하는 플랫폼, 3) 관련 상품, 서비스 또는 디지털 콘텐츠의 공급자를 찾고 이 공급자의 웹사이트로 유도하거나 연락처를 제공하기 위한 비교정보나 조언을 고객에게 제공하는 플랫폼, 4) 플랫폼 이용자가 사용후기 시스템을 통해 공급업체, 고객, 공급업체가 제공하는 상품, 서비스 또는 디지털 콘텐츠에 대한 사용후기를 작성할 수 있도록 하는 플랫폼 등이다.[15] 간략하게 정리하자면 1) 전자상거래 중개 플랫폼, 2) 거래 매칭 플랫폼, 3) 비교정보 제공 플랫폼, 4) 이용후기 시스템 제공 플랫폼 등으로 유형을 요약할 수 있다. 두 번째 유형인 거래 매칭 플랫폼에서는 공급자가 검색가능한 상품 등에 관한 광고성 정보를 플랫폼에 게시하고 고객이 이를 검색하여 접촉이 이루어지긴 하지만, 계약은 플랫폼 밖에서 체결되는 경우를 말한다.[16] 이와 같은 거래 매칭 플랫폼에서는 플랫폼상의 전자상거래 중개가 일어나지 않을 뿐 최소한의 알선은 이루어진다는 측면에서 거래의 중개는 일어나기 때문에 거래 매칭 플랫폼도 하나의 중개 플랫폼 유형에 포함된다고 볼 수 있다. 다만 전자상거래 플랫폼 자체를 통하여 이루어지지 않는다는 측면에서 제1유형과 다르다.

제29조의 적용범위 안에 전자상거래 중개 플랫폼뿐만 아니라, 유럽법연구소에서 말하는 비대면거래와 같이 기타의 거래의 중개도 가능하게 하는 거래 매칭 플랫폼도 포함시킬 여지도 있다고 생각된다. 왜냐하면 제29조는 전자상거래 중개로 인하여 발생하는 문제를 다루는 조문이 아니라, 거래 중개로 인한 분쟁을 원만하게 해결하기 위한 목적이 있기 때문이다. 이러한 측면을 고려하면 전자상거래 중개 플랫폼뿐만 아니라, 거래 매칭 플랫폼도 적용범위에 들어올 가능성이 있다. 이 문제가 중요한 것은 바로 다음 장에서 더 자세히 살펴보겠지만, 당근마켓이 바로 이

15_ 모델법의 번역은 김상중 외, "유럽법연구소(European Law Institute) 보고서 온라인 플랫폼 모델법", 「소비자법연구」 제7권 제1호, 2021, 397면을 따른 것이다.

16_ Busch/Dannemann/Schulte-Nölke, "Bausteine für ein europäisches Recht der Plattformökonomie", 「MMR」 2020, 669; 김진우, "온라인 플랫폼 규제에 관한 유럽법 연구소의 모델규칙", 「소비자문제연구」 제51권 제3호, 2020, 190면; 정신동, "최근 EU에서의 전자상거래 중개플랫폼 사업자 책임 강화 논의와 시사점: 유럽법률협회(ELI)의 온라인플랫폼 모델규칙을 중심으로", 「소비자정책 동향」 제99호, 2019. 6면 이하 참조.

러한 거래 매칭 플랫폼에 해당하기 때문이다.

III. 중고거래 플랫폼인 당근마켓에 대한 현행법 및 전부개정 안 제29조의 적용 가능성

1. 당근마켓의 사업모델

개인간 중고거래 플랫폼인 당근마켓은 2015년에 설립되었으며 2020 년 12월 기준 월간 이용자수(MAU)가 1300만 명에 이르러 국내 최대규모 의 개인간 중고거래 플랫폼이다. 당근마켓의 거래규모는 2016년 46억 원에서 2020년 1조 원을 넘겼을 것으로 추산되고 있다. 2020년 코로나 발 경기위축으로 알뜰한 중고품 거래를 찾는 소비자들이 늘면서 당근마 켓은 전년 대비 3배에 달하는 성장세를 보였다. 해외 진출도 하고 있어 서 영국과 캐나다를 비롯해 미국 뉴저지 등 총 3개국 내 41개 지역에서 글로벌 버전인 '캐롯(Karrot)'을 베타서비스하고 있다.[17]

당근마켓의 이용약관을 보면 스스로 "지역 정보 모바일 서비스"를 제 공하는 사업자로 표현하고 있다.[18] 실제로 당근마켓은 1) 우리 동네 중 고 직거래 마켓, 2) 이웃과 함께 하는 동네생활, 3) 내 근처에서 찾는 동 네가게 등의 카테고리를 통하여 지역 관련 정보를 제공하고 있다. 본 논 문에서 자세히 살펴보려고 하는 "우리 동네 중고 직거래 마켓"의 경우 개인 간 거래를 하기 위한 정보를 게재할 수 있는 기능을 마련하고 있 다. 이러한 정보를 기반으로 개인 판매자와 구매자가 서로 접촉할 수 있 는 기회(매칭)를 제공하고 있으며 당근마켓에서 제공하는 채팅기능을 통 하여 거래당사자들은 거래내용과 거래방식에 관하여 협상을 할 수 있

17_ [변세영의 E로운 커머스] 당신의 근처 ⋯ 중고거래 1등앱 '당근마켓'의 질주, 한스경 제, 2021. 1. 5. 기사.

18_ https://www.daangn.com/policy/terms.

다. 기존의 온라인 기반의 중고거래 플랫폼과 다르게 GPS를 중심으로 지역기반으로 하고 있는 당근마켓이 거래 당사자들에게 대면거래를 권장하고 있다.[19] 그러나 당사자 사이에 어느 정도 신뢰가 확보되었거나 확보될 필요성을 느끼지 못하는 경우에 비대면의 배송방식을 취하기도 한다. 또한 당근마켓에서는 중고거래 연결 수수료를 받지 않고 있다.[20]

당근마켓은 모바일 서비스 특성상 별다른 비밀번호 없이 휴대전화 번호만으로 계정을 생성하게 되며,[21] 실제 휴대전화의 소유주임을 확인하기 위해서 가입 당시 인증 절차를 거치고 있다.[22] 당근마켓의 경우를 보면 기본적으로 가입 시 전화번호를 확보하고 지역사회 기반으로 거래가 이루어진다. 또한 거래상대방을 선택할 때 이용후기와 상대방의 신뢰도를 확인할 수 있다.

2. 현행법의 적용가능성

당근마켓이 기본적으로 통신판매중개업자로서 현행 제20조 제2항과 제20조의2 제2항의 적용을 받는지가 문제된다. 현행법 적용과 관련하여 당근마켓에 대한 적용과 관련하여 4가지 부정적 논거가 제기되고 있다.

첫째는 전자상거래법은 그 입법목적이 소비자보호법이므로 사업자와 소비자 사이의 거래를 대상으로 하는데, 개인 간 거래에 대하여는 적용될 수 없다는 비판이다. 이미 앞에서 살펴본 바와 같이 전자상거래법은 개인 간 전자거래 자체를 대상으로 삼을 수는 없다.[23] 그러나 통신판매

19_ 이러한 측면에서 당근마켓이라는 이름도 '당신 근처의 마켓'이라는 뜻에서 파생했다고 한다.

20_ 기존 중고거래 플랫폼에는 물건 수취를 보장하기 위해 결제 금액의 일부를 안전결제 형태의 수수료로 취하는 경우가 있지만, 달리 당근마켓은 커뮤니티 서비스로 게시글 작성이 무료이고 당근마켓을 통하여 계약체결 내지 결제가 이루어지지 않는다.

21_ 2015년 "판교장터"에서 "당근마켓"으로 서비스명 변경하고 이메일 기반에서 전화번호 기반으로 변경하였다.

22_ 이용약관 계정관련 사항(https://www.daangn.com/policy/terms).

23_ 위 II. 1. (1) 논의내용 참조.

중개 내지 플랫폼 서비스를 제공하는 사업자는 거래를 하는 개인들과 중개계약을 체결하거나 플랫폼 이용계약을 체결하고 전자거래를 하는 것이므로 통신판매중개업자 내지 거래 플랫폼 운영자는 사업자로서 이러한 개인들을 소비자로서 보호할 의무가 있는 것이다. 따라서 전자상거래법에서 중개 내지 플랫폼 운영 서비스 사업자로서 소비자를 보호할 의무를 부과하고 있는 것이다. 이러한 측면을 고려한다면 개인간 전자상거래를 규율하는 것이 전자상거래법이 가지고 있는 소비자보호법의 목적과 충돌하는 것은 아니다.

둘째, 전자상거래법은 전자상거래를 대상으로 하는 법인데, 개인 간 거래에서는 상인이 거래주체가 아니기 때문에 전자상거래로 볼 수 없고, 따라서 전자상거래법상 규정들이 적용될 수 없다고 한다. 그러나 앞 논의에서 보았듯이 전자상거래는 재화와 용역, 즉 상품과 서비스를 거래하는 경우에 적용되는 법률이고 중개서비스 내지 플랫폼 운영 사업자에 의하여 제공되는 플랫폼 서비스는 서비스를 사업자가 하는 전자상거래인 것이다.[24] 이러한 측면에서 전자상거래법이 중고거래 플랫폼에도 충분히 적용될 수 있는 것이다.

셋째, 지역간 거래를 기반으로 하고 있는 당근마켓의 경우에는 제3조 제4항이 적용되어 당근마켓에는 제20조 및 제20조의2를 적용할 수 없다고 한다는 비판이 있다. 제3조 제4항에서는 "일상 생활용품, 음식료 등을 인접지역에 판매하기 위한 거래"에 대하여 통신판매와 통신판매 중개에 적용되는 일부 규정을 적용제외하도록 하고 있다. 물론 당근마켓을 통하여 이루어지는 거래가 일상 생활용품, 음식료 등을 인접지역에 판매하기 위한 거래에 해당한다면 제12조부터 제15조까지, 제17조부터 제20조까지 및 제20조의2를 적용하지 않기 때문에 신원확인의무와 그

24_ 그에 반하여 통신판매에는 상품의 매매만 해당하고 임대차 등 서비스는 포함되지 않은 것으로 보는 견해로 오병철, "전자상거래법상의 거래 플랫폼 규제와 개선방안", 「외법논집」 제41권 제4호, 2017, 162면; 고형석, "통신판매중개와 소비자보호", 「유통법연구」 제2권 제2호, 2015, 142면; 문상일, "온·오프라인 융복합시장(O2O) 소비자보호를 위한 법제 정비 필요성에 관한 소고", 「경제법연구」 제15권 제1호, 2016, 162면.

에 따른 책임에 관한 규정이 적용되지 않는다.

그러나 당근마켓을 통하여 이루어지는 거래는 제3조 제4항에서 말하는 일상 생활용품, 음식료의 거래에 해당하지 않는다. 즉 이러한 거래가 일부 의무로부터 적용제외를 받는 이유는 일상 생활용품, 음식료의 거래는 정형화된 거래로서 소비자가 이미 해당 상품을 알고 있고, 인접지역의 거래이기 때문에 상점이 존재하여 해당 사업자의 신원이 확실하다는 것이 전제되어 있다.[25] 그에 반하여 중고상품 거래의 경우에는 해당 상품의 품질이 경우마다 다르기 때문에 광고성 정보에 게재된 사진상으로는 실제 상품의 상태를 확인할 수 없고 실제 상품을 직접 보아야만 확인할 수 있을 뿐만 아니라, 개인 간 거래이기 때문에 판매주체가 상점도 가지고 있지 않을 것이다. 당근마켓이 지역기반이라는 측면에서 인접지역이라는 요건은 충족하였지만, 다른 요건이 충족되지 않기 때문에 제3조 제4항의 적용제외 조항은 적용되지 않는다.

넷째, 통신판매중개가 일어나기 위해서는 통신판매가 존재해야 한다. 즉, 통신판매중개업자로서의 지위를 취득하기 위해서는 중개업자가 통신판매의 중개를 해야 한다. 당근마켓의 경우 지역기반의 직거래를 위주로 하기 때문에 개인들 사이에 통신판매가 일어나는 것이 아니라 대면거래 위주로 이루어진다. 물론 거래 당사자의 의사에 따라서는 당근마켓에서 제공하는 거래 매칭기능을 통하여 비대면으로 계약이 체결되고 배송을 통하여 계약을 이행하는 경우도 있다.[26] 그러나 이와 같은 통

25_ 이에 관하여 자세한 것은 이병준, "O2O 플랫폼 서비스와 전자상거래소비자 보호법에 의한 소비자 보호",「안암법학」제52권, 2017, 203면 이하 참조.

26_ 이와 관련하여 당근마켓에서 제공하는 채팅기능을 이용하여 계약내용에 관한 기초적인 협상이 이루어지기 때문에 전자상거래 플랫폼으로 볼 여지가 있다는 지적이 있다. 그런데 현행법상 전자상거래라고 함은 전자거래(「전자문서 및 전자거래 기본법」제2조 제5호에 따른 전자거래를 말한다. 이하 같다)의 방법으로 상행위(商行爲)를 하는 것을 말하며(제2조 제1호), 전자문서법상 "전자거래"란 재화나 용역을 거래할 때 그 전부 또는 일부가 전자문서 등 전자적 방식으로 처리되는 거래를 말한다(제2조 제5호). 따라서 계약체결 내지 계약이행의 전부 또는 일부가 전자적 방식으로 처리되는 거래를 말하므로 단지 계약협상만 전자적 방식으로 이루어진 것만으로는 전자거래가 있었

신판매는 계약당사자의 선택에 따라 이루어지는 계약체결방식이고 플랫폼 사업자인 당근마켓에서 주어진 기능이 아니다. 통상적으로는 대화기능을 통하여 계약체결에 대한 기초적 협상이 이루어져 당사자들이 직접 만나서 계약내용과 계약체결 여부를 최종적으로 결정한 후 계약을 이행하게 된다. 이러한 측면을 고려하면 개인 간 이루어진 계약방식은 통신판매가 아니므로 당근마켓도 통신판매중개업자에 해당하지 않는다.

결국 당근마켓은 통신판매의 중개를 하는 통신판매중개자가 아니고 중고거래를 원하는 개인을 매칭시켜주는 중개자에 해당된다. 이러한 시각을 기초로 한다면 현행법 제20조 및 제20조의2는 당근마켓에 적용될 수 없다.

3. 전부개정안 제29조의 적용가능성

전부개정안 제29조도 전자상거래 중개 플랫폼을 상정하고 있으므로 전자상거래가 일어나야 하나, 대면거래가 일어나는 당근마켓에는 적용될 가능성이 없다. 물론 전부개정안 제29조의 적용범위를 확장할 필요성이 있는지는 다음 장에서 더 자세히 논의해 보려고 한다.

IV. 전부개정안 제29조의 규정 내용의 타당성 검토

공정거래위원회가 주장하는 바와 같이 통신판매중개업자의 신원확인 의무는 기존에 존재하였던 제도이다. 그러나 규정내용을 수정하면서 그 적용범위가 넓어졌으므로 규정의 타당성을 검토해야 한다. 이러한 측면에서 당근마켓처럼 중고거래 플랫폼에게 신원확인의무를 부과하는 것

다고 인정하기 어렵다[이에 관하여 자세한 것은 정진명, "전자문서 및 전자거래 기본법의 주요쟁점", 「법학연구」(연세대학교 법학연구원) 제27권 제4호, 2017, 88면 이하 참조].

이 타당한지 여부를 포함하여 개인 간 거래 플랫폼에 관한 제29조를 전체적으로 검토하려고 한다.

1. 전부개정안 제29조의 전면적 재검토 필요성

(1) 플랫폼을 통한 거래에서 다양한 신뢰 형성 요소

현행 전자상거래법과 전부개정안은 전자상거래의 신뢰가 신원확인의무, 에스크로 제도 및 이용후기를 통하여 확보될 수 있다고 보고 있다. 그런데 전자상거래에서 플랫폼 이용자들의 신뢰성 확보는 플랫폼을 통하여 형성된 시장에 있어서 가장 중요한 요소 중의 하나이다.[27] 충분한 신뢰가 확보되어야만, 거래 플랫폼이 누릴 수 있는 양면시장 효과를 누릴 수 있다.[28] 즉 충분한 신뢰가 확보되어야만 일반 거래플랫폼의 경우 플랫폼 이용사업자와 소비자들, 중고거래 플랫폼의 경우에는 판매하려는 개인과 구매하려는 개인들이 모인다. 따라서 플랫폼 운영자들은 시장의 신뢰성 확보에 자체적으로 많은 고민을 하게 된다.

통상의 B2C 플랫폼에서는 판매사업자보다 거래 플랫폼을 더 신뢰하여 거래하는 경우가 많으나, 개인간 거래 플랫폼에서 많은 경우에 거래 플랫폼은 거래의 원활화에 기여하는 역할에 초점이 맞추어져 있을 뿐이다. 즉 개인간 거래 플랫폼은 판매자와 구매자를 쉽게 찾을·수 있는 매칭의 역할을 하여 플랫폼을 이용하는 개인들의 시간적·경제적 비용을 절감하면서 거래의 편의성을 증대시키고 있다. 오히려 개인간 거래에서는 거래 상대방인 개인의 신뢰도가 중요하기 때문에 판매하는 개인의 신뢰

27_ 플랫폼의 성공요인에 관하여 자세한 것은 황세희/박현준, "국내 스타트업의 현황 및 성공요인 분석: ㈜우아한형제들의 사례를 통하여", 「한국산업정보학회논문지」 제25권 제1호, 2020, 71면 이하; 김지희/이건웅, "공유숙박 서비스 성공에 미치는 요인에 대한 실증연구", 「Information Systems Review」, 제21권 제2호, 2019, 69면 이하 참조.

28_ 이에 관한 기본적인 문헌으로 이상규, "양면시장의 정의 및 조건", 「정보통신정책연구」 제17권 제4호, 2010, 73면 이하; 박미영, "온라인 플랫폼 규제를 위한 플랫폼 작용의 이해 필요성", 「유통법연구」 제5권 제2호, 111면 이하 참조.

도를 평가할 수 있는 요소가 중요하다.[29] 따라서 개인간 거래 플랫폼에서는 개인 판매자의 거래 내역, 이용후기, 평판도 등을 기초로 하여 신뢰가 주로 형성된다. 그렇지만 개인간 거래 플랫폼에서 신뢰 형성은 다양한 측면을 통하여 이루어지므로 이를 획일적으로 설명할 수는 없다.[30]

이러한 측면을 고려하면 개인 간 거래에서 당사자의 신원확인의무는 다양한 방식의 신뢰확보 수단을 획일화하는 측면이 있는 것이다. 신뢰성 확보는 전자상거래, 특히 개인간 거래 플랫폼에서 가장 중요한 요소이므로 거래의 당사자들과 거래 플랫폼이 자생적으로 문제를 다양한 방식으로 해결하도록 하는 것이 타당하다.

(2) 신원확인의무의 적용범위와 내용

선진법제에서는 개인 간 거래에서 신원확인의무를 전자상거래법처럼 강제하는 입법은 존재하지 않는다. 기존 유럽연합의 입법은 거래 플랫폼에서 전자상거래 사업자가 제공하는 정보만을 일방적으로 수집하기만 하면 되었다. 그러나 최근에 발표된 디지털 서비스 법안에서는 거래 플랫폼은 전자상거래 사업자가 제공한 신원정보의 정확성을 손쉽게 확인하고 적합한 정보가 아닌 경우 해당 판매자에게 정보의 수정요청 후 불응 시 서비스의 제공을 중단해야 할 의무를 부과하고 있다(제22조).[31]

29_ 이와 달리 개인간 거래플랫폼의 경우 기존의 거래플랫폼처럼 중개역할을 하는 플랫폼의 신뢰도를 기초로 거래가 이루어진다는 견해로 고형석, 「법조」 제59권 제2호, 148면.

30_ 개인간 거래 플랫폼에서의 신뢰형성의 다층적 측면에 관한 연구로 이보한/나종연, "소비자 간 거래 플랫폼에서의 신뢰의 구성과 형성요인", 「소비자학연구」 제31권 제3호, 2020, 167면 이하 참조.

31_ 2020년 12월 15일 유럽연합 집행위원회는 디지털 서비스법(Digital Services Act)과 디지털 시장법(Digital Markets Act)이라는 두 가지 법률의 초안을 제안하는 디지털 서비스법 패키지를 발표하였다. 디지털 서비스법에 관하여 아직 문헌이 많지 않으나 국내문헌으로 김현수/전송호, "유럽연합의 디지털서비스법안의 주요내용과 시사점", 「KISDI Premium Report」 20-11, 2020.12.; 박희영, "온라인 서비스 제공자의 책임과 의무—유럽연합 '디지털 서비스 법'(Digital Service Act) 제안", 「한국저작권위원회 COPYRIGHT ISSUE REPORT 2021」, 2021.2이 있고, 해외문헌으로 Berberich/Seib,

디지털 서비스법도 짝퉁과 불안전한 상품거래의 방지를 위하여 이와 같은 규정을 신설하고 있다. 다만 이 규정에서 사업자의 신원정보를 확보하라고 할 뿐, 개인 간 전자상거래에서 개인의 정보를 확보할 것을 규정하고 있지 않다.

그러면 왜 개인 간 전자상거래를 하는 플랫폼에서는 개인의 신원정보를 확보하는 것을 강제하고 있지 않은가? 일단 신원정보의 정확성을 확인하는 방법이 존재하지 않는다. 현행법과 개정안은 모두 판매하는 개인의 주소, 전화번호 및 전자우편주소까지 확보할 것을 요구하고 있다. 사업자의 경우에는 사업자 등록 내지 전자상거래 사업자로서 등록을 하고 이러한 공적인 등록시스템을 통하여 거래 플랫폼이 확인할 수 있는 방법이 존재한다. 이러한 방식의 확인 절차를 따르도록 하라는 것이 유럽연합 디지털 서비스법이 요구하는 확인 방법이다. 그에 반하여 개인의 경우에는 이러한 내용의 신원정보를 확인할 수 있는 방법이 없다. 현재 가입할 때 전화번호를 통한 본인확인이 가능하지만, 주소의 진위까지 확인하기는 불가능하다. 따라서 현행법은 기술적으로 불가능한 것을 요구하고 있는 법률로 볼 수 있다.[32]

(3) 공유경제에 대한 규제완화 필요성

당근마켓처럼 개인간 전자상거래를 가능하게 하는 플랫폼은 공유경제를 실현하고 있다. 즉 중고상품의 거래를 통하여 상품의 공유를 가능하게 하는 플랫폼이다. 공유경제는 자원의 절약과 신뢰사회 형성 등 긍정적인 사회적 효과를 갖는 새로운 경제모델로서 장려를 받아야 하는 사업모델이다. 따라서 강한 규제를 받기보다는 규제완화가 이루어져야 하는 영역이다.

"Der Entwurf des Digital Services Act", 「GRUR-Prax」 2021, 4; Busch, "Der Digital Services Act: Ein neuer Rechtsrahmen für den Online-Handel?", 「ZdiW」 2021(미출간)가 있다.

32_ 진위를 확인하기 위해서는 신분증을 제출하도록 요구해야 하나, 개인간 거래에서 신분증까지 요구하는 것은 너무 과하다.

이러한 측면을 고려하더라도 신원정보확인과 같은 과도한 의무를 부과하는 것은 부당하다. 특히 당근마켓에서는 개인 간 전자상거래를 가능하게 하지만 이로 인하여 직접적인 수익을 누리고 있지 않고, 간접적으로 지역상인의 광고를 통하여 수익을 누리고 있다. 이러한 측면을 고려하더라도 무상으로 이루어진 플랫폼 서비스에 대하여, 그리고 성장하고 있는 스타트업 플랫폼에 대하여 과도한 의무 부과는 지양되어야 할 것이다.

(4) 과도한 책임의 지양

현행법과 전부개정안 모두 신원확인의무 위반에 대하여 단순히 행정적 제재뿐만 아니라, 민사책임까지 부과하는 규정내용을 두고 있다. 물론 개인간 거래 플랫폼이 소비자에게 피해가 가지 아니하도록 상당한 주의를 기울인 경우에는 손해배상책임이 면책되는 규정을 두고 있기 때문에 신원확인 조치를 하였다면 면책받을 수 있는 여지는 있다. 그러나 본 규정에서 신원확인과 진실성을 확보하라는 추상적 규정만 두고 구체적으로 어떠한 방식으로 이러한 확인과 진실성 확보가 이루어져야만 면책되는지가 명확히 규정되지 않은 경우 의무와 책임이 부과되는 개인간 거래 플랫폼으로서 불안전한 지위에 있지 않을 수 없다.

손해배상책임의 규정이 이처럼 애매하게 규정되어 있는 경우는 소비자이익에도 부합하지 않는다. 왜냐하면 형식적으로 소비자는 사업자가 신원확인을 하지 않았거나 확인한 신원정보가 정확하지 않은 경우에는 손해배상을 개인간 거래 플랫폼에게 책임을 물을 수 있다고 생각하게 될 것이다. 그러나 개인간 거래 플랫폼이 형식적으로 확인의무를 이행하였다는 이유로 면책을 쉽게 받을 수 있다면 이는 소비자에게 책임을 묻지 못하게 되는 결과에 이르게 한다. 그 반면에 형식적 확인의무를 이행하였다는 이유로 중고거래 플랫폼에서 면책을 받을 수 없다면 과도한 행정력과 비용을 들여 확인과 진실성 확보를 해야 한다는 것을 의미하게 된다. 어느 쪽도 합리적인 결과를 낳는다고 볼 수 없다.[33]

이러한 측면에서 개인간 거래를 가능하게 하는 플랫폼에게 이러한 의무와 책임을 부과하는 것은 타당하지 않다.[34] 공유경제를 실현하는 플랫폼에게는 규제완화의 조치를 내려야 하는 입법자가 오히려 부당한 의무와 책임을 부과하는 양상이다. 사업자와 소비자 사이의 전자상거래에서와는 달리 개인 간 전자상거래에서 신뢰성 확보는 플랫폼 경제의 당사자들에게 맡기는 입법적 자제가 필요하다.

2. 개인간 거래 플랫폼의 개인정보 수집 범위

(1) 문제제기

전부개정안에서 개인판매자의 각종 신원정보를 수집하도록 하여 분쟁해결을 위하여 제공해야 하는 내용으로 규정한 것은 법령상의 개인정보 수집근거를 마련하는 조항으로 볼 수 있다. 따라서 개인정보의 수집과 이용은 원칙적으로 개인정보 주체의 동의를 받은 경우에만 이용할 수 있으나, 법률에 특별한 규정이 있는 경우에는 그 예외로 하고 있어 특별히 문제가 없다(개인정보보호법 제15조 제1항 참조). 특히 본 규정에 의하여 온라인 플랫폼 운영사업자가 개인판매자로부터 신원정보를 수집하는 통상적인 방법을 생각해 보면 법령상 의무에 기하여 거래 플랫폼에 회원으로 가입할 때 개인정보를 수집할 것이고, 이때 개인판매자의 동의를 받고 신원정보를 수집할 것이기 때문에 크게 문제가 될 것은 없다고 생각된다. 다만 문제가 되는 것은 개인정보를 수집하는 경우에는 그 목적에 필요한 최소한의 개인정보를 수집하여야 한다는 점이다(개인정보보호법 제16조 제1항 참조). 따라서 문제는 현행법상의 규정과 이를 바탕으

33_ 중국의 경우 사업자에 대하여만 실질적 심사를 하며 개인간 거래의 경우 형식적인 심사에 머물고 있다는 문헌으로 쑤하오핑, "소비자에 대한 전자상거래 플랫폼의 법적 책임", 「소비자법연구」 제5권 제1호, 2019, 62면.

34_ 플랫폼사업자는 계약당사자가 아니므로 판매자의 신원정보나 그 열람방법을 제공하지 아니한 사유만으로 연대배상책임을 지우는 것은 과도하다는 견해가 있다(정진명, "플랫폼을 이용한 전자거래의 법률문제", 「비교사법」 제24권 제4호, 2017, 1585면).

로 한 전부개정안이 목적에 필요한 최소한의 개인정보 수집을 규정하고 있느냐이다.

개인 간 거래에서 온라인 플랫폼 운영자가 개인판매자의 정보를 수집하는 것은 2가지 목적이 있다. 첫째는 개인판매자의 동일성을 확인하기 위하여, 둘째는 원활한 분쟁해결이다. 통상 개인의 동일성을 확인하는 데 있어서 원칙적으로는 성명, 생년월일 및 주소가 원칙이지만, 거래가 온라인으로 이루어지는 점을 감안하면 전화번호 등 연락처가 원칙이다. 왜냐하면 통상적으로 개인인 경우에는 신분증을 기초로 확인이 이루어지지 않고, 전화번호를 기초로 통신사를 통하여 신원확인이 이루어지고 있기 때문이다. 따라서 필수적이므로 수집해야 할 개인정보의 범위는 원칙적으로 전화번호, 전자우편주소 등 연락처 한도로 규정하는 것이 타당하다고 생각된다.

사업자와 소비자 사이의 거래에 있어서는 사업자는 자신의 신원정보를 제공할 의무가 법률상 부과되고 있고, 전자상거래 플랫폼에서 거래가 일어나면 중개 플랫폼 운영사업자는 사업자가 제공한 신원정보와 거래내역에 관한 정보를 자연스럽게 갖게 된다. 따라서 이와 같은 정보가 중개 플랫폼 운영사업자에게 부과되더라도 새롭게 추가하여 정보를 수집할 필요가 없으므로 쉽게 이행할 수 있는 의무로 이해될 수 있다. 그에 반하여 개인 간 거래에서는 원칙적으로 개인판매자는 자신의 신원정보를 제공할 의무가 없고 이러한 의무가 부과되고 있지 않으므로 플랫폼을 통하여 거래가 일어나더라도 개인판매자는 자신의 신원정보를 제공할 필요가 없기 때문에 플랫폼 운영사업자는 개인판매자의 신원정보를 자연스럽게 수집하고 있지 않다. 따라서 플랫폼 운영사업자에게 개인판매자의 신원정보와 거래내역에 관한 정보를 수집해야 한다고 한다면 이는 새롭게 의무를 부과하는 것이어서 플랫폼 운영사업자에게 추가적인 부담으로 다가오게 된다. 그런데 개인간 거래 플랫폼 운영사업자는 통상 직접 개인간 거래를 통하여 수익을 누리지 않을 뿐만 아니라, 공유경제를 실현하는 기업이라는 측면을 고려하면 추가적인 규제보다는 오히려 규제완화를 고려해야 한다. 이러한 측면에서 현재 개인간 거래 플랫폼에서 수집하고 있는 개인판매자의 신원정보만을 제공하도록 해야 하고, 이는 바로 실무상 가입 시 본인 확인을 위하여 제공하는 전화번호, 전자우편주소 등 연락처에 해당한다.[35]

(2) 개인정보보호위원회의 의견

개인정보보호위원회는 4월 28일 개최된 전체회의에서 전자상거래법 전부개정안에 대해 "온라인 플랫폼 운영사업자(당근마켓 등)가 중개 서비스라는 본질적인 기능을 수행하는 데 있어 필수적이지 않은 정보를 수집하도록 의무화하고 있다"고 보고 "개인정보 최소수집의 원칙과 배치되고, 개인판매자의 개인정보 자기결정권을 과도하게 제한하는 내용"이라고 지적했다.[36] 그러면서 "개인 간 거래 시의 필수정보인 연락처 및 거래정보를 공적 분쟁조정기구에 대해서만 제공할 수 있도록 권고를 했다"고 밝혔다.

개인정보보호위원회는 "현재 비실명 기반 플랫폼 이용자가 지속적으로 증가하는 상황에서 비실명 거래를 하는 2000만 명의 성명, 주소 등의 개인정보를 추가적으로 확인해야 하고, 추가 확인하는 개인정보의 유출과 노출, 오남용 위험도 배제할 수 없다"면서 "소비자보호를 위한 일률적인 개인판매자 정보 수집 의무화의 근거가 미약하다"고 지적했다.

3. 윤관석 의원 전부개정안 발의

국회 정무위원장 윤관석 의원은 2021년 3월 30일 대표발의를 통하여 공정거래위원회 전부개정안을 바탕으로 수정안을 제의하였다.[37] 제29조

35_ 전화번호, 전자우편주소 등 연락처만으로 분쟁해결의 목적을 달성할 수 있는지에 관하여는 아래 V. 1. (2) 참조.

36_ 결국 개인정보위가 제동 건 공정위 '당근마켓 개인정보 수집 의무' 논란 서울신문 2021. 4. 28.자 기사.

37_ 전자상거래 등에서의 소비자보호에 관한 법률 전부개정법률안(윤관석 의원 대표발의)

와 관련하여서는 제1항 개인 간 전자상거래에서 성명, 전화번호, 주소 중 '주소'를 삭제하고 분쟁발생 시 소비자에게 그 정보를 제공하여야 한다는 의무조항도 삭제하여 개인간 거래에서 개인정보 보호장치를 마련하였다. 또한 제3항에서 결제대금예치제도를 구비하고 있을 경우 개인판매자에게 알릴 수 있도록 완화하여 에스크로 제도 안내를 의무가 아닌 선택사항으로 변경하였다.

제29조(개인간 전자상거래에서의 소비자 보호) ① 재화 등의 거래를 목적으로 온라인 플랫폼 서비스를 제공하는 온라인 플랫폼 운영사업자는 자신의 온라인 플랫폼을 통하여 재화 등을 판매하는 자가 사업자가 아닌 개인(이하 "개인판매자"라 한다)인 경우에는 그 개인판매자의 성명 · 전화번호 등 대통령령으로 정하는 사항을 확인하여야 하고, 개인판매자와 소비자(재화 등을 사업자가 아닌 자로부터 제공받는 자도 포함한다. 이하 이 조에서 같다) 사이에 분쟁이 발생한 경우에는 분쟁의 해결에 협조하여야 한다.
② 온라인 플랫폼 운영사업자는 자신의 온라인 플랫폼을 통하여 개인 간 재화 등의 거래가 이루어지는 경우 제8조 제1항 제11호의 결제대금예치제도를 구비하고 있을 시에는 개인판매자 및 소비자가 이를 선택할 수 있도록 알려야 한다.

4. 전제수 의원 전부개정안 발의

또한 전제수 의원은 2021년 5월 26일 유사하게 공정거래위원회 안을 기초로 그 내용을 수정한 전부개정안을 대표발의하였다.[38] 개인간 전자상거래와 관련하여 주목할 부분은 수집해야 할 신원정보에서 성명을 삭제하고 연락처 및 거래정보로 제한하고 있다는 점이다.

의안번호 9213.
38_ 전자상거래 등에서의 소비자보호에 관한 법률 전부개정법률안(전제수 의원 대표발의) 의안번호 10377

제30조(개인간 전자상거래에서의 소비자 보호) ① 사업자가 아닌 자 사이에 재화등의 거래를 목적으로 온라인 플랫폼을 운영하는 사업자(이하 "개인간 전자상거래 온라인 플랫폼 운영사업자"라 한다)는 자신의 온라인 플랫폼을 통하여 재화등을 판매하는 자가 사업자가 아닌 개인(이하 "개인판매자"라 한다)인 경우 그 개인판매자와 소비자(재화등을 사업자가 아닌 자로부터 제공받는 자도 포함한다. 이하 이 조에서 같다) 간의 분쟁 해결을 위하여 소비자가 요청하는 경우 제36조제1항에 따른 소비자피해 분쟁조정기구에 개인판매자의 연락처 및 거래정보를 제공하여 분쟁해결에 협조하여야 한다.
② 개인간 전자상거래 온라인 플랫폼 운영사업자가 제1항에 따른 개인판매자의 정보를 제공하지 아니하거나 제공한 정보가 사실과 달라 소비자에게 발생한 손해에 대하여 개인판매자와 연대하여 배상할 책임을 진다. 다만, 소비자에게 피해가 가지 아니하도록 상당한 주의를 기울인 경우에는 그러하지 아니하다.
③ 개인간 전자상거래 온라인 플랫폼 운영사업자는 자신의 온라인 플랫폼을 통하여 개인 간 재화등의 거래가 이루어지는 경우 제8조 제1항 제11호의 결제대금예치제도를 이용할 수 있음을 개인판매자 및 소비자에게 알려야 한다.

Ⅴ. 전부개정안 제29조의 수정 제안

1. 제29조의 수정안

(1) 매칭 플랫폼을 포괄하는 일반적 거래플랫폼으로 규정내용의 확장

앞의 논의에서 살펴본 바와 같이 전부개정안 제29조는 전자상거래를 가능하게 하는 온라인 플랫폼 운영사업자에게 개인판매자의 개인정보를 수집한 후 분쟁해결에 협조의무를 부과하는 것과 함께 결제대금예치제도를 안내하는 의무를 두고 있다. 이와 같은 의무를 부담하는 주체를, 거래를 목적으로 하는 온라인 플랫폼 운영자로 상정하는 것은 타당하지만, 플랫폼을 통하여 중개되는 거래가 반드시 전자상거래에 제한될 필요가 없다. 다시 말하면 온라인 플랫폼상으로 반드시 해당 거래가 비대면의 전자상거래 방식을 통하여 이루어질 필요가 없고 온라인 플랫폼 밖에서 일어나는 대면거래이어도 상관없다. 즉 온라인 플랫폼 밖에서 개인간 대면거래가 일어나는가 비대면거래가 일어나는가의 여부와 상관없이 온라인 플랫폼이 거래의 중개 내지 거래당사자들의 거래를 매칭하는 역할을 하였다면 요건이 충족된 것으로 볼 수 있다. 왜냐하면 해당 거래가 전자상거래 방식으로 또는 대면방식으로 체결되었는지 여부와 상관없이 거래로 인한 분쟁해결의 필요성은 동일하게 존재하기 때문이다. 따라서 전부개정안의 표제처럼 개인간 전자상거래로 그 적용범위를 한정할 필요가 없고, 모든 거래로 확대하는 것이 타당하다.

다시 말하면 통상적인 B2C 전자상거래 플랫폼에서처럼 개인간 거래 플랫폼에서 마련한 계약체결 절차를 통하여 계약이 체결되는 경우는 물론, 거래 매칭 플랫폼에서처럼 판매하려는 개인과 구매하려는 개인이 서로 만날 수 있는 장만을 플랫폼에서 마련하여 주고 플랫폼에서 마련한 채팅과 같은 통신수단을 통하여 계약의 내용에 관한 협상은 일어나지만 종국적인 계약체결은 플랫폼 밖에서 이루어지는 경우도 포함해야 한다고 생각한다. 전자상거래 플랫폼이든 거래 매칭 플랫폼이든 중개 내지 최소한 알선은 플랫폼을 통하여 일어나므로 플랫폼을 통한 중개를 인정할 수 있다. 따라서 해당 중개로 일어난 거래에 분쟁이 발생한 경우 분쟁의 해결을 위하여 거래의 당사자들은 중개의 역할을 한 플랫폼에 대하여 수집하고 있는 거래 상대방의 신원에 관한 정보를 요구할 수 있는 것이다. 이는 중개를 한 중개인으로서의 역할로부터 발생하는 분쟁해결을 위한 최소한의 협조의무에 해당하고 이러한 의무는 해당 중개된 거래가 전자상거래이냐 대면거래이냐 여부와 상관없이 인정될 수 있다.

(2) 분쟁해결을 위하여 수집해야 하는 정보 내용을 개인판매자의 연락처로 제한

개인간 거래에서 분쟁해결은 통상 법원에 의한 정식 재판절차를 거치지 않고 대체적 분쟁해결수단(Alternative Dispute Resolution: ADR)을 통하여 해결될 것이다. 대체적 분쟁해결은 이상적으로는 (1) 협상 ⇨ (2) 알선 내지 조정 ⇨ (3) 중재의 단계를 거치는 것으로 되어 있지만, 우리나

라에서는 아직 개인간 분쟁 내지 소비자분쟁을 중재를 통하여 해결하는 기관이 전자상거래 내지 온라인 플랫폼 영역에는 없으므로 협상 및 조정만이 주로 문제가 된다.[39]

개인간 거래에서는 통상 당사자들은 그들 사이의 협상을 통하여 분쟁해결을 시도할 것이다. 이와 같은 협상을 통한 분쟁해결에 있어서 당사자가 필요한 개인판매자의 개인정보는 연락처이면 충분하다. 그리고 이단계에서 대부분 분쟁이 해결된다. 그런데 당사자 사이의 협상을 통하여 분쟁해결을 하지 못하면 제3자의 알선 내지 조정단계를 통하여 분쟁해결을 도모해야 한다. 현재 개인간 거래의 분쟁해결기관은 전자거래라고 한다면 전자문서·전자거래분쟁조정위원회가 있다. 그리고 전자문서·전자거래분쟁조정위원회의 조정신청을 하기 위한 조정신청서에는 피신청인인 개인판매자의 성명, 주민등록번호, 주소, 연락처를 기재하도록 되어 있다. 그런데 이와 같은 개인판매자의 개인정보는 조정의 효력이 재판상 화해의 효력을 갖기 때문에(전자문서법 제35조 제3항) 조정결정 내용의 집행을 위하여 필요한 정보이다. 그러나 조정단계에서 최종적으로 조정위원회가 조정안을 제시하더라도 당사자들이 이 조정안을 모두 받아들이지 않는다면 조정의 효력이 없다. 이러한 측면을 고려하면 조정 초기 단계에서는 개인판매자의 연락처만 갖더라도 충분히 조정이 개시될 수 있으므로 최종적인 조정안의 수락단계에서 개인판매자가 조정안을 수락하는 경우에 필요한 개인정보를 분쟁조정위원회에서 직접 물어보아서 수집하면 될 것이다. 그런데 전체 거래건수에서 몇 건도 되지 않은 조정을 위하여 온라인 플랫폼 운영자에게 이를 대비하기 위하여 다양한 개인정보를 수집하도록 하는 것은 과도한 것이다.[40]

39_ 소비자분쟁과 대체적 분쟁해결에 관하여 기초적인 문헌으로 서희석, 「소비자계약의 법리」, 부산대학교출판부, 2018, 473면 이하 참조. 그 밖에 김도년, "전자상거래 소비자 분쟁에서 민간 ADR기관의 활성화와 소비자보호", 「재산법연구」 제31권 제3호, 2014, 105면 이하; 김윤정, "소비자분쟁조정제도의 현황과 과제", 「소비자문제연구」 제46권 제3호, 2015, 229면 이하 참조.

40_ 그에 반하여 개인간 전자상거래의 경우 거래상대방의 신원 및 거래의 진위 여부를 확

전부개정안에서는 제3장 제2절에서 "전자상거래 소비자분쟁조정위원회"를 설치할 것을 예정하고 있다. 한국소비자원에 전자상거래 관련 분쟁조정을 전담하는 '전자상거래 소비자분쟁조정위원회'를 설치하여 3면 관계(소비자-플랫폼-입점업체) 거래구조 성격상 3자가 관련된 분쟁을 일회적으로 해결해야 하는 등 특화된 분쟁조정 기구를 만들려고 하는 의도를 가지고 있다. 이를 통하여 전자상거래 분쟁조정의 활성화를 통하여 소비자 피해구제의 강화 및 3면 관계(소비자-플랫폼-입점업체)에서 발생하는 분쟁의 일회적 해결로 분쟁조정의 효율성 제고를 달성하려고 한다. 공정거래위원회의 의도에서는 "전자상거래 소비자분쟁조정위원회"에서 개인간 전자상거래 분쟁을 소비자분쟁으로 보고 분쟁조정을 통하여 해당 분쟁을 해결하려고 하는 것으로 보인다. 현재 개정안의 내용을 통하여 설정된 분쟁조정절차와 효과는 소비자기본법상 규정된 분쟁조정제도의 내용을 그대로 가져온 것으로 보인다. 그런데 소비자기본법상 분쟁조정제도는 사업자와 소비자 사이의 분쟁해결을 위하여 마련된 규정이므로 다소 사업자에게 불리한 규정도 있다. 예컨대 분쟁조정의 내용을 통지 받은 당사자는 그 통지를 받은 날부터 15일 이내에 분쟁조정의 내용에 대한 수락 여부를 조정위원회에 통보하여야 하고 15일 이내에 의사표시가 없는 때에는 수락한 것으로 본다는 규정이 있다(소비자기본법 제67조 제2항, 전부개정안 제44조 제2항). 그런데 이 규정을 개인간 분쟁에 적용한다면 분쟁조정 내용에 대하여 수락의 의사를 표시하지 않은 자에게 분쟁조정의 효력을 일방적으로 적용한다는 측면에서 이는 개인이 갖는 재판을 받을 권리를 침해할 여지가 있다. 따라서 위 규정을 그대로 개인간 분쟁해결에 적용한다면 위헌적 내용을 담고 있는 규정으로 볼 여지도 있다. 따라서 개인간 분쟁해결을 목적으로 분쟁해결절차를 마련한다면 기존에 존재하였던 사업자와 소비자 사이의 분쟁해결 절차에 억지로

인할 수 있는 법제도적 방안과 대금지급 및 급부이행의 신뢰성을 확보할 수 있는 기술적 방안이 함께 마련되어야 한다는 견해도 있다(정진명, "전자거래 분쟁조정 대상에 대한 연구", 「소비자법연구」 제4권 제2호, 2018, 41면).

끼워 맞추는 것보다는 새롭게 개인간 분쟁해결을 효율적이면서 당사자 사이의 합의를 최대한 많이 이끌어 낼 수 있는 방향으로 제도를 설계하는 것이 필요하다고 생각된다.

윤관석 의원안은 전부개정안에서 수집되어야 할 개인정보들 중 "주소"를 삭제하였다. 그러나 아직도 "성명, 전화번호 등 대통령령으로 정하는 사항"으로 개인정보 수집범위를 남기고 있다. 그러나 개인간 거래의 분쟁해결을 위해서 필요한 최소한의 개인정보는 연락처이므로 전화번호 등 연락처로 수집해야 할 개인정보를 한정하는 것이 타당하다. 개인간 거래의 특성상 성명은 중요하지 않고 오히려 익명으로 거래하는 것을 거래당사자들이 선호하므로 성명을 수집하도록 하는 것은 개인 간 거래 플랫폼의 사업모델을 파괴할 가능성이 있다. 이러한 측면에서 성명도 수집되어야 할 개인정보에서 삭제하는 것이 타당하다. 더 나아가 추가로 수집해야 할 개인정보가 없으므로 대통령령으로 위임하는 사항도 삭제해야 할 것으로 생각된다.

(3) 개인정보를 수집한 경우에 수집한 정보를 제공하는 것으로 수정

온라인 플랫폼 운영자가 개인간 거래를 중개하거나 매칭하는 역할을 수행하는 경우에는 앞에서 언급한 바처럼 공유경제를 실현하는 온라인 플랫폼에 해당한다. 따라서 이러한 플랫폼 사업자에 대하여는 과다한 의무를 부과하기보다는 규제완화를 해야 하는 사업영역에 해당한다. 따라서 법률상 새로운 의무를 부과하기보다는 최소한 현재 온라인 플랫폼 사업자들이 플랫폼 서비스를 제공하면서 수행하고 있는 내용을 최대한 활용할 필요가 있다.

현재 대부분의 개인간 거래 플랫폼에서는 거래 당사자의 동일성을 확인하기 위해서 최소한 전화번호 또는 전자우편주소를 수집하고 있다. 그리고 전화번호의 경우에는 통신매체를 활용한 인증을 하고 있으며 전자우편주소의 경우에는 해당 전자우편주소로 확인메일을 송부하여 인증을 하는 방법을 취하고 있다. 그렇다면 전화번호로 특정할 필요 없이

전화번호 등 그 밖에 연락처로 수집해야 하는 개인정보를 제한하는 것이 타당하다.

그리고 사업모델상 그 밖에 개인간 거래 플랫폼 운영자가 자율적으로 추가로 수집하고 있는 개인정보가 있다면 수집한 개인정보 중에서 분쟁해결에 필요한 성명, 주소 등의 개인정보를 제공하도록 하는 것은 가능하다. 이는 온라인 플랫폼에서 수집하고 있는 다양한 정보를 규제목적에 맞게 적극적으로 활용한다는 측면에서 의미가 있다. 이때 온라인 플랫폼을 규제자의 역할을 일부 함께 수행하는 규제중개자의 지위에 있게 된다.[41] 또한 이와 같은 개인간 거래 플랫폼이 수집하고 있는 개인정보를 분쟁해결에 활용한다는 측면에서 분쟁해결 시 당사자의 요청이 있는 경우에 한하여 연락처를 제공하도록 하는 것이 타당하다.

(4) 민사책임 내용의 삭제

앞에서 이미 살펴본 바와 같이 개인간 거래 플랫폼에 대하여 신원정보확보와 분쟁해결협조 의무위반에 대하여 손해배상책임까지 부여하는 것은 과하다.[42] 특히 개인간 거래 플랫폼의 경우에는 직접적으로 거래를 통한 중개로 인하여 수익을 얻는 경우가 드물기 때문에 민사책임까지 부담하는 것은 타당하지 않다.

더 나아가 개인간 거래 플랫폼에서 확보해야 하는 개인판매자의 개인정보가 연락처에 불과하고 그 밖에 거래 플랫폼에서 수집하고 있는 개인정보 중 분쟁해결에 필요한 개인정보만 소비자에게 제공해야 한다면 민사책임을 인정해야 하는 경우가 거의 없을 것이므로 민사책임을 부과하는 것 자체가 무의미해진다. 이러한 측면에서도 본 논문에서 제안하는 형태로 제29조 제1항을 개정한다면 민사책임에 관한 규정은 불필요한 것이 되어 삭제하는 것이 타당하다.

41_ 플랫폼 경제에 있어서 규제의 특성에 관하여는 과학기술정통부/ICT대연합/온라인 플랫폼 정책포럼, 2020년 온라인 플랫폼 정책포럼 보고서, 2020, 75면 이하 참조.
42_ 위 Ⅳ. 1. (4) 참조.

(5) 결제대금예치제도 활용에 대한 고지의무 제한

개인 간 거래에서 전자상거래 방식으로 거래가 일어난다면 먼저 대금을 이행하는 선불식으로 거래가 일어날 가능성이 크므로 에스크로 제도와 같은 결제대금예치제도를 도입하는 것은 개인판매자의 사기거래, 계약 불이행의 문제 등을 방지하기 위하여 필요성이 있다.[43] 다만 모든 개인간 전자상거래 온라인 플랫폼 운영사업자가 결제대금예치제도를 이용하고 있는 것은 아니므로 플랫폼 운영사업자가 이를 이용하고 있을 때 거래당사자들인 개인들에게 선택할 수 있도록 알릴 필요가 있다는 내용으로 조문을 수정하는 것이 필요하다. 윤관석 대표발의안에서도 이미 이러한 내용을 반영하여 수정제안하고 있으나, 약간의 표현만 일부수정하였다.

제29조(개인간 거래 플랫폼의 분쟁해결 협조의무와 고지의무)
① 개인간 재화등의 거래를 목적으로 온라인 플랫폼 서비스를 제공하는 온라인 플랫폼 운영사업자는 재화 등을 판매하는 자가 사업자가 아닌 개인(이하 "개인판매자"라 한다)인 경우에는 그 개인판매자가 플랫폼에 가입할 때 제공한 전화번호 등 연락처를 수집하고 개인판매자와 소비자 사이에 분쟁이 발생하는 경우에는 소비자의 요청에 따라 연락처와 그 밖에 온라인 플랫폼 운영사업자가 수집하고 있는 분쟁해결에 필요한 개인정보를 제공하여 분쟁의 해결에 협조하여야 한다.
③ 온라인 플랫폼 운영사업자는 자신의 온라인 플랫폼을 통하여 개인 간 재화등의 거래가 이루어지는 경우 제8조 제1항 제11호의 결제대금예치제도를 이용하고 있을 때에는 개인판매자 및 소비자가 이를 선택할 수 있도록 알려야 한다.

---

2. 추가로 고려할 수 있는 쟁점

개인 간 전자상거래 내지 개인 간 거래 플랫폼에서 전부개정안에는 없지만, 추가로 고려할 필요가 있는 내용이 있다.

43_ 이와 같이 지적하고 있는 문헌으로 정진명, 「소비자법연구」 제4권 제2호, 56면.

(1) 유럽연합 소비자권리지침상 온라인 시장에 부과된 추가적인 정보제공
의무

유럽연합에서는 소비자를 위한 뉴딜을 목적으로 소비자권리지침을
개정하였다.[44] 이를 통하여 소비자권리지침에 새롭게 제6a조를 신설하
여 온라인 시장에서 체결된 계약에 있어서 계약 체결 전 정보제공의무
에 4개의 정보제공 항목을 추가하고 있다.[45] 즉 (1) 온라인 시장에서의
검색결과로서 소비자에게 제시되는 상품 순위를 결정하는 주요 매개변
수, (2) 상품, 서비스 또는 디지털 콘텐츠를 제공하는 제3자의 온라인 시
장에 대한 진술에 기초하여 사업자인지의 여부, (3) 유럽연합 소비자보
호 규정에 근거한 소비자 권리가 체결된 계약과 관련하여 적용되는지
여부, (4) 계약이 사업자와 체결된 경우, 어떠한 사업자가 유럽연합의 소
비자보호규정에 근거한 소비자 권리가 계약과 관련하여 적용을 보장하
는지의 여부를 온라인 시장은 계약 체결과 관련된 기본적인 정보와 함
께 소비자에게 제공하여야 한다.[46] 개인 간 거래와 관련하여 온라인 시

44_ 개정안에 관하여 자세한 내용은 김윤정 외, "전자상거래소비자보호법 전부개정안의
    사전적 입법평가", 「한국법제연구원」, 2019, 139면 이하 참조.

45_ 이에 관한 내용은 위 보고서, 158면 이하 참조.

46_ **Article 6a Additional specific information requirements for contracts concluded on
    online marketplaces** 1. Before a consumer is bound by a distance contract, or any
    corresponding offer, on an online marketplace, the provider of the online
    marketplace shall, without prejudice to Directive 2005/29/EC, provide the
    consumer with the following information in a clear and comprehensible manner
    and in a way appropriate to the means of distance communication: (a) general
    information, made available in a specific section of the online interface that is
    directly and easily accessible from the page where the offers are presented, on the
    main parameters determining ranking, as defined in point (m) of Article 2(1) of
    Directive 2005/29/EC, of offers presented to the consumer as a result of the search
    query and the relative importance of those parameters as opposed to other
    parameters; (b) whether the third party offering the goods, services or digital
    content is a trader or not, on the basis of the declaration of that third party to the
    provider of the online marketplace; (c) where the third party offering the goods,
    services or digital content is not a trader, that the consumer rights stemming from
    Union consumer protection law do not apply to the contract; (d) where applicable,

장이 제공해야 할 정보의 내용은 두 번째와 세 번째의 내용이다. 즉 온라인 시장에 대하여 공급자가 한 진술만을 기초로 하여 공급자가 사업자인지 아니면 비사업자인지에 관한 정보와 체결된 계약과 관련하여 소비자보호 규정에 근거한 소비자의 권리가 인정되는지에 관한 정보를 제공하여야 한다. 이 두 가지 정보는 공급자가 갖는 지위를 명확히 하여 소비자법이 보장되는지 여부를 상대방에게 알리는 것과 연관되어 있어 거래 플랫폼을 통하여 이루어지는 전자상거래의 투명성을 가져올 것으로 기대된다.

(2) 사업자와 비사업자와의 구분에 관한 규정 내용의 신설

오픈마켓 내지 인터넷 경매 등에서는 사업자와 비사업자인 개인이 판매자로 동시에 판매하는 경우가 많다. 따라서 이러한 경우에는 해당 판매자가 사업자로서 판매하는지, 아니면 사업자가 아닌 개인으로 판매하는지를 명확히 표시하여 판매가 이루어지지 않는다면 소비자는 소비자법을 통하여 사업자와 거래에서 보호받을 수 있는 권리를 충분히 보장받지 못할 위험성이 있다. 또한 이러한 표시가 이루어지지 않는다면 사업자가 개인 자격으로 판매하는 경우가 늘어서 소비자가 철회권 등의 권리를 충분히 보장받지 못할 가능성이 있다.[47] 따라서 직접판매와 중개

---

how the obligations related to the contract are shared between the third party offering the goods, services or digital content and the provider of the online marketplace, such information being without prejudice to any responsibility that the provider of the online marketplace or the third-party trader has in relation to the contract under other Union or national law. 2. Without prejudice to Directive 2000/31/EC, this Article does not prevent Member States from imposing additional information requirements for providers of online marketplaces. Such provisions shall be proportionate, non-discriminatory and justified on grounds of consumer protection.

47_ SNS에서 이루어지는 전자상거래 영역에서도 마찬가지로 전자상거래법의 적용 여부가 불투명한 문제가 존재한다. 2019년도에 소비자원에서 이루어진 실태보고서에서는 SNS 마켓의 문제점으로 개인 간 거래 또는 영세사업자들이 많고 사업자 미등록 상태의 거래가 이루고 있다는 지적은 적절하다[한국소비자원, SNS(소셜네트워크서비스)

판매가 이루어지는 하이브리드형 플랫폼에서 고지의무를 신설하는 것처럼 이 영역에서도 사업자와 비사업자의 구분 표시의무를 고려할 필요가 있다.

여기서 주의할 점은 판매자가 사업자인지 아니면 비사업자인지 여부에 관한 판단을 온라인 플랫폼 운영자가 어디까지 검증할 필요가 있는지의 여부를 세밀하게 따져 보아야 한다는 점이다. 유럽연합 소비자권리지침에서는 원칙적으로 온라인 플랫폼 운영자는 자신에게 선언하고 있는 정보를 기반으로 하면 될 뿐 검증의무까지는 부과하고 있지 않았다.[48] 이를 온라인 플랫폼의 사업모델에 반영하면 가입단계에서 온라인 플랫폼 운영자가 해당 가입 판매자에게 사업자 모듈과 비사업자 모듈을 선택하여 가입하도록 하면 큰 어려움 없이 이러한 의무가 이행될 수 있을 것이다. 다만 거래를 하면서 비사업자인 개인의 판매량 내지 판매액수가 증가하는 경우에 이를 어떻게 취급할 것인지의 문제가 남는데, 이에 관하여는 현재 명확한 기준이 없으므로 자율적인 유도를 통하여 규율목적을 달성할 수밖에 없는 한계가 있다. 하지만 위 표시의무는 최소한의 질서를 가져오고 소비자보호를 달성할 수 있으므로 적극적으로 도입을 고려하는 것이 필요하다고 생각된다.

(3) 사업자 거래에서 보장되는 권리가 보장되지 않는다는 사실의 고지의무 신설

개인 간 전자상거래에서는 사업자와 소비자 사이에 인정되는 권리가 보장되지 않는다는 사실을 소비자에게 계약체결 전에 고지하여 개인 간 전자상거래의 경우 사업자와의 거래에서 보장되었던 철회권 등 권리가 인정되지 않는다는 사실을 명확히 하여 소비자가 이를 인식하고 거래하

마켓 소비자문제 실태조사, 2019, 3면]. SNS플랫폼상 소비자보호 문제에 관하여 더 자세한 것은 이병준, "SNS마켓에서의 소비자보호 - 전자상거래법의 해석론과 입법론을 중심으로 -", 「유통법연구」 제7권 제2호, 2020, 1면 이하 참조.

48_ 이를 지적하는 문헌으로 Twigg-Flesner, Bad Hand? The "New Deal" for EU Consumers, 「GPR」 2018, p. 172.

는 것이 필요하다. 이에 따라 해당 내용에 대한 고지의무의 신설을 고려할 필요가 있다.[49]

(4) 남은 과제: 사업자성 인정 판단기준

사업자와 비사업자의 표시의무와 비사업자인 경우에 소비자법상 인정되는 권리가 보장되지 않는다는 사실에 대한 고지의무는 기본적으로 소비자법의 적용에 대한 투명성을 가져올 뿐만 아니라, 이 의무들을 위반하는 자들에 대한 온라인 플랫폼 운영자의 관리가 일어날 것으로 기대할 수 있다. 그런데 이러한 정보제공에 관한 내용을 신설하더라도 사업자와 비사업자 사이의 구분을 할 수 있는 기준이 무엇인지의 문제는 남는다.[50] 물론 일반적으로 공급자가 사업자의 지위를 갖는 자와 사업자가 아닌 자의 지위가 명확한 경우가 많을 것이다. 그러나 처음에는 비사업자인 공급자로 거래를 시작하였으나, 거래량이 증가하는 경우에는 사업자가 되는 거래횟수와 거래규모가 언제인지에 관한 불명확성은 존재한다. 이러한 경우에 사업자성을 판단할 수 있는 객관적 표지를 제공하여 사업자인지 여부를 공급자가 판단할 수 있도록 해야 한다고 볼 여지가 있다. 그렇지 않다면 이러한 공급자들은 법 준수의 의사가 있어도 사업자 범주에 진입하였는지 여부를 알 수 없는 불확실성에 놓이게 되며, 사업자인데도 불구하고 비사업자로 신고한 상태에서 판매하는 사례가 늘어날 수 있다.

49_ 필요하다고 생각되면 "총리령으로 정하는 방법으로 계약을 체결하기 전에 고지해야 한다."는 문구를 추가하여 그 방법을 총리령을 통하여 정하도록 하는 것도 가능해 보인다.

50_ 이를 지적하는 문헌으로 Twigg-Flesner, Bad Hand? The "New Deal" for EU Consumers, 「GPR」 2018, p. 172.

VI. 나가며

공정거래위원회는 제29조를 통하여 큰 변화를 가져오려고 한 것은 아니고, 단지 전부개정안을 통하여 플랫폼 경제가 반영되면서 해당 내용을 정리한 것에 불과하다고 보고 있다. 그러나 개념의 변화와 시장의 변화는 우리에게 해당 조문의 의미와 내용을 새롭게 접근할 것을 요구하고 있다.

통신판매중개업자가 통신판매의 중개를 하는 경우를 전제로 하고 있는 현행법은 오픈마켓 내지 인터넷 경매에서 사업자뿐만 아니라 개인이 판매자로 기능하고 있는 시장을 상대로 만들었다. 따라서 통신판매중개업자는 사업자가 판매자인 거래에서 일정부분 중개수수료를 받는 것이 전제되어 있을지 모르겠다. 그런데 그사이 공유경제를 실현하는 온라인 플랫폼이 등장하였고 이제는 순전히 개인들 사이의 거래를 중개하는 플랫폼이 시장에서 그 영역을 확대하고 있다. 따라서 제29조를 별도로 조문화하여 개인 간의 거래를 중개하는 플랫폼만을 규율하는 조문을 만든 것은 매우 타당한 접근법이라고 생각된다.

개인간 거래를 중개하는 플랫폼에 일정한 기능을 부여하기 위해서는 해당 플랫폼이 우리 사회에서 갖는 역할과 기능을 생각해 볼 필요가 있다. 중고물품의 거래, 잉여시간의 상호 제공 등 간헐적으로 상품과 서비스를 제공하는 개인들이 수요자들을 쉽게 찾을 수 있는 정보제공과 매칭기능에 개인간 거래 플랫폼들의 역할과 기능이 있다. 그러나 이러한 순기능에 더하여 부수적으로 역기능도 물론 존재한다. 전면개정안의 입법의도를 보면 개인간 거래가 폭증하고 있고 이로 인하여 개인간 거래로 인한 분쟁의 폭증으로 이어지고 있는 것으로 평가하고 있다. 전부개정안은 개인간 거래의 분쟁해결을 결국 신설하려는 "전자상거래 소비자 분쟁조정위원회"를 통하여 달성하려고 생각하고 있다. 이 분쟁조정위원회의 분쟁조정절차와 분쟁의 효력 등은 현재 한국소비자원이 소비자기본법에 기하여 운영하고 있는 소비자분쟁조정제도를 기반으로 하고 있다. 이에 따라 분쟁조정을 시작하는 단계와 효력을 부여하는 단계에서 모두 분쟁조정 당사자의 성명, 주소 등이 요구되므로 개인간 거래 플랫폼이 이를 수집해야 하고 분쟁발생시 이러한 신원정보를 제공해야 한다고 보고 있다.

그러나 개인간 거래로 인한 분쟁은 그 자체가 소비자분쟁이 아니고, 따라서 사업자와 소비자 사이의 분쟁을 조정하는 제도에 맞추어서는 안 된다고 생각된다. 물론 개인간 거래가 플랫폼을 통하여 일어난 경우 이 거래로 인한 분쟁을 '전자상거래 소비자분쟁조정위원회'가 담당하도록 제도적으로 설계할 수 있다. 다만 이 경우 사업자와 소비자 사이의 분쟁을 대상으로 하고 있는 절차와 법적 효력을 그대로 가져와서는 안 되고 별도의 절차가 필요하다고 생각된다. 개인간 거래로 인한 분쟁의 경우에는 사업자와 소비자 사이의 분쟁에서처럼 강제적으로 분쟁조정 절차를 개시하거나 분쟁조정의 내용에 대하여 명시적 의사표시를 하지 않은 경우에 분쟁조정의 내용에 대하여 승낙하는 것으로 의제하는 조항을 두어서는 안 된다. 또한 개인간 거래로 인한 분쟁조정의 효력도 재판상 화해의 효력이 아닌, 단순한 화해의 효력만 부여해도 충분하고 시효의 중단과 같은 효력을 부여할 필요도 없다. 그리고 분쟁조정의 개시를 위해서도 조정신청서에 개인판매자의 신원정보를 모두 기재하지 않고 연락처 기반으로 분쟁의 조정을 시작하는 것을 고려해야 한다. 당사자들이 분쟁조정에 합의를 한 경우에 비로소 개인판매자의 신원정보를 분쟁조정기관에서 수집하면 될 것이다. 이와 같은 사고의 전환이 공유경제를 실현하는 개인간 거래 플랫폼에 합당한 분쟁해결 협조의무를 부과하는 것이라 생각된다.

변화된 환경과 시장에 맞추어서 새롭게 전부개정안 제29조와 이와 연관된 분쟁조정제도를 구성할 필요가 있다. 기존의 조문을 단순히 변화된 개념에 맞추어서 일부수정만 하는 것이 전부개정의 목적은 아닐 것이다.

참고문헌

1. 국내문헌

과학기술정통부/ICT대연합/온라인 플랫폼 정책포럼, 2020년 온라인 플랫폼 정책포럼 보고서, 2020.

김윤정 외, "전자상거래소비자보호법 전부개정안의 사전적 입법평가", 「한국법제연구원」, 2019.

김현수/전송호, "유럽연합의 디지털서비스법안의 주요내용과 시사점", 「KISDI Premium Report」 20-11, 2020.

박희영, "온라인 서비스 제공자의 책임과 의무—유럽연합 '디지털 서비스 법'(Digital Service Act) 제안", 「한국저작권위원회 COPYRIGHT ISSUE REPORT 2021」, 2021.

서희석, 「소비자계약의 법리」, 「부산대학교출판부」, 2018.

송오식, 「소비자계약법」, 전남대학교출판문화원, 2021.

이병준, 「현대 시민사회와 소비자계약법」, 집문당, 2013.

고형석, "전자상거래소비자보호법 제3조 제3항과 제20조 제2항의 관계에 대한 연구", 「법조」 제59권 제2호, 2010.

고형석, "통신판매중개와 소비자보호", 「유통법연구」 제2권 제2호, 2015.

김두진, "전자상거래의 소비자보호—스팸메일 규제와 에스크로제도의 개선방안 등을 중심으로", 「경제법연구」 제7권 제1호, 2008.

김도년, "전자상거래 소비자 분쟁에서 민간 ADR기관의 활성화와 소비자보호", 「재산법연구」 제31권 제3호, 2014.

김민아/김재영, "온라인 이용후기 관련 소비자 보호방안 연구", 「한국소비자원」, 2020.

김윤정, "소비자분쟁조정제도의 현황과 과제", 「소비자문제연구」 제46권 제3호, 2015.

김지희/이건웅, "공유숙박 서비스 성공에 미치는 요인에 대한 실증연구", 「Information Systems Review」, 제21권 제2호, 2019.

김진우, "온라인 플랫폼 규제에 관한 유럽법연구소의 모델규칙", 「소비자문제연구」 제51권 제3호, 2020.

김상중/이병준/황원재/정신동/박미영, "유럽법연구소(European Law Institute) 보고서 온라인 플랫폼 모델법", 「소비자법연구」 제7권 제1호, 2021.

남효순, "전자상거래의 보호와 에스크로제도", 「인터넷과 법률」 III, 법문사, 2010

문상일, "온・오프라인 융복합시장(O2O) 소비자보호를 위한 법제 정비 필요성에 관한 소고", 「경제법연구」 제15권 제1호, 2016.

서희석, "통신판매중개자의 법적 지위와 책임", 「소비자법연구」 제7권 제1호, 2021.

쑤하오펑, "소비자에 대한 전자상거래 플랫폼의 법적 책임", 「소비자법연구」 제5권 제1호, 2019.

박미영, "온라인 플랫폼 규제를 위한 플랫폼 작용의 이해 필요성", 「유통법연구」 제5권 제2호.

오병철, "전자상거래법상의 거래 플랫폼 규제와 개선방안", 「외법논집」 제41권 제4호, 2017.

이병준, "새로운 유통방식으로서의 공용경제(sharing economy)와 그 법적 규제 방식에 관한 연구", 「유통법연구」 제4권 제2호, 2017.

이병준, "전자상거래 플랫폼과 거래관계에 대한 책임", 「소비자법연구」 제5권 제1호, 2019.

이병준, "SNS마켓에서의 소비자보호 – 전자상거래법의 해석론과 입법론을 중심으로", 「유통법연구」 제7권 제2호, 2020.

이병준, "O2O 플랫폼 서비스와 전자상거래소비자 보호법에 의한 소비자 보호", 「안암법학」 제52권, 2017.

이보한/나종연, "소비자 간 거래 플랫폼에서의 신뢰의 구성과 형성요인", 「소비자학연구」 제31권 제3호, 2020.

이은영, "전자상거래에서 소비자의 권리", 「인터넷 법률」 제1호, 2000.

이상규, "양면시장의 정의 및 조건", 「정보통신정책연구」 제17권 제4호, 2010.

정신동, "최근 EU에서의 전자상거래 중개플랫폼 사업자 책임 강화 논의와 시사점: 유럽법률협회(ELI)의 온라인플랫폼 모델규칙을 중심으로", 「소비자정책동향」 제99호, 2019.

정진명, "인터넷을 통한 거래의 계약법적 문제", 「비교사법」 제6권 제1호, 1999.

정진명, "전자문서 및 전자거래 기본법의 주요쟁점", 「법학연구」(연세대학교 법학연구원) 제27권 제4호, 2017.

정진명, "플랫폼을 이용한 전자거래의 법률문제", 「비교사법」 제24권 제4호, 2017.

정진명, "전자거래 분쟁조정 대상에 대한 연구", 「소비자법연구」 제4권 제2호, 2018.

황세희/박현준, "국내 스타트업의 현황 및 성공요인 분석: ㈜우아한형제들의 사례를 통하여", 「한국산업정보학회논문지」 제25권 제1호, 2020.

2. 외국문헌

Blaurock/Schmidt-Kessel/Erler(Hrsg.), "Plattformen - Geschäftsmodelle und Verträge", 「Nomos」, 2018.

Berberich/Seib, "Der Entwurf des Digital Services Ac"t, GRUR-Prax 2021.

Busch, "Der Digital Services Act: Ein neuer Rechtsrahmen für den Online-Handel?", ZdiW 2021(미출간).

Busch/Dannemann/Schulte-Nölke, "Bausteine für ein europäisches Recht der Plattformökonomie", MMR 2020.

Sørensen, "Private law perspectives on platform services: Uber—a business model in search of a new contractual legal frame?", EuCML 2016.

Twigg-Flesner, Bad Hand? The "New Deal" for EU Consumers, GPR 2018.

숙박공유(house sharing)와 법적 규제*

이병준**

I. 들어가며

1. 숙박공유 플랫폼을 둘러싼 논란

최근에 Airbnb와 같은 숙박공유 플랫폼을 통하여 비용을 지급받고 관광 목적으로 집의 일부 또는 전체를 빌려주는 현상이 늘어나고 있다. 그런데 이러한 플랫폼을 통하여 개인들이 오피스텔과 집 전체를 빌려주는 경우가 늘어나면서 불법성의 논란이 끊이지 않고 있다. 신문지상으로는 Airbnb 를 통하여 방을 빌려주는 호스트들이 공중위생관리법 제3조 제1항의 신고 내지 전자상거래소비자보호법상의 통신판매업신고를 하지 않았다는

---

* 이 논문은 소비자문제연구 제49권 제1호(2018)에 게재된 것입니다.
** 한국외국어대학교 법학전문대학원 교수.

이유로 벌금이 부과된 것으로 보고되고 있다.[1]

하지만 공용경제[2]를 바라보는 연구물과 규제당국의 시각은 이와 다르다. 즉 공용경제는 기본적으로 소비자에게 새로운 상품과 서비스를 저렴하게 구매할 수 있는 계기를 마련하는 한편 그 다양화에도 기한다는 측면에서 기본적으로 진흥의 대상이 되어야 한다고 본다. 예컨대 서울시의 경우에는 '공유도시'를 지향하고 있고 공용경제의 긍정적인 면이 부각되면서 공용숙박을 허용해야 한다는 목소리가 높아지면서 기존의 규제수단을 통한 규제에 대하여 조심스러운 분위기다. 또 한편 하숙 등 오프라인에서 집의 전체 내지 일부가 임대되더라도 통상 이러한 임대가 드러나지 않는 경우가 많기 때문에 규제기관에서는 이를 파악하기 힘들 것이나, 온라인의 경우에는 중개자의 역할을 담당하는 플랫폼을 통하여 숙박중개가 이루어짐으로써 오프라인의 경우보다 쉽게 파악될 수 있다는 측면이 또한 있다.

그 반면에 공용경제의 긍정적 측면을 인정하면서도 Airbnb를 통한 공용경제 실현은 결국 플랫폼 자본주의에 불과하므로 이에 대한 규제가 필요하다고 하는 시각도 있다. 또한 기존의 호텔업계 등 숙박업을 하는 사업자의 경우에는 신고 내지 등록의무가 부과되어 있는 한편 이에 수반하여 각종 의무를 부담하는 데 반하여, 이러한 규제가 공용숙박을 하는 자들에게 부과되지 않는다면 규제형평성에 반한다는 지적도 있다. 또한 숙박공유 플랫폼을 통하여 방을 빌려주는 호스트들은 세금을 내지 않는 경우가 많고 그에 따라 숙박공유 플랫폼을 통하여 빌려주는 방

1_ 한국경제, 법원 "에어비앤비 통한 미신고 숙박업은 불법", 2015. 9. 24, A29면, http://news.hankyung.com/article/2015092316691(2018. 02. 03. 확인).

2_ Sharing economy는 우리나라에서 '공유경제'라고 많이 번역하여 사용하고 있으나, 민법상 공동소유의 한 형태인 공유와 혼동가능성이 있다. 또한 그 핵심은 소유(ownership)에 집중하는 것이 아니라, 어떻게 이용(utility)하게 하는지에 있다. 즉 자원, 지식 등을 나누어 사용하는 것, 다시 말하면 같이 사용함에 초점이 있으므로 본 연구에서는 '공용경제'라는 표현을 대신 사용하기로 한다[이에 관하여 이병준(2017), "새로운 유통방식으로서의 공용경제(sharing economy)와 그 법적 규제방식에 관한 연구", 「유통법연구」 제4권 제2호, 40-41면].

의 임대료도 저렴하게 형성할 수 있다는 비판도 제기되고 있다. 따라서 이러한 점들을 종합적으로 감안한 상태에서 이 문제를 살펴볼 필요가 있다.

2. 논의의 순서

우선 기존의 숙박업에 대한 규제를 살펴보고 숙박업 규제가 숙박공유 플랫폼을 적절히 규율하고 있는지를 살펴보려고 한다(Ⅱ). 그다음으로 최근에 숙박공유 플랫폼의 법적 규제를 새롭게 시도하고 있는 주요 나라 내지 도시들의 규제방식을 분석한 후(Ⅲ), 우리나라 개정안의 내용을 살펴보고(Ⅳ), 앞으로 개정 시 고려해야 할 주요쟁점들을 제시함으로써 적절한 규제방안을 제시해 보려고 한다(Ⅴ).

Ⅱ. 숙박업에 대한 법적 규제현황

본 장에서는 현행법상의 숙박업 규제 내용을 살펴보고 숙박 공용플랫 폼에 대한 규제가 현행법을 통하여 적절하게 이루어질 수 있는지에 관하여 살펴보려고 한다.

1. 공중위생관리법

숙박업은 현행법상 주로 공중위생관리법에서 규율되고 있다. 원래 숙박업법이 제정되어 있었으나, 위생사업 관련 법률들을 통합하면서 만든 것이 공중위생관리법이다.

1962년도에 시행된 숙박업법에서는 숙박업의 영업을 열거주의로 규정하여 호텔영업, 여관영업, 여인숙영업 및 하숙영업을 그 유형으로 하였고(동법 제2조 제1항) 숙박업을 하기 위해서는 시설기준을 갖추어[3] 영업허가를 받아야 하였다(동법 제3조 및 제4조 참조). 그런데 하숙영업[4]은 1981년 개정 때 숙박업에서 제외되어 영업허가 없이도 할 수 있는 자유영업으로 바뀌었다. 이에 따라 하숙영업은 규제영역에서 벗어나게 되었고 단순히 민법상의 임대차계약에 의한 규율을 받고 있다.

1992년도에 제정되어 시행된 공중위생관리법상 숙박업을 손님이 잠을 자고 머물 수 있도록 시설 및 설비 등의 서비스를 제공하는 영업으로 정의하는 한편 일정한 특별법상의 숙박은 해당 법률의 적용범위에서 제외시키고 있다(동법 제2조 제1항 제2호). 제정당시에는 1. 농어촌정비법에 의하여 농어촌에 설치된 민박사업용 시설(객실이 7실 이하인 경우에 한한다), 2. 산림법에 의하여 자연휴양림 안에 설치된 시설, 3. 청소년기본법에 의한 청소년 수련시설이 제외되었고(동 시행령 제2조 제1항) 그 제외 이유는 소규모 민박사업자 등의 편의를 위하여 숙박업의 대상에서 제외한 것이라고 한다. 현재는 1. 「농어촌정비법」에 따른 농어촌민박사업용 시설, 2. 「산림문화·휴양에 관한 법률」에 따라 자연휴양림 안에 설치된 시설, 3. 「청소년활동진흥법」 제10조 제1호에 의한 청소년 수련시설, 4. 「관광진흥법」 제4조에 따라 등록한 외국인관광 도시민박업용 시설 등이 제외되어 있다.

숙박업법은 공중위생영업의 하나로서 일정한 시설 및 설비를 갖추고 시장·군수·구청장에게 신고를 해야 한다(법 제3조 제1항). 숙박업자는 기본적으로 모든 공중위생영업자에게 부과되고 있는 위생관리의무(법 제4조 제1항), 보고의무(법 제9조 제1항), 위생교육을 받을 의무(법 제17조 제1항) 등을 부담한다. 영업신고를 하지 않으면 1년 이하의 징역 또는 1천만원 이하의 벌금에 처한다(법 제20조 제1항 제1호). 또한 숙박업소의 시설 및 설비를 위생적이고 안전하게 관리하지 않으면 300만 원 이하의 과태료에

3_ 공중위생법에 의하여 정해진 숙박업의 시설기준은 취사실과 환기를 위한 시설이나 창문 또는 객실별 욕실 내지 샤워실이다(동 시행규칙 제2조 별표 1).

4_ 하숙영업은 필요한 시설을 하여 1월 이상의 기간을 단위로 하여 숙박료를 받아 5인 이상의 사람을 숙박하게 하는 영업을 말한다(법 제2조 제5항).

처할 수 있다(법 제22조 제2호).

2. 관광진흥법

관광진흥법에 의하면 관광사업의 하나로 숙박을 제공하는 업을 규정하고 있다(제2조 제1호). 구체적 유형 중에서 숙박만을 또는 주로 제공하는 업으로는 관광숙박업(호텔업 또는 휴양콘도미니엄업)과 관광객이용시설업 중에서 외국인관광 도시민박업을 규정하고 있다(법 제3조 제1항, 시행령 제2조 제1항 참조). 그 밖에 관광편의시설업의 한 유형으로 관광펜션업과 한옥체험업을 규정하고 있다.

관광숙박업과 외국인관광 도시민박업의 경우는 자본금 · 시설 등을 갖추어 특별자치도지사 · 시장 · 군수 · 구청장에게 등록을 해야 하며(법 제4조 제1항) 한옥체험업의 경우에는 지정을 받아야 한다(법 제6조). 특히 외국인관광 도시민박업의 등록기준은 (1) 주택의 연면적이 230제곱미터 미만일 것, (2) 외국어 안내 서비스가 가능한 체제를 갖출 것, (3) 소화기를 1개 이상 구비하고, 객실마다 단독경보형 감지기 및 일산화탄소 경보기(난방설비를 개별난방 방식으로 설치할 경우에만 해당한다)를 설치해야 하며 (관광진흥법 시행령 별표 1, 4. 관광이용시설업, 바. 외국인도시민박업) 보험 등에 가입할 의무가 있고(법 제9조) 관광표지를 붙일 수 있다(법 제10조). 또한 관광사업자가 등록을 마치면 공중위생관리법상의 숙박업 신고를 한 것으로 의제된다(법 제18조 제1항 제1호). 등록을 하지 아니한 관광숙박업 또는 도시민박업을 하는 자는 3년 이하의 징역 또는 3천만 원 이하의 벌금에 처한다(법 제82조 제1호).

3. 농어촌정비법

또한 농어촌정비법에서는 농어촌 관광휴양사업의 한 종류로 농어촌 민박사업을 규정하고 있다(제2조 제16호 라목). 농어촌민박사업을 경영하

려는 자는 시장·군수·구청장에게 농어촌민박사업자 신고를 하여야
한다(법 제86조 제1문).

농어촌민박사업자는 신고필증 및 요금표를 민박주택의 잘 보이는 곳
에 게시하여야 하며, 서비스·안전기준을 준수하여야 하고, 서비스·안
전 수준 제고를 위하여 실시하는 교육을 받아야 한다. 또한 투숙객을 대
상으로 조식을 제공할 수 있으며, 그 비용을 민박요금에 포함하여야 한
다(법 제86조의2).

신고를 하지 않은 것에 대한 벌칙규정은 없으며 준수사항을 위반한
경우에는 100만 원 이하의 과태료에 처한다(법 제130조 제2호의2).

4. 숙박공유 호스트에 대한 현행법의 적용의 어려움

현재 숙박공유 플랫폼을 통하여 숙박을 제공하는 플랫폼을 살펴보면
집 전체 내지 일부, 오피스텔 전체, 팬션, 호텔의 객실 등을 제공하는 호
스트들을 발견할 수 있다. 공용경제에서 표방하는 나눔의 경제라는 표
지를 기초로 살펴보았을 때 이렇게 다양하게 제공하는 호스트들이 활동
하고 있는 플랫폼이 공용경제를 실현하는 플랫폼인지에 관한 의문을 갖
게 한다. 공용경제 개념을 협의로 잡는다면 이러한 의문은 타당하다. 그
러나 현재 실무적으로 나타나고 있는 현상을 살펴보면 이러한 다양한
목적으로 활동하는 개인과 사업자들이 공용경제 플랫폼에 존재하는 현
실이다. 이에 따라 공용경제를 분석하는 각종 보고서와 논문들은 공용
경제의 협의개념을 포기하고 광의로 이해하고 있다. 따라서 Airbnb 등
과 같은 플랫폼상으로 다양한 호스트들이 행동하고 있더라도 숙박 공용
플랫폼으로 본다. 그렇더라도 통상 공용경제에서 활동하고 있는 간헐적
으로 빈 방을 빌려주는 '호스트(Peer)'와 사업자는 구분되어야 한다.

호텔을 운영하고 있다면 당연히 공중위생관리법상의 숙박업 사업자
로서 영업신고를 해야 한다. 그런데 주택 등을 빌려주는 경우에는 현행
법상 숙박업 등을 영위하는 사업자로 보기에 어려운 경우가 있다. 현재

가장 근접한 사업 형태는 민박업에 해당하나, 민박업은 관광진흥 내지 농촌진흥의 목적을 가지는 특수한 형태의 숙박업으로서 호스트인 민박업자가 살고 있는 주택에서 방의 일부를 빌려주는 형태로 되어 있다. 그런데 집 전체 내지 오피스텔을 빌려주는 호스트는 현행법상으로 어느 숙박업 형태에도 속하지 않는다. 또한 집에 남는 여분의 방이나, 소파 내지 공간을 활용하여 부수입을 얻고 싶은 호스트가 반드시 숙박업이라는 사업을 하는 사업자로 영업신고 내지 등록 등을 해야 하는지도 의문이다. 그런데 공용경제에서는 바로 간헐적으로 집의 빈 공간을 활용하는 호스트가 바로 대표적으로 활동하는 자이다. 이러한 자를 Peer(개인)이라고 하며, 공용경제를 바로 Peer to Peer 경제라고 하기도 한다. 사업자와 소비자가 거래하는 기존의 다른 법률과 마찬가지로 숙박업을 대상으로 하는 공중위생관리법 등의 법률들은 공용경제를 예상하지 못하고 마련된 입법으로 공용경제모델을 규율하기에는 적합하지 않다. 따라서 현재 공용경제에 대한 규제는 규제공백이 존재한다고 보아야 한다. 이는 지금 확인한 바와 같이 숙박업 분야에서도 다르지 않다.

Ⅲ. 숙박공유에 관한 해외 입법례

공용경제의 규제방법에 대한 다양한 논의가 진행되고 있는 가운데, 숙박공유에서는 이미 해외의 다양한 입법례가 존재한다. 이하에서는 공용경제가 문제된 유럽과 미국의 주요 관광도시와 우리나라의 입법과 가장 유사한 일본에서의 입법동향에 대하여 살펴보려고 한다.

1. 네덜란드- 암스테르담

암스테르담에서는 개인의 사적 숙박시설 임대에 관한 규제와 관련하여 세 가지 유형으로 구분하고 있다.

(1) 휴가용 임대("vakantieverhuur")는 1일에서 2개월의 기간까지 전체 숙박시설을 임대하는 경우에 해당한다. 해당 숙박시설은 임대인의 주 거주지이어야 하며 이용객의 수는 4명까지 허용된다. 이러한 휴가용 임대유형의 상한선은 연간 60일이다. 휴가용 임대를 하기 위하여 허가를 받을 필요는 없다. 다만 2017년 7월 암스테르담 시는 2017년 10월 1일부터 효력을 가지는 신고의무를 도입하였다.[5] 이에 의하면 모든 임대가 디지털 신고시스템을 통해 고지되어야 한다. 이 신고의무의 위반에는 6,000유로의 과태료가 부과될 수 있다. 해당 임대가 그 외의 법률상 규정들도 위반한다면(예를 들어 60일의 상한) 20,500유로까지의 과태료가 부과될 수 있다.

(2) 단기 체류("shortstay")는 적어도 7박에서 최대 6개월까지의 연속된 기간 동안 전체 숙박시설을 임대하는 경우를 말한다. 고객의 수는 4명까지 허용된다. 단기 체류로서 숙박시설을 임대하는 것에는 10년의 기간에 대해 부여되는 허가가 필요하다. 단기체류에 대한 규율은 일단은 직업상의 이유로 어느 정도의 기간 동안 암스테르담에 체류하는 (외국)고객을 위해 추가 숙박시설을 마련한다는 목표를 가지고 2009년 도입되었다. 달성하고자 하였던 수치가 2014년 초반 단기 체류 유형에 해당하는 약 800여 개의 숙박시설에 의해 달성되었기 때문에, 2014년 1월 이래로는 단기 체류 유형을 위한 새로운 허가가 부여되지는 않고 있다.[6]

(3) 타인의 방(민박)("Bed & Breakfast")는 (비독립적인) 주택 일부의 임대 (최대 주택면적의 40%)에 해당한다. 즉 주택의 주된 부분은 주 거주자에 의해 계속 이용되어야 한다. 휴가용 임대와 달리 고객의 체류 기간 동안 주 거주자가 함께 거주해야 한다. "Bed & Breakfast"의 관리가 제3자에 의해 행해지는 것은 허용되지 않는다. 잠을 잘 수 있는 공간이 4개 이상 임

5_ https://www.amsterdam.nl/wonen-leefomgeving/wonen/woningeigenaren/verhuren/shortstaybeleid/(2018. 02. 07. 확인).

6_ https://www.amsterdam.nl/wonen-leefomgeving/wonen/woningeigenaren/verhuren/shortstaybeleid(2018. 02. 07. 확인).

대되어서는 안 된다. 허가를 받아야 하는 의무는 없지만, "Bed & Breakfast"를 개설하였다는 점은 암스테르담 시에 신고되어야 한다.[7]

2014년 12월 암스테르담 시는 위에서 언급한 규율의 실행을 좀 더 개선한다는 목표로 Airbnb와 약정을 체결하였다(최초의 유럽 도시로 보임). 특히 이 약정은 Airbnb가 숙박 시설 예약 시 관광세를 거두고, 이를 암스테르담 시에 지불한다는 내용을 포함하고 있다. 2016년 말 이 약정은 새롭게 개정되었고, 2018년 12월 31일까지 연장되었다. 이 약정의 최신 버전에서는 특히 아래의 조치가 규정되어 있다.[8] (1) Airbnb는 반기에 한번 숙박시설 제공자에게 개인 숙박시설 임대에 대해 적용되는 규율 정보를 이메일로 제공한다. 이메일의 내용은 암스테르담 시와 함께 결정된다.[9] (2) Airbnb는 숙박 제공자의 개인 프로필사이트에 계산기능을 설치한다. 이 계산기는 해당 연도에 이미 이루어진 숙박의 수를 나타낸다. 50박의 숙박 수에 다다르면, 이는 시각적으로 통보되고, 이를 통해 60일의 숙박 상한에 곧 다다른다는 점을 숙박제공자가 주의하게 된다.[10] (3) Airbnb는 반기에 한번 암스테르담 시에 중개 포털의 활동과 관련하여 집적된 정보(특히 활동하거나 활동하지 않는 숙박시설 제공자의 총수, 전년도 숙박 총수, 주택 전체 및 개별적 방의 총수, 4인 이상 고객을 위한 공급 총수)를 전달한다.

암스테르담 시와의 약정을 기초로 Airbnb는 최대한 60일 동안만 주택이 임대될 수 있도록 이를 보장하기 위해 "자동 제한"(automated limit)

7_ 암스테르담 시는 이 신고를 위해 온라인 서식을 제공하고 있다. https://formulieren.amsterdam.nl/tripleforms/LoketAmsterdam/formulier/nl-NL/evAmsterdam/scBedBreakfast.aspx/fBB_Inleiding(2018. 02. 07. 확인).

8_ 암스테르담 시와 Airbnb 간의 약정 (2016년 11월)은 아래 사이트에서 확인 가능함: https://www.amsterdam.nl/publish/pages/593837/overeenkomst_gemeente_amsterdam_en_airbnb.pdf(2018. 02. 07. 확인).

9_ Ziff. 3.2 der Vereinbarung zwischen der Stadt Amsterdam und Airbnb (November 2016).

10_ Ziff. 3.3 der Vereinbarung zwischen der Stadt Amsterdam und Airbnb (November 2016).

을 2017년 3월 도입하였다. 이에 따라 중개플랫폼을 통해서 60일 이상을 임대하기 위해서는 숙박시설 제공자 스스로가 이에 부합하는 관청 허가(예를 들어 Bed & Breakfast 또는 단기 체류로서)를 부여받았음을 증명해야 한다.[11]

2016년 암스테르담 시의 위탁으로 실시된 평가에 따르면 적어도 연간 1회 이상 여행자들에게 임대된 개인 숙박시설의 수가 2015년 전년도 대비 33% 상승하여 총 주택이 22,000개로 증가하였다.[12] 이러한 배경 하에 암스테르담은 2017년 10월 1일 위에서 언급한 휴가용 임대("vakantieverhuur")에 대한 신고의무를 도입하였다. 나아가 단기임대의 연간 상한을 60일에서 30일로 감소하는 것을 현재 고려하고 있다.[13]

2. 미국- 시카고

2016년 6월 그리고 2017년 2월에 시카고 시는 공용숙박 모델을 반영하기 이하여 주택의 단기임대("short-term residential rentals")에 대한 새로운 규제를 도입하였다. 이 규제내용은 전체적으로 "Shared Housing Ordinance"(SHO)에 담겨져 있다.[14] SHO는 단기임대 및 단기임대가 예약될 수 있는 인터넷 플랫폼에 대해 다양한 등록 내지 허가에 관한 규제 내용을 담고 있다. SHO는 숙박의 종류뿐만 아니라 중개플랫폼의 종류에 따라서도 세분화한 규정을 두고 있는 것이 특징이다.

11_ https://amsterdam.airbnbcitizen.com/new-data-release-amsterdam(2018. 02. 07. 확인); 나아가 Ziff. 3.5 der Vereinbarung zwischen der Stadt Amsterdam und Airbnb (November 2016) 참조.

12_ Evaluatie toeristische verhuur van woningen 2016, S. 10; 아래 주소에서 이용 가능함: https://www.amsterdam.nl(2018. 02. 07. 확인).

13_ Maurice Geluk, Tweede Kamer steunt Amsterdam bij aanpak toeristische verhuur, Het Financieele Dagblad, 2017. 06. 20, https://fd.nl/economie-politiek/1206975/amsterdam-zoekt-in-kamer-steun-voor-aanpak-toeristischeverhuur(2018. 02. 07. 확인).

14_ https://www.cityofchicago.org/content/dam/city/depts/bacp/Small%20Business%20Center/sharedhousingordinanceamendments.pdf 참조(2018. 02. 07. 확인).

SHO는 두 가지 유형의 중개플랫폼을 구분하고 있다. "단기 숙박시설 임대의 중개(short-term residential rental intermediary)"는 숙박공유 플랫폼에 해당하는 중개플랫폼을 대상으로 만든 개념으로서 여기서 활동하는 호스트들은 원칙적으로 허가 없이 개인의 사적 숙박시설(shared housing units)을 제공하게 된다(예를 들어 Airbnb). 그에 반하여 "단기 숙박시설 광고 플랫폼(short-term residential rental advertising platform)"은 기존의 허가대상으로서 일정한 사업을 목적으로 휴가용 임대, Bed & Breakfast 및 호텔을 중개하는 플랫폼(예를 들어 VRBO, HomeAway)을 말한다. 첫 번째 유형의 플랫폼에서는 플랫폼이 숙박시설 제공자인 호스트를 도와 관청에 행할 등록뿐만 아니라 숙박세의 지불에 있어서 관여할 의무를 부과하고 있다. 이와 달리 두 번째 유형의 플랫폼에서는 등록된 숙박시설 제공자들이 사업자라는 측면을 고려해서 스스로 관할관청에 허가 신청을 해야 하고 스스로 숙박세("hotel accommodation tax")를 지불해야 한다는 차이점이 존재한다.

숙박의 종류와 관련해서는 SHO에서 세 가지 유형이 구분되고, 각 유형에 대해서는 상이한 법적 요구가 엄격하게 규정되어 있다.

(1) Shared Housing Unit(SHU)에 대해서는 가장 최소한의 규제만이 가해진다. 숙박의 대상이 되는 것은 6개 이하의 침실 공간을 보유하고 있는 주거단위이고 고객의 임시적 이용을 위해 전체적 또는 부분적으로 임대할 수 있다(Art. 4-14-010 SHO). 호스트는 이 경우 사업자로서 신고 내지 등록을 하지 않아도 된다. 그러나 호스트가 "단기 숙박시설 임대의 중개 플랫폼"을 이용하여 숙박시설을 제공하는 경우에는 예외적으로 호스트에게 등록의무가 부과되고, 등록은 중개플랫폼을 통해 이루어진다.[15] 등록신청은 플랫폼에 의해 시카고 시로 전달되고 신청이 도시계획법에 부합하는지 여부가 검토된다. 등록신청이 받아들여지면 등록번호가 부여되고 플랫폼에서 검색이 잘 되도록 호스트는 이 번호가 눈에 잘

15_ 등록절차의 세부사항에 대해서는 Art. 4-14-020 Chicago Shared Housing Ordinance 참조.

띨 수 있도록 표시하여야 한다.[16] 등록은 매년 갱신되어야 하고,[17] 양도 불가능하다.[18] 또한 호스트가 지불해야 하는 "숙박세(hotel accommodation tax)"는 플랫폼에 의해 징수된다. 그런데 이 유형에 해당하더라도 숙박시설을 2개 이상 임대할 목적을 가지고 있는 호스트는 더 이상 이 유형에 속하지 않게 되며 "Shared Housing Unit Operator"로서의 영업허가를 시카고 시로부터 받아야 한다.[19]

(2) 휴가용 임대의 경우에는 SHU에 비해 더욱 강한 규제가 가해진다. 휴가용 임대의 경우에도 SHU와 동일하게 6개 이하의 침실 공간을 보유하고 있는 주거단위로서 고객에 의한 임시적 이용을 위해 제공하게 된다(Art. 4-6-300 SHO). SHU와의 차이점은 휴가용 임대가 "단기 숙박시설 임대 중개 플랫폼"(예컨대 Airbnb)을 통해서 제공되지 않고, "단기 숙박시설 임대 광고 플랫폼"(예컨대 VRBO, HomeAway)을 통해서 제공된다는 점에 있다. 왜냐하면 휴가용 임대를 제공하는 호스트는 온라인 플랫폼이 아닌 시카고 시에 영업허가("Vacation Rental License")를 직접 신청해야 한다. 더 나아가 휴가용 임대를 하는 호스트는 보험 가입의무가 있어서 (사건당) 적어도 미화 100만 달러 이상의 화재보험 및 책임보험에 가입해야 한다.[20]

(3) 세 번째 유형은 우리 나라의 민박에 해당하는 "Bed & Breakfast"이다. Bed & Breakfast를 운영하는 호스트는 자신이 거주하는 건물로서 11개 이하의 방을 임대한다(Art. 4-6-290 SHO). Bed & Breakfast를 운영하기 위해서는 영업허가와 "보건부에서 발행된 식품취급과 위생관리에 대해 유효한 인증서(valid certificate in food handling and sanitation issued by the Department of Health)"가 요구된다.

16_ Art. 4-14-020(f) Chicago Shared Housing Ordinance.

17_ Art. 4-14-020(h) Chicago Shared Housing Ordinance.

18_ Art. 4-14-020(i) Chicago Shared Housing Ordinance.

19_ https://www.cityofchicago.org/content/dam/city/depts/bacp/general/Shared_Housing_Unit_Operator_Fact_Sheet-062117.pdf 참조(2018. 02. 07. 확인).

20_ Art. 4-6-300(f)(1) Chicago Shared Housing Ordinance.

3. 독일- 베를린

독일은 연방 차원의 『주택 불법전용 금지법』을 제정하고 각 지방자치 단체별로 주거가 다른 목적으로 사용되는 것을 허용할 것인지를 선택할 수 있도록 하고 있다. 왜냐하면 주거는 해당 지방자치 단체의 주거정책과 연관된 것이기 때문에 개별적으로 정하도록 한 것이다. 여기서 "주거전용 주택의 불법전용"이란 전체 주거공간을 휴양 숙소로 임대할 목적으로 사용하거나 상업적 혹은 기타 전문적 목적, 구조변경 목적으로 사용 또는 6개월 이상을 비워둔 채로 개인거주에 부적합한 방법으로 이용하거나 거주를 할 수 없게 하는 것으로 정의된다(주택 불법전용 금지법).

가장 대표적으로 문제된 것은 수도인 베를린으로서 이 도시는 정치와 문화의 중심지가 되어 가면서 많은 관광객이 방문하고 있지만, 그 반면에 주거난도 증가하고 있다. 이처럼 증가하는 주거난을 해결하기 위한 목적으로 베를린 시는 주거목적의 주택을 허가 없이 불법전용하는 것을 금지하는 법을 제정하였고 2년의 경과기간이 지남에 따라 2016년 5월에 해당 법이 발효하였다.

『주택 불법전용 금지법』에 따르면 담당 행정기관은 특별한 상황에 주거목적을 전용할 수 있도록 허락할 수 있는 재량이 부여된다. 허가 없이 전용을 한 주택 소유주에게는 최대 10만 유로까지의 벌금이 부과된다. 또한 베를린은 온라인상으로 이웃의 불법전용 신고를 받고 있다. 『주택 불법전용 금지법』은 모든 휴양임대 또는 기타 주택의 전용을 금지하는 것은 아니다. 집 소유주나 임차인이 주방과 욕실을 포함하여 주거공간의 50% 이상을 점유하고 있다면 허가 없이도 방 하나를 임대하는 것은 허용된다.

온라인 숙박 포털인 Aribnb는 베를린 시에 이 법의 적용을 받지 않을 것을 요청하였다. 베를린 건설 및 주택부 장관은 도시의 주택난 악화방지를 위하여 금지가 필요하다고 보고 이 청구를 기각하였다. 또한 그는 Airbnb가 법을 준수할 것을 기대하며 호스트들에게 단기임대에도 허가가 필요함과 이를 위반할 시 높은 벌금이 부과될 수 있다는 사실을 상기시켜 줄 것을 요청하였다. Airbnb의 경쟁사 Wimdu 그리고 Aprtment-Allianz사는 베를린 시를 상대로 베를린 행정법원에 이 법은 독일 기본법상 주거의 자유(제12조)와 재산(제14조)에 위반됨을 내용으로 소송을 제기하였다.

4. 파 리

최근 프랑스에서는 2016년 10월 7일에 디지털 공화국을 위한 법률 제 2016/1312(Loi n° 2016-1312 du 7 octobre 2016 pour une République numérique) 와 이 법률의 2017년 4월 28일의 령 2017-678(Décret n° 2017-678 du 28 avril 2017)을 통해서 개인의 사적 숙박시설의 임대에 대한 규제에 대한 변화를 도모하였다. 이하에서는 개인의 사적 숙박시설의 등록과 관련된 개정사항에 대해 살펴보려고 한다. 최근의 개정을 통하여 프랑스에서는 관광업법(Code du tourisme) Art. L324-1-1 I.와 Art. L324-1-1 II.에서 규율 되는 단기 임대 유형에 대해 다른 신고의무를 부과하고 있다.

여행객용 숙박시설(meublé de tourisme)을 단기간 임대하기 위해서는 해당 지방기초자치단체에 신고해야 한다(관광업법 Art. L324-1-1 I). 그러나 숙박시설이 임대인의 주 거주지(résidence principale)인 경우에는 이러한 신고의무가 발생하지 않는다. 임대인이 숙박시설에 적어도 8개월을 거 주하고 있다면 임대인의 주 거주지로 보는 것이 원칙이다. 따라서 4개월 이하의 주 거주지 단기임대에 대해서는 관광업법 Art. L324-1-1 I.에 따 를 신고의무가 발생하지 않는다.

특정 지방자치기초단체의 경우(특히 인구 20만 이상의 대도시[21]) 의 회결정을 통해 주 거주지 임대에 대한 예외를 인정하지 않는 좀 더 엄격 한 신고의무를 도입할 수 있다(관광업법 Artikel L324-1-1 II). 이 경우에는 신

21_ Art. L631-7 Code de la construction et de l''habitation 참조.

고가 전자적 방법으로 이루어질 수 있도록 해야 하며 신고 시 신원번호
가 부여된다. 온라인 플랫폼 운영자는 숙박시설을 광고함에 있어서 이
신원번호를 표시할 의무를 부담한다(관광업법 Art. L324-2-1 II). 그 외에 "주
거주지(résidence principale)"를 임대하는 경우 연간 120박의 법정 상한을
넘겨서는 안 된다는 점을 온라인 플랫폼이 보장해야 한다(관광업법 Art.
L324-2-1 II).

파리시 의회는 2017년 7월 13일 관광업법 Art. L324-1-1 II.에 따라서
확장된 신고의무를 도입하기로 결정하였다.[22] 2017년 12월 1일부터 온
라인 플랫폼에서 광고하는 경우 등록번호의 표시가 의무화된다.

5. 비엔나

2013년 이래로 비엔나에서는 개인 숙박시설의 임대인에 대해서도 관
광세("Ortstaxe") 징수의무가 인정된다. 관광세 납부의무의 관철을 좀 더
개선하기 위해서 2016년 9월 비엔나 의회는 비엔나 관광촉진법(WTFG)
의 개정을 의결하였다. 아일랜드에 정착한 Airbnb 유럽본사로부터 오스
트리아 임대인에 대한 정보를 수집하기 위해 2015년 오스트리아 재정부
가 (추측건대 지금까지 좌초된) 아일랜드의 공식 협조를 요청했던 사건이
법률 개정의 배경이 되었다.[23]

개정 관광촉진법 제15조 제1항은 숙박시설 보유자가 비엔나 시 당국
에 개별 숙박시설들을 신고해야 한다고 규정하고 있다. 이 신고의무는

22_ Conseil de Paris, 2017 DLH 128 Obligation d''enregistrement de la déclaration préa
lable prévue à l''article L.314-1-1 du Code du tourisme - Création du téléservice co
rrespondant 참조, 아래 사이트에서 이용 가능함: http://a06.apps.paris.fr/a06/jsp/sit
e/p lugins/solr/modules/ods/DoDownload.jsp?id_document=136778&items_per_p
ag e=20&sort_n ame=&sort_order=&terms=téléservice&query=téléservice
23_ Die Presse, "Steuern: Wien will Daten von Airbnb & Co", 2017. 2. 24, http://diepre
sse.com/home/wirtschaft/economist/5169243/Steuern_Wien-will-Daten-von-Airbnb
-Co(2018. 02. 07. 확인).

개정 관광촉진법 제15조 제2항에서 규율되고 있는 온라인 플랫폼의 정보제공의무를 통해 보완된다. 이에 따르면 전자상거래법상 서비스제공자가 관광업 분야에서 활동하는 경우 자신에게 등록되어 있는 숙박시설제공자의 신원정보(명칭, 이름, 성, 출생정보, 회사의 법적 유형) 및 연락정보 그리고 자신들에 등록되어 있는 비엔나 시내 숙박시설의 모든 주소를 매 등록 다음 달 15일까지 자동화가 가능한 형태로 시 당국에 고지해야 한다. 정보의 전달 형태 및 구조와 관련한 사항은 비엔나 시 당국이 결정할 수 있다. 이러한 신고의무를 통해서 효율적인 세금징수가 담보될 것이라는 점을 입법 이유서를 통해 알 수 있다.[24] 또한 입법 이유서에 의하면 정보제공의무가 중개플랫폼(예컨대 Airbnb)뿐만 아니라, 예컨대 휴가용 숙박소와 같은 시설에 대해 (열쇠 교부, 청소, 고객과의 접촉, 관리운영과 같은) 서비스를 제공하고, 이러한 숙박시설을 자기 자신의 웹 사이트 또는 중개플랫폼을 통해서 제공하는 대리점에게도 발생한다.[25]

　나아가 관광촉진법 제15조 제3항은 플랫폼에 등록된 숙박시설 제공자들의 관광세 지불과 관련하여 앞서 말한 "서비스제공자", 즉 중개플랫폼의 운영자와, 모종의 약정을 체결할 권한이 비엔나 시에 있음을 규정하고 있다. 그리고 이러한 약정이 체결되는 경우에는 서비스 제공자가 숙박시설 보유자와 더불어 관광세 징수에 대한 책임을 부담한다고 규정되어 있다. 즉 비엔나 시는 어느 정도 복선적인 조치를 취하고 있다: 한편으로 2014년 이래로 암스테르담, 2017년 7월 1일 이래로 스위스에서 그러하듯이[26] 관광세 징수에 대해 중개플랫폼과 약정을 체결할 수 있는 가능성이 제공되면서, 다른 한편으로 약정이 성립되지 않은 경우에 관

24_ 비엔나 시 관광업 촉진과 관련된 법률 개정에 대한 초안 (LGBl 7/2017), 2017년 2월 17일 공고, 부론 23/2016, S. 6, 아래 주소로 이용 가능함: http://www.wien.gv.at/ma08/histgesetzentwurf/ 2016/beilage-23-16.pdf(2018. 02. 07. 확인).

25_ Ibidem.

26_ Der Standard, "Airbnb vereinbart erste Ortstaxenvereibarung in der Schweiz", 2017. 6. 18, http://derstandard.at/2000059418713/Airbnb-fixi ert-erste-Ortstaxen-Vereinbarung-im-deutschsprachigen-Raum(2018. 02. 07. 확인).

광촉진법 제15조 제2항에 따라 새롭게 도입된 정보제공의무를 통해 납세의무 관철을 위한 수단이 마련되었다.[27]

6. 일본의 주택숙박사업법(住宅宿泊事業法)

(1) 제정 배경

일본의 경우 숙박 시설을 제공하는 여관업에 관하여는 1948년에 시행된 여관업법에 의해 규율되고 있었다. 여관업법은 시행 이후 약 70년간 일부 개정을 거쳐 시대의 변화 요구에 대응하여 왔으나, 현재 외국인 관광객의 증가 등에 의한 숙박시설의 부족, 인구 감소에 의한 빈집 문제, 더 나아가 인터넷이라고 하는 당시에는 없었던 인프라를 이용한 새로운 비즈니스 모델의 출현으로 더 이상 여관업법의 개정만으로는 대응하기 곤란한 상황에 놓이게 되었다.

이러한 배경하에 새로이 민박이라고 하는 영업 형태의 숙박 제공을 규율하는 주택숙박사업법이 2017년 6월 9일 제정, 2018년 6월 15일부터 시행되게 되었다.[28] 지금까지는 민박 영업을 할 경우, 여관업법상의 간이숙소로 허가를 받거나 오사카, 도쿄 오타구 등의 특구 민박을 활용하여 허가를 받는 방법밖에 없었지만, 주택숙박사업법 시행 이후부터는 도도부현 지사에 신고함으로써 민박 영업을 할 수 있게 되었다. 다만 연간 영업 일수는 최대 180일 이내로 제한되며 지자체에 따라 지역 실정을 고려하여 영업 일수를 더욱 단축하는 조례를 제정할 수 있다.

27_ 그동안 오스트리아의 다른 주들도 비엔나 모델을 추구하겠다고 공고한 예가 있다. 예컨대 2017년 4월 이래로 포어아를베르크 주 의회에서는 이에 부합하는 포어아를베르크 관광법 개정안을 논의되고 있다. 2017년 3월 23일 관광업법 개정에 대한 법률안, 아래 주소로 이용 가능함: https://www.vora rlberg.at/pdf/beilage71_b.pdf(2018. 02. 07. 확인).

28_ 이하에서 설명하는 일본의 주택숙박사업법의 내용에 대하여는 http://www.shugiin. go.jp/internet/itdb_gian.nsf/html/gian/honbun/houan/g19305061.htm 참조(2018. 02. 07. 확인).

(2) 여관업법, 특구 민박, 주택숙박사업법의 구분

주택숙박사업법 외에도 여관업법(간이 숙소 영업), 특구 민박 등에 따라 민박의 합법적 운영을 할 수 있다. 그러나 주택숙박사업법의 경우, 특히 허가가 아닌 신고를 통해 영업을 개시할 수 있다는 점, 연간 최대 영업 일수가 180일로 제한된다는 점, 주거 전용 지역에서도 영업이 가능하다는 점에 있어서 여관업법 및 특구 민박과 구분된다. 각각의 차이를 정리해 보면 다음 표와 같다.

〈표 1〉 다른 법과의 차이

	여관업법 (간이숙소영업)	특구 민박	주택숙박사업법 (집주인거주형)	주택숙박사업법 (집주인부재형)
영업일수상한	없음	없음	180일	180일
숙박일수제한	없음	오사카: 2박 이상 오타구: 6박 이상	없음	없음
행정신고형태	허가	인정	신고	신고
실시범위	전국	특구	전국	전국
건물용도	호텔 · 여관	주택, 연립주택, 공동주택 또는 기숙사	주택, 연립주택, 공동주택 또는 기숙사	주택, 연립주택, 공동주택 또는 기숙사
주거전용지역 에서의 영업	불가	원칙 불가	가능	가능
화재경보기	필요	필요	미정	미정
민원접수자	사업자	사업자	호스트	관리인
계약형태	숙박계약	임대차계약	숙박계약	숙박계약

(3) 규율 대상 및 체계

1) 규율 대상

주택숙박사업법에서 규율하고 있는 주택숙박사업, 즉 민박은 기존의 여관업법에 규정된 4개의 영업 형태(호텔 영업, 여관 영업, 간이 숙소 영업, 하

숙 영업) 또는 국가전략특별구역의 특구 민박에는 맞지 않는 새로운 영업
형태이다. 주택숙박사업법 제2조 제3항에 따르면 주택숙박사업이란 여
관업법 제3조의2 제1항에 규정하는 영업자 이외의 자가 숙박료를 받고
"주택"에 사람을 숙박시키는 사업이며, 이때 사람을 숙박시키는 일수가
1년에 180일을 초과하지 않아야 한다. 여기서 주택이라 함은 해당 주택
에 부엌, 욕실, 화장실, 세면기 기타 해당 주택을 생활의 본거지로 사용
하기 위해 필요한 것으로서 국토교통성령·후생노동성령으로 정하는 시
설이 마련되어 있는 것이거나 현재 사람의 생활 본거지로 사용되고 있는
주택, 종전 입주자의 임대차 기간 만료 후 새로운 입주자 모집이 이루어
지고 있는 주택 기타 주택으로 사람의 거주용으로 제공되고 있다고 인정
되는 것으로서 국토교통성령·후생노동성령으로 정하는 바에 해당하는
것을 말한다(주택숙박사업법 제2조 제1항). 즉, 주택숙박사업법의 대상이 되
는 민박 시설은 호텔이나 여관 등의 숙박 시설이 아니라 어디까지나 본
래 거주용의 주택이며, 민박 시설로 제공하는 주택 건물의 용도도 주택,
연립주택, 공동주택 또는 기숙사로 취급된다. 주택숙박사업법을 통해
"민박=주택"이라고 평가됨으로써 지금까지 숙박 시설을 만들 수 없었던
주택가에서도 민박 영업이 가능하게 되었다. 그러나 지자체의 재량에 따
라 지역 실정을 반영한 조례, 예컨대 일수제한조례 등으로 규제를 강화
할 수 있으므로 민박에 엄격한 지자체에서는 민박 영업이 어려워질 가능
성이 있다.

 2) 주택숙박사업 관계자의 분류에 따른 규율

 주택숙박사업법에서는 주택숙박사업(민박 서비스)에 관계되는 자를 주
택숙박사업자(민박 호스트), 주택숙박관리업자(민박 운영 대행회사), 주택숙
박중개업자(예컨대 민박 중개사이트 운영자)로 분류하여 각각에 맞는 적절한
의무를 부과·규율하고 있다. 주택숙박사업자는 도도부현 지사에 신고
함으로써 영업을 개시할 수 있고, 주택숙박관리업을 영위하고자 하는
자는 국토교통 대신의 등록이 필요하며, 주택숙박중개업의 경우 관광청
장관의 등록을 요한다.

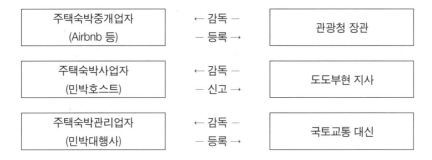

주택숙박중개업자 (Airbnb 등)	← 감독 — — 등록 →	관광청 장관
주택숙박사업자 (민박호스트)	← 감독 — — 신고 →	도도부현 지사
주택숙박관리업자 (민박대행사)	← 감독 — — 등록 →	국토교통 대신

3) 민박 서비스의 유형에 따른 규율

주택숙박사업법에서는 민박 서비스를 집주인 거주형과 집주인 부재형으로 분류하여 규율하고 있다. 집주인 거주형이라 함은 집주인이 자신의 생활 본거지(원칙적으로 주민등록이 있는 장소)에 거주하면서 주택의 일부 빈 방이나 공간을 빌려주는 민박 유형을 말하며 소위 홈스테이형이라고 불린다. 그에 반해 집주인 부재형은 투자형으로 일컬어지며 집주인이 생활의 본거지가 아닌 민박 시설을 숙박자에게 빌려주는 형태의 민박을 말한다. 현재 일본 내에서 가장 많은 민박 시설을 중개하고 있는 Airbnb의 대부분이 이러한 집주인 부재형 민박으로 운영되고 있다. 주택숙박사업법에 따라 두 가지 유형의 민박 모두 도도부현 지사에 대한 신고만으로 영업을 개시할 수 있으며, 주거 전용 지역에서도 민박 영업이 가능해지지만, 연간 제공 일수 상한에 따른 제한(180일 이하)이 이루어진다.

집주인 거주형 민박 호스트에 대해서는 숙박자의 위생 확보 조치 등 주택숙박사업의 적정한 수행을 위한 조치가 의무화된다(주택숙박사업법 제5조 이하). 집주인 거주형에 비해 집주인 부재형은 소음과 쓰레기 배출로 인근 문제가 발생할 가능성이 높기 때문에 집주인 부재형 민박 호스트에게는 위의 주택숙박사업의 적정한 수행을 위한 조치를 주택숙박관리업자에 위탁할 의무가 부과된다(주택숙박사업법 제11조 제2호).

(4) 주택숙박사업자에 대한 규율 내용

1) 주택숙박사업에 관한 신고제 도입

주택숙박사업자는 Airbnb나 Homeaway 등의 민박 매칭 사이트에 물건을 게재해 민박 서비스, 즉 주택숙박사업을 영위하는 민박 호스트를 말한다. 주택숙박사업을 영위하고자 하는 자는 도도부현 지사에 신고를 하여야 한다(주택숙박사업법 제3조 제1항). 주택숙박사업법 제3조 제2항 및 제3항에 따라 민박 호스트는 ⅰ) 상호, 명칭 또는 성명 및 주소, ⅱ) 법인인 경우 그 임원의 성명, ⅲ) 미성년자인 경우 그 법정 대리인의 성명 및 주소(법정 대리인이 법인인 경우 그 상호 또는 명칭 및 주소와 임원의 성명), ⅳ) 주택의 소재지, ⅴ) 영업소 또는 사무소를 설치하는 경우에는 그 명칭 및 소재지, ⅵ) 주택숙박관리업무를 위탁하는 경우에는 주택숙박관리업자의 상호, 명칭 또는 성명 등, ⅵ) 해당 주택의 도면 및 서약서 등을 첨부·신고하여야 한다. 한편 도도부현 지사는 주택숙박사업의 적정한 운영을 확보하기 위해 필요하다고 인정되는 경우에 업무 개선 명령을 내리거나(주택숙박사업법 제15조) 업무 보고 징수 및 현장 검사를 하는 등 주택숙박사업자에 대한 감독을 실시한다.

2) 주택숙박사업자의 의무

주택숙박사업자는 주택숙박사업의 적정한 수행을 위하여 다음과 같은 조치를 취할 의무를 부담한다. 즉, ① 숙박자의 위생 확보(주택숙박사업법 제5조),[29] ② 숙박자의 안전 확보(주택숙박사업법 제6조),[30] ③ 외국인 관광객 숙박자의 쾌적성 및 편리성 확보(주택숙박사업법 제7조),[31] ④ 숙박

---

[29] 주택숙박사업자는 신고 주택에 대해서 각 거실의 바닥 면적에 따라 숙박자 수의 제한, 정기적인 청소 기타 숙박자의 위생의 확보를 도모하기 위해 필요한 조치로서 후생노동성령에서 정하는 것을 강구하여야 한다.

[30] 주택숙박사업자는 신고 주택에 대한 비상 조명기구의 설치, 피난 경로 표시 외에 화재 기타 재해가 발생했을 경우에 있어서 숙박자의 안전 확보를 도모하기 위해 필요한 조치로서 국토교통성령에서 정하는 것을 강구하여야 한다.

[31] 주택숙박사업자는 외국인 관광객인 숙박자에 대하여 외국어를 사용한 신고 주택 시설의 사용 방법에 관한 안내, 이동 교통수단에 대한 정보 제공 기타 외국인 관광객인 숙박자의 쾌적성 및 편리성 확보를 도모하기 위하여 필요한 조치로서 국토교통성령에

자 명부 비치 등(주택숙박사업법 제8조),[32] ⑤ 주변 지역의 생활환경에 대한 악영향 방지에 관한 필요 사항 설명(주택숙박사업법 제9조),[33] ⑥ 민원 등에 대한 대응(주택숙박사업법 제10조),[34] ⑦ 표지의 게시(주택숙박사업법 제13조)[35] 등의 의무를 부담한다. 주택숙박관리업자가 자신의 업무를 위반하는 경우 도도부현 지사는 업무 정지 명령을 내릴 수 있으며(주택숙박사업법 제16조), 부정행위에 대해서는 벌칙이 적용된다(주택숙박사업법 제72조 이하).

3) 주택숙박관리업무의 위탁(주택숙박사업법 제11조)

주택숙박사업자는 신고 주택의 거실의 수가, 한 주택숙박사업자가 각 거실에 따른 주택숙박관리의무의 전부를 실시한다 하더라도 그 적절한 실시에 지장을 초래할 우려가 없는 것으로서 국토교통성령·후생노동성령에서 정하는 거실의 수를 초과하는 경우 또는 숙박 기간 동안 신고 주택에 집주인이 부재하는 경우(소위 집주인 부재형 민박) 국토교통성령·후생노동성령에서 정하는 바에 따라 해당 신고 주택에 관한 주택숙박관리업무를 주택숙박관리업자에게 위탁하여야한다. 그러나 주택숙박사업자가 주택숙박관리업체인 경우에 있어서, 해당 주택숙박사업자가 스스로 해당 신고 주택에 관한 주택숙박관리업무를 수행하는 때에는 그러하지 아니하다.

서 정하는 바를 강구하여야 한다.

32_ 주택숙박사업자는 국토교통성령·후생노동성령에서 정하는 바에 따라 신고 주택 기타 국토교통성령·후생노동성령으로 정하는 장소에 숙박자 명부를 비치해, 이에 숙박자의 성명, 주소, 직업 기타 국토교통성령·후생노동성령으로 정하는 사항을 기재하고, 도도부현 지사의 요구가 있을 때에는 이를 제출하여야 한다.

33_ 주택숙박사업자는 국토교통성령·후생노동성령에서 정하는 바에 따라 숙박자에 대하여 소음 방지를 위해 고려해야 할 사항 및 기타 신고 주택 주변 지역의 생활환경에 미치는 악영향의 방지와 관련된 필요 사항으로서 국토교통성령·후생노동성령에서 정하는 것에 대해 설명하여야 한다.

34_ 주택숙박사업자는 신고 주택 주변 지역의 주민들의 민원 및 문의에 대하여 적절하고 신속하게 대응하여야 한다.

35_ 주택숙박사업자는 신고 주택마다 공중이 보기 쉬운 장소에 국토교통성령·후생노동성령에서 정하는 양식의 표지를 내걸어야 한다.

(5) 주택숙박관리업자에 대한 규율 내용

1) 주택숙박관리업에 관한 등록제 도입

주택숙박관리업자라 함은 주택숙박사업자의 위탁을 받아 주택숙박사업법 제5조에서 제10조까지의 규정에 따른 업무 및 주택숙박사업의 적절한 수행을 위해 필요한 신고 주택의 유지·보전에 관한 업무를 하는 자로 정의된다(주택숙박사업법 제2조 제6항). 즉, 주택숙박사업법에서 정한 규정을 준수하여 민박 운영을 대행하는 자를 말하며, 주택숙박관리업을 영위하고자 하는 자는 국토교통 대신에 등록하여야 한다(주택숙박사업법 제22조). 한편 국토교통 대신은 주택숙박관리업의 적정한 운영을 확보하기 위해 필요하다고 인정되는 경우에 업무 개선 명령을 내리거나(주택숙박사업법 제41조), 업무 보고 징수 및 현장 검사를 하는 등(주택숙박사업법 제45조) 주택숙박중개업자에 대한 감독을 실시한다.

2) 주택숙박관리업자의 의무

주택숙박관리업자는 제5조부터 제10조에서 규정하고 있는 업무(주택숙박사업 표지의 게시의무 제외)를 대행할 의무 외에, 주택숙박관리업의 적정한 수행을 위해 이하의 주요 의무를 부담한다. 즉, ① 명의 대여 금지(주택숙박사업법 제30조),[36] ② 주택숙박사업자에 대한 계약 내용의 설명(주택숙박사업법 제30조),[37] ③ 주택숙박관리업무의 재위탁 금지(주택숙박사업법 제35조),[38] ④ 주택숙박사업자에 대한 정기 보고(주택숙박사업법 제40조)[39] 등의 의무를 부담한다. 주택숙박관리업자가 자신의 업무를 위반하

---

[36] 주택숙박관리업자는 자신의 명의를 가지고서 타인에게 주택숙박관리업을 영위하게 해서는 안 된다.

[37] 주택숙박관리업자는, 관리위탁계약을 체결하고자 하는 경우 위탁자(주택숙박관리업자인 자를 제외)에 대하여 해당 관리위탁계약을 체결할 때까지 관리위탁계약의 내용 및 그 이행에 관한 사항으로서 국토교통성령에서 정하는 것에 대하여 서면을 교부하고 설명하여야 한다.

[38] 주택숙박관리업자는 주택숙박사업자로부터 위탁된 주택숙박관리업무의 전부를 타인에게 재위탁해서는 안 된다.

[39] 주택숙박관리업자는 주택숙박관리업무의 실시 상황 기타 국토교통성령으로 정하는 사항에 대하여 주택숙박사업자에게 정기적으로 보고할 의무를 부담한다.

는 경우 국토교통 대신은 등록을 취소하거나 업무 정지 명령을 내릴 수 있으며(주택숙박사업법 제42조), 부정행위에 대해서는 벌칙이 적용된다(주택숙박사업법 제72조 이하).

(6) 주택숙박중개업자에 대한 규율 내용

1) 주택숙박중개업에 관한 등록제 도입

주택숙박사업법에는 여관업법에는 규정되어 있지 않았던 숙박자와 주택숙박사업자 간의 숙박계약의 체결을 중개하는 "주택숙박중개업"이 신설되었다. 주택숙박업법 제2조 제8항에 따라 주택숙박중개업무는, 숙박자를 위해 신고 주택에서의 숙박 서비스를 제공받는 것에 대한 계약을 대리하여 체결하고 매개 또는 중개를 하는 행위나(제1호), 주택숙박사업자를 위해 숙박자에 대한 신고 주택에서의 숙박 서비스 제공에 대하여 계약을 대리하여 체결하거나 매개하는 행위로 정의된다. Airbnb나 Homeaway 등의 인터넷 민박 중개사이트를 운영하는 기업이 이에 해당한다. 주택숙박중개업을 영위하고자 하는 자는 ⅰ) 상호 명칭 또는 성명 및 주소, ⅱ) 법인인 경우 그 임원의 성명, ⅲ) 미성년자인 경우 그 법정대리인의 성명 및 주소(법정 대리인이 법인인 경우 그 상호 또는 명칭 및 주소와 그 임원의 성명), ⅳ) 영업소 또는 사무소 명칭 및 소재지 등을 기재하여 관광청 장관에게 등록하여야 한다(주택숙박사업법 제46조, 제47조). 한편 관광청 장관은 주택숙박중개업의 적정한 운영을 확보하기 위해 필요한 경우 업무 개선 명령을 내리거나(주택숙박사업법 제61조), 업무 보고 징수 및 현장 검사를 수행하는 등(주택숙박사업법 제66조)을 통해 주택숙박중개업자에 대한 감독을 실시한다.

2) 주택숙박중개업자의 의무

주택숙박중개업자에게는 주택숙박중개업의 적정한 수행과 소비자 거래의 안전을 도모한다는 관점에서 다음과 같은 주요 의무가 부과된다. 관광청 장관은 주택숙박중개업자가 자신의 업무를 위반하는 경우 등록을 취소하거나 업무 정지 명령을 내릴 수 있으며(주택숙박사업법 제62조),

부정행위에 대해서는 벌칙이 적용된다(주택숙박사업법 제72조 이하).

① 명의 대여 금지(주택숙박사업법 제54조)

주택숙박중개업자는 자신의 명의를 가지고 타인에게 주택숙박중개업을 영위시켜서는 안된다.

② 주택숙박중개업 약관 마련(주택숙박사업법 제55조)

주택숙박중개업자는 숙박자와 체결하는 주택숙박중개계약과 관련하여 주택숙박중개업 약관을 정하여 그 실시 전에 관광청 장관에게 신고한 후에 국토교통성령으로 정하는 바에 따라 약관을 공시하여야 한다. 약관을 변경하고자 하는 경우에도 이와 마찬가지다.

③ 주택숙박중개업무에 관한 요금의 공시(주택숙박사업법 제56조)

주택숙박중개업자는 그 업무를 시작하기 전에 국토교통성령으로 정하는 기준에 따라 숙박자 및 주택숙박사업자로부터 징수하는 주택숙박중개업무에 관한 요금을 정하여 국토교통성령으로 정하는 바에 따라 이를 공시하여야 하며, 이를 변경하고자 하는 경우에도 마찬가지다.

④ 계약 내용 및 이행에 관한 서면 교부 및 설명 의무(주택숙박사업법 제59조)

주택숙박중개업자는 주택숙박중개계약을 체결하고자 하는 경우에 있어서 숙박자에게 해당 주택숙박중개계약을 체결할 때까지 주택숙박중개계약의 내용 및 그 이행에 관한 사항으로서 국토교통성령으로 정하는 것에 대하여 서면을 교부하고 설명하여야 한다.

⑤ 표지의 게시(주택숙박사업법 제60조)

주택숙박중개업자는 그 영업소 또는 사무소마다 공중이 보기 쉬운 장소에 국토교통성령에서 정하는 양식의 주택숙박중개 표지를 내걸어야 한다. 이러한 표지의 게시는 등록 일자, 등록 번호, 기타 국토교통성령으로 정하는 사항을 홈페이지 등 국토교통성령에서 정하는 바에 따라 전자적 방법으로 공시하는 것으로 갈음할 수 있다.

7. 비교적 시사점

해외 입법례를 보면 공용경제를 반영하기 전에는 기본적으로 2가지의 입법적 특징을 발견할 수 있다. 첫째, 우리 민박과 유사한 형태의 개인 사업자에 의한 숙박을 인정하고 있다. 민박과 유사한 형태의 숙박은 그 지역의 관습과 사회적·지역적 특성을 기반으로 하고 있다. 예컨대 우리의 민박과 유사한 형태는 Bed & Breakfast(미국)과 Ferienwohnung(독일)이다. 또한 장기간의 휴가를 인정하는 유럽 등에서는 휴가를 갔을 때 집 전체 내지 일부를 빌려주는 것을 기본 모델로 하여 숙박업을 인정하고 있다. 모두 우리 민박과 동일하게 신고 내지 등록의 대상이 되며 호스트는 사업자로서 각종 의무를 부담한다. 둘째, 주택을 전용하여 숙박으로 이용하는 것은 장기 임대시장과 연관하여 민박 등의 단기임대를 많이 허용하게 되면 주택시장에 많은 영향을 미치므로(외부효과) 연방정부 차원에서 통일된 입법을 두더라도 개별적인 단기임대의 허용 여부를 개별 지방자치단체, 특히 밀집지역으로 주거난이 심각해질 수 있는 대도시를 중심으로 결정할 수 있는 여지를 만들어 주고 있다는 점이다.

이러한 입법으로 보았을 때 입법자 내지 규제기관은 공용숙박을 규제하는 정당한 입법이 없다고 생각하고 새로운 규제내용을 만들고 있다. 첫째, 일본을 제외한 대부분의 나라에서는 공용경제에 부합하게 숙박공유를 목적으로 간헐적으로, 즉 영업을 목적으로 하지 않는 사적인 개인(Peer)의 가능성을 인정하고 있다. 물론 베를린처럼 주거문제가 심각한 도시에서는 이를 매우 엄격하게 금지하고 있고, 다만 주거하고 있는 공간의 방 1개의 임대를 예외적으로 허용하는 경우도 있다. 하지만 대부분의 입법례는 공용경제를 바탕으로 한 공용숙박 모델을 수용하여 그 객관적 한계를 일수로 하여 60일(암스테르담) 또는 4개월(파리스)로 제한하고 있다. 둘째, 숙박공유를 목적으로 하는 호스트를 기본적으로 사업자로 보지 않으므로 원칙적으로 신고 내지 등록의무를 부과하지 않은 나라가 대부분이지만, 예외적으로 신고의무를 호스트에게 부과하고 있는 나라도 있다. 그리고 신고의무를 부과하지 않더라도 예외적으로 중개플랫폼을 이용하는 경우에는 플랫폼이 신고절차를 대신할 수 있으므로 신고의무를 부과하는 경우도 있다(시카고). 셋째, 공용경제의 특징 중의 하나는 공용플랫폼을 통한 공용경제의 실현이므로 공용플랫폼의 적극적 개입을 각 입법에서 활용하고 있다는 측면이다. 즉, 플랫폼은 단순히 중개자의 역할에 머물지 않고 다양한 측면에서 당사자 사이의 계약관계에 개입할 뿐만 아니라, 공정한 시장질서를 마련할 수 있는 플랫폼 지배자로서의 기능을 적극 활용하고 있는 것이다. 따라서 입법례에 따라서 호스트에게 신고의무가 원칙적으로 부과되고 있지 않지만, 플랫폼을 통하여 주택의 일부 내지 전부를 제공하고 있다면 플랫폼을 통한 신고절차가 용이하다는 점을 활용하여 적극적으로 신고의무부과, 신고등록번호 부여, 세금부과, 숙박일수의 기술적 통제 등을 플랫폼을 통하여 실현하고 있다는 점이다. 이러한 공용플랫폼의 적극적 활용은 입법례에서 살펴보는 바와 같이 대부분의 입법에서 이루어지고 있다. 넷째, 일본의 입법은 다소 다른 차원의 규제를 하고 있다. 즉, 일본의 입법모델을 아예 숙박공유를 실현하는 호스트를 사업자로 끌어들여서 다양한 의무를 부과하는 모델을 선택하고 있다. 물론 사업자로 인정하게 되면 다양한 의무를 부과하여 안전, 청결의 문제 등을 해결할 수 있다. 하지만 이러한 입법이 진정으로 공용경제를 반영한 입법은 아닌 것이다. 하지만 일본의 모델에서 참조할 수 있는 것은 숙박공유 플랫폼, 즉 중개플랫폼뿐만 아니라, 호스트를 대신하여 주택을 관리하는 관리업자에 대한 규정을 추가로 두고 있다는 점이다. 즉, 호스트들이 적극적으로 법률상 부과된 의무를 이행하기 힘들다고 보고 관리업자에게 관련 업무를 위탁할 수 있는 모델을 제시하고 있는 것이다.

IV. 숙박공유 관련 입법안

우리나라에서는 아쉽게도 숙박공유 모델을 반영한 개정은 이루어지지 않고 관광진흥법의 개정안만 발의된 상태이다. 이에 관하여 이하에서 간략하게 살펴보려고 한다.

1. 관광진흥법 일부법률개정안(이완영 의원 대표발의)

2017년 7월 12일자로 관광진흥법에 '도시공유민박'을 신설하는 개정안이 발의되었다. 이에 의하면 "최근 도시에서 자택의 남는 방을 외국인 및 내국인 관광객에게 빌려주어 이용할 수 있게 하고 그 대가로 돈을 받는 형태의 '도시공유민박'이 인기를 얻으면서 온라인으로 공유민박의 호스트와 이용자를 연결시켜 주는 숙박공유 플랫폼인 에어비앤비(Airbnb)의 활용도가 높아지고 있다. 그러나 현행법상 이에 관한 법적 근거가 마련되어 있지 않아 도시민박업자들이 불법영업을 하거나 우회등록하여 영업하는 경우가 빈번하게 발생하고 있다. 이에 관광객 이용시설업에 도시민박업을 신설하고 연간 영업일수, 안전기준 등 도시민박업자의 준수사항을 규정함으로써 도시민박업의 제도적 기반을 마련하여 관광 활성화에 기여하려는 것이다".

그 주요내용으로는 (1) 도시민박업을 「국토의 계획 및 이용에 관한 법률」 제6조 제1호에 따른 도시지역(「농어촌정비법」에 따른 농어촌지역 및 준농어촌지역은 제외한다)에서 자신이 거주하고 있는 대통령령으로 정하는 주택을 이용하여 관광객에게 각 지역의 특성화된 문화를 체험할 수 있도록 적합한 시설을 갖추고 숙박 또는 숙식을 제공하는 업으로 정의하고 있다(안 제3조 제3호 라목 신설). (2) 도시민박업의 등록을 한 자는 연간 180일 이내 영업일수와 문화체육관광부령으로 정하는 안전·위생기준을 지키도록 하였다(안 제20조의3 신설). (3) 관할 등록기관 등의 장은 도시민박업의 등록을 한 자가 연간 영업일수 등 준수사항을 위반한 경우 등록을 취소하거나 정지를 명할 수 있도록 하고, 등록을 하지 아니하고 도시민박업을 경영한 자에 대하여 3년 이하의 징역 또는 3천만원 이하의 벌금에 처하도록 하였다(안 제35조 제1항 제9호의3 및 제82조 제1호).

2. 정부안

현재 관광진흥법 개정을 목적으로 한 정부안은 제출되지 않은 상태이다. 관광산업정책과에 문의한 결과 도시민박업 신설과 관련하여 내년 정도에 정부의 개정안을 제출예정이라고 한다.

3. 개정안의 평가

현재 국회에 상정된 관광진흥법의 '도시공유민박'의 형태는 기존에 존재하는 도시민박을 외국인에 대하여만 인정하였던 것을 국내 여행객에게 확대하는 안이다. 물론 도시민박을 외국인뿐만 아니라 국내 여행객에게도 이용할 수 있도록 하는 것은 필요하나, 이러한 민박제도를 '도시공유민박'이라는 명칭을 붙여서 인정하였다고 숙박공유의 문제를 모두 해결한 것은 아니다.

첫째, 현재 민박제도는 사업자가 사업목적으로 운영할 것을 전제로 하고 그에 따라 다양한 의무가 부과되고 있다. 하지만 공용경제에서는 간헐적으로 임대를 하는 개인(Peer)은 사업자가 아니고 그에 따라 사업자에게 부과된 다양한 의무를 부과할 수 없다. 둘째, 현재는 호스트가 같이 살고 있는 경우에 빈방을 빌려주는 것만이 민박으로 허용된다. 하지만 집 전체, 오피스텔의 임대도 현재 많이 이루어지고 있으므로 이러한 임대의 합법화에 관하여도 논의될 필요가 있다. 셋째, 공용경제에서 차지하고 있는 숙박공유 플랫폼의 의미와 기능을 제대로 반영하고 있지 못하다. 즉, 플랫폼을 활용한 규제내용의 설정 및 실현을 적극적으로 반영하고 있지 못하다. 이미 해외 입법례는 플랫폼의 이러한 의미와 기능을 반영한 입법모델을 가지고 있다. 전체적으로 보아서 현재 제시된 관광진흥법의 개정은 공용경제를 제대로 이해하지 못하고 있을 뿐만 아니라, 현재 실무에서 제기되고 있는 쟁점을 충분히 숙고하지 못하고 플랫폼 경제를 제대로 반영하지 못하고 있다는 측면에서 매우 아쉬운 내용을 담고 있다.

V. 결론을 대신하여: 숙박공유의 입법과 관련하여 고려할 사항

이하에서는 입법을 통하여 숙박공유를 규제하려고 할 때 고려해야 할 쟁점들에 대하여 자세히 살펴보려고 한다. 크게 보면 (1) 숙박공유 호스트가 신고 내지 등록이 필요한지 여부, (2) 임대 대상을 주택에 한정할지 그리고 호스트가 살고 있는 주거의 일부 임대만 인정할지 여부, (3) 플랫폼 경제의 반영과 적극적 규제수단으로서의 활용 여부 등에 관하여 살펴보려고 한다.

1. 사업자로서 신고 및 등록의 필요여부

(1) 숙박업의 대상의 문제

숙박업 내지 민박사업을 하는 경우에 사업자로서 신고 내지 등록을 해야 한다. 그런데 연혁적인 이유로 하숙업은 신고 내지 등록을 하지 않아도 되는 것으로 보고 있다. 즉 현재 법률에서는 그러한 예외가 존재하지 않으나, 숙박업법 시절에 하숙업을 신고 대상에서 제외하고 자유업으로 인정한 것을 그 이유로 하고 있다. 따라서 현재 일정한 숙박영업의 경우에도 그 규모가 크지 않다는 이유로 신고 내지 등록대상에서 제외하고 있다.

결국 우리법은 숙박업을 목적으로 하는 영업에 대한 규제와 하숙목적의 영업에 대한 비규제를 대상으로 하고 있다. 이와 관련하여 우리 법상으로 아직 이에 관한 논의가 많이 되지는 않았지만, 독일에서의 논의를 참조할 필요가 있다고 생각한다. 독일 연방법원은 사적인 재산관리(private Vermögensverwaltung)는 사업자가 하는 영업에 해당하지 않는다고 한다. 사적인 재산관리에는 유한회사 지분의 취득과 보유,[40] 주식의 취득과 보유[41] 등이 해당한다고 보고 있다. 또한 여기서 문제되는 부동산의 관리도 여기에 포함되는 것으로 본다.[42] 그 결과 부동산을 임대하는 경우에 사업자가 되는 것이 아니라 소비자의 지위에 있는 것으로 본다.[43] 사적인 재산관리를 넘어서 직업 내지 영업적인 행위가 되기 위해서는 사무실의 운영 또는 사업적 조직이 필요한 것과 같이 이와 관련된 거래규모가 커져서 계획적인 사업활동이 요구되는 경우이어야 한다.[44] 독일의 하급심 중에서는 8개까지 주거를 임대하는 것은 사업활동이 아니라고 본 것도 있고[45] 임대인이 계획을 가지고 임대시장에 제공자로 진입하고 자신의 소득 중 일부를 임대를 통하여 획득할 것을 나타낸 경우에는 사업자라고 본 판결도 있다.[46] 결국 재산관리가 조직적·시간적 노력을 통하여 계획적인 사업활동으로 볼 수 있는지의 여부는 구체적인 개별적 사정을 기초로 판단할 수밖에 없다고 한다.[47] 이러한 측면을 고려한다면 숙박업을 하지 않은, 즉 자기 재산에 대한 관리적 측면에서의 순수한 임대관계의 임대인도 존재할 수 있는 것이다. 이러한 사적인 재산관리의 한 형태가 바로 공용숙박에서 자신의 주택을 단기임대 목적으로 제공하는 개인(Peer)이 아닌가 생각한다.

40_ BGHZ 133, 71(76 f.); BGH NJW 2000, 3946(3497).

41_ OLG Celle BeckRS 2010, 23499.

42_ BGH NJW 2002, 368(369).

43_ MüKoBGB/Micklitz/Prunhagen, § 13 Rn. 56; OLG Düsseldorf ZEV 2010, 417.

44_ BGHZ 104, 205(208).

45_ LG Waldshut-Tiegen ZMR 2009, 372.

46_ AG Hannover NJW-RR 2010, 519.

47_ BGH NJW 2002, 368(369).

(2) 관광진흥 내지 농촌진흥 목적의 민박업

우리 법상으로는 소규모의 임대를 목적으로 하더라도 특수목적을 갖고 있는 임대, 즉 관광목적 내지 농촌진흥 목적을 갖는 민박업을 인정하고 있다. 즉 이러한 특수목적을 갖는 경우에는 해당 특수목적에 맞게 일정한 등록 내지 허가절차를 마련하고 그에 맞는 시설기준과 의무를 부과하고 있는 것으로 보인다. 최근 발의된 이완영 의원 대표발의 관광진흥법 개정안에서는 도시민박업을 신설하는 안을 제시하고 있다. 거주요건과 연간 180 영업일 이내의 기간제한이 그 특징이라고 할 수 있다. 그리고 이러한 도시민박업자는 사업자로 안전 및 위생기준을 준수할 의무를 부담하게 된다. 현재 발의된 도시민박업도 관광진흥의 목적을 가지고 있는 특수 숙박업이라고 보아야 한다.

(3) 간헐적 임대의 경우에 숙박업 등록이 필요한지 여부

결국 숙박업을 새롭게 신설하는 것은 타당하지만, 현재 법률안은 공용경제 문제를 완전히 반영하고 있지 못하다. 왜냐하면 공용경제에서 주체는 간헐적으로 재산을 임대하는 개인을 의미하기 때문에 사업자가 아니고 개인에 해당하기 때문이다. 따라서 이러한 자들에 대하여는 과도한 의무를 부과하면 안 되고 최소한의 의무만을 부과한다는 의미에서의 관리적 조치만 있어야 한다고 생각된다.

우선 이를 위해서 공용경제가 실현되는 숙박을 개념정의 지을 필요가 있다. 비교법적으로 보았을 때에는 (1) 60일 이내의 숙박을 제공하는 것, (2) 같이 거주하는 공간의 임대의 요소가 필요한 것으로 생각된다. 그리고 직접 신고의 대상이 되는 것보다는 직접적인 신고의무는 부과하지 않고 공용플랫폼에 가입할 때 플랫폼에서 이들을 위하여 신고의무를 대신하여 주는 것을 고려할 수 있다. 이러한 신고가 되어야만 임대소득에 대한 과세가 이루어질 수 있을 것이다. 플랫폼에 대하여 추가적인 의무를 부과한다면 중개수수료를 조금 더 많이 받고 이러한 임대소득에 대한 세금을 대신 납부하도록 하는 의무를 부과하는 것이다.

2. 거주요건과 관련하여

현재 집 전체를 빌려주는 공용숙박업은 상정되고 있지 않다. 하지만 집 전체를 빌려주거나 오피스텔을 빌려주는 경우가 현재 상당히 많다. 이러한 경우 이를 앞에서 살펴본 바와 같이 사적 재산관리로 보고 이를 일부 허용할 것인지 아니면 별도의 숙박업의 형태로 신고의 대상으로 할 것인지를 고려해야 한다.

특히 서울과 같은 대도시의 경우에는 현재 주택난 내지 전세난이 심각한 상태이므로 주택 전체에 대한 단기임대를 허용하는 것은 관광진흥 측면에서는 바람직할 수는 있지만, 주택시장 측면에서는 별도의 고려가 필요하다고 생각된다. 서울시처럼 이를 제한하려는 지역이 있을 수 있을 것이고 평창 올림픽이 개최되는 지역의 경우에는 오히려 이를 장려하려고 할 것이다. 따라서 이는 시·도별로 독자적인 주택시장 정책과 관광정책을 종합적으로 고려하여 판단할 필요가 있다고 생각된다.

3. 공용숙박 플랫폼에 대한 규제 필요성

현재 시카고에서 실현되고 있듯이, 관청에서의 비용소모를 줄이기 위해 중개플랫폼을 통해서도 직접 신고가 이뤄질 수 있는지 여부가 검토되어야 할 것이다. 관청이 등록절차에 관여하는 것을 피하고자 한다면, 플랫폼 스스로가 신원 증명을 실시해야 할 것이다.

명확한 신원번호가 플랫폼을 통해 부여하게 되면 자신의 숙박시설을 복수의 중개플랫폼들을 통해서 제공("Multihoming")하는 자에 있어 문제가 발생한다. 아마 여기서도 매 등록문의에 대해 명확한 등록번호를 부여하는 관청당국의 데이터베이스와 다수의 플랫폼들을 연결하는 응용프로그램 인터페이스(API) 설치가 하나의 해결책이 될 수 있을 것이다. 다만 이 경우 해당 숙박시설에 대해 이미 등록번호가 부여되었는지 여부가 매번 자동적으로 점검되어야 할 것이다. 기술적으로 이것이 어느 정도 가능하고 유용한지는 상세한 검토가 필요하다.

참고문헌

1. 국내문헌

강문수, 2015, 숙박 분야 공유경제에 관한 법제연구, 한국법제연구원.

강병준/최무현, 2013, 공유경제의 전망과 과제에 관한 탐색적 연구, 정책개발연구 13(1), 한국정책개발학회.

강한별/남영숙, 2016, "도시 공유경제를 통한 자원순환 관점에서의 도시 분석 및 개선방안 연구", 한국환경교육학회 학술대회 자료집.

고윤승, 2014, ICT 발달에 따른 공유경제에 대한 소고, e-비즈니스연구 15(6), 국제e비즈니스학회.

고형석, 2017, 공유경제산업과 소비자보호-Airbnb를 중심으로, 재산법연구 제34권 제3호, 한국재산법학회.

곽노완, 2013, '공유도시 서울'과 글로컬아코라의 공유도시, 마르크스주의 연구 10(3), 경상대학교 사회과학연구원.

김민식/정원준, 2014, ICT 산업의 발전과 빅뱅파괴 혁신의 이해-파괴적 혁신과의 비교를 중심으로, 통권 제26권 1호, 정보통신정책연구원.

박건철/이상돈, 2016, 도시·사회혁신을 위한 디지털 공유경제, 서울디지털재단.

반정화/박윤정, 2015, "서울시 공유경제 활성화방안", 서울연구원 연구보고서.

손상영/김사혁, 2015, 공유경제 비즈니스 모델과 새로운 경제 규범, 정책연구 15-59, 정보통신정책연구원.

송경석, 2014, 디지털기술의 발달에 따른 금융부분의 공유경제 비즈니스 모델 탐색, Journal of Information Technology Applications & Management 21(4), 한국데이타베이스학회.

송태원, 2015, 공유경제를 통한 혁신과 규제에 관한 일 고찰: 법경제학적 접근을 중심으로, 법제[2015년 06월], 법제처.

심수진, 2016, 공유경제 서비스 사용의 영향요인에 대한 실증 연구, 인터넷전자상거래연구 16(4), 한국인터넷전자상거래학회.

이병준, 2017, 새로운 유통방식으로서의 공용경제(sharing economy)와 그 법적 규제방식에 관한 연구, 유통법연구 제4권 제2호, 한국유통법학회.

이성엽, 2016, 공유경제(Sharing economy)에 대한 정부규제의 필요성, 행정법연구, 행정법이론실무학회.

정민, 2016, 2016년 다보스 포럼의 주요 내용과 시사점 - '4차 산업 혁명', 글로벌 성장 원동력으로, 16-2호, 현대경제연구원.

주덕, 2016, 지역 공유경제 활성화를 위한 사회적 자본 증진방안, 관광연구 31(4), 대한관광경영학회.

차두원/진영현, 2015, 초연결시대 공유경제와 사물인터넷의 미래, 한스미디어.

2. 외국문헌

Botsman, R., Rogers, R., 2010, What' Mine is Yours: The Rise of Collaborative Consumption, HarperCollins Publishers.

Bundesrats, 2017, Bericht über die zentralen Rahmenbedingungen für die digitale Wirtschaft.

Busch, C., 2016, CROWDSOURCING CONSUMER CONFIDENCE: How to Regulate Online Rating and Review Systems in the Collaborative Economy, in: Alberto De Franceschi(ed.), European Contract Law and the Digital Single Market, Intersentia, Cambridge.

Cheng, M., 2016, Sharing economy: A review and agenda for future research, International Journal of Hospitality Management 57.

Dittmann/Kuchinke, 2015, Ordungsökonomische Aspekte der Sharing Economy, ORDO Bd. 66.

Ert, E., Fleischer, A., and Magen, N., 2016, Trust and reputation in the sharing economy: The role of personal photos in Airbnb, Tourism Management 55.

European Parliament, 2016, European agenda for the collaborative economy —Supporting analysis {COM(2016) 356final}, Brussels, 2.6.2016 SWD(2016) 184 final.

European Parliament, 2016, The Cost of Non-Europe in the Sharing Economy, Economic, Social and Legal Challenges and Opportunities.

European Commission, 2016, Flash Eurobarometer 438—TNS Political &

Social, "The use of collaborative platforms".

Hadfield, G., 2007, Legal Barriers to Innovation: The Growing Economic Cost of Professional Control over Corporate Legal markets, 60 JSTAN. L. REV.

Hamari, J., Sjöklint, M., and Ukkonen, A., 2015, The sharing economy: Why people participate in collaborative consumption, Journal of the Association for Information Science and Technology 67(9).

Katz, V., 2015, Regulating the sharing economy, Berkeley Technology Law Journal 30(4).

Kenny, M., Zysman, J., 2016, The rise of the platform economy, Issues in Science and Technology, National Academies of Sciences, Engineering and Medicine, Spring.

Martin CJ., Upham P., and Budd, L., 2015, Commercial orientation in grassroots social innovation: Insights from the sharing economy, Ecological Economics 118.

MONOPOLKOMMISSION, 2016, Hauptgutachten XXI: Wettbewerb 2016— Kapitel 5: Digitale Märkte: Sharing Economy und FinTechs.

Möhlmann, M., 2015, Collaborative consumption: determinants of satisfaction and the likelihood of using a sharing economy option again, Journal of Consumer Behavior 14.

Münchener Kommentar zum BGB, 7. Auflage, 2015.

OECD, 2013, Protecting Consumers in Peer Platform Markets: 2016 Ministerial Meeting on the Digital Economy : background report.

Owyang J., 2013, The collaborative economy, Altimeter.

Schor, J., 2014, Debating the Sharing Economy, Great Transition Initiative Toward a Transformative vision and praxis.

Smith A., 2016, Shared Collaborative and On Demand: The new digital economy, PewResearch Center.

Sundararajan, A., 2016, The Sharing Economy, Cambridge, MA: The MIT Press.

Wewer, G., 2016, Faire Chancen für die kollaborative Wirtschaft?, ZRP 2016.

3. 기타자료

한국경제, 법원 "에어비앤비 통한 미신고 숙박업은 불법", 2015. 9. 24, A29면, http://news.hankyung.com/article/2015092316691.

Der Standard, "Airbnb vereinbart erste Ortstaxenvereibarung in der Schweiz", 2017. 6. 18(http://derstandard.at/2000059418713/Airbnb-fixi ert-erste-Ortstaxen-Vereinbarung-im-deutschsprachigen-Raum).

Die Presse, "Steuern: Wien will Daten von Airbnb & Co", 2017. 2. 14(http://diepresse.com/home/wirtschaft/economist/5169243/Steuern_Wie n-will-Daten-von-Airbnb-Co).

Maurice Geluk, Tweede Kamer steunt Amsterdam bij aanpak toeristische verhuur, Het Financieele Dagblad.

https://amsterdam.airbnbcitizen.com/new-data-release-amsterdam/ 참조; 나아가 Ziff. 3.5 der Vereinbarung zwischen der Stadt Amsterdam und Airbnb (November 2016).

http://a06.apps.paris.fr/a06/jsp/site/plugins/solr/modules/ods/DoDownload.jsp?id_document=136778&items_per_page=20&sort_name=&sort_order=&terms=téléservice&query=téléservice.

https://fd.nl/economie-politiek/1206975/amsterdam-zoekt-in-kamer-steun-vo or-aanpak-toeristischeverhuur.

https://formulieren.amsterdam.nl/tripleforms/LoketAmsterdam/formulier/nl-NL/evAmsterdam/scBedBreakfast.aspx/fBB_Inleiding.

https://www.amsterdam.nl.

https://www.amsterdam.nl/wonen-leefomgeving/wonen/woningeigenaren/v erhuren/shortstaybeleid.

https://www.amsterdam.nl/publish/pages/593837/overeenkomst_gemeente_ amsterdam_en_airbnb.pdf.

https://www.cityofchicago.org/content/dam/city/depts/bacp/Small%20Busin ess%20Center/sharedhousingordinanceamendments.pdf.

https://www.cityofchicago.org/content/dam/city/depts/bacp/general/Shared _Housing_Unit_Operator_Fact_Sheet-062117.pdf.

http://www.shugiin.go.jp/internet/itdb_gian.nsf/html/gian/honbun/houan/g
19305061.htm.

https://www.vora rlberg.at/pdf/beilage71_b.pdf.

http://www.wien.gv.at/ma08/histgesetzentwurf/ 2016/beilage-23-16.pdf.

진정한 공유숙박 실현을 위한 입법적 과제와 쟁점*

이병준**

Ⅰ. 들어가며

1. 우리나라에서 숙박관련 입법상황과 공유숙박 도입에 관한 논의

현재 정부는 공유경제 확대를 위한 다양한 노력을 기울이겠다고 선언하였다.[1] 특히 공유숙박과 관련하여서는 일단 규제 샌드박스가 있는데, 올해 7월부터 한시적으로 '내국인 대상 도시민박업'을 허용하는 실증특례에 들어갔다.[2] 그리고 법개정을 통하여 180일간 '내국인 대상 도시민박업'을 도입하기 위하여 지난 회기 때 다양한 개정안이 제안되었으며 새로 시작된 국회에서 새 개정안이 현재 논의 중에 있다. 이 법개정의 취지는 기존에 허용되지 않았던 내국인을 대상으로 하는 도시민박업을 신설하는 것이며, 이를 허용하는 것은 도시관광을 진흥하기 위하여 필

---

* 이 논문은 외법논집 제44권 제4호(2020)에 게재된 것입니다.

** 한국외국어대학교 법학전문대학원 교수.

1_ "도시민들도 내집서 내국인에 '민박업' 가능", 파이낸셜뉴스 2020. 5. 21.자 기사.

2_ "내국인 공유 숙박 10년 만에 열렸다…위홈, 서비스 개시", zdnetkorea뉴스 2020. 7. 30.자 기사.

요한 조치일 수 있다.[3]

더 나아가 최근에는 집의 일부가 아닌 집 전체를 임대할 수 있는 방안에 대하여 논의가 진행되고 있다. 에어비앤비에서 언론인과 관광분야 학자를 대상으로 실시한 설문조사 결과 80~90%의 응답자가 빈집을 활용한 공유숙박 제도에 찬성하는 입장을 보였다.[4] 정부는 '제2차 혁신성장전략회의 겸 2020년 제21차 경제관계장관회의'에서 "농어촌 빈집을 활용한 공유숙박 사업 수요가 있다"며 제도개선작업에 관한 논의를 시작하였다고 한다.[5]

2. 진정한 공유숙박 부재에 따른 문제점

그런데 위의 논의를 통하여 새로운 민박업이 신설되거나 집의 일부에서 집 전부를 빌려줄 수 있는 민박업이 신설된다면 진정한 의미에서의 공유숙박이 허용되고 진흥될 것이라고 여기는 정부의 태도는 매우 아쉽다고 할 수 있다. 왜냐하면 새로운 형태의 민박업이 신설되고 민박업에 대한 규제완화가 부분적으로 이루어지더라도 공유숙박에 대한 규제완화에 대한 호스트들의 니즈가 완전히 충족된 것이 아니기 때문이다. 정부는 2015년부터 공유경제를 반영한 숙박모델을 입법하겠다고 약속하였으나, 정부는 진정한 공유숙박 모델인지를 찾지 못하고 있다.

현재 문화체육관광부, 보건복지부, 농림축산식품부와 광역·기초지방자치단체, 경찰은 합동으로 8월 14일까지 8주간 불법숙박업 영업에 대

3_ 장점으로서 1) 일자리 창출과 지역 관광산업 활성화, 2) 저렴한 체험형 숙박 공간 제공을 통한 국민의 여가생활 향유에 기여, 3) 미신고 숙박시설로 운영되는 경우 관련법에 따른 안전기준 및 위생관리 기준 등의 대상이 되지 않아 문제 발생의 소지가 크나 공유민박자(도시민박업자)가 준수해야 할 안전기준 등을 마련하여 보완 가능 등이 열거되며, 단점으로는 1) 지역의 거주환경이 훼손, 2) 젠트리피케이션, 3) 객실 평균요금이 지속적으로 하락으로 인해 기존 숙박업자들이 큰 타격을 입을 가능성 존재, 4) 투숙객의 안전성 확보 한계와 사생활 침해 가능성이 지적되고 있다.
4_ "언론·학계 80% 이상, 빈집 공유숙박 찬성", 뉴시스 2020. 6. 29.자 기사.
5_ "전문가 80~90%, '빈집 숙박용으로 쓸 수 있게 해줘야'", 파이낸셜뉴스 2020. 6. 9.자 기사.

한 단속을 진행하고 있다.[6] 특히 문화체육관광부는 네이버, 에어비앤비 등 주요 포털과 숙박 중개 사이트 등을 대상으로 온라인 조사도 실시해 불법 영업 의심업소를 적발하고 있다고 한다. 이렇게 불법한 숙박업소 내지 호스트들이 난립하고 있는 것은 그중 진정한 불법사업을 목적으로 하는 숙박업소도 존재하지만, 공유경제가 실현될 것이라고 믿고 호스트로 집을 내놓은 공유경제 실현자들이 다수 존재한다. 그런데 정부는 오래된 약속을 저버린 채 아직도 공유경제 실현을 위한 규제완화를 하지 못하고 있다. 만약 공유경제를 실현할 수 있는 제대로 된 숙박모델이 우리나라에서도 제도화되어 자리 잡을 수 있다면 충분히 적법화할 수 있는 공유숙박의 형태가 있음에도 불구하고 정부에서 공유숙박 제도를 만들지 못하여 위의 형태에 해당하는 공유숙박 호스트들이 불법단속에 걸리는 현상이 발생하고 있다.

3. 본 연구의 논의범위

우리나라에서 아직도 입법자가 제대로 된 입법모델을 만들지 못하는 사이에 해외에서는 많은 논의를 거쳐 다양한 공유숙박 모델이 제시되고 있다.[7] 본 연구는 이러한 공유숙박에 대한 니즈를 반영한 호스트들의 요구에 발맞추어 입법이 된 대표적인 입법례를 참조하여 다음과 같은 쟁점에 대하여 고찰해 보려고 한다.

본 연구에서는 우선 공유경제를 실현하는 숙박업과 진정한 공유숙박

6_ "정부, 무신고 불법 숙박업 집중 단속 … 온라인 조사도 8월14일까지 8주간 단속, 자진 신고기간 6월19일까지 확대", 오마이뉴스 2020. 5. 25.자 기사.

7_ 다양한 입법례 분석에 관하여 이승호, 『2018년도 봄호 규제동향지』, 한국행정연구원 (2018.4), 66면 이하; 김민정, 이화영, 황순주, 『공유경제에 대한 경제학적 분석: 기대효과와 우려요인 및 정책적 함의』, 한국개발연구원(2016. 12), 291-295면; 김민이, 숙박공유 서비스 법제화 방안, 2019, 3-4면; 안희자, "주요국의 숙박공유 정책 동향과 시사점", 부동산 포커스(제106호), 한국부동산연구원(2017. 3) 참조. 일본의 상황에 관하여 자세한 것은 변우주, "일본 주택숙박사업법의 시행과 숙박공유의 규제에 관한 소고", 집합건물법학(제35권), 한국집합건물법학회(2020. 8), 135면 이하 참조.

의 차이에 대하여 살펴보려고 한다(II). 그리고 진정한 공유숙박이 실현
될 수 있는 입법모델을 제시해 보려고 한다. 둘째, 진정한 공유숙박을
실현시키기 위하여 숙박 중개플랫폼이 갖는 역할에 대하여 살펴보려고
한다(III). 사업목적을 갖지 않은 공유숙박을 실현하려고 하면 숙박 중개
플랫폼에 다양한 규제중개자로서의 역할을 부여하는 것이 타당한 것이
기 때문이다.[8]

II. 진정한 공유숙박 모델의 입법적 도입방안

1. 현행법상 숙박업형태와 도시민박업 도입

현행법상 관광진흥법에 규정되어 있는 외국인 관광도시민박업과 한
옥체험업 그리고 농어촌정비법상에 규정되어 있는 농어촌민박업이 숙
박공유를 실현하는 근거조항이라고 보는 견해가 있다.[9] 우리 정부도 이
미 앞에서 살펴본 바와 같이 민박업을 공유경제를 실현하는 모델로 보
아 현재 도시 지역에서 외국인에게만 허용되고 있는 민박업을 내국인에
게 확대하는 형태의 도시민박업을 도입하는 것에 제도 개선의 초점이
맞추어져 있다.

과학기술정보통신부는 2019년 11월 27일 ICT 규제 샌드박스 심의위
원회를 열고 숙박공유 앱 '위홈'에서 외국인은 물론 내국인도 이용 가능
한 숙박공유 플랫폼을 허가해 달라고 신청한 내용에 대하여 심의·의결

8_ 공유경제 일반에 관하여는 이미 이병준, "새로운 유통방식으로서의 공용경제(sharing
economy)와 그 법적 규제방식에 관한 연구", 유통법연구(제4권 제2호), 한국유통법학
회(2017. 12), 46면 이하 참조. 그리고 숙박공유의 전반적 분석에 대하여 이병준, "숙
박공용(house sharing)과 그 법적 규제", 소비자문제연구(제49권 제1호), 한국소비자
원(2018. 4), 65면 이하 참조.

9_ 윤현석, "공유경제의 법적 과제", 원광법학(제33권 제4호), 원광대학교 법학전문대학
원 법학연구소(2017. 12), 67면 등 참조.

하였다.[10] 위홈이 신청한 호스트 1만 명 규모를 4000명으로 제한하였으며, 본인이 거주하는 주택에 한해 연간 180일만 영업할 수 있도록 기간을 2년으로 제한된 실증특례를 허용하였다. 위 특례는 서울 1-9호선 지하철역 반경 1km 이내에 위치한 단독·다가구·다세대·연립주택과 아파트로 제한되며, 연면적이 230평방미터를 넘어설 수 없다. 또한 공유숙박 제도에서 필수적으로 고려해야 하는 안전 문제와 소비자 보호를 위하여, 호스트는 숙박시설에 소화기, 경보기 등을 설치해야 하고 신청 기업은 등록한 호스트의 정보를 정기적으로 보고해야 한다. 또한 반복적인 민원 발생 시 호스트를 제외 조치하는 등의 체계를 갖추어야 한다. 이는 Airbnb 등의 해외플랫폼과 국내기업과의 역차별을 해소하는 의의를 갖는 것으로 평가를 받고 있으며 그 기대효과로 공유경제뿐 아니라 근처 관광업과 외식업이 활성화될 것으로 기대되었다.

2. 도시민박업은 공유경제를 실현하는가?

민박업 자체는 기본적으로 집에 남은 공간을 빌려준다는 의미에서 유휴자원을 활용하는 공유경제 실현 모델에 해당한다. 다만 관광진흥법상 외국인 도시민박업의 경우 관광진흥을 목적으로 하고 있기 때문에 엄격한 요건을 갖춘 후에 등록을 해야 한다(동법 제4조 제1항 및 제3항).[11] 그에 반하여 농어촌정비법에 규정되어 있는 농어촌민박업의 경우에도 관광휴양사업의 한 종류로서 규정되어 있으나, 다소 완화되어 있는 신고의 형태로 사업을 할 수 있다(동법 제86조 제1항 제1문).[12] 한편 건축법상 숙박

10_ 과학기술정보통신부, 제7차 ICT 규제 샌드박스 심의위원회 심의결과, (2019), 4-5면.

11_ 외국인 도시민박업의 등록기준은 (1) 주택의 연면적이 230제곱미터 미만일 것, (2) 외국어 안내 서비스가 가능한 체제를 갖출 것, (3) 소화기를 1개 이상 구비하고 관광사업자로서는 일정한 결격사유가 없어야 하며(동법 제7조) 보험 등에 가입할 의무가 있고(동법 제9조) 관광표지를 붙일 수 있다(동법 제10조).

12_ 농어촌민박사업자는 신고필증 및 요금표를 민박주택의 잘 보이는 곳에 게시하여야 하며, 서비스·안전기준을 준수하여야 하고, 서비스·안전 수준 제고를 위하여 실시

영업의 경우 상업시설에 포함되는 것으로 보나, 공유숙박 시설은 주택에 포함되는 것으로 보게 된다는 점에서 완화된 규제의 측면이 있다. 또한 공중위생관리법상 사업자에게 부과된 의무들은 민박업에 있어서는 적용되지 않는다.[13]

이와 같이 민박업은 관광진흥 목적의 사업으로 규정되어 있다. 물론 공유경제의 실현을 일정한 사업의 형태로 하는 것도 가능하지만, 진정한 공유경제의 실현은 사업자가 아니라 개인(Peer)들이 하는 것이다.[14] 왜냐하면 공유경제는 그 정의상 유휴시설을 '간헐적'으로 공유하는 것이기 때문이다. 독일의 경제자원부의 2018년 공유경제에 관한 보고서[15]에서는 공유숙박은 '간헐적으로' 개인인 공급자들이 공유플랫폼에서 빈방을 제공하는 것을 의미하는 것으로 정의하고 있다.[16] 그에 반하여 숙박업자는 이익을 취득하기 위하여 전문적이고 계속적으로 숙박을 제공하는 자에 해당한다고 정의하면서도 공유숙박을 제공하는 개인과 사업자의 구분이 객관적으로 명백하지 않고 혼재되어 있다고 한다. 공유숙박의 경우에는 유휴자원의 활용이라는 측면에서 빈방을 단기간에 빌려주는 것임에 반하여, 숙박업자는 계속적으로 단기간의 임대를 목적으로 방을 개조하였다는 측면에서 다르다고 한다. 공유숙박의 호스트들은 자기가 주거로 사용하고 있는 주택의 일부 또는 전부를 일시적으로 필요하지 않게 되어 단기간으로 임대하여 주면서 작은 금액의 부수입을 얻는

하는 교육을 받아야 한다. 또한 투숙객을 대상으로 조식을 제공할 수 있으며, 그 비용을 민박요금에 포함하여야 한다(동법 제86조의2).

13_ 공중위생관리법 제2조 제1항 제2호; 공중위생관리법 시행령 제2조 제1항 참조.

14_ 이성엽, "공유경제(Sharing economy)에 대한 정부규제의 필요성—차량 및 숙박공유를 중심으로", 행정법실무(제44호), 행정법이론실무학회(2016. 2), 30면; 심재한, "Sharing Economy와 법", 경쟁법연구(제36권), 한국경쟁법학회(2017. 11), 276면 이하; 윤현석, "공유경제의 법적 과제", 원광법학(제33권 제4호), 원광대학교 법학전문대학원 법학연구소(2017. 12), 59면 등 참조.

15_ Sharing Economy im Wirtschaftsraum Deutschland, Hrsg. Bundesministerium für Wirschtaft und Energie(BMWI) Juli 2018.

16_ BMWI, Sharing Economy im Wirtschaftsraum Deutschland, S. 8-9.

것으로 이해해야만 진정한 의미에서의 공유경제가 실현된다고 본다.[17]

이러한 시각을 기초로 민박업을 보면 사업자와 소비자가 그 계약체결 주체이나, 공유경제의 경우에는 개인과 개인이 그 주체가 된다는 측면에서 다르다. 개인과 개인 사이의 계약이 체결된다는 점에서 공유경제를 P2P경제라고 하기도 한다.[18] 만약 그렇다면 민박업은 진정한 공유경제가 아닐 수 있다.

민박업은 사업의 형태로 규정되어 있고 관광진흥이라는 목적을 위하여 제정된 숙박업의 한 형태이기 때문에 그 요건이 다소 엄격하고 민박업을 하는 사업자는 좀 더 엄격한 의무를 부담하도록 되어 있다. 이러한 차원에서 현재 도시민박업이 시행되더라도 단순히 방 한 개 내지 몇 개를 가지고 있는 개인이 민박업을 수행하는 사업자로 등록할지는 의문이다. 따라서 내국인을 상대로 한 도시민박업이 허용되더라도 공유숙박 제도를 통하여 방 몇 개를 빌려주려고 하는 개인들이 욕구를 충족시키지 못할 가능성이 크다. 다시 말하면 입법적 측면에서 우리 정부는 공유경제 활성화를 위하여 진정한 의미의 공유숙박이 가능하도록 충분한 논의를 하지 못하고 있다. 진정한 공유숙박이 실현되기 위해서는 사업자가 아닌 개인들이 주체라는 차원에서 규제완화 논의가 필요하다.

3. 진정한 공유숙박 모델

(1) 공유숙박의 규제완화

1) 공유숙박에 대한 허가 요건의 완화

진정한 공유경제를 실현하기 위한 공유숙박을 가능하기 위해서는 간헐적으로 빈방을 빌려주려고 하는 개인들이 자신의 빈방을 시장에 제공

17_ BMWI, Sharing Economy im Wirtschaftsraum Deutschland, S. 52.

18_ 공유경제의 다른 명칭들로 sharing economy, collaborative economy, peer to peer economy, 공용경제, 공향경제 등이 있다. 더 자세한 것은 이병준, "새로운 유통방식으로서의 공용경제(sharing economy)와 그 법적 규제방식에 관한 연구", 유통법연구(제 4권 제2호), 한국유통법학회(2017. 12), 40면 참조.

할 수 있도록 제도설계를 해야 한다. 이를 위해서는 우선 간헐적으로 빈 방을 빌려주는 것이 어떠한 의미를 갖는지를 입법적으로 명확히 확정해야 한다. 현행법상 주택에서 방을 빌려주기 위해서는 민박업 등록 내지 신고를 해야만 적법한 것이 되므로 바로 공유숙박이라는 이유로 개인이 영업을 목적으로 하지 않는다는 이유로 방을 빌려줄 수는 없다. 이는 불법적인 형태의 숙박제공이 된다.[19] 그러므로 입법적으로 진정한 의미의 공유숙박 모델을 찾고 이를 법률적으로 적법한 숙박 제공모델로 설정해야 한다.

그다음 단계로 개인들은 영업을 목적으로 하지 않는다는 점을 감안하여 공유숙박에 대한 규제를 최소한으로 설정하는 것이 필요하다. 가령 공유숙박을 함에 있어서 신고 내지 등록을 요구하지 않거나 요구하더라도 민박업의 신고 내지 등록 요건보다 완화되어야 하며, 이들에게 부여되고 있는 의무도 거의 없거나 완화되어야 한다. 즉 시설기준의 충족여부 내지 보험가입의무 등이 설정되지 않더라도 공유숙박을 개인들에게 허용하는 것이 가능해야 한다.

19_ 공중위생관리법 제20조(벌칙) ① 다음 각호의 1에 해당하는 자는 1년 이하의 징역 또는 1천만 원 이하의 벌금에 처한다. 1. 제3조 제1항 전단의 규정에 의한 신고를 하지 아니한 자 ② 다음 각호의 1에 해당하는 자는 6월 이하의 징역 또는 500만 원 이하의 벌금에 처한다. 1. 제3조 제1항 후단의 규정에 의한 변경신고를 하지 아니한 자 농어촌정비법 제130조(벌칙) ④ 다음 각 호의 어느 하나에 해당하는 자는 1년 이하의 징역 또는 1천만 원 이하의 벌금에 처한다. 4. 거짓이나 그 밖의 부정한 방법으로 제85조 제2항 전단 또는 제86조 제1항 전단에 따른 신고를 하고 농어촌관광휴양지사업을 하거나 농어촌민박사업을 한 자 5. 제86조 제3항 제2호에 따라 임차한 주택에서 농어촌민박을 적법하게 신고하고 2년 이상 계속해서 농어촌민박사업을 운영하지 아니한 자 제132조(과태료) ① 다음 각 호의 어느 하나에 해당하는 자에게는 100만 원 이하의 과태료를 부과한다. 1. 제85조 제2항 후단 또는 제86조 제1항 후단을 위반하여 변경신고를 하지 아니하고 농어촌관광휴양지사업을 하거나 농어촌민박사업을 한 자 2. 거짓이나 그 밖의 부정한 방법으로 제85조 제2항 후단 또는 제86조 제1항 후단에 따른 변경신고를 하고 농어촌관광휴양지사업을 하거나 농어촌민박사업을 한 자 2의2. 제86조의2에 따른 준수사항을 따르지 아니하고 농어촌민박사업을 한 자

2) 입법례

미국 시카고의 경우 휴가 임대와 Bed&Breakfast의 경우에는 모두 영업허가를 받아야 한다.[20] 그에 반하여 진정한 공유숙박 모델에 해당하는 Shared housing unit(SHU)의 경우에는 신고나 등록이 요구되지 않는다. 이 제도를 통하여 호스트는 6개 이하의 침실 공간을 가지고 있는 주거단위인 경우 고객에게 전체 또는 일부를 일시적으로 임대할 수 있다(Art. 4-14-010 SHO). 다만 숙박 중개플랫폼을 통하여 방을 제공하는 경우에는 예외적으로 플랫폼을 통하여 신고를 해야 하며, 세금도 내게 된다.[21]

독일에서 가장 많은 Airbnb상으로 숙소를 제공하고 있는 수도 베를린의 경우 원래 단기숙박에 대하여 엄격한 규제로 유명하였다.[22] 그런데 2018년 4월의 법 개정을 통하여 단기임대시장에 규제완화를 대폭적으로 시행하였다.[23] 그에 따르면 '주된 주거'에서 하나 또는 그 이상의 방을 제공하면서 전체 주거의 50% 이하를 빌려주는 경우에는 허가를 받지 않아도 된다. 이 경우 호스트들은 관할관청에 단기임대사실을 신고하여 등록번호를 취득하면 된다. 주거의 50% 이상을 빌려주는 호스트들은 관할관청의 허가와 함께 등록번호를 취득해야 한다. 그런데 이와 같은 단기임대의 경우에 일수제한을 도입하지 않았다는 점에 주목할 필요가 있다. 여기서 입법자는 '주된 주거'라는 성질이 침해되지 않은 한도에서만 단기임대에 대하여 이와 같은 규제완화를 허용하고 있다.[24] '2차 주거'의

20_ Art. 4-14-020 Chicago Shared Housing Ordinance 참조.

21_ 숙박 중개플랫폼에 관하여는 다음 Ⅲ.의 내용 참조.

22_ 이병준, "숙박공용(house sharing)과 그 법적 규제", 소비자문제연구(제49권 제1호), 한국소비자원(2018. 4), 75면 참조.

23_ Zweites Gesetz zur Änderung des Zweckentfremdungsverbot-Gesetzes v. 9.4.2018, GVBl. 2018, 211. 이에 관한 개관으로 Discher/Hamm, Erste Anmerkungen zur Änderung des Zweckentfremdungsverbot-Gesetzes Berlin(ZwVbG), NVwZ 2018, 791.

24_ '주된 주거'라는 성질이 침해되지 않은 한도의 의미가 무엇을 의미하는지가 명확하지 않으나, '주된 주거'를 일 또는 주 단위로 하여 연(年) 182일 정도까지 임대하는 것은 적법한 것으로 해석되고 있다(Busch, Regulating Airbnb in Germany - status quo and future trends, EuCML 2019, 40).

경우 더 엄격한 규제가 적용되어 단기임대를 하기 위해서는 허가와 등록번호를 취득해야 한다. 그리고 원칙적으로 최대 연(年) 90일 동안만 임대가 허용된다. 또한 이미 베를린에 주된 거주지가 있거나 다른 자차 주거가 있는 경우에는 허가를 받을 수 없다.

파리, 니스, 리옹 등 프랑스의 주요 도시에서는 주 거주지[25]인 집 전체를 숙소로 임대하는 경우 1년에 최대 120박까지만 임대가 가능하다. 주 거주지이지만 직업이나 건강상 사유 및 불가항력의 사유로 4개월 이상 타지에 머물렀거나 한 번에 90일 이상 임대하는 장기임대 등의 경우에는 면제신청서를 작성하여 에어비앤비 측에 접수가 완료되는 때에 한하여, 숙소에 숙박일수의 제한이 적용되지 않는다. 또한 에어비앤비를 포함한 온라인 플랫폼은 호스트의 이름, 주소 등 신원정보와 총수입 및 예약 횟수를 포함한 전년도 플랫폼에서의 활동, 지불 방법 정보 등을 매년 프랑스 세무 당국에 신고해야 한다.[26] 또한 집주인의 경우 주 거주지는 연 120일의 한도 내로 원하는 기간과 가격에 집을 임대 놓을 수 있으나, 보조 거주지(별장)를 임대 놓기 위해서는 기간 및 금액과 상관없이 관할 기관에서 영업용으로 용도 변경을 신청하고, 허가등록번호를 받아야 한다.

3) 호스트의 거주요건

외국인관광 도시민박업의 경우 주민이 거주하고 있는 주택을 이용해야 한다(관광진흥법 시행령 제2조 제1항 제3호 바목,[27] 문화체육관광부

25_ 여기서 '주 거주지'란 1년에 8개월 이상 거주하는 주거 공간을 의미하며, 주 거주지를 제외한 보조 거주지, 비주거 공간 등에는 해당 사항이 없다.

26_ AirBnB 공식 웹사이트, 프랑스의 숙박일 제한 (2020. 09. 22 확인); 프랑스에서 책임감 있는 호스팅하기 참조(2020. 09. 22 확인)

27_ 관광진흥법 시행령 제2조 제1항 제3호 바목 외국인관광 도시민박업
「국토의 계획 및 이용에 관한 법률」 제6조 제1호에 따른 도시지역(「농어촌정비법」에 따른 농어촌지역 및 준농어촌지역은 제외한다. 이하 이 조에서 같다)의 주민이 자신이 거주하고 있는 다음의 어느 하나에 해당하는 주택을 이용하여 외국인 관광객에게 한국의 가정문화를 체험할 수 있도록 적합한 시설을 갖추고 숙식 등을 제공(도시지역에서 「도시재생 활성화 및 지원에 관한 특별법」 제2조 제6호에 따른 도시재생활성화계획에 따라 같은 조 제9호에 따른 마을기업이 외국인 관광객에게 우선하여 숙식 등을 제공하면서, 외국인 관광객의 이용에 지장을 주지 아니하는 범위에서 해당 지역을 방

외국인관광 도시민박업 업무처리(등록·관리) 지침[28]). 이처럼 외국인관광 도시민박업이 "자신이 거주하고 있는" 주택일 것을 요건으로 하고 있는 규정취지는 해당 규정에서 설명하고 있듯이 "외국인 관광객에게 한국의 가정문화를 체험할 수 있도록" 하기 위함이다. 따라서 외국인관광 도시민박업의 입법취지는 호스트가 직접 외국인 방문객과 함께 숙소에서 거주하면서 외국인에게 고객응대를 함으로써 한국의 가정문화를 체험할 수 있도록 함에 있었기 때문에 외국인이 숙식할 때 함께 거주하도록 하고 있는 것이다.

공유숙박 모델에서도 고려해야 할 중요한 요소는 임대되는 빈방들이 호스트의 독자적인 주거목적을 갖는 공간이어야 한다는 점이다. 즉 빌려주는 방들은 호스트의 주거공간이어야 한다. 이 때 호스트가 해당 공간을 주거의 목적으로 사용할 의향만 있으면 되는지 아니면 호스트가 어느 정도 거주시간과 거주의 계속성이 확보되어야 하는지가 문제된다. 다른 말로 말하면 단기의 거주도 계속적 거주 의도가 있으면 주거목적의 사용으로 인정할 수 있는지가 문제되는 것이다. 여기서 중점이 되는 것은 계속적으로 주거목적으로 사용할 의도이기 때문에 실제로 일정시간 동안 계속적으로 해당 주거가 이용될 필요는 없을 것이다. 따라서 간헐적인 사용도 해당 공간을 주거로 사용할 계속적 의도가 있고 그에 합당한 이용가능성이 확보되어 있다면 주거목적을 충족시킬 수 있다.[29]

만약 호스트의 거주시간과 계속성을 기초로 주거목적을 판단하려고 한다면 이를 사실상 확인할 방법이 없다. 이를 확인하기 위해서는 호스트에게 실제로 어느 정도 거주하였는지를 물을 수밖에 없고 그 진위여

문하는 내국인 관광객에게 그 지역의 특성화된 문화를 체험할 수 있도록 숙식 등을 제공하는 것을 포함한다)하는 업

1)「건축법 시행령」별표 1 제1호 가목 또는 다목에 따른 단독주택 또는 다가구주택

2)「건축법 시행령」별표 1 제2호 가목, 나목 또는 다목에 따른 아파트, 연립주택 또는 다세대주택

28_ 2019. 11. 개정.

29_ 이와 같은 입장으로 VG Berlin, BeckRS 2016, 51176 Rn. 31.

부를 확인할 방법이 없기 때문에 해당 진술을 믿느냐 마느냐의 문제로 봉착하게 된다. 따라서 공유숙박에서 주거목적은 오히려 해당 주거를 타인이 얼마나 이용하였는지를 통하여 검증이 될 수 있다. 왜냐하면 타인의 주거이용은 곧 호스트가 해당 주거를 이용하지 못하였다는 반증이 되기 때문이다. 이와 같은 타인 주거와 자기 주거의 관계는 간헐적으로 주거를 빌려준다는 공유숙박의 본질적인 성격에 있다.[30] 따라서 타인의 주거공간과 주거시간을 통하여 호스트가 얼마나 자기 목적의 주거를 하고 있는지가 확인된다고 볼 수 있다. 이러한 측면을 고려하면 베를린에서 주거공간의 50%만 빌려주는 경우에 공유숙박이라고 보고 허가를 받지 않도록 함으로써 대폭적인 규제완화를 해주는 반면에, 50% 이상 빌려주는 경우에는 사업목적을 어느 정도 가지고 숙박시설을 운영하는 것으로 보고 허가를 얻도록 하고 있는 것으로 이해할 수 있다.

(2) 부작용 최소화를 위한 의무부과

공유숙박은 개인들이 하는 활동에 불과하므로 최소한의 의무만을 부과해야 한다. 그러나 공유숙박으로 인한 부작용(부정적 외부효과)이 존재할 수 있다. 부정적 외부효과의 대표적인 사례로 1) 소비자 보호문제, 2) 공급자에 대한 사회적 보장의 어려움, 3) 근로제공자의 법적 지위 문제 발생, 4) 기존 사업모델 사업자와의 경쟁 등이 있다.[31] 이러한 부정적 외부효과의 방지를 위하여 최소한의 의무를 부과할 필요가 있다.

예컨대 독일 베를린의 경우 모든 단기임대의 경우에는 등록번호를 부여받아야 하며, 2018년 8월부터 광고를 하거나 숙박 플랫폼에 예약목록에 올리는 경우 등록번호를 게시해야 한다.[32]

30_ 이러한 입장으로 Weber, Das rechte Maβ beim so genannten Home Sharing, NVwZ 2019, 762.

31_ 더 자세한 것은 이병준, "새로운 유통방식으로서의 공용경제(sharing economy)와 그 법적 규제방식에 관한 연구", 유통법연구(제4권 제2호), 한국유통법학회(2017. 12), 52면 이하 참조.

32_ 2018년 10월의 보도에 따르면 예약목록에 등록한 호스트 중 10%만 등록번호를 게시

또한 공유숙박으로 제공하는 개인들은 많은 경우에 숙박료 징수 후 세금을 내고 있지 않은 실정이다. 이에 따라 기존의 숙박업체에서는 과세형평에 맞지 않다는 비판이 가해지고 있다. 그러면 영업을 하고 있지 않은 공유숙박을 제공하는 개인에게 어떻게 합리적인 방법으로 세금을 부과할 수 있는지를 고려할 필요가 있다.[33] 프랑스 파리의 경우 3가지의 공유숙박 모형(주 거주지 임대, 보조 거주지 임대, 비주거용 공간 용도변경 임대) 모두에 대해 호텔 등급 표시제와 같은 기준을 적용하여 숙박세를 의무적으로 부과하는 한편 시청에 납세토록 하고 있다.[34] 미국 샌프란시스코시는 리스팅 가격에 대해 14%의 숙박세(Transient Occupation Tax, TOT)를 부과하고 있으며, 에어비앤비 측에서 숙박세를 수금하여 관할 세무 당국에 납부하고 있다.[35]

4. 도입방안

(1) 「공유경제 기본법」에 반영하는 방안

공유경제 기본법을 제정하기 위한 안이 국회에 상정되었다.[36] 해당 법

한 것으로 보도되었다. 따라서 아직 이 의무의 준수와 강제가 효율적으로 이루어지지 않은 것으로 보인다.

33_ 이러한 문제 제기로 신규환, 이예지, "공유경제 과세문제에 대한 연구─숙박공유업을 중심으로", 조세와 법(제11권 제2호), 서울시립대학교 법학연구소(2018. 12.), 34면 이하 참조.

34_ 대한민국시도지사협의회, AirBnB 등 숙박공유 시설 증가에 따른 프랑스 지자체 대응, 2018, 대한민국시도지사협의회 참조.

35_ SF Chapter 41A, Ordinance 178-16, Section 5, g. 4. (B).; 샌프란시스코시의 숙박세 (TOT)에 관한 내용은 Treasure and Tax collector─Transient Occupancy Tax, https://sftreasurer.org/business/taxes-fees/transient-occupancy-tax-tot 참조(2020. 08. 26. 확인).

36_ 해당 안은 김수민 의원 대표발의로 지난 회기에 제안되었고(해당 법안에 대한 소개와 평가에 관하여 자세한 것은 이병준, "공유경제 법안에 대한 고찰", 소비자법연구(제4권 제2호), 소비자법학회(2018. 9), 63면 이하 참조) 새 국회가 개원하면서 태영호 의원에 의하여 약간 수정되어 대표발의된 상태이다(의안번호 2377, 2020. 7. 24. 발의).

안에서도 공유경제에서 핵심적인 쟁점이 사업자와 개인을 구분하는 것임을 인식하고 "상시공급자"[37]와 "일시적 공급자"[38]로 구분하고 업종별 공급자의 거래금액 및 거래빈도를 고려하여 공급자를 일시적 공급자와 상시공급자로 구분하는 기준을 정하도록 하고 있다(동법 제11조).

그런데 그 구분기준을 정하는 주체가 기획재정부장관으로 규정되어 있어서 주택정책, 관광정책과 밀접하게 관련을 가지는 공유숙박에서는 이러한 기준을 공유경제 기본법을 통하여 정하는 것은 의미가 있을 것이다. 현재는 사업자성을 추상적 기준인 사업목적을 통하여 판단하기 때문에 사업자성에 대한 명확한 기준이 존재하지 않고, 법률상 해당 업종의 허가, 등록 내지 신고를 통해 사업자성을 취득하는 경우에 사업자로 인정되지만 사업자에 대한 객관적 기준이 없는 이상 이를 거래금액 및 거래빈도를 기준으로 정하는 것은 업계의 안정화에 기여하는 측면이 있을 수 있다. 특히 공유경제기본법은 기본적으로 진흥법의 성격이 강하고 일시적 공급자와 관련하여서는 공유경제가 실현될 수 있도록 관련 규제를 완화함으로서 제도개선 방안을 마련하는 것이 주된 내용이므로 (동법 제12조) 이러한 구분은 중요한 의미를 갖는다.

그런데 공유숙박과 관련하여 해당 공유숙박이 가능한지 여부는 해당 지방자치단체가 자체적으로 결정하는 것이 타당하다고 생각된다. 왜냐하면 공유숙박은 기본적으로 주거정책 및 관광정책과 밀접한 관련이 있으므로 해당 지역에서 정하도록 하는 것이 타당하기 때문이다. 따라서 해외 입법례를 보면 주로 관광도시를 중심으로 공유경제를 허용하는 입법이 제정되고 있음을 확인할 수 있다.[39]

37_ "상시공급자"란 공유경제에서 거래금액 및 거래빈도가 제11조에 따른 구분 기준을 초과하는 공급자를 말한다(동법 제2조 제5호).

38_ "일시적 공급자"란 공유경제에서 거래금액 및 거래빈도가 제11조에 따른 구분 기준에 미달하는 공급자를 말한다(동법 제2조 제6호).

39_ 김민정, 이화영, 황순주, 『공유경제에 대한 경제학적 분석: 기대효과와 우려요인 및 정책적 함의』, 한국개발연구원(2016. 12), 235면 이하.

(2) 가칭 「주거(목적)보전법」에 반영하는 방안

독일을 살펴보면 공유숙박의 가능성은 주거전용금지법을 통하여 드러난다.[40] 주거전용금지법은 전후에 주거지가 부족하였던 상황을 감안하여 주거가 다른 목적으로 사용되는 것을 원칙적으로 금지하고 있는 법이다.[41] 다만 예외적으로 허용되는 요건을 규정하고 있고 이러한 예외에 공유숙박의 형태도 포함된다. 이에 따라 독일의 수도 베를린의 경우에는 주 거주지의 경우 60일까지 공유숙박으로 제공하는 것이 최근에 허용되었다.

현재 공급부족으로 인한 주택의 가격상승이 사회적으로 큰 이슈인 우리나라에서 독일의 입법례를 감안하여 가칭 「주거(목적)보전법」을 제정하고 여기서 공유숙박을 지방자치단체별로 허용하는 방안을 마련하는 것이 가능하다고 생각된다. 공유숙박은 기본적으로 주거정책과 밀접한 관련을 가지므로 해당 지방자치단체에서 공유숙박 허용여부와 어떠한 형태로 인정할 것인지를 주택시장 사정에 따라 선택하도록 해야 한다. 독일 베를린에서는 공유숙박의 금지 후 8천 채의 주택이 임대아파트로 전향되었다는 보고가 있다.[42] 또한 2014년 9월부터 2017년 8월까지 에어비앤비가 뉴욕의 주택임대시장에 미치는 영향을 분석한 결과를 보면 7천~1만 3천 5백 채의 장기임대 주택이 에어비앤비로 이동하여 주택임대료가 평균 1.4% 상승한 것으로 드러났다.[43] 우리나라의 경우 예컨대 주거가 부족하고 주택의 가격이 상승하고 있는 서울에서는 공유숙박을 금지하는 한편, 하동과 같이 주거가 많은 지역에서 지역경제 활성화를

40_ Gesetz über das Verbot der Zweckentfremdung von Wohnraum (Zweckentfrem-dungsverbot-Gesetz: ZwVbG) vom 29. November 2013.

41_ Heinemann, Die Verfassungswidrigkeit der Zweckentfremdungsverbotsgesetze der Länder, NVwZ 2019, 1070 ff.

42_ "임대료 치솟는 베를린, 에어비앤비 규제 효과 보나", 연합뉴스 2018. 1. 31.자 기사.

43_ See David Wachsmuth, David Chaney, Danielle Kerrigan, Andrea shillolo, Robin Basalaev-Binder, A report from the Urban Politics and Governance research group School of Uban planning McGill University, 2018.01, p. 35.

위하여 공유숙박이 적극적으로 인정될 수 있다.[44]

Ⅲ. 숙박 중개플랫폼의 역할부여를 위한 입법과제

1. 규제중개자로서의 숙박 중개플랫폼

중개플랫폼은 시장의 개설자로서 시장에 대한 질서를 스스로 만들려고 하는 경우가 많다. 이러한 질서는 기술적인 코드, 약관, 정책 등 다양한 규율 수단을 통하여 실현된다.

그런데 공유경제와 관련하여 중개플랫폼에 있어 규제중개자로서의 역할이 강조되고 있다.[45] 즉 입법자가 실현하려고 하는 입법목적을 중개플랫폼을 통하여 또는 함께 실현하는 모델을 활용하고자 한다. 예컨대 이미 살펴본 시카고의 경우 공유숙박에 해당하는 Shared Housing Unit의 경우 신고나 등록을 하지 않아도 된다. 그러나 중개플랫폼을 통하여 숙박을 제공하는 경우에는 예외적으로 호스트에게 등록 의무가 부과되고 이러한 등록절차는 중개플랫폼을 통하여 이루어지도록 하고 있다.[46] 즉 중개플랫폼을 활용하지 않은 공유숙박에 대하여는 적극적인 규제를 가하고 있지 않으나, 중개플랫폼을 통하여 이루어지는 공유숙박의 경우에는 플랫폼을 통하여 어렵지 않게 규제가 가능하기 때문에 중개플랫폼을 규제중개자로서 활용하는 것이다. 또한 중개플랫폼에서는 법령상 정

44_ "하동군, 숙박공유업체 '에어비앤비'와 협약 … 민박 인프라 기대", 뉴스원 2019. 10. 1. 자 기사.

45_ See Rory van Loo, Rise of the Digital Regulator, 66 Duke Law Journal 1267 (2017); Christoph Busch, Self-Regulation and Regulatory Intermediation in the Platform Economy, in: Marta Cantero Gamito and Hans-Wolfgang Mitcklitz (eds), The Role of the EU in Transnational Legal Ordering: Standards, Contracts and Codes, Edward Elgar: Cheltenham 2019.

46_ AirBnB 공식 웹사이트 - 프랑스에서 책임감 있는 호스팅하기; 이승호, 『2018년도 봄호 규제동향지』, 한국행정연구원(2018.4), 67면.

해진 숙박일수 제한을 기술적으로 반영하여 숙박예약이 불가능하게 설정하는 것이 가능하며, 숙박일수를 넘어선 호스트들의 통계를 확인하여 그 목록을 만들 수 있다.

2. 숙박 중개플랫폼의 다양한 역할

(1) 신고 내지 등록 절차에서의 보조적 역할

숙박 중개플랫폼에서 제공할 수 있는 첫 번째 역할은 공유숙박을 제공하는 호스트들을 위한 신고 내지 등록 절차를 대행하여 주는 역할이다. 기본적으로 호스트들이 숙박 중개플랫폼에 가입을 할 때 신고 내지 등록번호를 요구하는 것이 일반적인데, 이때 신고 내지 등록을 하고 있지 않은 호스트들이 있다면 신고 내지 등록절차를 대행하여 주는 것이다.

호스트들이 영업을 목적으로 하지 않은 개인(peer)라는 점을 감안하면 신고 내지 동록을 해야 한다는 사실을 알지 못하는 경우가 많고, 그 절차가 복잡하여 직접 행하지 못하는 경우가 많을 수 있으므로 이를 전문적인 중개플랫폼에게 하도록 하는 것이 효율적이기 때문이다. 이러한 신고 내지 등록절차가 마련되면 신고 내지 등록을 하지 않고 숙박을 제공하는 호스트들이 많이 줄어들게 되며, 중개플랫폼도 적법한 호스트들만 중개하게 되는 긍정적인 효과를 누릴 수 있다.

(2) 신고 내지 등록번호의 게시기능 부여

숙박 중개플랫폼에서는 플랫폼 안의 시장질서를 마련할 뿐만 아니라, 계약체결 절차도 제공하고 있다. 따라서 법률상 각종 부과되고 있는 표시의무를 호스트들이 이행하기 위해서는 이러한 계약체결 절차에서 법률상의 표시의무를 이행할 수 있는 기능을 마련해야 한다. 만약 이러한 기능을 중개플랫폼에서 마련하지 않는다면 호스트들이 스스로 개별적으로 이와 같은 표시의무를 이행하는 것은 매우 불편할 뿐만 아니라, 비효율적이다.

이러한 표시의무와 연관하여 중요한 내용은 신고 내지 등록번호와 같은 신원정보를 게시할 수 있는 기능을 제공할 의무를 중개플랫폼에게 부과하는 것이다. 신고 내지 등록번호를 쉽게 인식할 수 있다면 무신고 내지 무등록 상태에서 숙박시설을 제공하는 호스트들에 대한 단속이 쉽게 이루어질 수 있다.[47]

(3) 숙박제공 일수의 관리 및 통계제공

공유숙박 제공이 가능한 일수가 법률상 제한되어 있다. 그런데 이러한 숙박제공 일수한도가 도과되지 않도록 중개플랫폼에서 쉽게 관리할 수 있다. 왜냐하면 중개플랫폼에서는 호스트가 특정한 숙박시설을 빌려준 통계를 가지고 있기 때문이다. 이러한 통계를 바탕으로 숙박제한일수가 도과된 경우 중개플랫폼에게 더 이상 숙박제공을 못하도록 할 의무를 부과할 수 있다. 이러한 의무는 기술적으로 계약체결 절차 안에 숙박제공 일수제한을 통하여 쉽게 달성될 수 있다.[48]

또한 관할 행정관청에 통계자료 제공 의무를 중개플랫폼에 부과하여 숙박일수를 호스트별로 산정할 수 있도록 해야 한다. 이는 호스트들이 동일한 숙박시설을 복수의 중개플랫폼들을 통해서 제공("Multihoming")하

47_ 공유숙박에 대한 호스트들은 규제적 측면에서 다른 숙박업자에 비하여 이익을 누리고 있으므로 이러한 단속은 매우 중요하다.

48_ 단기숙박 플랫폼에 이와 같은 의무를 부과한 독일에서는 이와 관련하여 많은 논란이 되고 있다. 왜냐하면 독일에는 Airbnb 자회사만 있고 모회사는 아일랜드에 있기 때문에 해당 의무가 어느 회사에 적용되고 그 집행은 어떠한 방식으로 이루어질지에 관하여 명확한 해석론이 없기 때문이다. 2018년 3월 베를린 행정법원에서는 Airbnb 독일은 플랫폼상 집을 빌려주는 호스트들의 정보를 공개할 의무가 없다고 판시하였다. Airbnb의 자회사에 불과하기 때문에 이용자 정보에 대하여 "기능적 지배"를 하고 있지 않다는 이유에서이다. "기능적 지배"는 모회사인 Airbnb 아일랜드에서만 가지고 있다고 한다. 그에 반하여 2018년 12월 뮌헨 행정법원에서는 제한기간을 넘긴 호스트들의 이름과 주소를 Airbnb 아일랜드에서 공개해야 한다는 판결을 내렸다. 그런데 이 판결을 독일에 주소지를 가지고 있지 않은 Airbnb 아일랜드에 대하여 집행할 수 있는지에 관하여는 의문이 제기되고 있는 실정이다. (Busch, Regulating Airbnb in Germany— status quo and future trends, EuCML 2019, 40).

는 자의 문제도 해결할 수 있다. 즉 한 숙박 중개플랫폼에서는 숙박 제한일수를 넘지 않았으나, 여러 숙박 중개플랫폼에서 임대한 일수를 합하면 이를 넘어서는 블랙마켓이 형성될 가능성을 방지하기 위함이다. 이를 위해서는 행정관청의 데이터베이스와 다수의 중개플랫폼들을 연결하는 응용프로그램 인터페이스(API)를 설치하는 방안을 강구하는 것이 필요하다.

이처럼 영업일수 제한에 대한 엄격한 통제와 벌칙부과는 필연적으로 따라야 한다. 왜냐하면 공유숙박은 간헐적으로 임대한다는 이유로 기존의 숙박업에 비하여 규제완화의 혜택을 누리고 있기 때문이다. 그런데 만약 다수의 시장의 참여자가 공유숙박을 제공한다는 외연만을 가지고 실제로는 이를 위하여 영업을 하는 사업자인 경우에는 공유숙박에 대한 규제완화의 입법이 그 근거를 상실하게 된다. 따라서 영업일수 제한이 중개플랫폼과 행정기관에게 상당한 노력이 부과된 것으로 볼 수 있는 여지도 있지만, 이러한 노력이 없이는 공유숙박에 대한 규제완화가 정당화될 수 없다는 측면을 고려하여 영업일수 제한제도가 관철되도록 노력해야 한다.[49]

(4) 중개플랫폼을 통한 세금의 징수

대부분의 숙박 중개플랫폼에서는 숙박료 결제시스템을 제공하여 호스트들을 대신하여 숙박료를 징수하고 숙박이 이루어진 후 정산을 하는 방식을 취한다. 따라서 이러한 기회를 활용하여 호스트들에게 부과되는

49_ 온라인 세미나에서 영업일수 제한을 엄격하게 적용하게 되면 이를 위반하여 숙박예약을 한 경우에 해당 예약을 취소하는 등 시장의 교란이 일어날 수 있다는 지적이 있었다. 그러나 영업일수 제한은 행정규제적 성격의 단속규범이라고 보아야 한다. 이를 위반한 경우에 행정벌 내지 형사벌이 따르게 된다. 그런데 이를 넘어서 영업일수를 위반한 숙박계약이 무효인지 여부는 해당 규정이 효력규정으로 인정될 수 있어야 한다. 즉 해당 규정을 위반한 경우에 그 계약의 효력을 무효로 사법적 효력을 가져야 한다. 이에 관한 명문의 규정이 통상 없기 때문에 법률규정의 목적 등을 기초로 하여 법률의 해석을 해야 한다. 그런데 영업일수 제한은 단순한 단속규정으로 이해하는 것이 맞다.

세금을 대신 징수하는 방안을 강구할 필요가 있다. 중개플랫폼이 세금 부과에 있어서도 규제중개 내지 실현자로서의 역할이 기대되는 분야이기도 하다.

미국, 네덜란드 등은 에어비앤비 사업자와 협력하여 숙박공유 플랫폼을 이용하는 고객에게 관광세, 숙박세를 플랫폼을 통하여 납부하도록 하였다. 거래세 형태의 거래금액 중 그 일부를 플랫폼 사업자를 통하여 대납하는 제도를 입법하여 플랫폼 사업자와 호스트 두 명에게 동시에 과세하는 번거로움을 피할 수 있다. 이와 동시에 공유경제 형태를 이용한 조세회피를 막기 위해 공유경제 플랫폼 사업자에게 거래내역을 국세청에 보고하는 제도를 도입하여야 할 것이다.[50] 그 일례로, 미국 샌프란시스코의 경우, 샌프란시스코의 숙박공유 플랫폼 사업자는 단기숙박임대사무소의 규제를 받는데, 이 단기숙박임대사무소에 플랫폼 사업자는 매월 호스트들이 합법적으로 영업을 하고 있는지를 확인하기 위해 합당한 주의를 기울였다는 내용의 선서 진술서를 제출해야 하며, 단기숙박임대사무소는 플랫폼의 호스트 리스트를 매월 1회 감시한다.

IV. 나가며

(1) 현재 정부는 공유경제를 적극적으로 실현하겠다고 하나, 공유경제를 제대로 반영하여 제도를 설정하지 못하고 있다. 공유숙박의 경우를 대표적인 공유경제 실현영역으로 앞세우며 외국인에게만 허용되고 있는 도시민박업에 내국인도 허용하는 것을 공유경제 실현이라고 보고 있다. 그러나 민박업은 사업을 목적으로 하는 호스트들에게 맞는 모형이고 간헐적으로 빈방을 활용하여 공유경제를 실현하려고 하는 개인들

50_ 이러한 문제 제기로 신규환, 이예지, "공유경제 과세문제에 대한 연구—숙박공유업을 중심으로", 조세와 법 (제11권 제2호), 서울시립대학교 법학연구소(2018. 12.), 59면 이하 참조.

에게는 부적합한 형태이다. 현재 많은 해외 도시들은 관광 및 주택사정을 감안하여 적합한 공유모델을 입법하고 있다. 우리 정부도 다른 세계 도시들의 최근 입법을 참조하여 공유경제를 실현하려고 하는 개인들의 니즈에 부합할 필요가 있다.

(2) 공유경제를 입법함에 있어서 기본적으로는 규제완화를 생각해야한다. 왜냐하면 사업자에게 부과된 의무를 개인들에게 이행하라고 하면 공유경제를 포기할 것이기 때문이다. 따라서 공유숙박을 입법함에 있어서 개인들에게 최소한의 의무를 부과하되, 공유숙박으로 인하여 발생하는 부작용은 최소화하는 한도에서 의무를 부과할 필요가 있다. 이러한 내용도 해외 입법례를 참조하여 우리나라에서 제도를 설계할 필요가 있다.

(3) 공유숙박을 설계함에 있어서 중앙정부보다는 지방자치단체가 적합하다. 왜냐하면 공유숙박은 관광정책은 물론 주택정책과도 연관되기 때문이다. 따라서 주택 사정과 관광 수요를 고려하여 허용되는 면적과 임대일수 등을 고려하여 지방자치단체에서 결정하도록 하는 것이 바람직하다.

(4) 공유숙박 모델을 설계함에 있어서 중개플랫폼의 규제 실현자 내지 중개자로서의 역할을 적극 활용할 필요가 있다. 이렇게 함으로써 효율적인 규제가 이루어질 뿐만 아니라, 숙박을 제공하는 개인들이 준수하기 어려운 법령상의 의무가 쉽게 준수 및 집행될 여지가 커지기 때문이다.

(5) 마지막으로 공유숙박은 기존의 숙박업체인 호텔 등에서 제공하는 다소 표준화된 숙박경험이 아닌 개인화된 개별적인 숙박경험을 제공한다. 따라서 숙박의 다양성 차원에서도 공유숙박의 도입은 필수적인 것이다. 따라서 입법자는 내국인 대상 도시민박업 외에 다른 형태의 공유숙박 모델도 고려하여 적극 도입할 필요가 있다.

참고문헌

1. 국내문헌

김민정, 이화영, 황순주, 『공유경제에 대한 경제학적 분석: 기대효과와 우려요인 및 정책적 함의』, 한국개발연구원(2016. 12).

변우주, "일본 주택숙박사업법의 시행과 숙박공유의 규제에 관한 소고", 집합건물법학(제35권), 한국집합건물법학회(2020. 8).

신규환, 이예지, "공유경제 과세문제에 대한 연구—숙박공유업을 중심으로", 조세와 법 (제11권 제2호), 서울시립대학교 법학연구소(2018. 12.).

심재한, "Sharing Economy와 법", 경쟁법연구(제36권), 한국경쟁법학회(2017. 11).

안희자, "주요국의 숙박공유 정책 동향과 시사점", 부동산 포커스(제106호), 한국부동산연구원(2017. 3).

윤현석, "공유경제의 법적 과제", 원광법학(제33권 제4호), 원광대학교 법학전문대학원 법학연구소(2017. 12).

이병준, "공유경제 법안에 대한 고찰", 소비자법연구(제4권 제2호), 소비자법학회(2018. 9).

이병준, "새로운 유통방식으로서의 공용경제(sharing economy)와 그 법적 규제 방식에 관한 연구", 유통법연구(제4권 제2호), 한국유통법학회(2017. 12).

이병준, "숙박공용(house sharing)과 그 법적 규제", 소비자문제연구(제49권 제1호), 한국소비자원(2018. 4).

이성엽, "공유경제(Sharing economy)에 대한 정부규제의 필요성—차량 및 숙박공유를 중심으로", 행정법실무(제44호), 행정법이론실무학회(2016. 2).

이승호, 『2018년도 봄호 규제동향지』, 한국행정연구원(2018.4).

2. 외국문헌

Busch, "Regulating Airbnb in Germany—status quo and future trends", EuCML 2019.

Discher/Hamm, "Erste Anmerkungen zur Änderung des Zweckentfremdungs-verbot-Gesetzes Berlin(ZwVbG)", NVwZ 2018.

Heinemann, "Die Verfassungswidrigkeit der Zweckentfremdungsverbots-gesetze der Länder", NVwZ 2019.

Rory van Loo, "Rise of the Digital Regulator", 66 Duke Law Journal 1267 (2017).

Weber, "Das rechte Maß beim so genannten Home Sharing", NVwZ 2019.

Marta Cantero Gamito and Hans-Wolfgang Mitcklitz (eds), The Role of the EU in Transnational Legal Ordering: Standards, Contracts and Codes, Edward Elgar: Cheltenham 2019.

David Wachsmuth, David Chaney, Danielle Kerrigan, Andrea shillolo, Robin Basalaev-Binder, A report from the Urban Politics and Governance research group School of Uban planning McGill University, 2018.

숙박공유 플랫폼 약관의 불공정성*
—에어비앤비(Airbnb) 이용약관을 중심으로—

오승유**

Ⅰ. 서 론

차량공유 서비스인 우버(Uber), 숙박공유 서비스인 에어비앤비(Airbnb) 등으로 대표되는 공유경제가 새로운 경제 패러다임으로 주목을 받고 있다. 공유경제란 사회에서 잠자고 있던 '유휴자산'을 인터넷을 통해 사인(개인)끼리 중개하면서 만들어진 새로운 서비스를 일컫는다. 휴면상태였던 물건이나 시간이 공유되어, 새로운 네트워크를 통해 '가치'를 창출한다는 이와 같은 새로운 세계관은 소비자의 행동을 소유에서 공유로 전환시키고자 한다.[1] 이러한 공유경제 시장은 크게 성장하고 있다. 에어비앤비를 예로 들어 살펴보면 2018년 국내 에어비앤비를 이용한 방문객이 290만 명에

---

* 이 논문은 소비자법연구 제5권 제2호(2019)에 게재된 것입니다.
** 변호사, 한국외국어대학교 법학전문대학원 박사과정.
1_ 송운강·박용숙, "공유경제(Sharing Economy)의 규제방법 모색을 위한 시론적 연구", 「강원법학」 55, 2018. 10., 356-357면.

달한다. 이는 2017년 약 190만 명에 비해 56% 증가한 수치이다.[2]

새로운 시스템이 도입되면 그 시스템 안에서 다양한 법률문제가 발생하게 되고 이를 어떻게 해결할지에 대한 고민이 시작된다. 아직 우리나라에서는 공유경제에서 발생하는 문제에 대응 가능한 현행 법규제를 찾기 어려운 실정이다. 정부는 공유경제 활성화를 위해 관광진흥법을 개정하여 숙박공유를 활성화시키려 하고 있지만 이는 국회의 논의를 거쳐야 가능한 일이다.[3] 2018년 3월에 공유경제기본법안이 발의되어 국회에 계류 중이다. 해당 법안에서는 상시공급자와 일시적 공급자를 구분[4]하고, 일시적 공급자에 대해서는 규제를 완화하고 있다. 진정한 의미의 공유경제를 실현하는 것은 사업자가 아니라 개인들이고 이들 개인들은 규제완화와 촉진의 대상이 되어야 공유경제가 활성화될 수 있을 것이다. 미국 및 유럽연합에서도 보고서를 통하여 공유경제의 발전에 장애가 되지 않도록 법적 규제를 최대한 자제하고 최대한 자율규제를 유도하도록 권고하고 있다.[5] 또한 새로운 서비스가 매일 같이 새롭게 등장하는 공유경제의 경우 사전에 법령으로 구체적인 서비스 기준이나 안전대책 등을 정하는 규제방법은 시간적인 측면뿐만 아니라 유연성의 측면에서도 최적의 방법이라 할 수 없다.[6] 이처럼 개인에 대한 규제완화와 자율규제가 강조된다면 결국 개인이 주축이 되는 공유경제에서는 약관이 중요한 역할을 하게 될 것이다.

공정거래위원회는 대표적인 숙박공유 서비스 제공 업체인 에어비앤비의 약관 중 환불규정에 대해 「약관의 규제에 관한 법률」(이하 약관규제

2_ 지난해 국내 에어비앤비 이용객 290만명 … 56%↑, 아시아경제, 2019. 2. 14. (최종확인: 2019. 6. 20.).

3_ 내국인도 도시 에어비앤비 이용 … 영업 180일 · 자가 주택 제한, 머니투데이, 2019. 1. 9. (최종확인: 2019. 6. 20.).

4_ 해당 법안에서는 기획재정부장관에게 위원회의 심의를 거쳐 공급자를 일시적 공급자와 상시공급자로 구분하는 업종별 구분기준을 정하도록 하고 있다(제9조 제1항).

5_ 이병준, "공유경제 법안에 대한 고찰", 「소비자법연구」 4(2), 2018. 9, 74-75면.

6_ 송운강 · 박용숙, 위의 글, 383면.

법)을 적용하여 불공정한 조항이라는 결정을 하였다. 앞서 언급한 것처럼 약관의 중요성이 강조되는 공유경제 분야에서 공정거래위원회의 적극적인 약관규제법 적용은 소비자의 권리 보호 측면에서 도움이 될 수 있다. 이하에서는 공정거래위원회의 에어비앤비 약관에 대한 판단을 살펴보고, 에어비앤비 약관에 약관규제법을 직접 적용하여 불공정성 판단을 해 보고자 한다. 또한 에어비앤비 약관에 대한 EU위원회의 시정요구 사항을 바탕으로 우리나라에서 사용되는 에어비앤비 약관 중 공정거래위원회에서 검토되지 않은 불공정 조항이 있는지도 살펴보고자 한다.

II. 공정거래위원회의 조치 사항

1. 사건의 경과

(1) 시정명령[7]

공정거래위원회는 에어비앤비의 약관에 대해 2016년 11월 15일 시정명령을 하였다. 공정거래위원회는 에어비앤비의 약관 중 '엄격 환불조항'과 '수수료 환불조항'의 불공정성을 문제 삼았다. 에어비앤비의 숙박요금 환불정책은 일반적으로 유연(flexible), 보통(moderate), 엄격(strict) 등 3가지로 구분 된다.[8] 당시 엄격 환불조항의 경우 "숙소 도착 7일 전까지 예약취소 시 50% 환불(단, 에어비앤비 수수료 제외)"로 정하고 있었다. 이 조항은 게스트가 숙박예정일로부터 상당한 기간 이전에 예약을 취소하여 호스트가 다른 고객에게 재판매하는 것이 충분히 가능한 경우에도 일률적으로 숙박요금의 50%를 환불액에서 공제하고 있으며 숙박예정일

7_ 공정거래위원회 2016. 11. 15. 의결 제2016-314호.
8_ 그 밖에도 매우 엄격 30일, 매우 엄격 60일, 장기 숙박에 따른 환불 정책을 제공한다. '매우 엄격' 환불 정책은 초대받은 호스트만 제한적으로 적용할 수 있고, '장기 숙박' 환불 정책은 28박 이상의 예약 건에 대하여 적용할 수 있다.

로부터 7일 이내의 기간에 예약을 취소하는 경우에는 전혀 환불하지 않는 것으로 하여 사실상 계약해지가 불가능하도록 규정하고 있다. 이는 '손해배상액 예정'의 일종으로서 고객에게 부당하게 과중한 손해배상 의무를 부담시키는 약관 조항으로 법 제8조에 해당하여 무효라고 판단하였다.

에어비앤비의 수수료 환불조항은 "에어비앤비 서비스 수수료는 환불되지 않습니다."라고 정하고 있다. 게스트가 에어비앤비의 홈페이지에서 예약을 하면 에어비앤비는 게스트로부터 서비스 수수료 명목으로 숙박요금의 일정 비율(약 6~12%)을 숙박 요금과 별도로 부과·수령하는바, 위의 환불조항에 따라 이 수수료는 어느 경우에도 게스트에게 환불되지 않는다. 이러한 서비스 수수료는 일종의 '중개수수료'인데 에어비앤비가 제공하는 숙박 중개업무는 숙박 이용계약 체결 시에 종료되는 것이 아니라 계약체결 후 실제 게스트가 숙박하는 날 또는 게스트와 호스트 간에 숙박계약과 관련하여 분쟁이 발생하는 경우 그 분쟁이 해결되는 시점 등까지 지속되는 업무이다.[9] 따라서 호스트와 게스트 간 숙박계약이 계약체결 후 숙박예정일 이전에 예약 취소로 해제되는 경우 에어비앤비는 실제로 게스트의 숙박이 이루어지는 경우와 비교하여 일부 채무의 이행의무를 면하게 되는바, 이러한 경우까지 에어비앤비로 하여금 이미 수령한 서비스 수수료를 전액 환불하지 않는 것으로 규정한 수수료 환불조항은 계약의 해제로 인한 사업자의 원상회복의무를 부당하게 경감

9_ 공정거래위원회는 이러한 판단의 근거로 '게스트 환불 정책 약관' 중 일부를 제시하고 있다.
   "게스트 또는 호스트에게 불만이 생길 경우, 체크인 이후 24시간 내에 에어비앤비 측에 알려야 합니다."
   "분쟁 발생 시 에어비앤비는 중재를 위해 개입할 수 있으며, 이 경우 에어비앤비가 최종 결정을 내리게 됩니다."
   "게스트가 숙박 문제를 겪은 경우, 당사는 당사의 재량으로 (ⅰ) 게스트가 겪은 숙박 문제의 성격을 고려하여 Airbnb가 재량으로 결정하는 바에 따라 귀하가 사이트를 통하여 지불한 금액을 한도로 보상을 제공하거나 … (중략) … 게스트 환불 정책에 대한 Airbnb의 모든 결정(환불 규모를 포함하되 이에 한정되지 않음)은 최종적이며 게스트와 호스트 모두에 대하여 구속력을 가집니다.".

하는 약관조항으로 법 제9조 제5호에 해당하여 무효이다.

(2) 고발[10]

공정거래위원회는 동일한 사안에 대해 시정권고[11]를 하였으나, 에어비앤비가 정당한 사유 없이 이를 따르지 아니하고 문제된 약관조항을 계속 사용하고 있었기 때문에 법 제17조의2 제2항 제6호를 근거로 시정명령을 하였다. 에어비앤비는 시정명령에 따라 약관 조항을 일부 수정[12]하였으나, 수정 과정에서 위원회와의 협의 내용을 전혀 반영[13]하지 않고 일방적으로 수정하였다.[14] 이에 따라 공정거래위원회는 시정조치를 지체 없이 이행하지 않았으므로 법 제32조의 규정에 따른 벌칙 부과대상에 해당한다는 이유로 에어비앤비를 고발하였다.

(3) 공정거래위원회의 항고

해당 고발 건에 대해 서울중앙지검은 에어비앤비의 수정된 약관이 공정거래위원회의 시정명령을 일정부분 반영했다는 이유로 2019년 1월 말 무혐의 처분을 내렸다. 공정거래위원회는 곧바로 항고를 했고, 2019

10_ 공정거래위원회 2017. 9. 26. 결정 제2017-066호.

11_ 공정거래위원회 2016. 3. 4. 시정권고 제2016-005호.

12_ 엄격 환불조항에 대해 에어비앤비는 숙박예정일이 30일 이상 남은 시점에 취소하면 숙박대금 100% 환불하고 30일 미만 남은 경우에는 50%를 환불하는 것으로 약관을 수정했다. 하지만 에어비앤비는 한국인 게스트가 수정된 약관에 따라 예약을 하더라도 호스트가 동의를 할 경우에만 제한적으로 가능하게 하였다. 또한 환불해 주지 않았던 서비스 수수료를 100% 환불해 주기로 공정거래위원회와 합의하고 약관을 수정했지만 "연간 3회 초과 취소 혹은 중복 예약 시 일체 환불 불가"라는 단서조항을 달았다.

13_ 공정거래위원회 시정명령에 "위 조항의 수정 내용은 사전에 공정거래위원회와 협의를 거친 것이어야 한다"라는 단서가 있다.

14_ 공정거래위원회는 협의 과정에서 피심인 회사가 수정한 약관이 여전히 법 제9조 제5호에 해당하는 위법한 약관에 해당할 뿐만 아니라, 한국 게스트들이 한국인이라는 이유로 불이익을 당할 우려가 크다는 점 등을 우려하며 이를 개선할 방안에 대한 별도의 협의가 필요하다는 입장을 밝혔으나, 에어비앤비는 위원회의 지적 사항을 반영하지 않고 일방적으로 약관을 수정하였다.

년 4월 서울고검은 중앙지검의 수사가 미진했다는 판단 아래 재기수사 명령을 했다.[15]

2. 공정거래위원회의 판단 기준

'엄격 환불조항'의 불공정성 판단에는 민법규정, 판례, 소비자분쟁해결기준을 근거로 제시하고 있다. 즉 민법 제398조 제2항은 "손해배상의 예정액이 부당히 과다한 경우에는 법원은 적당히 감액할 수 있다"고 규정하고 있으며, 대법원도 "채권자와 채무자의 경제적 지위, 계약의 목적과 내용, 손해배상액을 예정한 동기, 채무액에 대한 예정액의 비율, 예상 손해액의 크기, 당시의 거래 관행과 경제 상태 등을 참작한 결과 손해배상 예정액의 지급이 경제적 약자의 지위에 있는 채무자에게 부당한 압박을 가하여 공정을 잃는 결과를 초래한다고 인정되는 경우"에 감액할 수 있다고 판시[16]한 사항을 근거로 들고 있다. 또한 엄격 환불조항은 소비자분쟁해결기준상 숙박업종 관련 기준에 비추어 볼 때에도 게스트에게 부당하게 불리하게 규정되어 있다는 점을 지적했다.

'수수료 환불조항'에 대하여는 전술한 바와 같이 숙박예정일 이전에 숙박계약이 해제되는 경우 에어비앤비는 일부 채무의 이행의무를 면하게 되는 경우가 발생할 수 있는데, 이러한 경우까지 이미 수령한 서비스 수수료 전액을 환불하지 않는 것으로 규정한 수수료 환불 조항은 계약의 해제로 인한 사업자의 원상회복의무를 부당하게 경감하는 약관조항에 해당한다고 보았다.

15_ 공정위 vs 에어비앤비 '2차전' … "소비자 보호" vs "한국만 예외 불가", 이데일리, 2019. 4. 17. (최종확인 : 2019. 6. 17.).

16_ 대법원 1993. 4. 23. 선고 92다41719 판결.

Ⅲ. 환불조항의 불공정성에 대한 판단

1. 에어비앤비 약관의 통제 가능성

(1) 에어비앤비와의 계약 관계에 적용되는 준거법 결정

에어비앤비는 아일랜드에 본사를 두고 있는 회사로 호스트 또는 게스트가 에어비앤비와 법률관계를 형성할 경우 이는 외국적 요소가 있는 법률관계에 해당하므로 국제사법에 의해 국제재판관할과 준거법을 정하게 된다. 국제사법은 당사자 자치를 인정하여 준거법을 선택할 수 있도록 규정하고, 준거법을 선택하지 아니한 경우에 그 계약과 가장 밀접한 관련이 있는 국가의 법을 준거법으로 하도록 정하고 있다. 준거법은 명시적 또는 묵시적으로 선택할 수 있는데, 법은 계약의 준거법을 당사자가 자유롭게 선택할 수 있도록 하고 있다. 이때 당사자의 준거법 선택은 명시적인 지정뿐만 아니라 묵시적인 지정도 가능하도록 하고, 다만 그것이 부당하게 확대되는 것을 방지하기 위하여 묵시적인 선택은 계약 내용 그 밖에 모든 사정으로부터 합리적으로 인정할 수 있는 경우로 제한하고 있다.[17] 즉 우리 국제사법에 의하면 당사자들은 계약의 성립 및 효력의 준거법 자체를 자유롭게 선택할 수 있고, 일정한 요건이 충족된다면 약관에 의하여 이러한 준거법 선택도 가능하다.[18] 에어비앤비 이용약관은 준거법 선택에 대하여 거주국가 또는 설립국가가 미국인 경우, 중국인 경우, 미국이나 중국이 아닌 경우로 나누어 정하고 있다. 우리나라 회원은 거주 국가 또는 설립 국가가 미국이나 중국이 아닌 경우에 해당하므로 에어비앤비의 약관에 의할 때 약관의 해석에 대해서 아일랜드법에 따르게 된다.[19] 따라서 국제사법과 에어비앤비 약관의 일부 규정에

17_ 대법원 2012. 10. 25. 선고 2009다77754 판결.
18_ 이병준, "해외 소셜 네트워크 서비스이용약관의 약관규제법에 의한 내용통제 가능성", 「소비자문제연구」 제41호, 2012. 4., 193면.

의할 때 에어비앤비 이용약관에는 우리나라의 약관규제법이 적용되지 않는다고 해석할 수 있다.

(2) 소비자 계약에 대한 특별규정

국제사법에서는 소비자계약에 대해서 당사자가 준거법을 선택했다고 하더라도 추가적인 보호를 받을 수 있도록 조항을 마련하고 있다. 즉 소비자가 계약을 체결하는 경우에는 당사자가 준거법을 선택하더라도 소비자의 상거소가 있는 국가의 강행규정에 의하여 소비자에게 부여되는 보호를 박탈할 수 없다. 이 규정에 의해 보호를 받기 위해서는 소비자 계약에 해당되어야 한다. 소비자 계약 해당 여부는 에어비앤비를 통해 이루어지는 각 법률행위 및 주체의 법적 성격 규명을 통해 파악할 수 있다.

에어비앤비를 통한 거래는 '호스트-에어비앤비', '에어비앤비-게스트', '호스트-게스트' 간의 법률 관계로 이루어져 있다. 에어비앤비는 숙박 중개라는 용역을 제공하는 자로서 에어비앤비 사이트 안에서 이루어지는 법률행위에서는 소비자가 아닌 사업자로서 행위한다. 호스트가 소비자에 해당하는지는 호스트가 어떠한 법률관계에서 행위하는지와 어떠한 성향을 가지고 행위하는지에 따라 판단이 달라질 수 있다. '호스트-에어비앤비' 관계에서 호스트는 에어비앤비의 용역을 이용하는 자이다. 즉 에어비앤비가 서비스를 제공하는 사이트 안에서 이루어지는 '호스트-에어비앤비' 간 계약관계에서 호스트는 소비자에 해당한다. 그렇지만 에어비앤비의 중개에 의해 '호스트-게스트' 간 숙박계약이 체결될 경우 호스트의 법적 성격을 무엇으로 볼 것인지는 명확하지 않다. 소비자기본법에 의할 때 시설물을 포함한 용역을 제공하는 자는 사업자로 본다. 호스트는 숙박계약을 이행하기 위해 게스트에게 일정한 공간과 서비스를 제공하므로 소비자기본법을 엄격하게 해석한다면 사업자로

19_ 에어비앤비 이용약관 21. 준거법 및 관할
21.3 회원님의 거주 국가 또는 설립국가가 미국이나 중국이 아닌 경우, 본 약관은 아일랜드 법에 따라 해석됩니다. (후략)

볼 수 있다. 한편 EU 소비자법의 정의를 따른다면 당사자는 그들이 '그의 거래, 사업, 공예 또는 직업과 관련된 목적을 위해 행동하는 자연인이거나 법인'일 경우에만 사업자로 간주될 수 있고 그 외에는 소비자로 보게 된다.[20] 1년에 며칠 또는 몇 주 동안만 아파트를 임대하거나 휴가 기간 동안만 아파트를 임대하는 사람은 사업상의 목적으로 행동한다고 보기 어렵다. 반면에 에어비앤비를 통해 1개 혹은 그 이상의 공간을 일년 내내 지속적으로 리스팅하는 사람은 수익성 있는 사업을 운영하는 것으로 간주될 수 있다.[21] 이처럼 호스트와 게스트 사이에서 호스트의 지위를 어떻게 볼지는 해당 국가의 법률이나 리스팅 행위 형태에 따라 달라질 수 있다. 게스트는 '에어비앤비—게스트'의 관계에서 에어비앤비의 숙박 중개 서비스를 이용하는 자이므로 소비자에 해당한다. 그리고 '호스트—게스트' 사이에서 호스트의 소비자성 판단은 별론으로 하고 게스트는 호스트의 시설물을 이용하는 자이므로 소비자성을 인정하는 데 무리가 없다.

대법원[22]은 "국제사법 제27조에서 소비자 보호를 위하여 준거법 지정과 관련하여 소비자계약에 관한 강행규정을 별도로 마련해 두고 있는 점이나 약관규제법의 입법 목적을 고려하면, 외국법을 준거법으로 하여 체결된 모든 계약에 관하여 당연히 약관규제법을 적용할 수 있는 것은 아니다"라고 하면서 사업자와 소비자를 구별하고 소비자인 경우에만 약관규제법을 적용하고 있다.

에어비앤비의 환불조항은 게스트가 예약을 취소한 경우 호스트와 게스트 사이에 적용되는 것이고, 수수료 반환과 관련된 조항은 에어비앤비와 게스트 사이에 적용되는 것이다. 앞서 살펴본 것처럼 어떠한 관계에서도 게스트를 국제사법에서 정하는 소비자로 포섭시키는 데 어려움

20_ Cf. the definition in e. g. Art. 2(2) of Directive 2011/83/EU on consumer rights [2011] OJ L304/64.

21_ Vanessa Mak, "Private Law Perspectives on Platform Services", *EuCML*, 2016, p.23.

22_ 대법원 2010. 8. 26. 선고 2010다28185 판결.

이 없다. 그리고 게스트들은 에어비앤비와 호스트들의 우리나라에서의 영업활동23을 통해 계약을 체결하게 되므로 국제사법 제27조에 따라 비록 아일랜드법이 준거법으로 지정되었다고 하더라도 우리나라의 강행규정에 의해 소비자에게 부여하는 보호를 누릴 수 있다고 보아야 한다. 에어비앤비의 약관 규정 또한 이러한 내용을 인정하고 있다.24 따라서 에어비앤비 이용약관에도 우리나라의 약관규제법이 적용되어 이에 대한 통제가 이루어질 수 있다.

2. 약관규제법상 약관의 통제

(1) 약관의 통제와 판단 기준

약관규제법은 약관에 대해 편입통제, 해석통제 및 내용통제라는 3단계 통제를 하고 있다. 즉 약관이 사업자와 고객 사이에 편입되었는지의 여부를 심사하는 편입통제와 편입된 약관의 객관적 의미를 확정하는 해석통제 및 이러한 약관의 내용이 고객에게 부당하게 불이익을 주는 불공정한 것인지를 살펴보는 내용통제의 단계적 과정을 거치게 된다.25 에어비앤비에 회원가입을 하기 위해서는 에어비앤비 서비스 약관, 결제 서비스 약관, 차별 금지 정책, 개인정보 처리방침에 따른 개인정보 이용 및 처리에 동의하여야 한다. 환불조항과 관련해서는 편입통제나 해석통제보다 내용통제 측면이 문제가 된다.

약관의 내용통제는 기본적으로 이익형량에 기초한다. 이익형량에 있어서는 법관이 분별력 있는 제3자의 입장에서 객관적으로 판단해야 한다. 이익형량에 있어서 고려되는 사항들은 다음과 같다. 첫째, 동종의 계약이

23_ 에어비앤비는 홈페이지(https://www.airbnb.co.kr)를 통해 한국어로 된 서비스를 제공하고 있다.

24_ 에어비앤비 이용약관 21. 준거법 및 관할
…준거법 지정은 회원님의 거주 국가에서 적용되는 소비자 보호 규정에 따른 소비자로서의 회원님의 권리에 영향을 미치지 않습니다.…

25_ 대법원 2008. 12. 16. 선고 2007마1328 결정.

나 법률관계에 관한 임의법규가 있고 그 규정에 의하면 고객이 약관에서와 다른 권리를 취득하거나 의무를 부담하게 될 경우에, 그 권리나 의무는 이익형량의 비교기준이 된다. 둘째, 어떤 약관조항이 상거래에서 일반적으로 사용되고 있다는 사실만으로는 그 조항을 정당화시키지 않는다. 셋째, 고객에게 불리한 약관조항이 상품가격이 싸다는 이유만으로 정당화될 수 없다.[26] 이를 바탕으로 에어비앤비 사례에서 검토대상이 되고 있는 손해배상액의 예정과 사업자의 원상회복의무의 불공정성 판단 기준에 대한 내용을 살펴보기로 한다.

(2) 손해배상액 예정의 불공정성 판단 기준

당사자가 약정한 손해배상의 예정액이 부당히 과다한 경우에 법원이 적당히 감액할 수 있다는 규정이 이미 민법 제398조 제2항에 설치되어 있으나, 이 규정이 과다한 손해배상의무의 약정을 당연히 무효화시킨다고 해석하기는 어렵다.[27] 그렇지만 약관규제법 제8조에서는 이러한 약관조항이 무효임을 명백히 밝히고 있다. 물론 이 경우에도 개별약정은 민법의 일반이론에 따라 해결하여야 한다. 비록 민법 규정에 대한 해석이지만 판례[28]는 민법 제398조 제2항에 의하여 법원이 예정액을 감액할 수 있는 "부당히 과다한 경우"라 함은 손해가 없다든가 손해액이 예정보다 적다는 것만으로는 부족하고, 계약자의 경제적 지위, 계약의 목적, 손해배상액 예정의 경위 및 거래관행 기타 제반 사정을 고려하여 그와 같은 예정액의 지급이 경제적 약자의 지위에 있는 채무자에게 부당한 압박을 가하여 공정성을 잃는 결과를 초래한다고 인정되는 경우를 뜻하는 것으로 보아야 할 것이라고 판시하고 있다.

26_ 이은영, 「약관규제법」, 박영사, 1994, 185-187면.
27_ 약관법제정위원회 위원, 「약관규제의 입법」, 소비자 문제를 연구하는 시민의 모임, 1986, 53면.
28_ 대법원 1991. 3. 27. 선고 90다14478 판결.

(3) 사업자의 원상회복의무의 불공정성 판단 기준

약관규제법 제9조 제5호는 계약의 해제 또는 해지로 인한 사업자의 원상회복의무나 손해배상의무를 부당하게 경감하는 조항을 무효로 한다. 이를 통해 계약 관계를 청산할 때 사업자가 고객의 원상회복의무는 엄격하게 주장하면서도 자기가 받은 계약금·중도금 등의 반환의무는 이행하지 않으려는 약관 조항에 대해 무효를 주장할 수 있게 된다.[29] 공정거래위원회[30]는 계약이 해제된 때에는 각 당사자는 상대방에 대하여 원상회복의무가 있고 이 경우 이미 지급한 대금에 대한 이자 및 연체료는 원상회복의 범위에 속함에도 이를 반환하지 않는 것은 계약의 해제, 해지로 인한 사업자의 원상회복의무를 부당하게 경감하는 조항으로서 약관규제법 제9조 제5호에 해당하여 무효로 보았다.

(4) 소 결

약관 규정이 강행규정에 반한다면 약관규제법에 의한 통제 이전에 해당 조항은 무효가 된다. 따라서 우선적으로 해당 사안에 적용될 수 있는 강행규정이 있는지를 살펴보아야 한다. 만약 적용될 수 있는 강행규정이 없다면 비로소 위에 제시한 기준을 바탕으로 불공정성을 판단할 수 있는 것이다. 아래에서는 주택공유와 관련한 강행규정이 있는지 살펴보고, 강행규정이 없다면 이익형량의 기준으로 기능할 수 있는 임의규정이 있는지 살펴볼 것이다.

3. 우리나라의 에어비앤비 관련 규정에 대한 검토

우리나라의 경우 에어비앤비는 관광진흥법상의 외국인 관광 도시민

29_ 이은영, 위의 책, 281면.
30_ 공정거래위원회 의결 제93-101호, 사안의 약관조항 : 해제의 경우 갑(매도인)은 기납부한 대금 중 위약금을 제외한 금액을 을(매수인)에게 환불한다. 다만 해제사유와 직접 관련없이 을이 기납부한 대금에 대한 이자 및 기납부한 연체료를 환불하지 아니한다.

박업 및 한옥체험업, 농어촌정비법상의 농어촌민박사업이 그 근거 조항이다.

〈표 1〉 집(빈방) 공유 관련법 · 제도 검토[31]

	현행 기준	특 징
외국인관광 도시민박업 (관광진흥법)	-외국인 관광객을 한정하여 숙식 등을 제공 -주민이 거주하고 세대원이 외국어 서비스 가능 -도시지역의 연면적 230㎡ 미만의 단독주택 등	-내국인 관광객에게 빈방 임대 불가 -외국어 서비스 불가 시 임대 불가
한옥체험업 (관광진흥법)	-한옥의 숙박체험에 적합한 시설을 갖추어 관광객 유치	-내국인 관광객에게 빈방 임대 가능
농어촌민박사업 (농어촌정비법)	-주민이 거주하고 숙박 · 취사시설 등을 제공 -농어촌지역과 준농어촌지역의 단독주택과 다가구 등	-내국인 관광객에게 빈방 임대 가능

오피스텔이나 원룸은 애초 '해당 주택에 직접 거주할 것'이라는 요건을 통과할 수 없는 주거 형태이므로 관광진흥법상 '외국인관광 도시민박업'을 할 수가 없기 때문에 에어비앤비를 통한 숙박업이 관광진흥법상 불법에 해당한다.[32] 따라서 아직 이러한 약관에 적용될 수 있는 강행규정은 없는 상황이다. 그렇다면 이런 상황에서 적용될 수 있는 임의규정이 있는지 검토가 필요하다.

31_ 김점산 외, "공유경제(Sharing Economy)의 미래와 성공조건", 「이슈 & 진단」 No.134, 2014, 17면.
32_ "'공유경제'로 포장한 무허가 변종 숙박업", 주간동아, 2015. 2. 6. (최종확인일 : 2019. 6. 17.).

4. 임의규정의 검토

(1) 엄격 환불조항에 관한 임의규정 유무

소비자기본법 제16조 제2항에서는 "국가는 소비자와 사업자 사이에 발생하는 분쟁을 원활하게 해결하기 위하여 대통령령이 정하는 바에 따라 소비자분쟁해결기준을 제정할 수 있다"라고 정하고 있고, 제3항에서는 "제2항의 규정에 따른 소비자분쟁해결기준은 분쟁당사자 사이에 분쟁해결방법에 관한 별도의 의사표시가 없는 경우에 한하여 분쟁해결을 위한 합의 또는 권고의 기준이 된다"라고 정하고 있다. 소비자기본법 제16조 제3항에 비추어 볼 때 소비자분쟁해결기준이 분쟁에 대해 당사자들의 합의가 없는 경우 적용될 수 있는 임의규정으로 볼 수 있는지 문제된다. 선행연구에서 밝히고 있는 바대로 이는 공정거래위원회가 제정하게 되어 있는 일종의 행정법규로 이를 국회에서 제정한 실체법 규범과 같은 성격으로 이해하기는 어려운 것으로 보인다.[33] 그렇지만 비록 임의규정으로 보기는 어렵다고 하더라도 소송대체적 분쟁해결 제도(ADR)에서는 합의 또는 권고의 기준이 될 수 있는 만큼 불공정성 판단의 한 기준으로 고려될 수는 있다고 생각된다. 소비자분쟁해결기준[34] 별표 2 품목별 해결기준에 따르면 소비자의 책임 있는 사유로 인한 계약해제의 경우 성수기인지 여부, 주말인지 여부 및 사용예정일을 기준으로 언제 취소했는지에 따라 공제 비율을 달리 정하고 있다.[35] 소비자 분쟁해결 기

33_ 서희석, "소비자분쟁해결기준의 법적 성격", 「민사법학」 제61호, 2012, 319-320면.

34_ 공정거래위원회고시 제2019-3호, 2019. 4. 3, 일부개정.

35_ 1) 성수기 주중
  - 사용예정일 10일 전까지 취소 또는 계약체결당일 취소 : 계약금 환급
  - 사용예정일 7일 전까지 취소 : 총요금의 10% 공제 후 환급
  - 사용예정일 5일 전까지 취소 : 총요금의 30% 공제 후 환급
  - 사용예정일 3일 전까지 취소 : 총요금의 50% 공제 후 환급
  - 사용예정일 1일 전까지 또는 사용예정일 당일 취소 : 총요금의 80% 공제 후 환급
 2) 성수기 주말
  - 사용예정일 10일 전까지 취소 또는 계약체결당일 취소 : 계약금 환급

준에서 제시하고 있는 환급 범위에서 가장 엄격한 시기는 성수기 주말인데, 이때에도 사용예정일 7일 전에는 총요금의 20%, 5일 전에는 총요금의 40%, 3일 전에는 총요금의 60%, 사용예정일 1일 전 또는 사용예정일 당일 취소는 총요금의 90%의 공제 기준을 제시하고 있다.

(2) 수수료 환불조항에 대한 임의규정 유무

소비자 분쟁해결 기준에서는 계약해제의 경우 총요금을 기준으로 공제할 수 있는 비율을 정하고 있을 뿐, 계약 체결 과정에서 발생하는 수수료 부분에 대해서는 규정하고 있지 않다. 따라서 당사자 사이에 별도의 약정이 없다면 그 법률효과에 대해서는 민법의 일반원칙이 적용되어야 할 것이다. 게스트가 숙박계약을 해제하게 되면 민법 제548조 제1항에 의해 계약의 당사자 사이에 원상회복의무가 발생한다. 숙박계약 체결 시 게스트가 에어비앤비 측에 수수료를 지급하였다면 숙박계약이 해제되었을 때 에어비앤비의 손해배상청구는 별론으로 하고 에어비앤비에게 게스트로부터 지급받은 수수료 반환 의무가 발생할 여지가 생기게 된다.

- 사용예정일 7일 전까지 취소 : 총요금의 20% 공제 후 환급
- 사용예정일 5일 전까지 취소 : 총요금의 40% 공제 후 환급
- 사용예정일 3일 전까지 취소 : 총요금의 60% 공제 후 환급
- 사용예정일 1일 전까지 또는 사용예정일 당일 취소 : 총요금의 90% 공제 후 환급
3) 비수기 주중
- 사용예정일 2일 전까지 취소 : 계약금 환급
- 사용예정일 1일 전까지 취소 : 총요금의 10% 공제 후 환급
- 사용예정일 당일 취소 또는 연락 없이 불참 : 총요금의 20% 공제 후 환급
4) 비수기 주말
- 사용예정일 2일 전까지 취소 : 계약금 환급
- 사용예정일 1일 전까지 취소 : 총요금의 20% 공제 후 환급
- 사용예정일 당일 취소 또는 연락 없이 불참 : 총요금의 30% 공제 후 환급

5. 환불조항의 불공정성

(1) '엄격 환불조항'의 불공정성

에어비앤비의 '엄격 환불조항'은 '호스트—게스트' 사이에서 게스트가 숙박 중개 계약을 해제하고자 할 때 적용된다. 호스트는 에어비앤비 서비스 이용 시 표준화된 세 가지 환불 정책 중 하나를 선택하게 되고 이 조건이 호스트와 게스트 간 숙박계약 체결 시 적용된다. 약관조항의 불공정성 판단에 대해 대법원은 불공정 약관조항에 해당하는지 여부를 심사함에 있어서는 문제되는 조항만을 따로 떼어서 볼 것이 아니라 전체 약관내용을 종합적으로 고찰한 후에 판단하여야 하고, 그 약관이 사용되는 거래 분야의 통상적인 거래관행, 거래대상인 상품이나 용역의 특성 등을 함께 고려하여 판단하여야 한다고 판시하고 있다.[36] 이러한 판례의 태도에 비추어 보더라도 단지 해당 상황에서 적용될 수 있는 임의규정보다 소비자에게 불리하다는 이유만으로 해당 약관 조항이 불공정하다고 판단하는 것은 사적자치의 원칙에도 반하는 것으로 볼 수 있다.

해당 조항의 경우 소비자 분쟁해결 기준상 가장 큰 공제범위를 제시하고 있는 성수기 주말과 비교하더라도 소비자에게 지나치게 불리한 조항에 해당한다. 만약 성수기 주말 기준 사용예정일 6일 전에 게스트의 책임 있는 사유로 취소를 하게 된다면 소비자 분쟁해결 기준에 의할 때 총요금의 20% 공제 후 환급받을 수 있지만, 에어비앤비의 '엄격 환불조항'에 의할 때에는 전혀 환불을 받을 수 없게 된다. 숙박계약이 이루어진 시기, 대체할 다른 숙박계약의 체결가능성, 통상적인 거래 관행 등의 고려 없이 일률적으로 환불받을 수 없게 정하고 있고, 이를 상쇄할 정도로 게스트에게 유리한 조항이 있는 것도 아니므로 '엄격 환불조항'은 부당하게 소비자의 권리를 제한하는 불공정 조항으로 봄이 타당하다.

36_ 대법원 2010. 10. 14. 선고 2008두23184 판결.

(2) '수수료 환불조항'의 불공정성

'수수료 환불조항'은 에어비앤비와 게스트 사이에서 게스트가 숙박계약을 해제하고자 할 때 적용되는 규정이다. 해당 조항에서는 게스트가 숙박계약을 해제할 때 서비스 수수료에 대해 반환받을 수 없도록 정하고 있다. 에어비앤비는 숙박계약을 중개하기 때문에 숙박계약 해제 시 민법상 원상회복의무를 그대로 적용하기에는 부당한 측면이 있다. 에어비앤비가 단순히 중개의 역할만 한다고 볼 경우 숙박계약 체결 단계에서 이미 역할을 다 하였으므로 수수료의 환불을 하지 않는 것이 타당할 수도 있다. 그렇지만 에어비앤비는 단순히 숙박계약의 체결을 중개하는 역할만 하는 것이 아니라 추후 발생할 수 있는 분쟁 해결 단계까지 개입할 수 있는 역할을 하기 때문에 실제 숙박이 이루어지기 전에 숙박계약이 해제된다면 일정 부분 의무 면제를 받게 된다. 이는 공정거래위원회 시정명령에서도 확인할 수 있는 내용이다. 그렇다면 의무 면제의 효과가 발생하는 범위에서는 원상회복의무가 발생한다고 볼 수 있을 것이다. 이에 비추어 볼 때 의무 면제가 이루어지는 범위에 대한 고려 없이 일률적으로 반환을 부정하는 조항은 민법상 원상회복의무와 관련된 조항에 비추어 볼 때 불공정하다고 보아야 한다.

IV. EU위원회의 에어비앤비 약관 시정요구에 대한 검토

1. EU위원회의 시정요구

2018년 7월 16일 EU 집행위원회는 EU 소비자법에 따라 가격을 투명하게 표시하고, 불공정 약관조항을 시정하며, ODR 플랫폼 링크를 제공할 것을 에어비앤비에 요구하였다.[37] 에어비앤비의 가격표시와 약관조

---

[37]_ EU 집행위원회 공식 보도자료, The European Commission and EU consumer authorities push Airbnb to comply, http://europa.eu/rapid/press-release_IP-18-4453_

항이 EU의 불공정한 상거래 지침(Unfair Commercial Practices Directive), 불공정 조항 지침(Unfair Contract Terms Directive), 민사·상사사건의 재판관할 규칙(Regulation on the Jurisdiction in Civil and Commercial Matters)을 준수하고 있지 않다고 판단하였다. 웹사이트 검색 최초 화면에 숙박비·청소비·서비스 수수료 등의 모든 기타 요금과 세금이 포함된 가격 전체를 표시하거나, 최종가격을 미리 산정하는 것이 불가능한 경우에는 추가 요금이 발생할 수 있다는 사실을 소비자가 인지할 수 있도록 조치할 것이 요구되었다. 그리고 재판관할, 계약해지 후 약관의 효력, 약관의 일방적 개정, 일방적 계약 해지 및 효력 유보 등에 관한 사항이 불공정조항으로 시정대상이 되었다. 또한 EU-소비자 온라인 분쟁해결 규칙(Regulation on Consumer ODR)에 부합하도록 쉽게 접근할 수 있는 ODR 플랫폼 링크를 웹페이지에서 제공하고, 온라인 분쟁해결과 관련된 모든 정보들을 제공할 것이 요구되었다.[38] 이러한 시정조치 내용 중 에어비앤비가 우리나라에서 사용하고 있는 약관에도 동일한 내용으로 시정이 필요한 부분이 있는지에 대해 검토해 보고자 한다.

2. EU위원회 불공정조항 시정요구의 적용 가능성

(1) 재판관할

EU위원회에서는 약관 제21조 준거법 및 관할 중 제3항 "… 아일랜드 법원의 비전속관할에 소를 제기하는 것에 동의합니다…"라는 부분을 불공정하다고 지적하였다. 즉 유럽연합에 거주하는 소비자는 자신이 거주하고 있는 회원국 법원에서 소비자계약에 대한 소송을 제기할 수 있으므로, 원칙적으로 소비자가 거주하지 않는 외국 법원에 관할권이 있는 듯한 인상을 주는 약관조항은 불공정조항에 해당한다고 판단하였다.

---

en.htm 참조.

38_ 정신동, "최근 EU위원회의 에어비앤비 약관 시정요구 동향과 시사점", 「소비자정책 동향」 제95호, 2018. 11. 30, 1면.

우리나라에서도 이와 같은 내용의 약관 조항을 사용하고 있다. 국제사법 제27조에서 소비자계약의 경우 소비자의 상거소가 있는 국가의 강행규정에 의하여 소비자에게 부여되는 보호를 박탈할 수 없으므로 유럽연합과 마찬가지로 한국 소비자는 대한민국 법원에 소비자계약에 대한 소송을 제기할 수 있다. 따라서 "아일랜드 법원의 비전속관할에 소를 제기하는 것에 동의합니다"라는 부분이 어떻게 해석되는지에 따라 불공정성 여부가 달라질 수 있을 것이다. 만약 해당 내용이 국내 법원 제소를 막는 의미로 받아들여진다면 약관규제법 제14조 제1호[39]에 의해 불공정한 조항으로 판단될 수 있다. 해당 조항에 대해서는 약관에 대한 3단계 통제 중 해석 통제가 1차적으로 문제된다. 에어비앤비 약관 제21조 제3항의 문제된 부분 이후에는 다음과 같은 문구가 있다.

"본 약관으로 인하여 또는 본 약관과 관련하여 회원님이 당사를 상대로 제기할 수 있는 사법 절차는 아일랜드 또는 회원님의 거주지에 대해 관할권을 보유한 법원에만 제기될 수 있습니다. Airbnb가 소비자로서의 회원님을 상대로 권리를 행사하고자 하는 경우, 당사는 회원님이 거주하는 관할지 법원에서만 그렇게 할 수 있습니다."

EU위원회가 지적한 문구와 약관 제21조 제3항의 다른 문구를 함께 해석할 경우 대한민국 소비자는 아일랜드 법원이나 대한민국 법원에 소를 제기할 수 있음이 명백하다. 설령 관할에 대해 여러 가지 해석이 가능하다고 하더라도 약관규제법 제5조 제2항에 따라 고객에게 가장 유리하게 해석되어야 한다. 따라서 이 조항은 소비자가 소 제기 시 아일랜드 법원과 대한민국 법원 중에 선택하여 소를 제기할 수 있다고 해석되므로 별도로 내용통제를 하여 EU위원회와 같이 불공정조항이라고 판단할 필요가 없다고 생각된다.

39_ 제14조(소송 제기의 금지 등) 소송 제기 등과 관련된 약관의 내용 중 다음 각 호의 어느 하나에 해당하는 조항은 무효로 한다.
　1. 고객에게 부당하게 불리한 소송 제기 금지 조항 또는 재판관할의 합의 조항

(2) 계약 종료 후 약관조항의 효력 유지

EU 에어비앤비 약관 제15조 제8항의 "계약 해지 후에도 효력을 유지해야 하는 것이 합리적인 약관의 조항들은 계속 유효하다"라는 내용에 대해 불공정하다고 판단하였다. 위원회는 약관 내 어느 조항이 계약의 해지 이후에도 효력을 가진다는 것은 EU권역에서 상당히 낯설다는 점을 지적하면서, EU 법을 준수하는 차원에서 계약해지 후에도 효력을 가지는 약관조항이 무엇인지 명확하게 밝혀야 하고, 그 근거가 무엇인지에 대한 설명이 필요하다고 하였다.

해당 조항에 대해서는 약관규제법 제3조 제1항이 적용될 여지가 있다. 이 조항은 투명성의 원칙을 받아들인 것으로 볼 수 있는데,[40] EU에서 문제된 부분에 약관규제법이 적용된다면 투명성의 원칙에 반한다는 판단도 가능하다. 약관규제법 제3조 제1항 위반의 경우 명시·설명의무 위반과는 달리 편입을 부정하는 법률효과가 규정되어 있지 않으므로 편입 자체를 부정할 수는 없다. 따라서 이에 대해서는 간접적으로 불공정성 판단에서 이를 고려할 수 있다고 보는 것이 타당하다.[41]

그렇지만 에어비앤비가 우리나라에서 사용하고 있는 약관에는 "본 약관의 제5조(콘텐츠) 및 제16조(책임의 부인) 내지 제22조(일반조항)는 본 합의가 해지 또는 종료되더라도 존속합니다"라고 기재되어 있다. EU에서 문제된 조항과 달리 계약 종료 후에도 효력을 유지하는 조항이 무엇인지 명확하게 밝히고 있으므로 투명성 원칙에 근거하여 불공정약관이라고 판단하기는 어려워 보인다. 다만 콘텐츠에 대한 에어비앤비의 권리가 계약 종료 후에도 존속하면서 저작권 측면에서 고객에게 부당하게 불리하게 작용한다면 불공정한 조항으로 판단될 수는 있을 것이다.

(3) 약관조항 변경에 대한 무제한적 권한

EU에서 사용하는 에어비앤비 약관에는 서비스 수수료에 대해 에어비

40_ 성준호, "DCFR의 불공정조항 규정에 관한 고찰", 「외법논집」 제36권 제3호, 2012, 22면.
41_ 이병준, "의외조항 내지 기습조항의 법률적 취급", 「민사법학」 제73호, 2015, 251면.

앤비가 "언제든지 서비스 수수료를 변경할 수 있는 권리를 보유"하고 있으며(약관 제6조 제2항), 세금과 관련하여 "수금 및 송금을 중단할 권리를 보유"하고 있다고 규정하고 있다. 이에 대해 서비스의 총가격은 소비자가 계약에 구속되기 전에 제공되어야 하고, 이후의 수수료 변경은 소비자를 구속하지 않아야 하므로 소비자가 숙박 예약을 한 후 사업자가 변경한 서비스 비용의 수락을 강요하는 약관 조항은 시정되어야 한다고 판단하였다. 또한 세금 정책 변경과 관련하여 소비자에게 명확한 사전통보 없이, 그리고 소비자의 계약 취소가능성에 대한 정당한 통지 없이 계약조항을 변경하여 소비자를 구속하는 것은 불공정하다고 판단하였다.

이러한 약관조항은 약관규제법 제10조 제1호에 의해 불공정성이 인정될 수 있다. 그렇지만 에어비앤비가 국내에서 사용하고 있는 약관이 해당 조항에 반하여 불공정한 조항이라고 판단하기는 어려워 보인다. 에어비앤비 약관 제6조(서비스 수수료) 제2항에서는 "Airbnb는 서비스 수수료를 수시로 변경할 수 있으며, 변경 전에 회원들에게 적정한 통지를 제공합니다. 이러한 수수료 변경은 수수료 변경의 효력 발생일 이전에 이루어진 예약에는 영향을 미치지 않습니다"라고 정하고 있다. 제13조(세금) 제6항에서는 "Airbnb는 호스트에 사전 통지하여 여하한 사유로 징수 및 송금을 중단할 권리가 있으며, Airbnb가 이를 중단한 시점부터 호스트와 게스트가 다시 해당 관할지 숙박에 적용되는 숙박세 징수 및/또는 송금에 대해 전적인 책임을 지게 됩니다"라고 정하고 있다. 서비스 수수료의 경우 변경권을 에어비앤비가 보유하고 있기는 하지만 변경 내용이 이전 계약의 급부 내용을 변경하지는 않도록 정하고 있다. 또한 세금의 징수 및 송금에 대해서도 변경 이후의 권리 의무 변경에 대해서만 영향을 미치므로 약관규제법 제10조 제1호를 적용하여 불공정한 조항으로 보기는 어려울 것으로 생각된다.

(4) 이용자가 생성한 콘텐츠를 삭제·제거할 수 있는 권한

EU에서 사용되는 에어비앤비 약관에는 사전 통보 없이 회원 콘텐츠

에 대한 접근을 차단하거나 비활성화할 수 있도록 정하고 있다.[42] 불공정성 판단의 근거로 이용자에 의해 생성된 콘텐츠를 삭제할 수 있는 주요 사유를 구체적으로 설명하는 조항들이 약관에 있어야 하고, 소비자에게 콘텐츠 삭제에 대해 어떻게 통지할 것인지, 콘텐츠의 삭제가 실제로 어떠한 방식으로 일어나는지에 대해서 자세한 규정이 있어야 한다는 것을 밝히고 있다. 또한 사업자의 사전 통보의무를 규정하고 있지 않고 콘텐츠 삭제 결정에 대해 이용자가 이의를 제기할 권리가 보장되지 않는다는 점 등을 들고 있다.

우리나라에서 사용 중인 에어비앤비의 약관에서 콘텐츠를 삭제·제거할 수 있는 권한과 관련하여 EU의 약관과 거의 유사한 내용을 규정하고 있다. 따라서 EU 위원회에서 지적한 사항이 동일하게 지적될 수 있다. 최근 공정거래위원회도 유튜브의 약관 조항 중 회원에게 아무런 통지 없이 사업자가 콘텐츠 삭제, 계정 종료 등 서비스 이용 제한 조치를 취하거나, 언제든지 임의로 서비스를 중단할 수 있도록 규정하고 있는 조항을 무효로 보았다. 공정거래위원회는 "콘텐츠 삭제 및 계정 종료는 이용자의 권리를 제한하는 것이므로 그 사유가 구체적이고 합리적이어야 하며, 개별 통지하여 이의를 제기하거나 시정할 기회를 부여해야 한다. 또한 서비스 중단 시에도 고객에게 불리한 영향을 주는 경우에는 사전 통지하여 이용자가 자신의 저작물을 사전 반출하는 등 이용자의 권리를 보장할 필요가 있다. 그러나 해당 약관 조항은 개별 통지 없이 콘텐츠 삭제, 계정 종료 또는 서비스를 중단할 수 있도록 규정하고 있으며, 그 사유도 포괄적·자의적으로 규정하고 있어 고객에게 불측의 손해를 끼칠 우려가 있다"는 점을 지적했다.[43]

42_ 에어비앤비 서비스 약관 제5조 콘텐츠

　5.8 (중략) 에어비앤비는 사전 통보 없이 본 약관 또는 에어비앤비의 정책 또는 규정을 위반한 것으로 밝혀진 회원의 콘텐츠, 에어비앤비·에어비앤비의 회원·제3자 또는 재산에 대해 유해하거나 불쾌감을 줄 수 있는 회원 콘텐츠에 대한 접근을 차단하거나 비활성화할 수 있습니다.

43_ 공정거래위원회 보도자료, "온라인 서비스 이용자의 저작권 보호 및 콘텐츠 등에 대

콘텐츠의 일방적인 삭제는 이용자의 저작권을 침해하는 행위인데 이에 대해 사전 통보의무가 없는 부분이나 이용자가 이의를 제기할 권리가 있는지 여부가 불명확한 부분은 약관규제법 제6조에 의해 불공정성이 인정될 것으로 보인다. 다만 콘텐츠 삭제 또는 접근 차단 사유에 대해 해당 조항의 (ⅰ) ~ (ⅵ)에서 비교적 자세히 제시하고 있고, 삭제 또는 차단 사유 중 하나인 Airbnb의 콘텐츠 정책, Airbnb의 현행 정책 또는 커뮤니티 기준을 제시하면서 링크를 통해 그 내용을 확인할 수 있도록 하고 있으므로 투명성 원칙에 비추어 불공정한 조항이라 보기는 어려울 것이다.

(5) 일방적으로 계약의 효력을 유보하거나 계약을 해지할 수 있는 권한

EU 약관은 "에어비앤비는 확정된 예약을 취소하고 적절히 환불할 필요가 있는 특정 상황을 임의로 판단할 수 있습니다"(제9조 제5항), "…30일의 기간을 두고 당신이 등록한 이메일 주소로 통지를 하여 언제든지 임의로 본 계약을 해지할 수 있습니다"(제15조 제3항), "…에어비앤비, 회원 또는 제3자의 개별적 안전 또는 재산을 보호하기 위해 합리적으로 필요하다고 생각되는 경우에 에어비앤비는 사전 통보 없이 본 계약을 즉시 해지할 수 있습니다"(제15조 제4항)라고 규정하면서 에어비앤비에 일방적으로 계약의 효력을 유보하거나 계약을 해지할 수 있는 권한을 부여하고 있다. 이에 대해서 에어비앤비사가 일방적 의사표시로 계약을 해지할 수 있는 경우들을 좀 더 정확하게 기술하는 것이 필요하다고 판단하였다. 그리고 사업자와 소비자 사이에 상당한 권리 불균형에 기해 소비자의 불이익이 야기되는 경우, 예컨대 예약 취소의 경우 기결제된 가격을 환불하는 금액보다 해당 소비자에게 발생하는 손해가 더 큰 경우가 발생할 수 있으므로 사업자의 일방적 계약해지가 가능한 모든 경우에 이에 대한 정당한 통보가 이뤄지도록 약관을 개정할 것을 요구하

한 사업자의 책임 강화", 2019. 3. 15.

였다. 또한 계약의 효력을 일시적으로 중단하거나 종료시킬 수 있는 모든 사유에 대해 계약체결 시 소비자에게 정보를 제공할 것, 에어비앤비의 계약 종료 결정에 대해 소비자가 이의를 제기할 수 있는 권리를 부여할 것을 요구하였다.

일방적 권한 부여에 대한 조항은 우리나라 에어비앤비 약관에도 그대로 반영되어 있다. 따라서 약관규제법 제6조에 의해 불공정성이 인정될 수 있다. 또한 이는 "사업자에게 법률에서 규정하고 있지 아니하는 해제권 또는 해지권을 부여하여 고객에게 부당하게 불이익을 줄 우려가 있는 조항"이므로 약관규제법 제9조 제2호에 의해 무효로 판단될 수 있다. 다만 EU와는 달리 해제 요건인 '결제 서비스 약관', '정책', '커뮤니티 기준'에 대해서는 링크를 통해 그 내용을 제공하고 있으므로 "계약을 해지할 수 있는 경우들을 좀 더 정확하게 기술할 필요가 있다"는 판단은 한국에서 사용되는 약관에는 타당하지 않은 지적으로 보인다.

(6) 소 결

환불과 관련하여 공정거래위원회로부터 시정명령을 받은 약관 조항 이외에도 약관규제법상 불공정성이 인정될 여지가 있는 조항들이 아직도 다수 존재한다. 그렇지만 약관의 적용을 받는 소비자 입장에서는 불공정성을 이유로 해당 조항의 효력을 상실시키는 법이 있다는 것을 인식하지 못할 수도 있고, 인식하고 있더라도 시간적 · 비용적 제약 때문에 직접 불공정성을 다투기는 쉽지 않은 실정이다.

V. 결 론

공정거래위원회는 에어비앤비의 약관 중 '엄격 환불조항'과 '수수료 환불조항'에 대해 약관규제법상 불공정한 조항이라고 판단하였다. '엄격 환불조항'의 경우 '손해배상액 예정'의 일종으로서 고객에게 부당하게 과중한 손해배상 의무를 부담시키는 약관 조항으로 약관규제법 제8조에 해당하여 무효로 보았다. 숙박 예약 취소 시 서비스 수수료의 환불이 되지 않도록 규정하고 있는 '수수료 환불조항'에 대해서는 계약의 해제로 인한 사업자의 원상회복의무를 부당하게 경감하는 약관조항으로 약관규제법 제9조 제5호에 의해 무효로 보았다. 공정거래위원회의 이러한 판단은 에어비앤비의 약관에 대해 우리나라의 약관규제법이 적용됨을 전제로 한다. 국제사법에 의할 때 소비자계약일 경우 준거법을 선택했다고 하더라도 대한민국 소비자는 우리나라의 강행규정에 의하여 부여되는 보호를 누릴 수 있다. 에어비앤비 약관의 경우 앞서 살펴본 것처럼 소비자 계약에 적용되는 것이므로 여기에는 약관규제법이 적용될 수 있다. 에어비앤비의 약관에 대해서는 편입통제, 해석통제, 내용통제의 3단계 통제 중 내용통제가 주로 문제된다. 내용통제는 기본적으로 이익형량에 기초하고 동종의 계약이나 법률관계에 적용되는 임의규정이 있다면 그 규정이 이익형량에 고려되는 중요한 요소가 될 수 있다. '엄격 환불조항'의 경우에는 비록 임의규정으로 보기는 어렵다고 하더라도 소비자 분쟁해결 기준이 이익형량의 한 요소로 고려될 수 있다. 숙박계약에서 소비자에게 가장 불리한 시기인 성수기 주말을 기준으로 환불 비율을 비교해 보더라도 '엄격 환불조항'이 소비자에게 과도한 부담을 주고 있다는 것을 알 수 있다. '수수료 환불조항'도 사용일 이전에 계약이 취소되면서 에어비앤비가 의무 면제받는 부분에 대한 고려 없이 일률적으로 수수료 반환을 부정하고 있으므로 불공정한 조항으로 보아야 한다.

공정거래위원회에서 쟁점이 되었던 조항 이외에 EU위원회에서는 재판관할, 계약해지 후 약관의 효력, 약관의 일방적 개정, 일방적 계약 해지 및 효력 유무 등에 관한 사항을 불공정하다고 보아 시정요구를 하였다. 에어비앤비는 EU위원회에서 불공정하다라고 지적되었던 사항을 국내에서 사용되는 약관에는 일부 개선하여 반영하였지만 아직까지도 불공정성의 우려가 있는 조항을 다수 사용하고 있다.

공유경제에서 자율규제 및 규제완화가 강조되면 자연스럽게 약관의 중요성이 증대된다. 글로벌 기업에서 사용하는 약관에 대해 어느 국가에서 불공정하다는 판단을 받게 된다면 해당 국가에서만 불공정한 규정을 개정하여 적용할 것이 아니라 그 조항을 사용하고 있는 전 국가에 대해 이를 확대 적용해야 한다. 이러한 과정을 통해 자율규제가 정착이 되면 공유경제를 직접 규율하는 법이 없다고 하더라도 소비자 보호에 공백이 생기지 않을 것이다.

참고문헌

1. 국내문헌

이은영, 「약관규제법」, 박영사, 1994.

약관법제정위원회 위원, 「약관규제의 입법」, 소비자 문제를 연구하는 시민의 모임, 1986.

김점산 외, "공유경제(Sharing Economy)의 미래와 성공조건", 「이슈 & 진단」 No.134, 2014.

서희석, "소비자분쟁해결기준의 법적 성격", 「민사법학」 제61호, 2012.

성준호, "DCFR의 불공정조항 규정에 관한 고찰", 「외법논집」 제36권 제3호, 2012.

송운강·박용숙, "공유경제(Sharing Economy)의 규제방법 모색을 위한 시론적 연구", 「강원법학」 55, 2018. 10.

이병준, "공유경제 법안에 대한 고찰", 「소비자법연구」 4(2), 2018. 9.

_____, "의외조항 내지 기습조항의 법률적 취급", 「민사법학」 제73호, 2015.

_____, "해외 소셜 네트워크 서비스이용약관의 약관규제법에 의한 내용통제 가능성", 「소비자문제연구」 제41호, 2012. 4.

정신동, "최근 EU위원회의 에어비앤비 약관 시정요구 동향과 시사점", 「소비자정책 동향」 제95호, 2018. 11.

2. 외국문헌

Vanessa Mak, "Private Law Perspectives on Platform Services", *EuCML*, 2016.

3. 기타

공정거래위원회 의결 제93-101호.

공정거래위원회 2016. 3. 4. 시정권고 제2016-005호.

공정거래위원회 2016. 11. 15. 의결 제2016-314호.

공정거래위원회 2017. 9. 26. 결정 제2017-066호.

대법원 1991. 3. 27. 선고 90다14478 판결.

대법원 1993. 4. 23. 선고 92다41719 판결.

대법원 2008. 12. 16. 자 2007마1328 결정.

대법원 2010. 8. 26. 선고 2010다28185 판결.

대법원 2010. 10. 14. 선고 2008두23184 판결.

대법원 2012. 10. 25. 선고 2009다77754 판결.

공정거래위원회 보도자료, "온라인 서비스 이용자의 저작권 보호 및 콘텐츠 등에 대한 사업자의 책임 강화", 2019. 3. 15.

"내국인도 도시 에어비앤비 이용 … 영업 180일 · 자가 주택 제한", 머니투데이, 2019. 1. 9.

"지난해 국내 에어비앤비 이용객 290만명 … 56%↑", 아시아경제, 2019. 2. 14.

"공정위 vs 에어비앤비 '2차전'" … "소비자 보호" Vs "한국만 예외 불가", 이데일리, 2019. 4. 17.

"'공유경제'로 포장한 무허가 변종 숙박업", 주간동아, 2015. 2. 6.

차량공유 및 승차공유 서비스에서 플랫폼의 역할과 소비자의 구제방안*

문현지** · 황원재***

I. 서 론

전 세계적으로 에어비앤비(Airbnb), 우버(Uber) 등과 같은 공유경제형 플랫폼이 성공을 거두고 있다. 공유경제형 플랫폼은 '네트워크를 통해 문화 및 기술 발전에 따라 자원이 무한하지 않다'라는 생각으로 발전한 공유경제[1]와 플랫폼이 결합한 사업 형태이다. 남는 방을 제공하고 돈을

---

 * 이 논문은 2019년 계명대학교 제26회「학생학술연구논문 공모전」에서 문현지 학생
   이 발표한 학술논문(지도교수: 황원재)을 수정, 보완하여 소비자법연구 제6권 제1호
   (2020)에 게재된 것입니다.
 ** 계명대학교 법학과 석사과정(제1저자).
*** 계명대학교 법학과 교수, 법학박사(교신저자).

벌 수 있도록 중개하는 숙박공유 서비스인 에어비앤비(Airbnb)와 자신의
차량으로 타인에게 유상 운송서비스를 제공할 수 있도록 중개하는 승차
공유 서비스인 우버(Uber)는 대표적인 공유경제형 플랫폼이다.[2]

다양한 공유경제형 플랫폼 중에서 자동차 운송서비스 시장은 특히 다
변화되고 있다. 미국에서는 Zipcar 등 선도기업에 힘입어 카셰어링 회원
수가 연평균 20% 이상 증가하고 있다. 국내에서도 풀러스, 카카오 T 카
풀, 그린카, 타다 등과 같은 다양한 차량공유 및 승차공유 플랫폼이 등장
하였다.[3] 이처럼 차량공유(Car-sharing)와 승차공유(Ride-sharing) 플랫폼은
세계적으로 부상하는 서비스이며, 사람들의 수요 또한 크게 증가하고
있다. 그러나 차량공유 및 승차공유 서비스는 그 인기만큼이나 많은 논
란이 산적해 있다.[4] 대표적으로 차량공유 및 승차공유 플랫폼사업자는

1_ 공유경제는 물건이나 지식, 공간, 경험 등 개인이 가진 여분의 자원을 독점적 소유의
   개념이 아니라 온라인에서 다른 사람과 자원을 대여하거나 나누는 방식으로 공동의
   협력적 소비(collaborative consumption)를 하는 새로운 경제 형태이다(곽수환/조연
   성, "공유경제 서비스의 활성화 방안: Uber 사례를 중심으로", 「서비스경영학회지」 제
   16권 제4호, 2015, 34면 이하 참고). 공유경제에서 "공유"는 민법 제262조 제1항에서
   말하는 물건이 지분에 의하여 수인의 소유로 되는 것을 뜻하는 공유(共有)가 아니다
   (김형배/김규완/김명숙, 「민법학강의」 제15판, 신조사, 2016, 607면 이하). 오히려 공
   유경제에서 말하는 "공유"는 공유경제의 특징을 고려하여 자원, 지식 등의 유휴자원을
   나눠서 사용한다는 의미로 이해하여야 한다(이병준, "새로운 유통방식으로서의 공용
   경제(sharing economy)와 그 법적 규제방식에 관한 연구", 「유통법연구」 제4권 제2호,
   2017, 2면 이하). Hannah A.Posen, "Ridesharing in the Sharing Economy: Should
   Regulators Impose Uber Regulations on Uber", Iowa Law Review 101, no.1, November
   2015, p.412.
2_ 송순강/박용숙, "공유경제(Sharing Economy)의 규제방법 모색을 위한 시론적 연구",
   「강원법학」 제55권, 2018, 355면 이하 참고.
3_ 김점산/박경철/고진, "카셰어링의 사회경제적 효과", 「이슈&진단」 제183호, 2015, 2면
   이하 참고.
4_ [모빌리티 혁신의 이면]②일부 대형사만 피해액 모두 보상 … 유사업체 난립에 분쟁 우려
   ↑, 이데일리, 2019. 6. 14, https://www.edaily.co.kr/news/read?newsId=01220166
   622521720&mediaCodeNo=257&OutLnkChk=Y 참고(최종 확인 2020년 1월 29일); 차
   량 공유 업체 쏘카의 황당한 운영 규정, 일요서울, 2019. 7. 8, www.ilyoseoul.co.kr/
   news/articleView.html?idxno=320673 참고(최종 확인 2020년 1월 29일); 카카오 카풀
   최대 피해자는 택시기사가 아니다, 오마이뉴스, 2018. 12. 24, http://omn.kr/1frwu

거래 과정에서 발생하는 분쟁을 중개자임을 강조하는 약관을 통해 회피하는 경향이 크다.[5] 따라서 소비자는 부당한 사용료 및 수리비, 고지 미흡, 시스템 하자 등의 피해가 발생하는 경우 누구에게 그 책임을 물어야 하는지 알 수 없게 되는 문제가 발생한다.

이러한 문제의식을 바탕으로 이 글은 차량공유 및 승차공유 서비스의 법적 성격과 플랫폼 운영자의 책임, 그리고 소비자 구제방안에 대하여 논의하고자 한다. 우선, 플랫폼의 개념과 차량공유 및 승차공유 플랫폼이 무엇인지를 알아본 뒤(II), 플랫폼 운영자의 법적 지위와 의무(III)를 검토한다. 그리고 차량공유 및 승차공유 서비스와 관련된 소비자 분쟁 사례(IV)를 검토한 뒤, 소비자 피해에 대한 구제방안(V)을 알아본다. 끝으로 여객자동차 운수사업법 일부개정법률안의 내용을 검토한 뒤 플랫폼 운영자의 책임에 관한 입법방안을 결론으로 제시한다(VI).

II. 플랫폼 및 차량공유 · 승차공유 플랫폼

1. 플랫폼이란?

(1) 플랫폼의 의의

플랫폼이란 제품이나 용역을 판매하거나 이를 구매하려는 사람들에게 제공되는 인터넷상의 거래 장소 및 중개 매체를 말한다.[6] 플랫폼은

참고(최종 확인 2020년 1월 29일).

5_ 대표적으로 '타다'의 이용약관 제8조 4는 다음과 같이 적고 있다. "회사는 회원과 제휴사 사이의 기사 알선 포함 승합자동차 대여계약 및 회원과 운전용역 제공자 사이의 운전용역계약, 회원과 여객자동차 운송사업자 사이의 운송계약 체결을 중개하고 그 대금을 수취 대행하는 회사로, 자체적으로 자동차 대여 및 운전자 알선, 운송을 하지 않습니다." Https://help.tadatada.com/hc/ko/articles/360016019031-%ED%83%80%EB%8B%A4-%EC%84%9C%EB%B9%84%EC%8A%A4-%EC%9D%B4%EC%9A%A9%EC%95%BD%EA%B4%80 참고(최종 확인 2020년 1월 29일).

6_ 정진명, "플랫폼을 이용한 전자거래의 법률문제−플랫폼사업자의 책임을 중심으로", 「비

거래가 원활하게 이루어질 수 있도록 시장을 형성하고, 전자거래 시스템을 제공하는 등, 소비자와 공급자 사이에서 계약이 체결될 때 필요한 서비스를 제공하는 역할을 한다.[7] 여기서 플랫폼 운영자란 온라인 플랫폼을 제공하고 통신판매나 전자상거래를 위한 플랫폼을 구축·운영하는 사업자를 말한다.[8] 플랫폼을 통해 성립되는 차량공유와 승차공유 서비스의 거래 관계는 플랫폼을 중심으로 소비자와 공급자가 연결된 3면 관계를 이룬다. 플랫폼의 수익구조는 대체로 플랫폼 서비스를 무료로 제공하고, 소비자와 공급자를 중개한 뒤, 공급자가 제공한 서비스에 대한 소비자의 거래대금을 수취 대행하여 중간 수수료를 취하는 방식이다. 따라서 플랫폼 운영자는 약관상 소비자와 공급자를 중개한다고 밝히고 있으나, 실제로 플랫폼은 소비자와 공급자 사이에서 거래 알선을 넘어 대금 지급 방식을 결정하는 등, 외관상 공급자와 같은 지위로 역할을 하고 있다.

(2) 플랫폼의 특성

플랫폼을 기반으로 한 거래는 양면시장(Two-sided market)형 사업 모델인 경우가 많다.[9] 양면시장이란 서로를 필요로 하는 다른 두 부류의 집단이 플랫폼을 매개로 연결되어 상호작용을 하고, 한 집단의 의사결정이 다른 상대 집단의 결과에 영향을 주는 외부효과가 발생하는 특징을

교사법」 제24권 제4호, 2017, 1562면 이하 참고; 신봉근, "플랫폼 운영자의 계약상의 책임", 「법학연구」 제18권 제3호, 2018, 422면 이하 참고; Cohen, Julie E. "Law for the platform economy." UCDL Rev. 51, 2017, p.136.

7_ Katz, Vanessa. "Regulating the Sharing Economy." Berkeley Technology Law Journal, vol. 30, no. Annual Review 2015, 2015, p.1071.

8_ 신봉근, 앞의 논문, 422면 이하 참고.

9_ 양면시장이 성립하기 위한 세 가지 조건으로는 양면성, 교차 네트워크의 외부성, 플랫폼을 이용한 거래를 들 수 있다. 양면시장에 관하여 자세한 내용은 곽관훈, "온라인 플랫폼사업자와 상거래법제－'양면시장(Two-Sided Market)'에 적합한 규제방향 검토", 「기업법연구」 제32권 제1호, 2018, 139면 이하 참고; 최성욱/박요한, "징가(Zynga) 사례를 통해 본 양면시장에서의 플랫폼 활용의 전략적 시사점 고찰", 「한국컴퓨터게임학회논문지」 제2권 제24호, 2011, 22면 이하 참고.

갖는 시장을 말한다.[10] 플랫폼은 양면시장이라는 사업 모델에 따라 기존의 전자상거래와는 다른 특징을 갖는다. 구체적으로 플랫폼은 '교차망외부성(cross network externality)'을 갖는다. '교차망외부성'이라 함은 플랫폼을 중심으로 서로 다른 두 이용자 집단(소비자와 공급자)이 동시에 존재하며, 이용자 집단 사이에서 상대방 집단의 크기가 클수록 자신이 누릴 혜택이 커지는 것을 말한다. 따라서 플랫폼의 원활한 사업운영을 위해서는 충분한 규모의 소비자와 판매자를 확보하는 것이 중요하게 된다. 또한, '교차망외부성'은 시장의 선점 효과를 크게 만들어 이용자가 집중되는 현상을 야기한다. 결과적으로 플랫폼 시장에서 높은 시장점유율을 차지하는 플랫폼이 등장하게 되고, 만일 해당 플랫폼이 시장에서 시장지배적 지위를 남용한다면 소비자에게 피해가 발생할 수 있다.[11] 마지막으로, 플랫폼은 비대칭적인 가격구조를 취하고 있다. 플랫폼은 이용자에게 서비스를 제공하는 데 비용이 소요된다. 그러나 플랫폼은 특정 이용자에게 비용을 부과하지 않는다.[12] 이는 앞서 언급한 '교차망외부성'

10_ 일반적으로 시장이란 수요자와 공급자가 재화 또는 서비스를 거래하는 물리적 · 개념적 공간을 말한다. 반면 양면시장에서 '시장'이라는 용어는 서로 다른 이용자 집단이 상호작용하는 물리적 가상적 플랫폼을 제공하는 재화 또는 서비스를 지칭한다. 이상규, "양면시장의 정의 및 조건", 「정보통신정책연구」 제21권 제4호, 2014, 74면; 곽관훈, "온라인 플랫폼사업자와 상거래법제-'양면시장(Two-Sided Market)'에 적합한 규제방향 검토", 「기업법연구」 제32권 제1호, 2018, 139면 이하 참고.

11_ 플랫폼 시장이 형성되는 초기에는 낮은 진입장벽을 활용해 많은 사업자가 시장에 진입하지만, 차별성 부족으로 망외부성을 확대하지 못하거나 자본 부족으로 초기 손실을 보전하는 데 실패한 플랫폼 기업들은 도태되고 이후 선점이나 경쟁우위를 통해 특정 플랫폼만이 독과점적인 지위를 획득하게 된다. 이에 관하여 상세하게 설명하고 있는 글로는 이금노/서종희/정영훈, "온라인플랫폼 기반 소비자거래에서의 소비자문제 연구", 「정책연구보고서」, 53면 이하 참고. 소비자의 권리와 이익의 보호에 초점을 맞추어 봤을 때, 경쟁법적인 측면에서의 검토 필요성을 언급한 글로는 Katz, Vanessa, "Regulating the Sharing Economy", Berkeley Technology Law Journal, vol. 30, no. Annual Review 2015, 2015, p.1122.

12_ 대표적인 모습이 플랫폼을 통해 소비자와 공급자가 계약을 체결할 때, 소비자는 플랫폼에 대해서 별도의 수수료를 내지 않지만, 공급자는 수수료를 내게 된다. 그러나 실제 소비자가 플랫폼이 제공하는 서비스를 이용하기 위해서 플랫폼에 회원가입을 할 때, 소비자는 플랫폼의 약관에 따라 동의하고 개인정보를 제공한다는 점에 비추어, 이

에서 비롯되는 현상으로, 이용자 집단의 규모를 키우는 일이 플랫폼 사업운영에 중요하기 때문이다.

(3) 플랫폼의 규제현황

플랫폼은 종래에는 볼 수 없었던 서비스라는 점에서, 현행 각종 법률이 상정하는 거래 모델에 부합하지 않는다.[13] 따라서 기존의 개별 법령에서 필요에 따라 각각의 유형에 맞추어 해당 서비스를 정의하고 있을 뿐이다.[14] 즉, 플랫폼이 제공하는 서비스 유형에 따라 기존의 법령에 종속되어 규제되고 있다. 예를 들면, 숙박공유 플랫폼인 '에어비앤비'의 경우에는 관광진흥법, 한옥체험업과 농어촌정비법이, 승차공유 플랫폼인 '우버'의 경우에는 여객자동차 운수사업법(이하 여객자동차법)이, 부동산중개플랫폼인 '직방'의 경우에는 공인중개사법이, 음식배달 중개플랫폼인 '배달의 민족'의 경우에는 식품위생법 및 농수산물의 원산지표시에 관한 법률이 적용된다. 플랫폼 시장이 점점 커지고 있음을 고려할 때, 플랫폼을 통한 거래를 고려하지 못했던 기존의 법령체계로 플랫폼 시장을 규제할 수밖에 없다는 점은 중대한 문제점이라 할 수 있다.

2. 차량공유 · 승차공유 플랫폼이란?

(1) 차량공유 · 승차공유 플랫폼의 의의

공유경제형 교통서비스는 명확한 정의와 개념이 존재하지 않는다. 그러나 'Shared Mobility' 또는 'Shared-use Mobility'로 불리는 서비스는 차량공유(Car-sharing)와 승차공유(Ride-sharing)로 나누어 볼 수 있다.[15] 차량

를 수수료에 상응하는 대가로 볼 수도 있을 것이다. 개인정보의 대가성을 구체적으로 다룬 글로는 김진우, "대가로서의 디지털 개인정보—데이터의 개인정보보호법 및 계약법적 의의", 「비교사법」 제24권 제4호, 2017, 1525면 이하.

13_ 송운강/박용숙, 앞의 논문, 381면 이하 참고.

14_ 이금노/서종희/정영훈, "온라인플랫폼 기반 소비자거래에서의 소비자문제 연구", 「정책연구보고서」, 2016, 22면 이하 참고.

공유 서비스는 플랫폼을 통하여 차량 소유자가 운전자 없이 차량을 필요로 하는 자에게 사용하게 하는 것으로, 시간 단위로 차량을 빌릴 수 있다는 점과 주택가 근처에 차고지가 있다는 점에서 기존의 렌터카 서비스와 차이가 있다. 기존의 카풀(Carpool) 제도가 확대·보편화한 형태인 승차공유(Ride-sharing) 서비스는 차량공유와 마찬가지로 정보통신기술의 발전에 힘입어 실시간으로 플랫폼을 통해 이동을 원하는 사람에게 차량과 운송서비스를 함께 제공하는 서비스이다.[16] 택시 이용보다 편리성과 접근성에 있어 보다 효율적이며, 또한 플랫폼을 통해 쉽고 간단하게 서비스를 요청하는 방식으로 필요할 때 바로 이용할 수 있다는 장점으로 소비자를 끌어들이고 있다.[17]

한편, 차량공유와 승차공유 외에 유사 서비스가 등장하고 있다.[18] 바

15_ 박준식, "공유교통서비스의 효과적 활용을 위한 법제도 개선방향", 「월간교통」 2015-09, 2015, 19면 이하 참고.

16_ 이병준/황원재, "승차공용(Ridesharing) 중개서비스와 결합된 운송서비스 제공자로서의 Uber―Uber 스페인과 관련된 유럽사법재판소 판결을 중심으로", 「소비자문제연구」 제50권 제1호, 2019, 106-108면 이하; 한상진 외 5명, "제4차 산업혁명 시대의 교통산업 전망 및 대응―교통서비스시장을 중심으로", 「한국교통연구원 기본연구보고서」, 2018, 16면 이하.

17_ 택시와 우버의 차이에 관하여 자세한 것은 Hannah A.Posen, "Ridesharing in the Sharing Economy: Should Regulators Impose Uber Regulations on Uber", Iowa Law Review 101, no.1, November 2015, p.414; 김병오, "우버택시와 면허제도에 대한 연구", 「기업법연구」 제32권 제1호, 2018, 311면 이하 참고.

18_ 공유경제형 교통서비스에 관한 이상의 내용을 표로 정리하면 다음과 같다.

유형	관련 업체
Car-sharing (차량공유)	국내- 쏘카, 그린카 / 국외- Car2go(독일), Zipcar(미국)
Ride-sharing (승차공유)	국내- 풀러스, 카카오T 카풀 / 국외- Uber, Lyft(미국), Didi Chuxing(중국)
렌터카 기반의 승차공유 서비스	국내- 타다/ 국외- Uber POP

이 표는 진도왕, "차량공유사업(Car-Sharing Business)과 여객자동차운수사업법 제81조―공유경제와 소비자보호의 관점에서", 「홍익법학」 제17권 제4호, 7면 [표1]을 재구성한 것임.

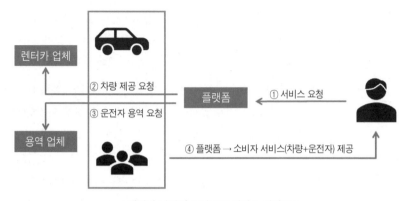

< 렌터카 기반의 승차공유 서비스 개념도 >

로 렌터카 기반의 호출서비스 플랫폼이다. 대표적으로 국내에서 사업 중인 '타다'가 있다. 타다의 운영방식은 소비자가 스마트폰 애플리케이션을 활용해 승차를 요청하면 이를 확인하고, 플랫폼 운영자는 소비자에게 타다의 제휴사인 쏘카의 사업용 차량 중 11인승 이상 15인승 이하인 승합자동차를 임차함과 동시에 용역업체로부터 승합자동차 운전용역 제공자를 알선하여 차량과 운전자를 연결하여 중개하는 서비스를 제공한다.[19]

(2) 차량공유 · 승차공유 관련 규제현황

차량공유 및 승차공유는 자원의 제공 주체와 이용 주체가 누구인지에 따라 B2C(Business to Consumer)와 P2P(Peer to Peer)로 나눌 수 있다.[20] B2C 차량공유는 여객자동차법상의 자동차대여사업에 해당하는 기존의 렌터카의 형태로 등록[21]을 하여 서비스가 제공되며, 기존의 렌터카와 같은 법률이 적용된다. 유상의 P2P 차량공유 서비스는 여객자동차법 제81조

19_ 타다 이용약관 제8조(서비스 내용) https://help.tadadada.com/hc/ko/articles/3600 16019031-타다-서비스-이용약관 참고(최종 확인 2020년 1월 29일).

20_ 진도왕, 앞의 논문, 7면 이하.

21_ 여객자동차운수사업법 제28조에 따라 등록을 하여야만 차량공유 사업을 할 수 있다.

제1항에 따라 금지된다. 즉, 자가용 자동차를 유상으로 임대하거나, 이를 알선하는 것은 금지된다.[22]

승차공유의 경우, 차량과 운전기사를 고용한 운수사업자가 이동을 요청한 승객에게 차량과 운전기사를 제공하는 B2C 승차공유와 차량을 소유한 개인 운전자가 다른 사람을 태워 주는 P2P 승차공유로 구분된다. 우선 P2P 승차공유 서비스는 여객자동차법 제81조 제1항에 반하기 때문에 원칙적으로 허용되지 않으나, 예외적으로 (1) 출퇴근 시간대에 승용자동차를 함께 타는 경우, (2) 천재지변, 긴급 수송, 교육 목적을 위한 운행, 그 밖에 국토교통부령으로 정하는 사유에 해당하는 경우라면 허용된다. 특히 승차공유와 관련하여 구 여객자동차법 제81조 제1항 제1호에 명시된 '출퇴근'이 의미하는 시간이 명확하지 않아 논란이 되었으나, 현행 여객자동차법은 구체적으로 오전 7시부터 9시, 오후 6시부터 8시, 그리고 토요일, 일요일 및 공휴일은 제외하는 것으로 명시하여 문제를 해결하였다.

또한 유상의 B2C 승차공유는 여객자동차법 제34조에 따라 금지된다. 여객자동차법 제34조 제2항은 "누구든지 자동차대여사업자의 사업용 자동차를 임차한 자에게 운전자를 알선하여서는 아니 된다"고 규정하고 있으며, 여객자동차법 제34조 제3항은 자동차대여사업자가 "다른 사람의 수요에 응하여 사업용자동차를 사용하여 유상으로 여객을 운송하여서는 아니 되"도록 규정하고, 누구든지 이를 알선하지 못하도록 하여 자동차대여사업자에 의한 유상의 여객운송서비스를 금지하고 있다. 그러나 여객자동차법 제34조 제2항은 '다만, 외국인이나 장애인 등 대통령령으로 정하는 경우에는 운전자를 알선할 수 있다'고 명시하여, 여객자동차법 시행령 제18조를 통한 예외를 인정하고 있다.[23] 이러한 예외규

22_ 물론, 이 경우에도 예외적으로 허용되는 경우가 있다. 여객자동차법 제81조 제1항 제2호 참고.

23_ 여객자동차법 시행령 제18조(운전자 알선 허용 범위) 법 제34조 제2항 단서에서 "외국인이나 장애인 등 대통령령으로 정하는 경우"란 다음 각 호의 경우를 말한다.
  1. 자동차대여사업자가 다음 각 목의 어느 하나에 해당하는 자동차 임차인에게 운전

정을 이용한 대표적인 플랫폼으로는 '타다'가 있다. '타다'는 11인승 승합차를 활용해 기사를 제공하는 서비스로, 이는 예외규정인 여객자동차법 시행령 제18조 제1호 바목을 법적 기반으로 하여 사업을 하고 있다.[24] '타다' 플랫폼은 유사 택시인지가 문제되어 그 사업모델의 적법성이 다투어지다, 최근 서울지방법원에서 운송계약이 아닌 임대차계약이므로 위법하지 않다는 판결을 받았다.[25] 그러나 2020년 3월 6일 본회의를 통과한 여객자동차법 일부개정법률안을 통해 현재 방식의 '타다' 서비스는 불법이 되었다.[26]

자를 알선하는 경우
가. 외국인
나. 「장애인복지법」 제32조에 따라 등록된 장애인
다. 65세 이상인 사람
라. 국가 또는 지방자치단체
마. 자동차를 6개월 이상 장기간 임차하는 법인
바. 승차정원 11인승 이상 15인승 이하인 승합자동차를 임차하는 사람
사. 본인의 결혼식 및 그 부대행사에 이용하는 경우로서 본인이 직접 승차할 목적으로 배기량 3,000시시 이상인 승용자동차를 임차하는 사람
2. 「소득세법 시행령」 제224조 제1항 제1호에 따른 대리운전용역을 제공하는 자를 알선하는 자(「소득세법」 제168조 제3항, 「법인세법」 제111조 제3항 또는 「부가가치세법」 제8조 제5항에 따른 사업자등록증을 발급받은 자로 한정한다)가 자동차 임차인에게 운전자를 알선하는 경우

24_ 이병준/황원재, 앞의 논문, 106면 이하.
25_ 서울중앙지방법원 2019고단7006 판결. 이 판결에서 법원은 "타다 이용자는 쏘카와의 임대차 계약에 따라 초단기 렌트한 차량의 인도를 요구하는 지위에 있을 뿐 자동차 운송계약을 맺은 것에 해당한다고 볼 수 없다"고 판단하였다.
26_ 자세한 것은 여객자동차 운수사업법 일부개정법률안(의안번호 2024710) 참고. 자세한 것은 http://likms.assembly.go.kr/bill/billDetail.do?billId=PRC_F1F9X1X2O0Y5N1Y8K4E2G4W2I9U2P6 참고(최종 확인 2020년 3월 27일).

(3) 차량공유·승차공유 플랫폼의 법률관계

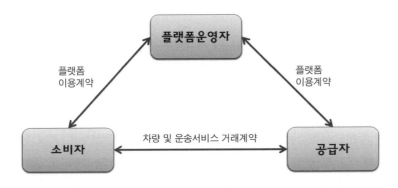

⟨ 플랫폼을 통한 거래 관계도[27] ⟩

　차량공유·승차공유가 이루어지려면 플랫폼 운영자와 소비자 간의 계약과 플랫폼 운영자와 공급자 간의 계약이 존재해야 한다. 우선, 소비자는 서비스를 이용하기 위해서 회원가입 등의 방식으로 플랫폼 운영자와 플랫폼이용계약을 체결해야 한다.[28] 플랫폼 운영자와 소비자가 맺은 계약에 따라서 소비자가 차량 또는 운송서비스를 플랫폼을 통해서 요청하면, 플랫폼 운영자는 소비자를 위해서 차량 또는 운송서비스를 중개한다. 즉, 플랫폼 운영자는 가상공간인 '플랫폼' 내에서 다수의 공급자 중 적합한 자를 물색하여 소비자에게 알선하고, 그들 간의 계약체결을 돕는다. 또한 수익과 직결되는 플랫폼의 신뢰를 높이기 위하여 플랫폼 내 공급자가 양질의 서비스를 공급하도록, 그리고 이들과 소비자 간 거래가 원활하게 이행될 수 있도록 플랫폼을 유지·관리한다. 공급자 역시 차량 및 운송서비스를 플랫폼을 통해 소비자에게 공급하기 위하여

27_ 이병준, "전자상거래 플랫폼과 거래관계에 대한 책임", 「소비자법연구」 제5권 제1호, 2019, 15면에 제시된 그림을 재구성하였음.

28_ 플랫폼은 소비자에게 회원가입을 요구하게 되며, 이때 소비자는 이용약관에 동의하고 결제 수단을 포함한 자신의 개인정보를 플랫폼에 제공하면서 회원가입을 하게 된다. 이를 통해 소비자와 플랫폼 운영자 간의 이용계약이 체결된다.

플랫폼 운영자와 플랫폼 이용계약을 체결한다. 공급자의 플랫폼 이용계약 역시 소비자의 플랫폼 이용계약과 같이 중개계약이라 할 수 있다.

(4) 차량공유·승차공유 플랫폼의 계약상 지위

차량공유 및 승차공유 플랫폼은 이동을 원하는 소비자의 요청을 받아 실시간으로 소비자와 공급자를 연결하고, 서비스 제공을 위해 거래에 관여한다. 이 경우, 플랫폼을 과연 여객운송업자로 보아야 할지 아니면 단순한 정보서비스제공자 혹은 서비스중개자로 보아야 할지 문제 된다. 이하에서는 최근 선고된 유럽사법재판소의 Uber 스페인 판결을 통해 차량공유·승차공유 플랫폼의 계약상 지위를 검토해 본다.

Uber 스페인 판결의 사실관계는 다음과 같다.[29] 2014년 스페인에서 사업을 시작한 Uber를 상대로 스페인 바르셀로나의 택시기사 협회 엘리트 택시(Elite Taxi)는 Uber가 여객운송 면허 없이 불공정하게 경쟁을 하고 있다는 점을 근거로 불공정거래행위에 해당한다는 확인판결을 구하는 소송을 제기했다. 불공정거래행위인지 판단하기 위해서 우버가 제공하는 서비스가 행정관청의 허가가 필요한 운송서비스인지 그렇지 않은 정보사회 서비스인지, 아니면 양 서비스가 결합한 형태인지를 판단해야 한다고 본 바르셀로나 법원은 유럽사법재판소에 선결적 판단[30]을 요청했다. 그런데 유럽사법재판소는 Uber를 이용자 간에 계약의 체결을 중

29_ Case C-434/15; Rossana Ducato, "ECJ, Case C-434/15, Asociación Profesional Elite Taxi: preliminary notes", 2018.02.28., www.rosels.eu/ecj-case-c-434-15-asociacion-profesional-elite-taxi-preliminary-notes/ 참고(최종 확인 2020년 1월 29일).

30_ "선결적 판단(preliminary ruling)"은 최고 재판기관인 유럽사법재판소(European Court of Justice)가 구체적 사안에 관하여 유럽연합법에 대한 해석이 필요한 경우 이에 대해 선결적으로(또는 예비적으로) 판단을 내리는 절차로서, 이러한 유럽사법재판소의 판단은 모든 회원국 법원과 재판소의 해석을 구속하면서 유럽연합법의 통일적인 적용에 기여하고 있다(TFEU 제267조)(https://www.icr.re.kr/blank-clrv/jgpve66k39/유럽연합-경쟁법-동향-시리즈13ECJ-MEO-사건에서-시장지배-사업자의-차별적-취급행위TFEU-102c에-대해-결정집행위원회-식료품-공급망에서의-불공정거래행위에-대한-지침-제안서-발표프랑스-경쟁법상-경제적-의존-남용행위의-규제L42022 참고(최종 확인 2020년 1월 29일)).

개하는 정보사회 서비스가 아닌 운송서비스를 제공하는 사업자에 해당한다는 판결을 내렸다.[31] 그리고 유럽사법재판소는 (1) 승객과 운전자 사이에서 플랫폼은 계약체결에 있어 필수적인 매체라는 점, (2) Uber가 운전자들이 서비스를 제공하는 조건에 대해 결정적인 영향력을 행사한다는 점, (3) Uber가 가격과 같은 본질적인 부분을 규율하거나 서비스 방법을 통제한다는 점을 이러한 판단의 근거로 들었다.[32]

만약에 우버와 같은 플랫폼을 정보사회 서비스로 판단하여 규제의 영역에서 배제할 경우, 소비자 보호 및 경쟁 산업과의 형평성 문제를 초래할 수 있다.[33] 그러므로 소비자가 우버를 어떻게 볼 수 있는지가 중요하다. 실제로 소비자는 계약의 중요내용을 직접 통제하고 있는 우버와 같은 서비스를 이용할 때, 우버와 계약을 체결한다고 생각하게 되므로, 우버가 직접 운송서비스를 제공하지 않더라도 소비자의 신뢰를 기반으로 한 수준의 책임을 플랫폼에게 부과할 필요가 있다. 따라서 플랫폼이 운송서비스를 제공하는 것으로 보고, 그에 따른 책임을 부담시키는 것이 소비자 보호에 적절하다.

이러한 입장은 최근 판결된 독일 프랑크푸르트 암 마인 주법원의 판결에서도 발견된다.[34] 헤센주의 택시 서비스 애플리케이션 회사와 다른 주의 택시 회사는 공동으로 Uber를 피고로 서비스 정지를 청구하는 소송을 제기하였고, 이 소송에서 독일 주법원은 렌트카 회사에 운송을 위탁하는 방식의 서비스를 불법으로 판단하였다. 특히 법원은 Uber가 원

31_ 이병준/황원재, 앞의 논문, 92면 이하; "Uber is a taxi company - European Court of Justice", RTE, 2017.12.20., https://www.rte.ie/news/2017/1220/928628-uber/ 참고 (최종 확인 2020년 1월 29일); Uber가 제공하는 서비스와 플랫폼의 특성을 고려했을 때, 운송서비스로 보아서는 안 된다는 견해를 제시한 글로는 Colangelo Margherita/ Mariateresa Maggiolino, "Uber: A New Challenge for Regulation and Competition Law?", Market and Competition Law Review, 2017.

32_ 이병준/황원재, 앞의 논문, 94면 이하.

33_ 윤현석, "기술혁신으로 인한 새로운 서비스 규제방안—우버의 사례를 중심으로", 「LAW& TECHNOLOGY」 제13권 제4호, 2017, 28면 이하 참고.

34_ LG Frankfurt am Main, Urt. v. 19.12.2019, Az. 3-08 O 44/19.

심 판결과 다른 소송을 통해 해당 서비스의 불법성을 예측할 수 있었을 것이므로, Uber 서비스의 즉각적인 중단도 명령하였다.[35] 서비스 제공자인 Uber의 입장에서 바라보면, 독일 내에서 여객운수 서비스의 중개가 적법할 수 있는 유일한 방법은 면허를 갖고 있는 택시사업자 및 렌트카 업체와 협업을 하는 방법뿐이었다. 그러나 주법원의 판단에 따르면, 이러한 방식의 중개서비스는 Uber를 여객운수사업법상 면허가 필요한 운수사업자로 믿게 만든다고 보았다. 법원이 제시하고 있는 이러한 평가의 중요한 근거는 승객의 관점이다. 즉, Uber는 승객으로부터 도착하려는 목적지의 정보를 받고, 적당한 운전자 및 운송비를 결정하게 되며, 이러한 과정이 승객에게는 여객운수 사업자의 이행과정과 같아 보이기 때문이다. Uber 스스로 자신을 단순한 중개서비스 사업자로 본다는 점은 약관에서 작게 표시되어 있을 뿐이고, 이러한 표시를 승객은 명확하게 확인하기 어렵기 때문에 법적으로 효력이 없다는 점도 법원은 분명히 하였다.

이 독일의 판결은 우리 법원의 최근 '타다' 판결과 상반된 결론을 내리고 있다는 점에서 의미가 있다. 독일 법원은 승객의 관점에서 계약의 상대방을 운수사업자로, 그리고 해당 계약을 여객운수계약으로 평가하였다. 반대로 우리 법원은 '타다'를 소비자가 직접 운전 없이 이동 편의를 높이기 위해 분(分) 단위 예약 호출로써 렌터카 업체를 알선하여, 드라이버가 운전하는 승합차를 이용자가 필요한 시간에 주문형(on-demand)으로 임차하는 모바일 앱 기반의 렌터카 서비스라고 보았다.[36] 그러나 실제 '타다'를 이용하는 소비자 입장에서 '타다' 서비스는 플랫폼을 통해 서비스를 요청하고 목적지에 안전하게 도착한 뒤 플랫폼에 사전 입력된 결제수단을 통해 요금을 결제하는 방식으로 이행되기 때문에 기존의 택

35_ 자세한 것은 Jana Kugoth, Das Geschäftsmodell von Uber ist rechtswidrig, Der Tagesspiegel, 2019.12.19.,https://www.tagesspiegel.de/politik/urteil-des-landgerichts-frankfurt-main-das-geschaeftsmodell-von-uber-ist-rechtswidrig/25354296.html 참고 (최종 확인 2020년 1월 28일).

36_ 서울중앙지방법원 2019고단7006 판결.

시 서비스와 차이를 느낄 수 없다. 또한 만약 '타다' 서비스가 초단기 임대차에 해당한다면 차량의 임차인으로서 차량에 대한 지배권(예를 들자면, 동행인의 탑승 여부라든가 아니면 경유지 설정 및 목적지 변경 등)이 인정되어야 하지만, 실제 타다 서비스를 이용하는 소비자에게 이러한 지배권이 인정된다고 보기도 어렵다. 따라서 이 판결은 소비자가 명확히 인지하지 못한 약관 문언의 객관적 의미만을 강조하여 소비자의 계약 동기와 의사, 그리고 계약목적을 경시한 것으로 평가할 수 있어 보인다.[37]

III. 플랫폼 운영자의 지위 및 의무

일반적으로 플랫폼 운영자는 플랫폼을 통하여 거래에 필요한 선전·광고의 표시, 주문의 접수 및 승낙의 처리, 소비자와 공급자 간의 거래에서 결제 등에 필요한 정보의 처리를 지원한다. 즉, 플랫폼 운영자는 타인 간의 거래를 매개하고 이행을 도울 뿐 스스로 중개를 한 계약의 계약당사자가 되지 않는다. 따라서 해당 운송계약에서 플랫폼 운영자의 지위를 어떻게 보아야 할 것이며, 플랫폼 운영자는 구체적으로 어떠한 의무 및 책임을 부담하게 되는지 알기 어렵다. 이하에서는 전자상거래소비자보호법(이하 '전자상거래법'), 상법, 민법 등을 통해 이를 검토해 본다.

1. 전자상거래소비자보호법상 지위 및 의무

플랫폼 운영자는 플랫폼을 통해 소비자와 공급자를 연결하고 거래의 성립을 알선하므로 전자상거래법상 통신판매중개업자라 할 수 있다.[38]

37_ 계약의 해석에 관하여 대법원 2019. 10. 17. 선고 2018두60588 판결; 대법원 2005. 5. 27. 선고 2004다60065 판결 참고.

38_ 정진명, 앞의 논문, 1571면 이하 참고; 통신판매중개자의 역할에 대하여 계약당사자로서의 관점, 상점 임대인 유사 제3자로서의 관점, 계약중개인으로서의 관점으로 나누고 있는 글로는 오병철, "통신판매업자의 불법행위에 대한 통신판매중개자(오픈마켓)

전자상거래법에서 '통신판매중개'란 사이버몰의 이용을 허락하거나 총리령으로 정하는 방법으로 거래의 당사자 간 통신판매를 중개하는 것을 의미한다(동법 제2조 제4호). 여기서 총리령으로 정하는 방법이란 "자신의 명의로 통신판매를 위한 광고수단을 제공하거나 그 광고수단에 자신의 이름을 표시하여 통신판매에 관한 정보의 제공이나 청약의 접수 등 통신판매의 일부를 수행하는 것"을 의미한다(동법 시행규칙 제3조). 전자상거래법상 플랫폼 운영자가 통신판매업자에 해당하는지, 아니면 통신판매중개업자에 해당하는지는 계약의 상대방이 누구인지, 따라서 누가 책임을 지는가의 문제와 직결된다는 점에서 중요하다. 플랫폼 운영자가 계약의 체결을 알선하고 조력만 한 경우라면 통신판매중개업자라 할 수 있으나, 계약당사자로서 적극적 역할을 수행한 경우라면 통신판매업자라 할 수 있다.[39]

통신판매중개업자는 자신이 통신판매의 당사자가 아니라는 사실을 소비자가 쉽게 알 수 있도록 미리 고지하여야 한다(전자상거래법 제20조 제1항). 소비자가 통신판매중개자를 거래의 상대방으로 오인할 수 있기 때문이다.[40] 또한 통신판매중개업자는 통신판매중개의뢰자의 신원정보를 청약이 이루어지기 전까지 소비자에게 제공하여야 한다(전자상거래법 제20조 제2항). 그런데 승차공유 플랫폼에서 누가 탑승객을 수송할 것인지 미리 파악하여 청약이 이루어지기 전까지 소비자에게 신원정보를 제공하는 것은 불가능하다. 계약의 체결과정을 살펴보면 소비자는 플랫폼에 현재 자신의 위치와 목적지를 입력하고, 플랫폼 운영자는 플랫폼을 통해 소비자가 이용하게 될 차종, 운전자, 연락처, 요금 등 정보를 제공하며, 그 뒤에 소비자가 이를 승낙하면 비로소 계약이 체결되어, 공급자는

의 책임―서울중앙지방법원 2008.11.20., 2006가합46488 판결을 중심으로", 「재산법연구」 제26권 제1호, 2009, 9면 이하 참고.

39_ 고형석, "배달앱 거래와 소비자보호에 관한 연구", 「법학연구」 제24권 제1호, 2016, 66면 이하 참고.

40_ 고형석, "통신판매중개자의 책임에 관한 연구", 「법학논고」 제32집, 2010, 121면 이하 참고.

승객의 정보를 플랫폼을 통해 받을 수 있게 된다. 따라서 통신판매중개업자가 통신판매중개의뢰자의 신원정보를 청약 전까지 소비자에게 제공하는 것은 논리적으로 불가능하다. 끝으로 전자상거래법 제20조 제3항에 따라서 통신판매중개업자는 사이버몰 등을 이용하면서 발생하는 불만이나 분쟁을 해결하기 위해 필요한 조치를 신속히 시행해야 한다. 즉, 플랫폼 운영자는 소비자에게 손해가 발생했을 때 분쟁 해결에 적극적으로 협조할 의무가 있다.

2. 상법상 지위 및 의무

플랫폼 운영자는 다수의 공급자와 플랫폼 서비스를 이용하려는 다수의 소비자를 연결하고 대금 결제를 처리한다는 점에서 사업과정 전체를 지배한다. 그러므로 소비자와 공급자를 중개하고 공급자에게서 수수료를 취득하는 Uber와 같은 공유경제 플랫폼은 상법 제46조에 규정된 상행위 가운데 제11호 '중개에 관한 행위'를 영업으로 하는 당연상인이 되며, 타인 간 상행위의 중개를 영업으로 하는 상사중개인으로 인정될 수 있다. 따라서 플랫폼 운영자는 상사중개인으로서 상법 제94조 내지 제100조의 중개인에 관한 규정이 적용되어 중개인으로서 의무를 부담하게 되는데, 다음과 같은 이유에서 위 조문을 그대로 플랫폼 운영자에게 적용하기는 어렵다.

상사중개인은 중개행위에 있어 견품을 받는 때에는 견품보관의무(상법 제95조)를 부담하지만, 플랫폼 운영자는 플랫폼 거래의 특성인 비대면성으로 인해 차량 및 승차서비스와 관련된 정보를 제공할 뿐, 목적물의 견품을 받지 않는다. 상사중개인은 당사자 간에 계약이 성립된 때에는 그 계약이 성립되었음을 확인하는 결약서를 각 당사자에게 교부 하여야 한다(상법 제96조). 그러나 플랫폼 운영자는 소비자와 공급자 간의 계약이 성립되었음을 확인하는 메일 등을 발송함으로써 상법상의 결약서 교부 의무를 한 것으로 볼 수 있다. 또한 상사중개인은 당사자가 그 성명 또는 상호를 상대방에게 표시하지 아니할 것을 요구한 때에는 성명 또는 상호의 묵비의무를 부담하지만(상법 제98조), 전자상거래법에서는 비대면 거래의 중개라는 특성 때문에 공급자의 성명 또는 상호를 묵비해서는 안 된다(전자상거래법 제20조 제2항). 이에 따라 플랫폼 운영자는 일반적으로 비대면 거래의 특성상 발생할 수 있는 피해를 방지하고 상호 간 거래의 안전을 위해 공급자의 신원정보를 제공하고 있으며, 이용자의 평판서비스도 함께 제공하고 있다. 이처럼 플랫폼 운영자에게 상법의 규정을 곧바로 적용하는 것은 어려워 보인다. 그러나 플랫폼 운영자가 상사중개인이며, 따라서 상법과 민법의 규정이 보충적으로 적용될 수 있다는 점도 분명해 보인다.[41]

3. 민법상 지위 및 의무

민사중개인은 '상행위'가 아닌 법률행위를 중개하는 자를 말하며, 독일 민법과 달리 우리 민법에는 민사중개인을 다루는 규정이 없다.[42] 토지나 가옥의 매매 또는 임대차를 중개하는 부동산중개업자나 혼인을 중개하는 결혼중매업자 등을 민사중개인이라 한다. 민사중개인은 당사자의 어느 일방에게도 상행위가 되지 않는 행위를 중개한다는 점에서 상사중개인과 구별된다. 그러나 이러한 민사중개인도 상행위가 되지 않는 중개행위의 인수를 영업으로 하게 되면 당연상인으로서 상법의 적용을 받게 된다.[43]

41_ 정진명, 앞의 논문, 1574면 이하 참고.

42_ 독일에는 Mitfahrzentrale라는 중개인이 있다. 이는 같은 방향으로 여행을 하고자 하는 자들을 중개하고 기름값 정도의 수수료를 받는다(김정호, 『상법총칙·상행위법』 제2판, 법문사, 2014, 313면). 그 외에 독일에서는 민사중개의 경우 독일 민법 제652조 이하의 규정이 적용된다. 해당 규정에 대한 자세한 내용은 양창수, 『독일민법전』, 박영사, 2018 참고.

43_ 김정호, 『상법총칙·상행위법』 제2판, 법문사, 2014, 313면.

4. 위치정보의 보호 및 이용 등에 관한 법률

위치정보의 보호 및 이용 등에 관한 법률(이하 '위치정보법') 제9조 제1항[44]
에 따르면 위치기반서비스사업을 하고자 하는 자는 주요 설비를 방송통신
위원회에 신고하여야 하고, 이를 위반할 경우 위치정보법 제40조 제2호[45]
에 따라 처벌받게 된다. 차량공유·승차공유 플랫폼은 소비자의 스마트
폰 GPS 장치를 통해서 그들의 위치 정보를 파악한 뒤, 공급자들에게 위
치 정보를 제공하기 때문에 위치기반서비스사업자라고 볼 수 있다. 이
와 관련된 대표적인 예로 2015년 1월 방송통신위원회는 Uber를 위치정
보법 제9조 제1항 위반을 이유로 고발하였고,[46] 이에 따라 법원은 여객
자동차법, 위치정보법 위반 혐의로 Uber 한국법인에 대해 벌금 1,000만
원을 선고하였다.[47]

5. 정보통신망 이용촉진 및 정보보호 등에 관한 법률

정보통신망 이용촉진 및 정보보호 등에 관한 법률(이하 '정보통신망법')
제2조는 '정보통신서비스 제공자'를 "전기통신사업법 제2조 제8호에 따
른 전기통신사업자와 영리를 목적으로 전기통신사업자의 전기통신역무

44_ 위치정보법 제9조(위치기반서비스사업의 신고) ① 위치기반서비스사업(개인위치정
　　보를 대상으로 하지 아니하는 위치기반서비스사업은 제외한다. 이하 이 조, 제9조의2,
　　제10조 및 제11조에서 같다)을 하려는 자는 상호, 주된 사무소의 소재지, 사업의 종류,
　　위치정보시스템을 포함한 사업용 주요 설비 등에 대하여 대통령령으로 정하는 바에
　　따라 방송통신위원회에 신고하여야 한다.
45_ 위치정보법 제40조(벌칙) 다음 각 호의 어느 하나에 해당하는 자는 3년 이하의 징역
　　또는 3천만 원 이하의 벌금에 처한다.
　　2. 제9조 제1항, 제9조의2 제1항 단서 또는 같은 조 제4항을 위반하여 신고를 하지 아니
　　하고 위치기반서비스사업을 하는 자 또는 거짓이나 그 밖의 부정한 방법으로 신고한 자
46_ "방통위, 우버코리아 위치정보법 위반으로 '형사고발'", 미디어오늘, 2015.01.22.,
　　www.mediatoday.co.kr/news/articleView.html?idxno=121387 참고(최종 확인 2020년
　　1월 29일).
47_ 서울중앙지방법원 2017. 4. 26. 선고, 2015고단3869 판결.

를 이용하여 정보를 제공하거나 정보의 제공을 매개하는 자"로 정의하고 있다. 여기서 전기통신역무에 플랫폼 운영자가 '소비자가 거래를 할 수 있도록 마련한 장소'인 '플랫폼'을 제공하는 행위도 포함된다.[48] 한편, 정보통신서비스 제공자는 정보통신서비스의 제공에 사용되는 정보통신망의 안정성과 정보의 신뢰성을 확보하기 위하여 필요한 보호조치를 할 의무가 있다(정보통신망법 제45조 제1항). 즉, 플랫폼 운영자는 정보통신서비스 제공자로서 플랫폼의 원활한 운영과 거래에 이용되는 정보의 안전을 위하여 필요한 조치를 취해야만 한다.[49] 또한 개인정보를 처리할 때에는 개인정보의 분실 · 도난 · 유출 · 위조 · 변조 또는 훼손을 방지하고 개인정보의 안전을 확보하기 위하여 기술적 · 관리적 조치를 취할 의무도 있다(현행 개인정보 보호법 제29조, 구 정보통신망법 제28조 제1항). 끝으로 플랫폼 운영자는 정보통신망법 제44조 제2항에 따라 플랫폼에서 사생활 침해 또는 명예훼손 등 타인의 권리를 침해하는 정보가 유통되지 않도록 노력하여야 한다.

IV. 차량공유 · 승차공유 관련 소비자 문제

차량공유 · 승차공유 플랫폼에서 발생하는 소비자 문제는 기존의 전통적인 거래 관계에서 발생하는 소비자 문제와 동일한 부분도 있지만, 플랫폼을 통한 상호작용이라는 독특한 시장 구조로 인해 다소 다른 문제를 일으키기도 한다.

우선, 개인정보와 관련된 문제가 발생한다. 플랫폼을 이용한 거래에서는 소비자의 개인정보가 공급자에게 제공되는 것이 일반적이다. 즉, 차량공유 또는 승차공유의 이용을 원하는 소비자는 플랫폼뿐만 아니라

48_ 이금노/서종희/정영훈, 앞의 글, 183면 이하 참고.

49_ 윤주희, "모바일 전자상거래에서 소비자문제에 대한 법적 보호방안 연구", 「소비자문제연구」 제45권 제3호, 279면 이하 참고.

공급자에게도 개인정보를 제공하는데, 구체적으로 앱을 통해 자신이 가고자 하는 목적지의 정보와 연락처, 그리고 위치 정보를 제공하게 된다. 계약의 이행 후 플랫폼 또는 공급자는 목적 외의 용도로 이러한 정보를 악용할 위험성이 있다.[50] 또한 플랫폼은 결제를 위해 신용카드 정보까지 미리 입력해야 서비스를 이용할 수 있는 경우가 많아 개인신용정보의 오·남용으로 소비자 피해가 발생할 위험성도 높다. 특히 소비자의 위치 정보는 소비자의 사생활과 결부되어 있고, 플랫폼과 공급자가 보관하고 있는 소비자의 전화번호 등 개인정보 역시 소비자의 사생활 보호에 중요한 정보이므로, 이러한 정보가 유출된다면 소비자에게 심각한 피해가 발생할 우려가 있다.

또한 플랫폼 운영자가 제공하는 공급자의 정보가 단편적이거나 충분한 검증 없이 잘못된 또는 부족한 정보를 소비자에게 제공한다면 소비자에게 피해가 발생할 수 있다. 예를 들면, 미국에서는 가짜 Uber 운전자가 기승을 부리고 있어, 집행기관이 로스앤젤레스 구역 내에서 발생한 최소 다섯 번의 가짜 Uber 운전자의 폭행 사건과 그 위험성을 Uber에 경고하였음에도, Uber가 가짜 운전자들의 위험성을 승객들에게 적절히 경고하지 않아 피해자가 가짜 운전자에게 성폭행을 당하게 되었으며, 결국 피해자가 Uber를 상대로 소송을 제기한 사건이 있었다.[51]

플랫폼의 이용약관으로 인하여 소비자가 피해를 보는 문제도 있다. 플랫폼 이용약관을 살펴보면 플랫폼은 운송서비스를 제공하는 것이 아니라 계약의 체결을 중개할 뿐이라고 규정하고 있다.[52] 상품 또는 서비

50_ 문상일, "택시앱 O2O시장 소비자보호를 위한 법제개선방안 연구", 「경제법연구」 제 16권 3호, 2017, 270면 이하.

51_ 이에 관하여 자세한 것은 "가짜 우버 운전자에게 성폭행 당했다. … 우버 상대로 소송", 헤럴드경제, 2019.4.10., http://news.heraldcorp.com/view.php?ud=20190410000666 참고(최종 확인 2020년 1월 29일).

52_ 타다 이용약관 제2조 1의 8). 자세한 것은 https://help.tadatada.com/hc/ko/articles/ 360016019031-%ED%83%80%EB%8B%A4-%EC%84%9C%EB%B9%84%EC%8A%A4- %EC%9D%B4%EC%9A%A9%EC%95%BD%EA%B4%80 참고(최종 확인 2020년 1월 29일).

스의 하자에 대하여 어떠한 보증도 하지 않으며 책임을 부담하지 않는다고 규정하기도 한다.[53] 이러한 면책약관은 플랫폼 운용자가 통신판매자가 아니라, 통신판매중개자에 불과하다는 것을 전제한 것이다. 그러나 플랫폼이 실질적으로 소비자와 공급자를 중개하는 것을 넘어 계약당사자가 할 만한 행위를 하는 경우, 특히 계약의 중요부분에 개입하고 있다면, 약관을 통해 통신판매중개자라고 규정하더라도 계약상 책임을 면하지 못하도록 하는 것이 타당할 것이다.[54] 플랫폼 이용약관에는 취소, 환불에 대해서 명시하고 있으나, 거래 단계별로 상세하게 취소, 환불에 대해 명시하지 않거나, 서비스 품질 불량으로 인한 환불에 대해 구체적으로 명시하지 않는 문제도 지적되고 있다.[55]

또한 Uber와 같은 국외 플랫폼의 경우, 이용약관에 별도의 준거법 및 재판관할 규정을 두고 있는데, 이 규정이 소비자의 피해구제와 관련해 문제가 될 수도 있다.[56] 일반적으로 준거법과 재판관할권은 관련 국제사법 규정을 적용하기보다 당사자의 합의가 우선되는 것이 원칙이지만,[57] 국제사법은 소비자계약에 있어서 별도의 규정을 두고 있다. 이 규정에 의하면 특정한 요건을 갖춘 경우 당사자가 준거법을 선택하더라도 소비자의 상거소지 국가의 강행적 소비자보호규정이 적용되며(국제사법 제27조 제1항), 소비자는 그의 상거소지 국가에서도 상대방에게 소를 제기할

53_ Uber 이용약관 5. 자세한 것은 https://www.uber.com/legal/terms/kr/ 참고(최종 확인 2020년 1월 29일).

54_ 통신판매중개자로서 책임을 구체적으로 규정하는 것이 타당하다는 견해로는 최지현, "온라인 플랫폼 사업자의 민사책임에 관한 연구—'오픈마켓'을 중심으로", 「아주법학」 제12권 제4호, 2019, 168면 이하; 윤주희, 앞의 논문, 279면 이하. 통신판매중개로 입은 소비자의 피해에 대한 책임을 통신판매중개자에게 부담시키는 것이 소비자의 피해구제 측면에서 효율적이라는 입장으로는 고형석, "통신판매중개자의 책임에 관한 연구", 「법학논고」 제32집, 2010, 121면 이하.

55_ 송순영, "공유경제 서비스와 소비자 권익증진 방안 연구", 「정책연구보고서」, 2015, 89면 이하 참고.

56_ Uber 이용약관 6, https://www.uber.com/legal/terms/kr/ 참고(최종 확인 2020년 1월 29일).

57_ 신창섭, 『국제사법』 제4판, 세창출판사, 2018, 55면 이하 참고.

수 있고(국제사법 제27조 제4항), 소비자에 대한 소 역시 소비자의 상거소지 국가에서만 제기될 수 있다(국제사법 제27조 제5항). 국제 재판관할과 관련하여 이 점이 다투어진 구글 사건에서,[58] 우리 법원은 "당사자가 준거법으로 외국법을 적용하는 것으로 합의를 하였다고 하더라도 우리나라 강행규정에 따라서 소비자에게 부여되는 보호를 박탈하는 것이라면 그 범위 내에서는 외국법을 준거법으로 하는 합의의 효력을 인정할 수 없다"고 판시하였다. 국제사법 제27조는 외국적 요소가 있는 소비자계약의 국제 재판관할에 있어 사회·경제적 약자인 소비자를 보호하기 위한 것으로, 부당한 재판관할 합의를 막기 위해 원칙적으로 당사자 간의 사후적 합의만을 허용하고, 예외적으로 사전 합의일 경우 소비자에게 유리한 추가적 합의만을 인정하려는 취지이기 때문이다.[59] 따라서 별도의 준거법 약정이 있더라도 국내 소비자는 플랫폼을 상대로 국내 법원에 소를 제기할 수 있으며, 이 소에서 국내법상 소비자보호에 관한 규정을 원용할 수 있을 것이다.

끝으로 소비자가 플랫폼을 통해 계약을 체결할 경우, 그 대금이 플랫폼에서 정한 알고리즘에 따라 결정된다는 문제가 있다. 이와 관련하여 대표적인 예로 Uber의 알고리즘에 의한 가격담합 사건을 들 수 있다.[60]

58_ 서울중앙지법 2015. 10. 16. 선고 2014가합38116 판결의 사안은 다음과 같다. 미국 캘리포니아에 본사를 두고 있는 구글은, 지메일 이용약관에서 구글이 제공하는 서비스 약관 또는 서비스와 관련하여 발생하는 모든 소송은 미국 캘리포니아주 산타클라라 카운티의 연방 또는 주 법원이 전속적인 관할을 가진다는 전속관할조항을 두고 있는데, 한국의 구글 이메일(지메일, 무료) 가입자가 구글을 상대로, 개인정보 등을 제공한 내역을 밝히라는 이 사건 소를 서울중앙지방법원에 제기하였다. 피고는 전속관할조항을 근거로 한국법원에 국제재판관할이 없다고 주장하였다. 원고는 국제사법 제27조의 국제재판관할규칙에 대한 특칙을 근거로 전속관할합의의 효력을 다투었다. 석광현, "국제사법상 소비자계약의 범위에 관한 판례의 소개와 검토: 제27조의 목적론적 축소와 관련하여", 「국제사법연구」 제22권 제1호, 2016, 47면 이하.

59_ 서울중앙지법 2015. 10. 16. 선고 2014가합38116 판결.

60_ Uber의 알고리즘 담합 사건을 상세하게 설명한 글로는 박창규, "디지털 경제에서 알고리즘 담합에 관한 연구", 「법학논총」 제43집, 2019, 82면 이하; U.S. judge orders Uber customer to arbitrate price-fixing claims, REUTERS, 2017.11.24, https://www.

미국 뉴욕 연방지방법원은 Uber가 운전기사들에게 제공한 가격 결정 알고리즘이 묵시적 담합을 조장했다며, Uber에게 그 책임을 인정했다.[61] Uber는 승객과 운전기사들의 수요와 공급에 따라 요금을 자동으로 조정해 주는 탄력요금제(Surge pricing)[62] 알고리즘을 이용하고 있는데 법원은 이 알고리즘을 매개로 Uber와 운전기사들이 요금을 공모해 카르텔을 형성했다고 보았다.[63] 이는 전통적 담합 사례인 '허브 앤드 스포크(Hub-and-Spoke)'에 해당하며,[64] 알고리즘이 카르텔을 유지하는 허브(Hub) 역할을 한다고 보았다. 우버와 직접적인 고용 관계를 맺지 않는 운전기사들이 경쟁을 통해 요금을 산정하지 않고 알고리즘을 통해 요금을 결정하는 것은 가격담합과 마찬가지라고 본 것이다.[65] 이와 같이 알고리즘을 통한 요금결정은 일부 소비자 이익에 도움이 되지만, 전체적으로 소비자 후생을 감소시킬 수 있다.

---

reuters.com/article/us-uber-decision/u-s-judge-orders-uber-customer-to-arbitrate-price-fixing-claims-idUSKBN1DN1WJ 참고(최종 확인 2020년 1월 29일).

61_ Meyer v. Kalanick, 15 Civ. 9796(JSR), Opinion and Order of United States District Court, Southern District of New York.

62_ Uber에서 사용한 알고리즘은 동태적 가격변동(Dynamic Pricing) 중 하나인 탄력요금제(Surge pricing)로 외부 시장 환경과 소비자 개개인의 지불 의사 등을 고려하여 개인별, 시간대별로 가격을 조정하는 알고리즘이었다(Colangelo Margherita/Mariateresa Maggiolino, "Uber: A New Challenge for Regulation and Competition Law?", Market and Competition Law Review, 2017).

63_ Colangelo Margherita/Mariateresa Maggiolino, "Uber: A New Challenge for Regulation and Competition Law?", Market and Competition Law Review, 2017.

64_ 박창규, "디지털 경제에서 알고리즘 담합에 관한 연구". 「법학논총」 제43집, 2019, 79면에 따르면 '허브 앤 스포크'형 담합은 온라인 플랫폼을 통해 전자상거래, 공유경제, SNS 등의 디지털 경제를 주도하는 기업에서 발생하며, 이를 판단하는 중요한 근거는 가격담합을 위해 동일한 알고리즘을 사용할 의도가 있는가라고 한다.

65_ [가격 알고리즘 담합 논란] 우버 '탄력요금제 담합' 등 가파른 진화 … 디지털 경제의 역설, 서울경제, 2018. 09.02, https://www.sedaily.com/NewsView/1S4HBF9XDI 참고(최종 확인 2020년 1월 29일).

V. 소비자 피해에 대한 구제방안

1. 우리나라의 구제방안

전자상거래법 제4조는 다른 법률과의 관계에서 전자상거래법이 소비자에게 불리한 경우가 아니라면 우선 적용된다고 규정하고 있다. 따라서 전자상거래법상의 구제방안이 우선 검토될 필요가 있다. 이미 살펴본 바와 같이 플랫폼은 전자상거래법상 통신판매중개업자에 해당한다. 따라서 플랫폼은 제20조 제1항의 고지, 즉 자신이 통신판매의 당사자가 아니라는 사실을 고지하지 않으면 통신판매중개의뢰자의 고의 또는 과실로 소비자에게 발생한 재산상 손해를 통신판매중개의뢰자와 연대하여 배상해야 한다(전자상거래법 제20조의2 제1항). 또한 플랫폼이 제20조 제2항에 따라 소비자에게 통신판매중개의뢰자의 정보나 해당 정보를 열람할 수 있는 방법을 제공하지 않았거나 제공한 정보가 사실과 달라 소비자에게 재산상 손해가 발생하였다면 플랫폼은 통신판매중개의뢰자와 연대하여 그 손해를 배상할 책임을 진다(제20조의2 제2항). 다만, 소비자에게 피해가 생기지 않도록 플랫폼이 상당한 주의를 기울인 경우라면 배상책임이 부정된다. 플랫폼이 자신은 통신판매의 당사자가 아니라는 사실을 고지하였더라도 플랫폼이 통신판매업자인 통신판매중개자라면 제12조부터 제15조까지, 제17조 및 제18조의 통신판매업자 책임을 면하지 못한다(제20조의2 제3항). 다만, 통신판매업자의 의뢰로 통신판매중개를 하는 경우라면 통신판매중개의뢰자에게 책임이 있다고 약정하고 소비자에게 고지한 부분에 대해서는 통신판매중개의뢰자가 책임을 진다. 정리하자면, 전자상거래법은 소비자에게 발생한 손해에 대한 플랫폼의 손해배상 책임을 인정하고 있으나, 일련의 고지의무 위반의 경우에만 인정된다는 점에서 실질적인 구제수단이라 보기는 어려운 상황이다.

한편, 플랫폼 이용계약의 일방 당사자인 플랫폼 운영자는 상법상 중개인에 해당하므로 상법의 적용을 받게 되고, 민법이 보충적으로 적용된다. 따라서 플랫폼 운영자는 소비자에게 수임인으로서 거래에서 필요한 시스템과 서비스를 제공하고, 계약의 체결 및 거래가 원활하게 이루어질 수 있도록 시스템을 유지·관리하는 등, 플랫폼 거래시장의 조성 및 관리라는 기본적인 의무만을 부담한다. 그러나 소비자가 차량공유·승차공유 플랫폼을 이용할 경우 대금은 플랫폼이 제공하는 결제시스템을 통해 지급하므로, 소비자에게 플랫폼은 외관상 서비스 제공계약의 당사자로 보일 수 있다. 그러므로 상사중개인의 책임을 유추 적용하여 플랫폼 운영자의 외관 책임을 인정할 수 있다는 견해도 있다.[66] 플랫폼 운영자가 소비자와 공급자 간 계약에 개입한 정도에 따라 그에 상응하는 책임을 부담하도록 할 필요가 있다.

플랫폼을 이용하는 소비자에게 공급자가 불법행위를 한다면 과연 플랫폼 운영자는 공급자의 불법행위로 인한 소비자의 손해를 배상할 책임이 있는지도 문제 된다. 민법 제760조 제3항은 불법행위의 방조자를 공동불법행위자로 보아 책임을 지우고 있다. 여기서 방조는 불법행위를 쉽게 하는 직·간접의 모든 행위를 의미하고 과실을 원칙적으로 고의와 동일시하는 민사법의 영역에서 과실에 의한 방조는 가능하다. 이 경우 과실의 내용은 불법행위에 도움을 주지 말아야 할 주의의무를 위반한 것을 의미하게 된다.[67] 그런데 과실에 의한 방조로 공동불법행위 책임이 인정되려면 방조행위와 피해자의 손해 발생 사이에 상당인과관계가 있어야 하며, 이러한 상당인과관계는 과실 방조행위가 불법행위를 용이하게 한다는 점을 예견할 수 있었는지, 과실 방조행위가 피해 발생과 피해자의 신뢰형성에 어떠한 영향을 미쳤는지, 그리고 피해자는 스스로 피해를 예방할 수 있었는지 등을 종합하여 판단하게 된다.[68] 플랫폼 운영

66_ 같은 견해로 신봉근, 앞의 논문, 432면.
67_ 불법행위의 방조에 관하여 구체적인 내용은 김형배/김규완/김명숙, 「민법학강의」 제15판, 신조사, 2016, 1673면 이하 참고.
68_ 대법원 2016. 5. 12. 선고 2015다234985 판결; 대법원 2014. 3. 27. 선고 2013다91597 판결.

자는 플랫폼에서 위법행위가 발생하여 이용자나 제3자의 법익이 침해되고 있음을 알 수 있었다면, 공급자의 플랫폼 이용을 정지시키고 손해를 방지하기 위한 조치를 해야 한다. 만약 플랫폼 운영자가 이러한 조치를 하지 않거나 이를 소홀히 하여 소비자에게 손해가 발생하였다면 플랫폼 운영자는 공급자와 연대하여 그 손해를 배상할 책임을 질 수 있다.

2. 유럽연합의 구제방안

유럽연합에서는 Universität Osnabrück(독일)과 Jagiellonian University Krakow(폴란드)의 연구자들이 온라인 중개플랫폼에 대한 입법지침 토론안을 발표하였으며, 이 토론안에는 참고할 만한 구체적인 구제방안이 들어 있다. 구체적으로 플랫폼 운영자가 공급자에게 지배적 영향력을 갖고 있다고 고객이 합리적으로 믿을 수 있다면, 플랫폼 운영자가 공급자의 채무불이행에 대하여 공급자와 연대하여 책임을 지도록 규정하였다(토론안 제18조 제1항). 이와 함께, 고객이 플랫폼 운영자의 지배적 영향력을 신뢰할 수 있는지를 판단하기 위하여 개별적인 평가기준을 열거하고 있다(토론안 제18조 제2항). 그 외에도 온라인 플랫폼 계약관계에서 플랫폼 운영자의 특수한 책임과 의무를 규정하여 플랫폼 운영자의 지위를 더욱 분명히 하였다.[69]

제18조 공급자의 불이행에 대한 플랫폼 운영자의 책임[70]
1. 플랫폼 운영자가 공급자에게 지배적 영향력을 행사하고 있다고 고객이 합리적으로 신뢰할 수 있다면 플랫폼 운영자는 공급자와 고객 사이 계약의 불이행 시 공급자와 연대하여 책임을 진다.
2. 플랫폼 운영자가 공급자에게 지배적 영향력을 행사하고 있다고 고객이 합리적으로 신뢰할 수 있는지를 판단함에 있어서 다음 각 호의 평가기준이 특히 고려된다.
(a) 공급자와 고객 사이의 계약이 독점적으로 플랫폼에 의하여 제공되는 기능을

69_ 이병준/황원재/박미영, "유럽연합 전자상거래 플랫폼 규제동향과 시사점", 「외법논집」 제42권 제3호, 2018, 17면 이하.

통해서만 체결되는 경우

(b) 플랫폼 운영자가 공급자와 고객 사이 계약에 따라 지불된 대금을 지불유보할 수 있는 경우

(c) 공급자와 고객 사이의 계약조건이 근본적으로 플랫폼 운영자에 의하여 결정된 경우

(d) 고객이 지불할 대금액이 플랫폼 운영자에 의하여 결정되는 경우

(e) 플랫폼 운영자가 공급자들의 단일한 인상을 만들거나 상표를 제공하는 경우

(f) 판매정책이 공급자가 아닌 플랫폼에 초점을 맞추고 있는 경우

(g) [선택] 플랫폼 운영자가 공급자의 계약이행을 감시하기로 약정한 경우

이 토론안은 2016년에 발표된 것이며, 최근 유럽법 연구소(European Law Institute)는 수정된 규제 모델을 발표하였다. 규정의 기본 틀은 동일하나, 플랫폼 운영자의 영향력에 대한 고객의 신뢰를 평가할 때 활용되는 기준이 일부 변경되었다. 특히 플랫폼 운영자가 계약이 체결될 때까지 공급자의 신원이나 연락처를 보류하는 경우 플랫폼 운영자가 공급자에게 지배적 영향력을 행사하고 있다고 볼 수 있도록 규정하였다는 점이 특징적이다.

제20조(지배적 영향력을 가진 플랫폼 운영자의 책임)[71]

1. 플랫폼 운영자가 공급자에게 지배적 영향력을 행사하고 있다고 고객이 합리적으로 신뢰할 수 있다면 고객은 공급자와 고객 간 계약에 의하여 공급자에게 행사할 수 있는 불이행 시의 권리와 구제수단을 플랫폼 운영자에게도 행사할 수 있다.

2. 플랫폼 운영자가 공급자에게 지배적 영향력을 행사하고 있다고 고객이 합리적으로 신뢰할 수 있는지를 판단함에 있어서 다음 각 호의 평가기준이 특히 고려된다.

a) 공급자와 고객 사이의 계약이 오로지 플랫폼에 의하여 제공되는 기능을 통해서만 체결되는지 여부

b) 플랫폼 운영자가 공급자와 고객 사이의 계약이 체결될 때까지 공급자의 신원이나 세부 연락처를 제공하지 않는지 여부

c) 플랫폼 운영자가 전용 결제시스템만을 이용하고 있으며, 이 결제시스템을 통해

70_ 이 번역은 이병준/황원재/박미영, 앞의 글, 35면의 것을 가져온 것임.

71_ 이 번역은 김윤정 외, 전자상거래소비자보호법 전부개정안의 사전적 입법평가, 한국

고객이 지불한 대금을 공급자에게 지불하지 않을 수 있는지 여부

d) 공급자와 고객 간 계약의 내용을 근본적으로 플랫폼 운영자가 결정하는지 여부

e) 고객이 지불해야 하는 대금이 플랫폼 운영자에 의하여 결정되는지 여부

f) 마케팅이 공급자가 아닌 플랫폼 운영자에 초점을 맞추고 있는지 여부

h) 플랫폼 운영자가 공급자의 행위를 감시하고 법률에서 정하는 이상으로 행위규준을 준수하도록 강제할 것을 약정하였는지 여부

V. 시사점 및 결론

최근 국회에서 여객자동차법 일부개정법률안이 통과되었다. 이 법률안은 국토교통위원회에서 논의 끝에, 2019년 7월 김경진 의원 등 10명의 발의안[72]과 10월 박홍근 의원 등 17명의 발의안[73] 등을 국토교통위원회의 대안으로 반영하여 제출한 것이다. 법률안은 플랫폼 택시를 제도화하고, 현행법의 예외규정을 활용한 사업을 제한하고 있다. 특히 법률안은 여객자동차운수사업의 일종으로 여객자동차운송플랫폼사업을 신설하고, 여객자동차운송플랫폼사업을 (1) 플랫폼운송사업, (2) 플랫폼가맹사업, (3) 플랫폼중개사업으로 각각 구분하여 세부적인 사항들을 규정하였다(안 제2조, 제49조의2부터 제49조의15까지). 또한 현재 여객자동차법 시행령 제18조에서 정하고 있는 사유, 즉 자동차대여사업자가 운전자를 알선할 수 있는 경우를 대통령령이 아닌 법률로 상향 규정하였으며, 특히 승차정원 11인승 이상 15인승 이하인 승합자동차를 임차하는 경우라면 (1) 관광목적을 갖고 있을 것, (2) 대여시간이 6시간 이상일 것, 그리

법제연구원, 2019, 318면의 번역을 참고하여 수정하였음.

72_ 김경진 의원 대표 발의, 의안번호 2021423, 2019.07.17., 자세한 것은 http://likms. assembly.go.kr/bill/billDetail.do?billId=PRC_W1E9I0N7G1A1J1Z4V4O3A0R2T9N6I2 참고(최종 확인 2020년 1월 29일).

73_ 박홍근 의원 대표 발의, 의안번호 2022993, 2019.10.24., 자세한 것은 http://likms. assembly.go.kr/bill/billDetail.do?billId=PRC_D1F9B1B0T2E4Z1P5Y1M4W5C2X6R9 A3 참고(최종 확인 2020년 1월 29일).

고 (3) 대여 또는 반납장소가 공항이나 항만일 것을 요건으로 규정하여 (안 제34조 제2항 제1호 바목) 해당 규정의 본래 취지가 잘 드러나도록 개정 하였다. 그 외에도 자동차관리법상 결함을 공개하고 시정조치를 해야 하는 자동차에 결함이 발견되면 자동차대여사업자가 시정조치 없이 이를 신규로 대여할 수 없도록 하여, 대여사업용 자동차의 안전을 확보하고 사고를 예방하고자 하였다(안 제34조의2 제3항 및 제4항).[74] 이 개정 법률안은 소위 '타다금지법'이라 불리며 많은 논란을 불러왔으나,[75] 법률안을 통해 새로운 플랫폼 사업을 제도화하고 법적 장치를 마련하였다는 점에서 소비자 보호 및 기존 사업자들과의 합리적인 경쟁에 긍정적 영향을 미칠 것으로 보인다. 그럼에도 불구하고 아직까지 플랫폼 자체에 대한 고민이 반영된 개정안은 아닌 것으로 보인다.

차량공유 및 승차공유 플랫폼은 플랫폼 기술을 통해 최적의 당사자를 찾아 서로 연결해 주고 적절한 대금을 결정해 주며, 거래대금의 지급 시스템을 제공하는 등 소비자와 공급자 간 거래에 깊이 관여한다. 따라서 플랫폼은 자신이 제공하는 서비스의 유형과 소비자와 공급자 간 계약에 개입하는 정도를 고려하여 그에 상응하는 책임을 부담할 필요가 있다. 즉, 플랫폼은 전자상거래법상의 통신판매중개업자 이상의 책임을 부담할 필요가 있다. 전재수 의원 등 10인의 전자상거래법 일부개정법률안 제20조 제1항 및 제2항 역시 같은 생각에 근거하고 있다.[76] 구체적으로 플랫폼은 스스로 계약의 당사자가 아니라는 점, 그리고 실제 계약의 당사자가 누구인지를 미리 고지할 의무가 있으며, 이러한 고지를 하였더

74_ 국토교통위원장 발의, 의안번호 2024710 ,2019.12.06., 자세한 것은 http://likms. assembly.go.kr/bill/billDetail.do?billId=PRC_F1F9X1X2O0Y5N1Y8K4E2G4W2I9U2 P6 참고(최종 확인 2020년 3월 24일).

75_ '불법'멘지 16일만에 제동걸린 '타다' … 정부 "타다 금지 아니다", 연합뉴스, 2020.03. 07., https://www.yna.co.kr/view/AKR20200306162600003?input=1195m (최종 확인 2020년 3월 24일); '타다금지법' 국회 통과됐지만 … 여전히 뜨거운 찬반 공방, 디지털 데일리, 2020.03.08, ttp://www.ddaily.co.kr/news/article/?no=192743 (최종 확인 2020년 3월 24일).

76_ 전재수 의원 대표발의, 의안번호 2022073, 발의연월일 2019. 7. 3.

라도 소비자가 플랫폼을 계약의 당사자로 오인할 중요한 원인을 제공하였다면 계약당사자와 연대하여 배상할 책임을 규정하였다(안 제20조 제1항, 제2항). 물론 소비자가 플랫폼을 계약의 당사자로 오인할 중요한 원인을 플랫폼이 제공한 경우가 구체적으로 무엇인지는 법에서 규정하지 않고 대통령령에 위임하고 있으나, 규정의 취지를 살펴보면 플랫폼이 갖는 거래에 대한 간접적(시장에서의 인지도와 영향력) 및 직접적 간여도(청약접수나 결제방식 등)가 이러한 원인에 중요한 영향을 미칠 것으로 보인다. 플랫폼을 상사중개인으로 보고 상사중개인의 책임을 유추적용하거나, 공급자의 불법행위에 대한 방조책임을 플랫폼에게 지우는 것도 결과적으로 유사한 결론에 이르게 한다. 최종적으로 차량공유 및 승차공유 플랫폼 사업모델이 새로운 계약유형으로 일반적으로 받아들여지면 여객자동차법 일부개정법률안과 같이 입법을 통해 문제가 해결될 것이나, 이러한 해결방안은 플랫폼 사업의 혁신성 또는 창의성과 쉽게 조화되기 어려워 보인다. 따라서 플랫폼 자체에 대한 규제방안을 계속 고민해야 할 필요가 있다.

참고문헌

1. 국내문헌

고형석, "배달앱 거래와 소비자보호에 관한 연구", 「법학연구」 제24권 제1호, 2016.

고형석, "통신판매중개자의 책임에 관한 연구", 「법학논고」 제32집, 2010.

곽관훈, "온라인 플랫폼사업자와 상거래법제―'양면시장(Two-Sided Market)'에 적합한 규제방향 검토", 「기업법연구」 제32권 제1호, 2018.

김윤정 외, 『전자상거래소비자보호법 전부개정안의 사전적 입법평가』, 한국법제연구원, 2019.

김점산/박경철/고진, "카셰어링의 사회경제적 효과", 「이슈&진단」 제183호, 2015.

김정호, 『상법총칙 · 상행위법』 제2판, 법문사, 2014.

김형배/김규완/김명숙, 『민법학강의』 제15판, 신조사, 2016.

문상일, "택시앱 O2O시장 소비자보호를 위한 법제개선방안 연구", 「경제법연구」 제16권 3호, 2017.

박준식, "공유교통서비스의 효과적 활용을 위한 법제도 개선방향", 「월간교통」 2015-09, 2015.

박창규, "디지털 경제에서 알고리즘 담합에 관한 연구". 「법학논총」 제43집, 2019.

석광현, "국제사법상 소비자계약의 범위에 관한 판례의 소개와 검토: 제27조의 목적론적 축소와 관련하여", 「국제사법연구」 제22권 제1호, 2016.

송운강/박용숙, "공유경제(Sharing Economy)의 규제방법 모색을 위한 시론적 연구", 「강원법학」 제5권, 2018.

신봉근, "플랫폼 운영자의 계약상의 책임―독일의 논의를 중심으로", 「법학연구」 제18권 제13호, 2018.

신창섭, 『국제사법』 제4판, 세창출판사, 2018.

오병철, "전자상거래법상의 거래 플랫폼 규제와 개선방안", 「외법논집」 제41권 제4호, 2017.

윤주희, "모바일 전자상거래에서 소비자문제에 대한 법적 보호방안 연구", 「소비자문제연구」 제45권 제3호, 2014.

윤현석, "기술혁신으로 인한 새로운 서비스 규제방안─우버의 사례를 중심으로", 「LAW& TECHNOLOGY」 제13권 제4호, 2017.

이금노/서종희/정영훈, "온라인플랫폼 기반 소비자거래에서의 소비자문제 연구", 「정책연구보고서」, 2016.

이병준, "전자상거래 플랫폼과 거래관계에 대한 책임", 「소비자법연구」 제5권 제1호, 2019.

이병준/황원재, "승차공용(Ridesharing) 중개서비스와 결합된 운송서비스 제공자로서의 Uber─Uber 스페인과 관련된 유럽사법재판소 판결을 중심으로", 「소비자문제연구」 제50권 제1호, 2019.

이병준/황원재/박미영, "유럽연합 전자상거래 플랫폼 규제동향과 시사점", 「외법논집」 제42권 제3호, 2018.

정진명, "플랫폼을 이용한 전자거래의 법률문제─플랫폼사업자의 책임을 중심으로", 「비교사법」 제24권 제4호, 2017.

진도왕. "차량공유사업 (Car-Sharing Business)과 여객자동차운수사업법 제81조─공유경제와 소비자보호의 관점에서", 「홍익법학」 제17권 제4호, 2016.

한상진 외 5명, "제4차 산업혁명 시대의 교통산업 전망 및 대응─교통서비스시장을 중심으로", 「한국교통연구원 기본연구보고서」, 2018.

2. 외국문헌

Cohen, Julie E. "Law for the platform economy", UCDL Rev. 51, 2017.

Colangelo Margherita & Mariateresa Maggiolino, "Uber: A New Challenge for Regulation and Competition Law?", Market and Competition Law Review, 2017.

Hannah A. Posen, "Ridesharing in the Sharing Economy: Should Regulators Impose Uber Regulations on Uber", Iowa Law Review 101, No.1, November 2015.

Katz Vanessa, "Regulating the Sharing Economy." Berkeley Technology Law Journal, Vol. 30, No. Annual Review 2015.

여객 운송중개 플랫폼 규제의 비교법적 고찰: 소비자보호의 관점에서*

윤승영**

I. 서 론

우리나라에 여객 운송중개 플랫폼(Transportation Network Company: 이하 'TNC')[1]이 처음으로 알려진 계기는 우버[2]의 등장이었다. TNC[3]의 가장 대

---

* 이 논문은 필자가 공동연구자로 참여한 'ICT 융합 신사업 해외법령 사례조사'(정보통신산업진흥원, 2017)라는 연구보고서의 일부를 수정·보완하여 「상사법연구」제37권 제4호(2019)에 게재한 것입니다.

** 한국외국어대학교 법학전문대학원 부교수, 법학박사.

1_ 운송중개 플랫폼 서비스를 일컫는 명칭은 매우 다양하다. 예를 들어, 운송 조달 회사 (ride-sourcing companies), 운송집합자 기반 주문형 정보 기술(on-demand information technology-based transportation aggregators: 인도), 상업운송 중개기관(International Road Transport Union: 국제육상운송연합), 운송중개회사(Transportation Network Company—TNC: 미국 대부분의 주), 상업 운송 애플리케이션(Commercial Transport Apps; OECD International Transport Forum) 등의 용어가 사용되고 있다. 이 글에서는 미국의 규제 논의를 중심으로 살펴볼 예정이므로 캘리포니아 공공설비 위원회 (California Public Utilities Commission: 이하 'CPUC')에서 최초로 사용한 이후로 미국의 대부분 주법에서 사용되는 용어인 TNC를 운송중개 플랫폼을 일컫는 용어로 통일하여 사용하겠다. 물론 TNC를 보다 정확히 표현하면 '여객 운송중개 서비스를 제공하는 것을 영업으로 하는 기업'으로 번역하는 것이 보다 적절할 수도 있겠다. 그러나

표적인 기업인 우버는 2010년 미국 캘리포니아 주 샌프란시스코에서 첫 서비스를 시작하였다. 우리나라에서 우버는 우버엑스와 우버블랙이라는 두 종류의 택시서비스를 제공하였는데, 이는 기존의 택시서비스와 달리 택시 운전에 대한 면허 없이 자가용 차량이나 렌터카로 영업을 하는 방식이었다. 우버는 정부의 강력한 규제와 여객자동차 운수사업법(이하 여객자동차법) 및 기존의 택시 운송업 관련 규정에 부합하지 않는 형태의 서비스라는 법원의 판단에 따라 대표적인 서비스인 우버엑스를 우리나라에서 중지하게 되었다.

하지만 이후에도 기존의 택시 운송업계와 TNC 플랫폼을 이용한 다양한 운송서비스와의 갈등은 더욱 극심해지고 있는 실정이다. 최근에는 카풀 중개서비스와의 갈등이 대표적이다.[4] 택시업계는 여객자동차법상의 무면허, 유상운송, 안전문제, 불공정한 경쟁 환경의 조성 등의 문제를 지적하며 TNC 플랫폼 기반의 유사택시 서비스에 대한 확고한 반대 입장을 견지하고 있다. 반면에 TNC 서비스는 새로운 일자리를 창출하여 경제 활성화에 기여할 수 있다는 점에서 4차 산업혁명 시대에 걸맞게 규

우버나 Lyft의 경우처럼 서비스 플랫폼의 이름으로 기업을 통칭하는 것이 일반적인 관행임을 고려하여 필자는 TNC를 여객운송 중개 플랫폼의 개념으로 사용하도록 하겠다.

2_ 강승모 · 박엄지, "해외 Ride-Sharing 서비스의 최신 동향소개", 「교통기술과 정책」, 대한교통학회 제11권 제5호, 2014.10, 62~63면.

3_ CPUC는 TNC를 "온라인 장치 또는 플랫폼을 통해서 승객과 개인차량을 이용하는 운전자를 연결하여 예약된 운송서비스를 제공하고 보수를 받는 업체(an organisation … that provides prearranged transportation services for compensation using an online-enabled application or platform to connect passengers with drivers using a personal vehicle)"라고 정의하고 있다.

4_ 자가용 자동차의 유상운송을 금지한 여객자동차법 제81조는 "출퇴근 시간대 승용자동차를 함께 타는 경우"에는 예외를 인정한다고 명시하고 있다. 이 경우에는 자가용 운전자가 유상운송서비스를 제공하거나 알선하는 것이 가능하다. 이는 출퇴근 시간대 교통체증을 감소하기 위해서 마련된 규정인데, 이를 카풀 중개서비스 업체들이 악용하고 있다는 것이 택시업계의 주장이다. News1, "이번엔 개인택시기사 분신 … "육성 유서 카풀원망 가득"", 2019년 1월 9일자, http://news1.kr/articles/?3520839, (2019. 1. 30. 최종방문 확인).

제를 완화해야 한다는 반론도 제기되고 있다. 범정부 차원에서 이러한 갈등을 해결하고자 다양한 방안을 강구하고 있으나 뚜렷한 해법이 보이지 않고 있는 상황이다.[5]

이러한 논란은 비단 우리나라만의 문제는 아니다. 2010년 우버가 본격적으로 영업을 시작한 이후로 최근 그 수요의 증가와 더불어 많은 분쟁이 발생하고 있다. 특히 TNC의 서비스가 전 세계적으로 확대됨에 따라 각국의 현지 법규 및 제도, 그리고 기존 운송 사업자들과의 반발이 큰 문제로 대두되고 있다. 이러한 논란은 다음과 같이 크게 두 쟁점으로 정리할 수 있겠다. 첫째, 'TNC를 기존의 여객운송 서비스의 규제영역으로 포섭해야 하는지', 또는 '택시나 리무진 업체와 유사한 수준의 규제를 받아야 하는지' 등의 쟁점이다. 다음은 'TNC 플랫폼을 이용하는 소비자를 어떻게 보호해야 하는지'와 관련된 부분이다. 대표적으로 TNC의 불법행위와 관련하여 소비자에 대한 손해배상책임 등의 쟁점이다. 실제로 미국에서는 TNC 서비스와 관련하여 불공정경쟁, 계약분쟁, 사기적인 영업행위 등에 대한 많은 소송이 이어지고 있다. 특히 TNC 산업은 해당 기업이 여객을 운송하는 자동차를 실제로 소유하지 않는 구조적인 특성 때문에 운행 중 불가피하게 발생할 수 있는 여러 사고의 책임 소재가 불분명하다.

이러한 여러 문제에도 불구하고 TNC 플랫폼은 소비자들에게 큰 호응을 얻고 있다.[6] 다수의 이용자들은 목적지에 따른 승차거부가 없고, 길거리에서 배회할 필요 없는 친절한 서비스 등을 TNC 서비스의 장점으로 꼽고 있다. 따라서 이 연구는 앞서 언급한 첫 번째 쟁점[7] 보다는 현재

5_ 아시아경제, "카풀 중재할 대타협기구 극적 출범 … 상생 논의 '산 넘어 산'", 2019년 1월 22일자, http://view.asiae.co.kr/news/view.htm?idxno=2019012210494880245, (2019. 1. 30. 최종방문 확인).

6_ 이투데이, "입소문 타고 고공행진 '타다' … 승차공유 혁신모델 되다", 2019년 1월 29일자, http://www.etoday.co.kr/news/section/newsview.php?idxno=1716442, (2019. 1. 30. 최종방문확인).

7_ 이와 관련한 국내 선행연구로는 김병오, "우버택시와 적합성에 대한 연구", 「법학연구」

우리나라 여객운송시장에서 TNC 플랫폼의 이용률이 가파르게 증가하고 있는 상황을 고려하여, 두 번째 쟁점을 중점적으로 고찰해 보고자 한다.

먼저 II장에서는 TNC 플랫폼 도입과 관련한 국내 규제현황을 살펴보고, III장에서는 TNC를 최초로 제도화한 미국의 규정과 독일을 중심으로 한 유럽의 규정을 비교법적으로 검토한 후, IV장에서는 소비자 보호와 관련한 다양한 분쟁 사례를 미국의 판례를 중심으로 분석하고자 한다. V장에서는 앞으로의 정책방향에 대한 간략한 시사점을 도출해 보기로 하겠다.

II. TNC에 대한 국내의 규제현황

해외 TNC 서비스가 국내에 진출함에 따라 택시 사업자들의 반발이 거세지고 있고, 국회 및 서울시 의회의 해외 TNC를 대상으로 한 입법 추진도 뒤따르고 있다. 이하에서는 현행 TNC 서비스를 중심으로 국내법·제도측면에서 어떠한 쟁점이 있는지 살펴보기로 하겠다.

1. 여객자동차 운수사업법상 적합성 여부

여객자동차법에서는 적합성 판단에 대한 구체적인 규정을 두고 있지는 않다. 다만 운수사업법 제90조의 벌칙규정에 의하면 i) 등록을 하지

제46집 (전북대학교 법학연구소, 2015), 강상욱, 서영욱, 이민호, "우버(Uber)의 출현과 택시시장의 변화". 「한국교통연구원 수시연구보고서」, (한국교통연구원 2015), 송승현, "우버 엑스[Uber X] 시행의 타당성". 「IT와 법 연구」 제14집 (경북대학교 IT와 법 연구소, 2017), 문상일, "택시앱 O2O시장 소비자보호를 위한 법제개선방안 연구", 「경제법연구」 제16권 3호(경제법학회, 2017), Tae-Oh Kim, "ICT Based Innovation and Existing Regulation", 「경제규제와 법」 제8권 제1호(서울대학교 공익산업법센터, 2015), 김병오, "우버택시와 유상운송금지에 대한 연구", 「원광법학」 제33권 제4호(원광대학교 법학연구소, 2017), 김병오, "우버택시와 면허제도에 대한 연구", 「기업법연구」 제32권 제1호(한국기업법학회, 2018) 등이 있다.

아니하고 자동차대여사업을 경영한 자,[8] ii) 사업용자동차를 사용하여 유상으로 여객을 운송하거나 이를 알선한 자동차대여사업자,[9] iii) 자가용자동차를 유상 운송용으로 제공하거나 임대한 자[10]에게는 2년 이하의 징역 또는 2천만 원 이하의 벌금에 처한다고 규정하고 있다. 그리고 법인의 대표자나 법인 또는 개인의 대리인, 사용인, 그 밖의 종업원이 그 법인 또는 개인의 업무에 관하여 해당 위반행위를 하면, 그 행위자를 벌하는 외에 그 법인 또는 개인에게도 벌금형을 과한다는 양벌규정을 두고 있다.[11]

2. 여객자동차법 제34조의 유상운송

제34조(유상운송의 금지 등)
① 자동차대여사업자의 사업용 자동차를 임차한 자는 그 자동차를 유상(有償)으로 운송에 사용하거나 다시 남에게 대여하여서는 아니 되며, 누구든지 이를 알선(斡旋)하여서는 아니 된다.
② 누구든지 자동차대여사업자의 사업용 자동차를 임차한 자에게 운전자를 알선하여서는 아니 된다. 다만, 외국인이나 장애인 등 대통령령으로 정하는 경우에는 운전자를 알선할 수 있다.
③ 자동차대여사업자는 다른 사람의 수요에 응하여 사업용자동차를 사용하여 유상으로 여객을 운송하여서는 아니 되며, 누구든지 이를 알선하여서는 아니 된다.

TNC 서비스는 여객운송사업면허(여객자동차법 제4조) 없이 독자적인 요금체계를 갖추고 여객운송을 하고, 일반운전자를 모집하여 직·간접적으로 관여하여 실질적인 택시사업을 영위하였다. 예를 들어, 우버블랙은 렌터카 업체 등과 계약을 맺고 고급 승용차와 운전자를 제공하는 서비스를 하였다. 서울시는 이러한 서비스 형태를 현행 여객자동차법에

8_ 여객자동차법 제90조 6호, 6호의2, 6호의3.
9_ 여객자동차법 제90조 7호.
10_ 여객자동차법 제90조 8호.
11_ 여객자동차법 제93조.

정해진 합법적인 택시운송사업 내의 영업이 아니라고 판단하였다.[12] 서울시는 지난 2014년 5월 우버코리아(유)와 차량대여업체를 운수사업법 제34조 위반으로 경찰에 고발했으며, 2014년 4월에는 렌터카 업체에서 차량을 빌려 우버 앱을 통해 영업을 한 운전자에게 벌금 100만 원을 부과한 바 있다.[13] 즉, 요금을 정해 계약을 맺고 운송료의 일부를 수수료로 공제한 영업방식은 렌터카를 이용해 유사 운송행위나 운전자 알선행위로 판단한 것이다.[14]

3. 여객자동차법 자가용 유상 운송행위 금지

제81조(자가용 자동차의 유상운송 금지)
① 사업용 자동차가 아닌 자동차(이하 "자가용자동차"라 한다)를 유상(자동차 운행에 필요한 경비를 포함한다. 이하 이 조에서 같다)으로 운송용으로 제공하거나 임대하여서는 아니 되며, 누구든지 이를 알선하여서는 아니 된다. 다만, 다음 각호의 어느 하나에 해당하는 경우에는 유상으로 운송용으로 제공 또는 임대하거나 이를 알선할 수 있다.
  1. 출퇴근 시간대 승용자동차를 함께 타는 경우
  2. 천재지변, 긴급 수송, 교육 목적을 위한 운행, 그 밖에 국토교통부령으로 정하는 사유에 해당되는 경우로서 시장·군수·구청장의 허가를 받은 경우
② 시장·군수·구청장은 제1항 제2호에 따른 허가의 신청을 받은 날부터 10일 이내에 허가 여부를 신청인에게 통지하여야 한다.
③ 시장·군수·구청장이 제2항에서 정한 기간 내에 허가 여부 또는 민원 처리 관련 법령에 따른 처리기간의 연장 여부를 신청인에게 통지하지 아니하면 그 기간이 끝난 날의 다음 날에 허가를 한 것으로 본다.
④ 제1항제2호의 유상운송 허가의 대상 및 기간 등은 국토교통부령으로 정한다.

우버엑스 역시 여객자동차법상의 자가용 유상 운송행위금지 사항의 위반 논란이 문제가 되었다. 우버엑스는 개인차량공유 서비스이며, 개

12_ 김병오, 앞의 논문―우버택시와 적합성에 대한 연구, 125면.
13_ 도시교통본부 택시물류과 보도자료, (2014. 7. 21), 2면.
14_ 김병오, 앞의 논문―우버택시와 적합성에 대한 연구, 125면.

인들이 자가 소유의 자동차로 플랫폼을 통해 연결된 승객을 이동시켜 주고 요금을 받는다. 동법 제81조에 따르면 사업용 자동차가 아닌 자가용 자동차를 이용해 유상 운송행위를 하거나 이를 알선하는 행위를 금지하고 있다. 여객자동차법 제83조에 따르면 시장·군수 또는 구청장은 자가용자동차를 사용하는 자가 ⅰ) 자가용자동차를 사용하여 여객자동차운송사업을 경영한 경우, ⅱ) 허가를 받지 아니하고 자가용자동차를 유상으로 운송에 사용하거나 임대한 경우의 어느 하나에 해당하면 6개월 이내의 기간을 정하여 그 자동차의 사용을 제한하거나 금지할 수 있다.[15] 이와 더불어, 여객자동차법 제8조의 요금 결정 및 신고 의무와 관련한 조항도 위반한 소지가 있다.[16]

4. 법원 및 자치단체의 판단

우버택시를 제외한 우버블랙 및 우버엑스 관련 법률의 위반 논란은 실제 관련 업계 및 부처의 고발에 의해서 법률적 판단이 내려졌다. 2015년 6월 서울중앙지법은 우버택시와 계약을 맺고 차량과 운전사를 제공해 유상으로 여객을 운송한 혐의로 기소된 렌터카 업체와 대표에게 각각 벌금 200만 원을 선고했다.[17] 법원은 해당 업체 대표인 이모씨가 "택시 면허를 발급받지 못하는 사업자의 택시 유상영업을 금지하고 처벌하는 것은 직업의 자유를 침해한다"며 제기한 위헌법률심판제청 신청도 받아들이지 않았다.[18] 앞서 서울 서부지법은 2014년 렌터카 업체에서 에

15_ 여객자동차법 제83조.

16_ 김병오, 앞의 논문—우버택시와 적합성에 대한 연구, 126면.

17_ 법률신문, "우버택시에 차, 기사 제공 렌터카 업체대표 벌금형", 2015년 6월 12일자, https://www.lawtimes.co.kr/Legal-News/Legal-News-View?serial=93669, (2019. 1. 30. 최종방문 확인).

18_ 이씨는 2013년 8월 한국에서 우버택시 영업을 시작한 우버코리아테크놀로지와 파트너 계약을 맺었다. MK코리아의 사업용 자동차와 운전기사를 제공하고 우버 애플리케이션을 통해 유상 운송사업을 하면서 총 운임의 20%를 공제한 나머지 금액을 지급받기로 하는 내용이었다.

쿠스 승용차를 빌린 뒤 우버택시 기사로 일한 개인에게 벌금 100만 원을 선고하며 우버의 불법성을 처음 인정하였다. 이후 지속적인 택시업계의 거센 반발과 서울시가 일명 '우파라치' 포상금 제도[19]를 도입하여 우버 영업에 대한 신고에 포상금 100만 원을 지급하는 등[20] 마찰이 거듭됨에 따라 우버는 2015년 3월 국내에서 우버엑스의 영업을 중단하였다.

2017년 4월, 서울중앙지법은 면허·등록 없이 사업용 자동차로 운송 사업을 한 혐의로 기소된 우버택시의 한국법인 우버코리아 테크놀로지에 벌금 1000만 원을 선고했다.[21] 법원은 "우버택시 영업과 관련한 위법적인 사항이 모두 시정되었고, 우버택시를 고발한 서울특별시와 서울개인택시운송사업조합이 선처를 호소한 점 등을 고려했다"고 양형 배경을 설명하였다.[22] 이후 서울중앙지법은 2018년 6월에 여객자동차 운수사업법 위반 등의 혐의로 2014년 기소된 트래비스 코델 칼라닉 우버 전 최고경영자에게도 벌금 2000만 원을 선고하였다.[23]

5. 규제 대응 동향

법원의 위법성 판단과 택시업계와의 마찰로 인해 우버코리아는 2016년 서울 택시업계와 협조해 프리미엄 택시 서비스인 우버블랙을 새롭게 선보였다. 우버블랙은 기존의 리무진 또는 렌터카 업체를 통해 차량과

19_ 서울특별시 여객자동차 운수사업법 위반행위 신고포상금 지급 조례 제2조 및 제3조 11호 신설.

20_ 뉴시스, "서울시, 우파라치 포상금 100만원 추진", 2014년 12월 22일자, http://news1.kr/articles/?2012556, (2019. 1. 30. 최종방문 확인).

21_ 서울중앙지방법원 2014고단9688-1(분리).

22_ 법률신문, "불법영업 논란 우버택시에 벌금 1000만원", 2017년 4월 27일자, https://www.lawtimes.co.kr/Case-Curation/View?serial=117704&page=2, (2019. 1. 30. 최종방문 확인).

23_ 법률신문, "불법영업 논란 칼라닉 전 우버대표에 벌금 2000만원", 2018년 6월 26일자, https://m.lawtimes.co.kr/Content/Case-Curation?serial=144289, (2019. 1. 30. 최종방문 확인).

운전기사를 제공하는 서비스 방식이 여객자동차법에 위반됨에 따라 기존의 개인택시 사업자들과 계약을 통해 합법적인 프리미엄 서비스로 그 서비스 형태를 변경하였다.[24]

<표 1> 국내 우버 서비스의 규제 대응 현황[25]

	진출초기	2016년
우버블랙	· 렌터카 업체를 통해 차량 및 운전기사 제공 · 법원의 위법행위 판결(여객자동차법 제32조 위반)	· 개인택시 사업자와 협조하여 합법적인 프리미엄 택시 서비스 제공 · 카카오 블랙에 이어 국내 두 번째 프리미엄 택시 서비스
우버엑스	· 개인의 자가 승용차를 이용 · 여객자동차법 제81조 위반 논란	· 2015년 서비스 중단
우버택시	· 택시기사와 승객 간의 모바일 중개 · 규제 관련 이슈 없음	· 서비스 제공 중

III. TNC와 관련한 해외 규제 현황

1. TNC와 관련한 미국의 규제

(1) TNC 영업의 허용여부에 따른 분류

미국 각 주의 TNC 서비스에 대한 현행 규제형태는 다음과 같이 크게 세 그룹으로 분류해 볼 수 있다.

24_ 박문수 외 4인, "공유경제 활성화를 통한 서비스업 성장전략", 「산업연구원 연구보고서」 2016-790(산업연구원, 2016), 96면.

25_ 박문수외 4인, 앞의 책, 95면.

① TNC의 영업을 전면적으로 금지하는 주

② TNC의 영업이 현행 규정의 위반이나, 제한적으로 용인하는 주

③ TNC의 영업을 허용하는 주

미국 대부분의 주에서 TNC를 전면적으로 금지하는 지역은 점점 줄어들고 있는 추세이다. 규제를 통해서 제한적인 영업만 허용하는 지역도 다소 줄어들고 있는 추세이나, 미주리 주의 세인트루이스에는 공항에서 승객을 하차한 우버 운전자를 현행범으로 체포한 사례도 있었다.[26] 플로리다의 Miami-Dade County에서도 우버의 영업을 제한하였으나, 최근 새로운 조례를 통해서 TNC를 합법화하였다. 최근 조사에 따르면, 가장 먼저 TNC 관련 주법을 제정한 캘리포니아 등을 포함한 27개 주에서 우버 등과 같은 TNC 관련 주법을 제정하여 그 영업을 허용하고 있다.[27]

(2) TNC와 관련한 각 주 정부의 입법 형태

1) 지자체 규정에 우선하는 주법을 제정한 주 정부들의 TNC 관련 규정

미국의 TNC 관련 규정을 이해하기 위해서는 우선적으로 연방, 주, 그리고 각 지자체 규정의 관계를 파악하는 것이 필요하다. 미국 헌법 (Article VI)의 Supremacy 조항에 의거하여 원칙적으로 연방법은 주법에 우선(preemption)한다. 때로는 연방법이 명시적으로 별도의 규정을 두고 있지 않은 부분도 연방법이 우선하여 적용된다. 이러한 관계는 일반적으로 주법과 지자체 규정 사이에도 유사하게 작용된다. 택시운송 서비스는 주로 지자체 규정에 그 근거를 두고 있기 때문에 TNC 규제와 관련하여서도 "어느 단위에서 규제를 하는 것이 바람직한가?"에 대한 문제제기가 끊임없이 이어지고 있다.[28]

26_ *Wallen v. St Louis Metro. Taxicab Comm'n*, No. 4:15-cv-1432 (E.D. Mo. Oct. 20, 2016).

27_ Katherine E. O'Connor, '*Along for the ride: Regulating Transportation Network Companies*', 51 Tulsa L. Rev. 579, 587 (2016).

28_ Sarah E. Light, '*Precautionary Federalism and the Sharing Economy*', 66 Emory L.J.

캘리포니아 주가 2013년 9월, 주법에 별도의 규정을 마련하여 TNC를 규제하는 방식을 도입한 이후에 다른 주들도 캘리포니아 규제모델을 참고하여 TNC 관련 규제를 마련하기 시작하였다. 그 현황은 아래와 같이 구분해 볼 수 있다. 첫째, 캘리포니아 주법과 유사한 형태로 TNC와 관련하여 별도의 주법을 제정하는 방식이다. 두 번째는 일정 부분에 대해서는 지자체에 규제 권한을 맡기는 방식이다. 마지막으로 세 번째는, 우선적 주법을 제정하였으나 그 주법의 적용이 최종적으로 주 의회의 승인을 얻지 못한 경우이다.

2) 각 주의 입법 방식

대부분의 주는 기존의 택시규제보다 규제의 강도가 약한 새로운 규제를 신설하는 방식을 택하고 있다. CPUC는 TNC라는 새로운 규제 영역을 신설하였다. 원칙적으로 택시영업에 관한 규제는 지자체에서 관리하나, 소위 '정기여객운송업자(charter party carriers)'와 관련해서는 주가 규제할 권한을 보유하고 있다.[29] 이와 유사한 규제를 하는 주는 대부분 캘리포니아 규정을 참조하여 유사한 형태의 규제를 하고 있다.

또 다른 형태로는 기존의 규제에 TNC의 특수성으로 발생하는 문제에 대한 내용을 추가적으로 규정하는 방식을 취하고 있다. 예를 들어, 워싱턴 D.C.는 기존의 'for-hire vehicle' 규정 부분을 개정하여 신원조회를 거친 21세 이상 운전자, 차량보험 가입, 차량검사 통과 등 일정한 기준을 충족하면 TNC의 영업을 허용하고 있다.

3) 캘리포니아 주의 규제

캘리포니아 주는 2013년 CPUC를 통해서 최초로 TNC관련 주법을 제정하였다.[30] 입법 이후에도 캘리포니아 주는 기존의 택시 규제와 TNC의 균형을 맞추기 위한 노력을 계속하였다.[31] 2012년 주 정부는 TNC들이

333, 376 (2017).

29_ Cal. Const., art. XII, § 8.

30_ Jeffrey Brewer, Legislation Superhighway, Nat'l Underwriter, (Oct. 2014), at 63.

31_ CPUC R.12-12-011, D.13-09-45, Decision Adopting Rules and Regulations to Protect Public Safety While Allowing New Entrants to the Transportation Industry

면허 없이 고객들에게 서비스를 제공하고 있다는 이유로 해당 영업에 대한 정지 명령을 내렸다.[32] 이후 주 정부는 계류 중인 주법에 따라 임시 영업을 허가하였다.[33]

이후 TNC와 관련하여 산적한 난제들을 해결하기 위하여 TNC 업체들과 TNC 경쟁업체들이 함께 모여 논의를 시작하였다.[34] 2013년에 CPUC는 TNC 규제를 위한 주법을 만장일치로 통과시켰다.[35] TNC 업체들은 더 이상 영업을 중지하지 않아도 되기 때문에 TNC 입법에 전반적으로 호의적인 입장이었다.[36]

입법을 논의하는 과정에서 우버는 기존의 CPUC의 규정에 따르면 CPUC가 캘리포니아 주 전체에 영향을 미치는 규제를 입법할 권한은 없다는 견해를 피력하였다.[37] 이에 대해서 CPUC는 "TNC가 택시 산업이나 리무진 산업에 명확히 해당되지 않는 다는 이유로, 운송 산업에서 공공의 안전을 책임지는 위원회의 임무가 경시되어야 할 이유는 없다"고 반론하였다.[38] CPUC가 새롭게 TNC 규제 영역을 만들고 난 후에 TNC는 정식 여객운송 서비스 업체로 등록할 수 있게 되었다.[39] 또한 CPUC는 TNC가 더 이상 관련 규제의 예외로 인정되는 차량공유 영역에 해당하

(Sept. 19, 2013). http://docs.cpuc.ca.gov/PublishedDocs/Published/G000/M077/K122/77122741. PDF [hereinafter 'California Decision on Regulations'].

32_ *See* Notice to Cease and Desist from the Cal. Pub. Util. Comm'n to Sidecar (Aug. 15, 2012), http://www.cpuc.ca.gov/NR/rdonlyres/03851232-DD84-47C1-B134-D90C8D15D3B7/0/CeaseandDesistLetters.pdf.

33_ Carrier Investigations, Cal. Pub. Util. Comm'n (last visited Jan. 7, 2019), http://www.cpuc.ca.gov/PUC/transportation/Passengers/CarrierInvestigations.

34_ *See* California Decision on Regulations at 8-11.

35_ Sudhin Thanawala, California's New Car Sharing Regulations Create a New Category for Businesses Like Lyft, Uber, Huffington Post (Sept. 19, 2013), http://www.huffingtonpost.com/2013/09/19/california-car-sharing-regulations_n_3957177.html.

36_ *Id.*

37_ California Decision on Regulations at 9.

38_ *Id.* at 12.

39_ Cal. Pub. Util. Code § 5360.

지 않음을 분명히 하였다.[40]

캘리포니아의 TNC 법 자체는 기존에 논의되었던 규제안과 많은 차이가 있는 것으로 보이지는 않는다. 캘리포니아 TNC 규제는 TNC가 운전사들을 고용하기 이전에 안전과 관련한 필수적인 요건을 검증하여 승객과 운전자의 안전에 주된 목적을 두고 있다는 점이 특징이다.[41] 아래는 캘리포니아 주 TNC와 관련한 주요한 규정이다.

- ○ TNC 운전사는 반드시 21세 이상이어야 한다.
- ○ TNC는 반드시 운전자의 신원조회를 완료해야 한다.
  - 신원조회를 통해서 법령에 명시된 운전자의 7년 동안의 범죄기록 —약물 또는 음주 운전, 성범죄, 절도 등—을 반드시 검증해야 한다.
  - 운전사는 TNC에 반드시 자신의 운전 경력증명서를 제출해야 하며, 위의 기록이 발견되는 경우에 TNC는 해당 운전사의 고용이 금지된다.
- ○ TNC 운전자가 된 이후에는, TNC는 음주 및 약물복용 운전에 대해서는 무관용 원칙('zero-tolerance policy')을 준수해야 한다.
- ○ TNC 운전사가 반드시 영업용 면허를 소지할 것을 요구하지는 않으나, 유효한 캘리포니아 주 면허와 필수 운전교육을 완료하여야 한다.
- ○ 영업에 사용되는 자동차는 캘리포니아 주 정부에 승인된 업체에서 행하는 정기 안전검사를 통과해야 한다.

TNC 업체에 대한 규제도 있다.[42] 예를 들어, TNC는 주 내에서 합법적인 영업을 위해서는 반드시 CPUC의 인가를 취득하여야 한다.[43] 또한

40_ California Decision on Regulations at 40.

41_ *See* California Decision on Regulations.

42_ *Id.* at 26-29.

43_ *Id.* at 3.

TNC는 승객이나 경찰 또는 공무원이 자사의 차량임을 쉽게 분별할 수 있는 표시를 해야 할 의무가 있다.[44] TNC 플랫폼은 운전자의 사진, 차량의 사진과 차량 등록번호를 반드시 제공해야 하는 플랫폼 자체에 대한 규정도 두고 있다.[45] 보험과 관련해서는 TNC는 영업 중 발생한 사고에 적어도 백만 달러 이상 보상이 가능한 영업용 보험에 반드시 가입을 해야만 한다.[46] 보험과 관련한 보다 자세한 논의는 이후에 설명하기로 하겠다.

4) 콜로라도 주의 규제

2014년 콜로라도는 주 전역에 영향을 미치는 TNC 관련 주법을 미국의 모든 주 가운데 처음으로 제정하였다.[47] 앞서 살펴본 캘리포니아는 위원회를 통해서 주 전역을 규제하는 입법방식을 취한 반면에, 콜로라도는 직접적으로 전 주에 영향을 미치는 TNC 법을 제정하여 TNC 영업을 규제하도록 한 것이다. 택시 업계의 저항이 있었으나, 주지사인 John Hickenlooper는 TNC 규정이 소비자를 보호하는 동시에 불필요한 진입규제를 제거하도록 설계되었음을 강조하며 입법을 추진하였다.[48] 주지사 Hickenlooper는 2014년 6월 5일에 콜로라도 공공설비 위원회(PUC)에 TNC의 운영에 대한 권한을 부여한 법안(Senate Bill 14-125)에 서명하였다.[49]

콜로라도 주 TNC 규정은 미국의 다른 지자체 규정에 비하여 다소 완화된 요건을 가지고 있다.[50] 규정에 따르면 TNC는 해당 업체에 지원한

44_ *Id.* at 31.

45_ *Id.* at 28.

46_ *Id.* at 26.

47_ Colo. S.B. 14-125.

48_ Andy Vuong, Colorado First to Authorize Lyft and Uber's Ridesharing Services, Denver Post (June 5, 2014), http://www.denverpost.com/business/ci_25907057/colorado-first-authorize-lyft-and-ubers-ridesharing-services?source=infinite.

49_ *Id.*

50_ 예를 들어, 콜로라도(Colo. S.B. 14-125 and Transportation Network Company Rules, 4 Colo. Code Regs. § 723-6 (2015))규정은 텍사스 오스틴 시의 규정(Austin, Tex.,

운전자에게 유효한 운전면허증, 보험증서, 자동차 등록증, 그리고 신원증명서를 요청해야만 한다.[51] 캘리포니아와 달리 특별 운전교육의 이수 의무가 없다.[52] 반면에 영업을 위한 자동차는 인증받은 업체에서 매년 안전점검을 받아야 한다.[53] 일각에서는 이와 같은 콜로라도의 TNC 규정이 주의 택시 규제와 비교하여 지나치게 느슨하다는 비판을 제기하기도 하지만, 주지사는 해당 TNC 규정이 관련 산업의 혁신과 공공의 안전을 동시에 만족시키는 탁월한 입법이라는 주장으로 맞서고 있다.[54]

TNC가 콜로라도에서 합법적인 영업을 영위하기 위해서는 반드시 PUC로부터 인가를 얻어야 하고, 이를 위해 매년 11,250달러의 수수료를 지불해야 한다.[55] TNC는 승객이 탑승한 사고에 대비하여 적어도 백만 달러 이상의 보상이 가능한 보험에 가입하여야 한다.[56] 콜로라도 PUC는 2015년 TNC와 관련한 다음과 같은 구체적인 사항을 규정하였다.[57]

- ○ TNC는 21세 이하의 운전자에게 허가증을 발급해서는 안 된다.
- ○ 운전자는 반드시 유효한 운전면허증이 있어야한다.
- ○ 주법에 따라 의학적으로 운전에 적합하여야 한다.
- ○ 운전기록과 신원조회기록을 근거로 운전에 부적격사유가 있어서는 안 된다.

캘리포니아와 유사하게, 모든 TNC 자동차는 영업과 관련한 상표를

Code ch. 13-2, art. 4 (2016))및 일리노이 시카고 시의 해당 규정(Chi., Ill., Mun. Code § 9-115 (2014))과 비교하여 상대적으로 완화된 요건을 제시하고 있다.

51_ Colo. S.B. 14-125 § 40-10.1-605(1)(d), (3)(a)(I).

52_ Compare California Decision on Regulations, at 27, with Colo. S.B. 14-125, and 4 Colo. Code Regs. § 723-6 (2015).

53_ Colo. S.B. 14-125 § 40-10.1-605(1)(g)(I).

54_ See Andy Vuong.

55_ Colo. S.B. 14-125 § 40-10.1-606(2); 4 Colo. Code Regs. § 723-6-6701(a) (2015).

56_ Colo. S.B. 14-125 § 40-10.1-604(2); 4 Colo. Code Regs. § 723-6-6702(a) (2015).

57_ 4 Colo. Code Regs. § 723-6 (2015).

표시해야 할 의무가 있다.[58] 이와 더불어, 콜로라도는 TNC 영업을 위한 운전자의 연속 근무시간을 일정시간 이하로 제한하고 있다.[59]

〈표 2〉 TNC를 입법화한 각 주 입법의 공통 요소

주요 항목	주요 내용
등록의무	▫ TNC는 반드시 관할 부서(위원회)에 일정한 양식을 통하여 등록을 신청하고 인가(permit)를 득한 후에 영업을 개시해야 함 ▫ 위원회는 관련 규정을 충족하고 연회비를 납부한 TNC에게 인가증을 발급해야 함 　○ 위원회는 인가 신청의 형식과 방식을 정할 수 있음 ▫ 위원회는 TNC의 영업정지, 인가취소 등의 제재조치를 취할 수 있음 ▫ 위원회는 TNC의 영업행태를 점검하여 재인가를 거부할 수 있음
책임보험의 가입증명	▫ TNC 운전자는 영업의 전 과정에서 반드시 보험 적용의 대상이어야 함
운행관련 규제	▫ 배회영업의 금지: 반드시 App(또는 digital network)을 통한 연결 서비스를 이용할 것 ▫ 예상 요금의 안내 및 전자 영수증 제공: 예약이 완료된 후, a) 출발지와 도착지; b) 예상 소요시간과 거리; c) 예상 금액과 추가 운임의 안내 및 d) 운전자의 이름과 전화 번호 등이 기재된 전자 영수증의 제공 ▫ 운전자의 운전능력 검증: 운전면허, 자동차등록증, 적성검사 등 ▫ 영업시간: 일정시간 이상 연속으로 영업(운전)의 금지 ▫ 자동차 안전 검증: 배기가스 등의 환경 관련 검증 ▫ 자동차 담보권자에 대한 사전 공지 ▫ 고객센터 연락처 공지 ▫ 제3자 정보제공 금지 ▫ 택시 또는 셔틀버스 업체 등이 TNC를 영업하는 자회사 또는 계열회사 설립 금지 ▫ TNC를 영업으로 하는 자동차임을 나타내는 문양의 표시

58_ *Id.* § 6719.
59_ *Id.* § 6722.

운전자의 검증	□ 대다수의 주는 택시 운전자보다는 다소 완화된 검증 기준을 적용 □ 운전자 전과 조회 □ 운전자 사고이력 조회

차별금지 조항	□ 운전자와 탑승자가 연결된 이후에 출발지와 종착지의 거리, 인종, 성별, 종교 등을 이유로 하는 승차거부의 금지
	□ 탑승자가 다음의 행위를 하는 경우를 제외하고는 승차를 거부해서는 안 됨
	  ○ 탑승자가 위법하고, 위협적인 행동을 하는 경우
	  ○ 타인의 도움 없이는 정상적인 행동 및 의사표현이 불가능한 경우(예: 만취상태)
	  ○ 다른 탑승자를 위한 운행 중인 경우
	□ 장애 및 도움이 필요한 탑승자에게 추가적인 요금의 부가금지
	□ 시각장애인에게 도움을 주는 반려견의 탑승 거부금지
	□ 장애인의 보조 운송수단을 적재할 수 있도록 하거나 적재가 불가능한 경우에는 다른 운전자를 연결해 주어야 함

차별금지 조항과 관련한 TNC의 책임	□ 운전자의 탑승자 차별과 관련한 과거의 이력을 서면으로 보고받았거나, 이러한 사항을 적절하게 대응하지 못한 경우를 제외하고 TNC는 이러한 운전자의 차별행위에 대한 직접적인 책임을 부담하지 않음 □ 운전자는 차별금지 위반 사항에 대한 내용을 즉시 TNC에 보고해야 하며, TNC는 정기적으로 위원회에 해당 내용을 보고해야 함
위원회의 권한	□ 위원회는 TNC 영업을 위한 관련 세부 규정을 제정할 수 있는 권한이 있음 □ 위원회는 TNC가 제출하는 관련 서류를 검토하고 추가적인 조치를 요구할 권한이 있음

2. TNC와 관련한 독일의 규제

(1) 배경

여객운송법(Personenbeföorderungsgesetz: PBefG)은 독일의 연방법이다. 독일의 각 주는 동법을 각 지자체 특성에 맞게 수정하여 입법할 권한이 있다. 사실상 대부분의 택시관련 규정은 각 주의 선택에 따라 개별 주법의 적용을 받는다. 또한 각 주는 이 법의 집행에 대한 권한을 각 도시 및 지방자치단체에 위임하고 있다. 따라서 각 주 여객운송법의 세부적인 내용과 범위가 다소 상이한 부분도 존재한다. 이하에서는 주로 연방법을 중심으로 TNC와 관련한 기본적인 내용을 살펴보기로 하겠다.

독일의 여객운송법에서는 택시와 운전서비스를 제공하는 기사가 포함되는 렌트카(이하 임대 서비스; 'hired car with driver', 'Funktaxi') 부분을 명확히 구분하여 규제하고 있다. 택시의 경우는 미터기를 이용하고 배회영업이 가능하다는 점이 대표적인 특징이며, 반면에 임대 서비스는 반드시 전화, 인터넷 또는 모바일 앱 등을 이용해서만 승객을 탑승시킬 수 있다.

〈표 3〉 택시와 임대 서비스의 규제 비교[60]

	택시	임대 자동차
운임	지자체에서 규제	규제 없음
자동차 외관	여객운송법에 의한 규제	택시와의 차별성 강조
배회여부	영업을 위한 배회 가능	배회 금지; 영업 종료 후에 주 영업지로 반드시 복귀
지역정보 시험	지역정보시험 통과 의무	대부분 동일하나 인구 5만 명 이상 지역에서 영업을 할 경우에 지역정보시험 의무가 있음
합승여부	합승가능	합승불가

60_ See Sytze Rienstra, Peter Bakker, Johan Visser, "International comparison of taxi regulations and Uber", KiM Netherlands Institute for Transport Policy Analysis, (2015).

(2) 우버의 규제

독일은 우버가 진출한 유럽 시장에서 가장 강력하고 치열한 싸움이 진행 중인 국가라고 할 수 있다. 다수의 도시에서 우버 서비스와 관련된 소송이 제기되었고, 아직도 진행 중이다.[61] 소송에서 패소함에 따라서, 우버 B.V[62]는 임대 자동차 면허가 있는 독립적인 운전사들에 의해서 제공되는 우버엑스와 우버블랙 서비스와 일반적인 택시 서비스인 우버택시 서비스만을 제공하고 있는 실정이다. 임대 자동차 면허가 없는 개인 운전자에 의해서 제공되는 우버팝 서비스는 우리나라와 마찬가지로 현재 독일 전 도시에서 영업이 중지된 상황이다.

독일의 경우도 우리나라의 경우와 마찬가지로 우버팝의 영업에 있어서 큰 장애물은 독일 여객운송법(Personenbeförderungsgesetz: PBefG)이라 할 수 있다. 독일 여객운송법 제1조 제1항 첫 문단에 의하면 "자동차, 버스, 그리고 트램을 이용하여 보수를 받거나 경제적인 목적으로 사람을 운송하는 모든 수단은 여객운송법에 규제를 받는다"고 명시하고 있다. 위의 조항에 해당하는 경우에는 동법 제2조에 의하여 반드시 허가를 취득하여야 한다. 여객운송법이 적용되지 않는 예외적인 사항이 제47조에 명시되어 있는데, 운임이 일정 기준을 초과하지 않으면 동조의 적용이 면제된다. 만약에 별다른 비용을 지불하지 않는 경우에는 여객운송법이 적용되지 않는다. 제46조 제1항에서는 여객 운송을 업으로 하는 자에 대한 부가적인 요건이 기술되어 있다. 동조 제2항에 따르면, 택시(제47조), 장거리 여행 주선업체(제48조), 임대 자동차(제49조)는 여객 운송을 사업으로 할 수 있다.

여객운송법 제47조에서는 "공공장소에서 전문적인 운전사가 자동차로 여객을 특정 장소에 운송하는 행위"를 택시영업으로 규정하고 있다.

61_ Jenny Gesley, *Legal Challenges for Uber in the European Union and in Germany*, available at https://blogs.loc.gov/law/2016/03/legal-challenges-for-uber-in-the-european-union-and-in-germany/.

62_ 네덜란드에 본사를 두고 있는 우버의 자회사.

택시 운전자는 지정된 장소에서 고객의 탑승 제의를 반드시 수락해야 한다(제49조 제4항). 택시의 운임은 여객운송법 제51조에 따라 규제되고 있다.

또한 "차량 전체단위로 자동차에 의한 여객을 운송하면서 고객의 목적에 의해 출발, 도착지 및 경로가 결정되나 택시 서비스로 볼 수 없는 운행"을 임대 자동차 영업으로 정의하고 있다. 임대 자동차는 택시 승강장 및 배회 중에 승객을 탑승시키는 행위가 금지된다. 다만 영업소 근처에서 정차를 하며 탑승객의 요청을 기다릴 수는 있다. 운행 서비스가 종료되는 즉시, 새로운 탑승객의 연락을 받는 경우를 제외하고는 영업소로 복귀하여야 한다(제49조 제4항). 출발지와 도착지는 탑승이 이루어지기 전에 명확히 설정되어야 한다. 임대 자동차는 택시와 외관상 유사하여서는 안 된다. 택시와 달리 임대 자동차는 좌석 단위가 아닌 차량 단위로 임대되어야 한다. 임대 자동차 운전자는 택시 운전자와 동일한 면허가 있어야 한다. 인구 5만 명 이상의 도시에서는 지역 정보 시험을 통과해야 한다.

위에서 살펴본 바와 같이, 독일은 상대적으로 엄격한 규제로 인해서 일반적인 형태의 우버 영업이 허용되기는 매우 어려운 상황이다. 함부르크와 베를린 법원은 우버가 단지 운전자와 고객 사이의 중개자가 아니라 그 자체로 고객에게 전문적인 운송서비스를 제공하는 업체로 판단하였다.[63] 두 법원 모두 고객과 계약을 진행하고 운임을 받는 행위자가 우버라고 판단하였는데, 그 근거로 운전사에게 직접 운임을 제공하지 못하도록 규정한 우버의 계약조항을 제시하였다. 우버는 정해진 운임에 따라 운전자와 계약을 체결하고, 모바일 앱을 통해서 탑승을 조율하는 기능을 수행한다. 두 법원은 계약에 명시된 조항은 단순히 중개업자에 해당하는지 여부에 전혀 영향을 미치지 아니한다고 판단하였다.[64]

63_ OVG Hamburg, para. 14; OVG Berlin-Brandenburg, para. 28-32.
64_ OVG Hamburg, para. 14; OVG Berlin-Brandenburg, para. 28-32.

(3) 법원 및 자치단체의 판단

2014년 8월, 프랑크푸르트 지방법원은 우버팝 운전자가 여객운송법 제2조를 준수하지 않음을 이유로 우버팝 서비스 금지에 대한 가처분 신청을 승인하였다.[65] 그러나 금지명령은 절차적인 흠결로 인하여 곧바로 취하되었다.[66] 2015년 3월에 프랑크푸르트 지방법원은 우버에 대한 패소판결을 내렸고, 독일 내에서 우버팝 서비스를 전면적으로 중단시켰다.[67] 우버는 서비스의 완전한 중단을 회피하기 위해서 여객운송법상의 최저운임제[68] 예외 규정을 이용하여 최저운임보다 낮은 운임을 책정하기도 하였다.

베를린에서는 택시 운전사가 우버블랙의 서비스 모델이 독일 경쟁법을 위반하였다는 이유로 민사상의 손해배상 소송을 제기하였다. 2014년 4월에는 베를린의 지방법원은 우버 서비스 금지에 대한 가처분 신청을 승인하였다. 이에 우버는 항소를 제기하였고, 항소법원은 원고가 금지명령을 요구하지 않았다는 이유로 판결을 뒤집었다.[69] 그러나 2015년 2월에 베를린 지방법원은 우버블랙의 사업 모델이 독일 경쟁법을 위반하였다고 판단하면서 베를린 내에서의 우버 서비스를 중지시켰고,[70] 우버의 항소는 기각되었다.[71] 베를린시 당국은 우버팝 서비스가 확실히 검증되지 않고, 보험 가입유무도 불확실한 자동차에 탑승하여 고객이 위험한 상황에 처할 수 있음을 이유로 우버팝의 영업을 불법으로 판단하였다. 우버블랙의 경우도 운전사들이 서비스의 종료 후에 본사로 복귀하지 않는 것은 여객운송법을 위반한 영업행위라는 점을 이유로 우버블랙의 서비스를 금지시켰다. 법령을 준수하지 않고 운행을 강행하는 경우

65_ LG Frankfurt am Main, docket no. 2-03 O 329/14.

66_ LG Frankfurt, docket no. 2-03 O 329/14.

67_ LG Frankfurt, docket no. 3-08 O 136/14.

68_ 1킬로미터/35센트.

69_ KG Berlin, docket no. 5 U 63/14.

70_ LG Berlin, February 2015, main proceedings, docket no. 101 O 125/14.

71_ KG Berlin, December 11, 2015, appeal, docket no. 5 U 31/15.

에 2만 5천 유로의 벌금이 부과된다. 베를린-브랜드버그 행정법원은 이러한 행정명령을 인정하였다.[72] 함부르크 시당국도 베를린과 유사한 우버 서비스를 금지하는 행정명령을 내렸고, 함부르크의 행정법원은 시당국의 결정을 인정하였다.[73]

(4) 유럽사법재판소(ECJ) 판결

우버가 서비스를 제공하는 전 세계에서 일관되게 주장하고 있는 내용의 핵심은 바로 "우버는 택시와 다르다"이다. 하지만 유럽사법재판소(이하 ECJ)는 이와는 다른 판결을 내렸다.[74] 지난 2017년 12월 20일 ECJ는 승객과 비전문적인 운전자를 연결해 주는 우버의 중개서비스에 대하여 정보사회 서비스가 아닌 운송 분야의 한 서비스라고 판시하였다.[75] 이 판결에 따라서 EU 회원국은 우버를 여객운송법의 택시업 규정에 따라서 규제할 수 있는 법적 근거가 마련된 것이다.[76]

2014년 스페인의 택시운전자연합은 우버의 계열회사인 우버 스페인 법인을 상대로 소송을 제기하였다. 택시운전자연합은 "우버가 정부로부터 허가를 받지 않은 운전자를 고용하여 승객에게 운송서비스를 제공하는 것은 기존의 택시업계에 불공정한 행위"라고 주장하였다.[77] 이를 판

72_ OVG Berlin-Brandenburg, docket no. OVG 1 S 96.14.

73_ Jenny Gesley, "Legal Challenges for Uber in the European Union and in Germany," (Mar. 14, 2016) at https://blogs.loc.gov/law/2016/03/legal-challenges-for-uber-in-the-european-union-and-in-germany/ (last visited Jan. 7, 2019).

74_ Judgment in Case C-434/15, Asociacióon Profesional Elite Taxi v. Uber Systems Spain SL.

75_ EU는 2015년 디지털 단일시장 전략을 발표하였다. EU의 디지털 단일시장 전략은 전자상거래 등의 국가 간 장벽을 완화하고 제도적인 조화를 도모함으로써 EU 차원의 거래시장을 창출하기 위해서 마련되었다. 따라서 EU 회원국은 디지털시장에서 반경쟁적인 규제를 부과하는 것이 금지된다. 반면에 운송 분야의 서비스는 EU 단일시장 전략의 대상이 아니다. 김정곤 외 3인, "EU 디지털 단일시장 전략의 주요 내용과 시사점", 「KIEP 오늘의 세계경제」 Vol. 15 No. 16 (KIEP, 2015년 6월).

76_ Court of Justice of the European Union, PRESS RELEASE No 136/17, Luxembourg, 20 December 2017(이하 'PRESS RELEASE No 136/17').

단하기 위해서는 우선적으로 "우버가 정부로부터 택시업 인가를 받아야 하는지" 여부를 따져 보아야 하고, 결국 이는 우버가 제공하는 서비스가 정보사회 서비스이냐 운송 서비스이냐의 문제로 귀결되는 것이다. 결론적으로 ECJ는 우버가 운송 서비스를 제공하는 업체라고 판시하였고, 향후 EU에서 우버의 영업방식은 변화가 불가피할 것으로 예상된다.

〈표 4〉 TNC 관련 해외 규제현황 비교

구분	허용여부	허용요건 또는 금지이유	정의 등	관련법
미국	주법에 별도의 규정을 마련하여 TNC의 영업을 허용하는 방식	○ TNC 운전사는 반드시 21세 이상 ○ TNC는 반드시 운전자의 신원조회를 완료 - 신원조회를 통해서 법령에 명시된 운전자의 7년 동안의 범죄기록—약물 또는 음주 운전, 성범죄, 절도 등—을 반드시 검증 - 운전사는 TNC에 반드시 자신의 운전 경력증명서를 제출해야 하며, 위의 기록이 발견되는 경우에 TNC는 해당 운전사의 고용이 금지 ○ TNC 운전자가 된 이후에는, TNC는 음주 및 약물복용 운전에 대해서는 무관용 원칙('zero-tolerance policy')을 준수 ○ TNC 운전사가 반드시 영업용 면허를 소지할 것을 요구하지는 않으나, 유효한 주 면허와 필수 운전교육을 완료 ○ 영업에 사용되는 자동차는 주 정부에 승인된 업체에서 행하는 정기 안전검사를 통과	온라인 장치 또는 플랫폼을 통해서 승객과 개인차량을 이용하는 운전자를 연결하여 예약된 운송서비스를 제공하고 보수를 받는 업체	각 주의 주법 예) 콜로라도 주 법:4 Colo. Code Regs. § 723-6 (2015)

77_ PRESS RELEASE No 136/17.

독일	여객 운 송 법 준수 요구(별 도 TNC를 허 용하지 않는 방식)	[금지이유] ○ 베를린시: 여객운송법 위반 및 보험가입유무가 불확실한 자동 차에 탑승하여 고객이 위험한 상황에 처할 수 있음을 제시 ○ 우버블랙의 경우 운전사들이 서 비스 종료후 본사로 복귀하지 않은 것은 여객운송법 위반		독일 여객운송 법 (Personenbe fÖorderungs gesetz: PBefG)
영국	TNC 관련 별 도의 규정을 마련하지 않 고, 주로 임대 자동차 (hired car)규 정을 준용 런던, 맨체스 터, 리즈 지역 에서만 제한 적으로 허용	※ 임대자동차의 주요 규정 ○ TNC 운전사는 반드시 21세 이상 ○ 3년 이상의 운전면허 보유기간 ○ 형사전과가 없을 것(면허 갱신 시에 다시 검증) ○ 신체검사(갱신 시에 재검) ○ 지역정보시험(임대자동차는 택 시 보다는 다소 쉬운 형태의 시 험을 적용) ○ 임대자동차사업면허 - 1~2대: 소규모 영업면허 - 3대 이상: 일반 면허 ○ 택시와 구별이 분명한 외관	우버 엑스와 우버블랙 서비스가 영업중 -우버 엑스는 우버블랙보 다는 다소 대 중적인 서비 스를 제공	런던 교통국이 제기한 Uber 서비스의 합법 성에 대한 소 송이 진행중

IV. 소비자보호와 관련한 미국의 TNC 분쟁 사례

미국의 경우도 TNC 도입 초기에는 지역 경제 활성화와 세수 증진을 이유로 이러한 새로운 서비스 도입에 우호적인 주들도 있었지만, 뉴욕 주의 경우와 같이 주와 지방자치단체의 규정을 통해서 TNC를 규제하는 주들도 있었다. 일례로 뉴욕 주 검찰총장은 Lyft에게 면허 없는 차량을 임대하여 차량전세 서비스(livery service)를 제공한 것과 보험 제도 등이 주법을 위반하였음을 이유로 뉴욕시, 버팔로시, 로체스터시에서의 영업을 중지하는 명령을 내린 바 있다.[78] 또한 우버의 경우도 초기 서비스 요금 산정 방식이 뉴욕 주 상거래법(General Business Law) § 396-r 조항의 위반임을 지적한 사례도 있었다.[79] 아래에서는 소비자보호와 관련한 다양한 분쟁 사례를 검토해 보기로 하겠다.

1. TNC 플랫폼 규제의 유효성에 대한 판단: *Joe Sanfelippo Cabs Inc. v. City of Milwaukee*, 46 F. Supp. 3d 888 (E.D. Wis. 2014)

연방 1심법원은 TNC 플랫폼을 일반적인 택시와 다른 방식으로 규제하는 시의 규정이 소비자와 공공의 안전을 위한 합목적성이 인정되므로 헌법 제14조의 평등보호조항을 위반하지 않았다고 판단하였다. 이 소송에서 택시면허를 보유하고 있는 원고들은 ⅰ) 택시는 법에 규정된 미터기에 의해서 요금이 부과되지만, TNC 플랫폼은 그렇지 않다는 점, 그리고 ⅱ) 지정된 색상과 면허번호의 부착의무가 TNC 플랫폼에게는 적용되지 않는다는 점을 이유로 이 소송을 제기하였다. 요금 부과방식에 대하여 법원은 "승객이 서비스를 이용하는 방법에 따라 결정되는 것"이라고 판시하였다. 일반적으로 TNC의 경우 플랫폼을 이용하여 승객과 운전자가 탑승을 하기 전에 운임요금에 대한 협상을 진행하고, 이에 대한 모든 기록이 플랫폼에 저장된다. 따라서 운임에 관한 분쟁이 발생할 경우 탑승 전에 결정된 운임요금과 실제로 주행된 기록내용을 바탕으로 충분히 소비자 보호가 가능하다는 것이다. 반면에 일반적인 형태로 배회하는 택시를 승객이 탑승할 경우에는 이러한 방식의 운임결정이 불가능하기 때문에 반드시 공인된 미터기에 의해서 요금을 부과하는 것이 필요하다는 것이 법원의 설명이다.

78_ *See* Dickerson & Hinds-Radix, "AIRBNB AND UBER IN NEW YORK CITY: FROM REVOLUTION TO INSTITUTION", at https://www.nycourts.gov/courts/9jd/TacCert _pdfs/Dickerson_Docs/NYLJAIRBNBUBER2016UPDATEFINAL.pdf

79_ *See* Dickerson & Hinds-Radix.

두 번째로 차량의 표지 규정과 관련하여서도 법원은 시 정부의 주장을 받아들였다. 일반적으로 택시에 부과된 '표지의무'는 택시를 이용하고자 하는 승객들에게 등록된 택시임을 명확히 표시함으로써 이용의 편리성과 공공의 안전을 도모하는 것이 주요 목적이다. 반면에 TNC의 경우에는 플랫폼을 매개로 승객과 운전자가 연결되는 시스템이기 때문에 별도의 표지가 있을 필요성은 크게 중요하지 않다고 판단하였다. 위와 같은 이유를 근거로 법원은 TNC 관련 규정에 대한 원고들의 가처분 소송을 받아들이지 않았다.

2. 부정경쟁과 관련한 판례

(1) *Boston Cab Dispatch, Inc. v. Uber Technologies, Inc.*, 2014 WL 1338148 (D. Mass. 2014)

이 소송에서 원고는 우버가 부당광고 및 부정경쟁과 관련한 연방법과 주법을 위반하였다고 주장하였다. 또한 개인 차량을 이용한 우버의 임대 서비스는 보스톤 시의 택시규정을 위반한 것이라고 주장하였다. 보스톤 시민들에게 합리적인 가격과 안전하게 여객 서비스를 제공하기 위해서 마련된 규정에 따라 서비스를 제공하거나 면허를 취득한 사업자들과 달리 우버는 불공정한 경쟁에 따라 불법적인 이익을 취하는 것이라고 지적하였다.

보스톤 택시는 반드시 택시 면허를 보유한 운전자가 Rule 403[80]을 준수하며 영업할 것을 요구하고 있다. 우버 플랫폼을 이용하여 운송 서비스를 제공하는 경우에도 택시 운전자는 반드시 Rule 403을 준수해야 하는 것이다. 이러한 경우, 택시 운전자들에게는 단일 요금체계가 적용되지만, 우버의 경우에는 기본요금 외에도 1달러의 수수료와 20%의 봉사

80_ Rule 403의 주요내용은 ① 유효한 택시 면허의 보유, ② 정상적으로 기능하는 자동차, ③ 운행 중 휴대전화 사용의 금지, ④ 허가받은 업체나 조합을 통한 택시 호출 서비스 등이다.

료가 추가되기 때문에 최종 운임은 Rule 403에 따라 부과되는 일반적인 택시 요금에 비해서 증가할 수밖에 없는 구조라고 주장하였다. 구체적으로 보스톤 택시 조합은 우버가 500대 가량의 택시를 우버에 등록된 다른 차량들과 동일하게 보여 주는 방식을 통해서 택시 업계가 얻어야 할 수익을 부당하게 가로채었다는 것이다. 이러한 사업방식의 전환으로 인해서 택시를 이용하는 승객이 줄었고, 결과적으로 택시업계의 수익이 현저하게 감소하는 결과를 초래하였다고 주장하였다.

이에 대해 법원은 보스톤 택시 호출 서비스가 아닌 우버 플랫폼을 통해서 택시를 호출한 승객에게 운송 서비스를 제공한 보스톤 택시들이 이로 인해 피해를 입었다는 어떠한 증거도 발견할 수 없다는 결론을 내렸다. 우버의 허위 표시에 대하여 원고는 충분한 근거를 제시하지 못했으며, 심리할 수 있는 피해를 충분히 입증하지 못하였다고 판시하였다. 다만 원고는 우버가 메사추세츠 주법과 보스턴 시의 관련 규정을 준수하지 않은 상황에서 서비스를 제공하는 것이 부정경쟁에 해당한다는 점에 대해서는 충분히 근거를 제시하였다고 판단하였다.

(2) *Chicago Cabbies v. Uber*

Yellow Cab Group LLC v. Uber[81] 사건에서 대략 30명의 택시사업자, 택시 조합 및 임대차량 제공업자 등으로 구성된 원고들은 우버가 허위 표시를 통해서 부정경쟁을 하였고, 우버는 원고들이 제공하는 서비스와 우버 플랫폼의 서비스에 대하여 소비자들의 혼란을 초래하고 있으며, 택시 운전자들이 원고들과 체결한 협약을 위반하도록 불법적인 간섭을 하였다는 주장을 하였다. 이에 대하여 우버는 원고의 소에 대하여 이유 없음과 원고 적격이 없음을 사유로 소의 각하를 청구하였다. 법원은 원고가 원고 적격이 없다는 우버의 주장을 받아들이지 않았다. 원고는 허위광고로 인해 상업적 이익이 침해되었다고 주장하고 있기 때문에 그

81_ *Yellow Cab Group LLC v. Uber Technologies*, 2014 WL 339605 (N.D. Ill. 2014).

적격성을 충분히 인정할 수 있다고 보았다. 또한 소비자들에게 혼란을 초래할 수 있다는 원고의 주장에 대해서도 우버 플랫폼을 이용하여 승객에게 서비스를 제공하는 일부 택시운전자들과 임대 차량 운전자들이 원고 중 일부 회사의 상호가 표시된 차량으로 서비스를 제공하였기 때문에 충분히 개연성 있는 주장이라고 판단하였다. 다만 상호를 표기하지 않는 임대 차량서비스는 비록 우버 플랫폼을 이용하여 서비스를 제공하더라도 소비자들에게 혼란을 초래했다고 보기는 어렵다고 하였다. 마지막으로 우버의 불법적인 간섭과 관련하여 경제적인 부분과 평판에 대해서는 원고들의 손해를 인정할 수 있겠으나, 보험담보 범위와 관련한 우버의 허위표시와 관련해서는 원고들이 입은 피해에 대한 입증을 충분히 소명하지 못하였다고 판시하였다. 결과적으로 우버의 소 각하 요청에 대하여 일부는 인용하였고, 일부는 받아들이지 않았다.

(3) *Manzo v. Uber Technologies, Inc.*, 2014 WL 3495401 (N.D. Ill. 2014)

시카고 택시 운전자들이 우버를 상대로 집단소송을 제기한 이 사건에서 법원은 우버가 요금을 부정확하게 표시하였고, 동 회사를 운송회사로 오인하게 하였다는 점을 인정하였다. 원고는 우버가 표준 미터 요금에 추가로 20%의 봉사료를 부과하고 이 부분을 운전자와 나누어 가져가는 행위는 부당한 요금징수라고 주장하였다. 또한 피고가 자신의 책임하에 차량과 운전자를 제공하지 않음에도 소비자들에게는 일반적인 운송회사와 동일한 서비스를 제공하고 있다는 혼동을 초래함으로써 운송회사들에게 피해를 주고 있다는 주장을 하였다. 피고는 소의 각하를 청구하였다. 법원은 원고들이 우버가 플랫폼을 이용하여 제공하는 서비스가 소비자들에게 혼란을 초래하였을 가능성을 제시하였다면 현재의 소송 단계에서 필요한 수준의 충분한 입증을 한 것이라고 판시하였다. 이에 따라 법원은 우버가 서비스 요금 체계, 봉사료의 성격, 그리고 운송 서비스 제공자의 지위에 대하여 허위 표시가 있다는 원고의 주장이 근거가 있다고 인정하였고 우버의 소 각하 요청을 받아들이지 않았다.

그러나 동일한 소송에서 법원은 우버가 사기적인 거래방식을 통해서 시의 택시 규정을 위반하였다는 원고의 주장은 이유 없다고 판단하였다. 원고는 스마트폰의 GPS를 기반으로 운송요금을 결정하는 것은 시의 택시운송 관련 규정을 위반한 행위라고 주장하였다. 관련한 시의 규정에 따르면 택시는 반드시 사전에 확정된 미터 요금 체계에 따라 운임을 지급받아야 한다고 명시하고 있다. 또한 원고는 우버가 이러한 요금결정 방식을 소비자들에게 고지하지 않은 것은 일리노이 주의 소비자 기만행위 금지법(Illinois' Consumer Fraud and Deceptive Business Practices Act: 'ICFA') 및 연방 사기금지법(Uniform Deceptive Trade Practices Act: 'UDTPA')을 위반한 행위라고 주장하였다. 이에 대하여 법원은 위의 제정법은 우버의 행위를 금지하는 것이라고 볼 수 없다고 판단하였다. 관련 시의 규정은 대체적인 해석이 필요할 수도 있으나, 우버의 플랫폼을 택시 미터로 간주하는 것은 다소 무리가 있다는 설명이다. 이러한 측면에서 법원은 우버의 영업행위가 ICFA와 UDTPA를 위반하였다는 것과 시의 택시 규정을 위반하였다는 원고의 주장을 인용하지 않았다.

3. 계약위반 관련 분쟁

(1) *Ehret v. Uber Technologies, Inc.* 2014 WL 4640170 (N.D. Cal. 2014)

소비자가 제기한 계약위반 소송에서 소비자가 지불한 봉사료가 온전히 운전자에게 지불되지 않았다는 사실이 계약위반을 주장하는 데에 합리적인 이유가 될 수 없다고 판시하였다. 원고인 소비자는 우버가 미터 요금 이외에 20%의 추가 수수료를 운전자에게 지급되는 '봉사료'로 명시하는 것은 이 중 과반에 해당하는 부분을 회사로 돌아가기 때문에 이는 운임에 대한 허위표시라고 주장하였다. 원고는 시카고 시 지역에서 우버를 사용하는 소비자였으나, 미 전역의 소비자를 포함하는 집단소송을 제기하였다. 회사는 소의 각하를 요청하며 소비자가 봉사료의 전액 또는 일부 금액만을 운전자에게 봉사료로 지급하는지 여부는 원고에게 아무런 손해를 발생시키지 않았다고 주장하였다. 법원은 일종의 팁 문화가 택시 서비스에서 관행인 것은 사실이나, 소비자들에게 명시적인 의무가 아닌 점을 강조하였다. 이러한 관점에서 우버가 고객들로부터 받은 봉사료 전부를 운전자에게 전달하지 않은 행위로 인해서 고객이 운전자들에게 어떠한 책임이 발생하지 않기 때문에 이를 근거로 손해배상을 요구한 원고의 주장을 배척하였다. 결론적으로 법원은 원고가 제기한 우버의 계약위반에 대한 집단소송에 대해서 피고의 소 각하 요청을 인정하였다.

(2) *Congdon v. Uber Technologies, Inc.*, 2018 WL 1242434 (N.D. Cal. 2018)

일반적으로 TNC 플랫폼을 이용하는 소비자는 운전자와 TNC 간의 계약에 따라 총운임('total fare')을 지불한다. 이 과정에서 TNC는 총운임 중 대략 20%의 금액을 안전운행 수수료('safe rides fee')로 차감한다. 이 수수료는 안전운행기금으로 적립된다. 원고는 기본 운임('minimum fare') 5달러에 대해서도 안전운행 수수료 1달러가 공제되는 것은 계약위반에 해당한다고 주장하였다. 운임계약에 따르면 총운임에는 기본 운임과 안전운행 수수료가 별도의 항목으로 구성되어 있음을 그 근거로 제시하였다.

4. 운전자의 지위와 관련한 분쟁

(1) *Goldberg v. Uber Technologies, Inc.*, 2015 WL 1530875 (D. Mass. 2015)

원고는 고용을 위한 신원조회 과정에서 피고인 우버가 투명하고 명확한 공시를 하지 않음으로써 FCRA(Fair Credit Reporting Act: '공정한 신용정보 공개법')을 준수하지 않았다고 주장하였다. 원고가 주장한 근거는 우버의 신원조회 화면이 전자 문서에서 스크롤 다운 방식으로 이루어졌기 때문에 원고와 같은 운전자들이 충분한 정보를 파악할 수 없었다는 것이다. 법원은 원고의 주장이 이유 없다고 판단하였다. 재판부는 원고가 문제를 제기한 전자 문서 등은 신원조회와 관련한 정보 공시뿐만 아니라 승객의 안전을 보장하는 것이 주된 목적임을 강조하였다. 더욱이 법원은 해당 문서가 '신원조회문항'이라는 제목 아래 전과 조회를 포함한 추후 처리될 신원조회와 관련한 충분한 정보를 포함시키고 있으므로 FCRA의 요건을 충족한다고 판단하였다.

(2) *O'Connor v. Uber Technologies, Inc.,* 80 Cal. Comp. Cas. (MB) 345, 24 Wage & Hour Cas. 2d (BNA) 975, 2015 WL 1069092 (N.D. Cal. 2015)

원고인 운전자는 우버 플랫폼의 특성상 독립 계약자가 아닌 근로자로 인정되어야 한다고 주장하였다. 이에 대하여 피고인 우버는 스스로 플랫폼을 개발하는 IT 기업임을 강조하며 고용계약이 아님을 주장하였다. 법원은 원고가 우버 플랫폼을 기반으로 운송 서비스를 제공하고 있기 때문에 독립 계약자가 아닌 근로자로서 보는 것이 합리적이므로 캘리포니아 주 노동법에 의한 보호를 받을 수 있다고 판시하였다. 구체적으로 ⅰ) 승객과 운전자를 연결해 주는 플랫폼 개발업자는 운전자 없이 사업을 영위할 수는 없다는 점, ⅱ) 우버 사업의 주된 수입원은 플랫폼 소프트웨어의 공급이 아닌 운송 서비스 중개 수수료라는 점, ⅲ) 운송 요금 체계는 운전자와의 협의 없이 TNC 업체가 결정한다는 점, ⅳ) TNC가 승객에게 총운임 요금을 청구한 후, 그중에서 80%만을 운전자에게 지급한다는 점, ⅴ) 운전자는 승객과 플랫폼 이외의 방법으로 추후 예약 등을 진행할 수 없다는 점, ⅵ) TNC가 운전자의 검증과 선정에 전반적인 영향력을 가지고 있다는 점 등을 고려하였다. 법원은 TNC의 문제는 일반적으로 '독립 계약자'와 '근로자'를 구분하는 방식은 큰 도움이 되지 않음을 강조하였지만, 결국 이 결정을 배심원들의 판단에 맡겼다.

5. 책임보험과 관련한 쟁점

TNC 서비스의 전 과정은 다음과 같이 총 4단계로 구분할 수 있다. 첫째 단계는 운전자가 개인적인 목적으로 자동차를 운행하는 단계인 Period 0 단계이다. 이는 TNC 플랫폼도 활성화되지 않고 잠재적인 고객의 요청을 받기 전 단계라 볼 수 있다. 둘째 단계는 플랫폼은 작동되고, 운전자는 준비되어 있으나 고객의 요청을 수락하기 전인 Period 1 단계이다. 세 번째 단계는 운전자가 고객의 탑승 요청을 수락한 후, 고객을 태우기 위해서 이동하는 시기인 Period 2 단계이다. 마지막으로 고객이 승차한 후 최종 목적지까지 운행한 후 고객이 하차하는 Period 3 단계이다.

미국의 다수 판례는 개인의 자동차가 공공의 운송수단으로 사용되는 경우에는 개인 차량보험으로 보호되지 않음을 명확히 하고 있다. 이와 관련한 대표적인 사례로 *Jensen v. Canadian Indem. Co.*, 98 F.2d 469 (9th Cir. 1938) 판례[82]와 *Progressive Gulf Ins. Co. v. We Care Day Care Ctr., Inc.*, 953 So.2d 250 (Miss. Ct. App. 2006)[83] 판례를 꼽을 수 있다. 일반적인 책임보험적용의 배제 여부는 사고의 시점에 해당 운전자가 어떠한 목적으로 차량을 운행하였는지 여부가 중요한 판단 기준이다.[84] 판례에 따르면 사고 당시 대중적인 운송업('public or livery conveyance')을 영위하고 있다면 개인차량의 보험적용은 배제된다.[85] 다만 일시적으로 승객을 수송한 경우에는 개인차량의 책임보험에 따른 보상이 배제되는 것은 아니다.[86]

TNC 플랫폼에 전면적인 영업용 책임보험제도가 도입되기 전에는 우버는 운전자가 승객을 탑승시킨 경우에만 상업보험을 제공하였다. 이

82_ 탑승자에게 보수를 받은 사례.

83_ 운임을 목적으로 승객을 수송한 경우.

84_ *St. Paul Mercury Indem. Co. v. Knoph*, 87 N.W.2d 636, 637 (Minn. 1958).

85_ *Warren v. Royal Exch. Assur. Co.*, 205 S.W.2d 744, 746 (Mo. Ct. App. 1947).

86_ *N.Y. Cent. Mut. Fire Ins. Co. v. Byfield*, 5 N.Y.S.3d 214 (N.Y. App. Div. 2015).

경우에도 TNC는 우선적으로 운전자 개인차량의 보험을 우선적으로 적용하고, 운전자 책임보험이 적용되지 않는 경우에만 제한적으로 자체적인 영업용 책임보험을 적용하였다. 즉, 위의 Period 0, 1단계에서는 운전자는 승객을 위한 운행을 하지 않기 때문에 상업보험을 제공할 여지가 없다고 주장하였던 것이다. 2013년 12월 31일에 Period 1 단계에서 캘리포니아의 우버 운전자가 6세 여아를 추돌한 사건이 발생한 이후에 캘리포니아 주 의회는 TNC의 상업 보험의 적용을 1단계부터 3단계까지 적용하는 개정안을 마련하였다.[87] 우버는 개정된 법안의 영향으로 2014년 7월 자체 보험 약관을 수정하여 책임보험을 2단계에도 적용하도록 하였다. 그러나 여전히 TNC의 책임보험이 적용되는 범위가 제한적이라는 비판이 존재하고, 책임보험 적용의 확대를 위한 개정을 서둘러야 한다는 견해가 계속해서 제기되고 있다.[88]

6. 소 결

지금까지 살펴본 바와 같이 미국에서는 TNC의 대표적인 플랫폼인 우버와 관련한 다수의 소송이 진행 중이다. 소송의 대략적인 흐름을 살펴보면 TNC 관련 소송 초기에는 TNC를 제도적으로 도입한 각 주에서 TNC 입법 자체에 대한 문제제기가 있었다. 이러한 문제제기에 대해서 연방법원과 각 주 법원은 별도의 TNC 관련 법과 규정을 인정하는 취지의 판결을 내림으로써 이 쟁점에 대한 논란을 일단락시킨 것으로 판단된다. 최근에는 TNC 서비스를 이용하는 과정에서 소비자들이 제기한 다양한 쟁점에 대한 판례들이 이어지고 있다. 다양하고 복잡한 쟁점들에 대한 각 판례들을 일반화하는 것은 불가능하다. 다만 분쟁을 해결하

87_ David Streitfeld, Uber and a Child's Death, Bits, N.Y. Times (Jan. 27, 2014, 7:00 AM), http://bits.blogs.nytimes.com/2014/01/27/uber-and-a-childsdeath/?_php=true &_type=blogs&_r=0.

88_ Nairi, Insurance for UberX with Ridesharing, Uber Newsroom (Feb. 10, 2014), https://newsroom.uber.com/insurance-for-uberx-withridesharing.

는 과정에서 도출된 쟁점들은 향후 우리나라가 TNC 관련 입법을 시도
할 때에 반드시 고려해야 할 요소들이라 평가된다.

V. 시사점

우리나라와 독일은 TNC 서비스가 다수의 잠재적인 문제가 발생할 수
있음에도 기존의 규제 영역에 포섭하여 규제하기가 어려운 점, 규제가
없는 상황에서 계속되는 영업으로 인해 택시 업계를 비롯한 경쟁 업계
의 반발 등을 이유로 TNC의 진입자체를 봉쇄하거나 기존의 규제를 일
부분 수정하는 등의 소극적인 정책을 펼치고 있다. 이러한 정책 방향은
다소 근시안적인 접근으로 보인다.

TNC는 실질적인 효율성 향상을 통해서 소비자 혜택으로 연결될 수
있으며, 자기 주도적이고 유연한 근무를 추구하는 사람들을 포함하여
많은 근로자에게 매력적인 옵션이 될 수 있기 때문이다. 많은 도시에서
TNC 서비스에 대한 수요가 점점 증대되고 있다는 점이 이를 증명한다.
보다 근본적으로, 소극적인 정책으로는 4차 산업혁명이 가져올 더 큰 차
원의 변화에 적절히 대응하기가 어려울 것이다. 보이지 않는 미래의 발
전에 대응하기 위해서 유연한 규제체계를 정비하는 작업이 필요하다.

이와 관련하여 TNC의 연착륙을 위해서 기존의 운송관련 규제를 개선
하는 방안을 제시하는 주장이 있다. 즉 택시 규정을 중심으로 기존의 규
정을 손질하여 TNC 서비스를 포섭하는 규제를 만들자는 방안이다. 하
지만 현시점은 이미 소비자들이 TNC 플랫폼의 편리성을 인식하고 다양
한 플랫폼의 이용이 증가하고 있는 상황이다. 따라서 잠재적으로 발생
할 수 있는 부정적인 영향을 관리하면서 궁극적으로 소비자들에게 혜택
이 돌아갈 수 있는 보다 적극적인 노력이 필요한 시점이다. 이러한 관점
에서 캘리포니아를 중심으로 미국 다수의 주들이 제도적으로 도입한 별
도의 TNC 관련 입법을 제안하는 바이다. 기존의 택시관련 규정을 개정

하는 입법 수준이 아닌 새로운 기술을 포섭할 수 있는 혁신적인 입법을 통해서 카풀 중개를 포함한 다양한 TNC 플랫폼을 시장에 제도화하는 것이 바람직하다. 이러한 접근을 통해서 새로운 시장을 개척할 수도 있고, 무엇보다도 이를 이용하는 소비자들의 안전과 권익을 증진시킬 수 있을 것이다.

우선 미국의 TNC 관련 규정을 철저히 검토하여 우리나라 시장에 적합한 TNC 관련 입법을 모색해야 하겠다. 이와 더불어 이미 TNC 서비스가 활발히 이용되고 있는 미국을 비롯한 다른 나라의 사례들을 분석하여 새로운 입법에 참고하는 것이 필요하다. 또한 규제당국은 공공의 이익을 위해서 TNC가 제공하는 데이터를 활용한 모니터링과 같은 보다 가볍고 유연한 규제방식도 고려할 수 있겠다. TNC와 운전자가 가능한 많은 정보를 규제 당국에 제공하도록 유도하는 방식은 실질적으로 공공의 이익을 담보할 수 있는 선순환으로 이어질 수 있을 것이다.

참고문헌

1. 국내문헌

강승모 · 박엄지, "해외 Ride-Sharing 서비스의 최신 동향소개", 「교통기술과 정책」, 대한교통학회 제11권 제5호, (2014).

강상욱, 서영욱, 이민호, "우버(Uber)의 출현과 택시시장의 변화". 「한국교통연구원 수시연구보고서」, (한국교통연구원 2015).

김병오, "우버택시와 적합성에 대한 연구", 「법학연구」 제46집 (전북대학교 법학연구소, 2015).

김병오, "우버택시와 유상운송금지에 대한 연구", 「원광법학」 제33권 제4호 (원광대학교 법학연구소, 2017).

김병오, "우버택시와 면허제도에 대한 연구", 「기업법연구」 제32권 제1호 (한국기업법학회, 2018).

김정곤 외 3인, "EU 디지털 단일시장 전략의 주요 내용과 시사점", 「KIEP 오늘의 세계경제」 Vol. 15 No. 16 (KIEP, 2015년 6월).

문상일, "택시앱 O2O시장 소비자보호를 위한 법제개선방안 연구", 「경제법연구」 제16권 3호 (경제법학회, 2017).

박문수외 4인, "공유경제 활성화를 통한 서비스업 성장전략", 「산업연구원 연구보고서」 2016-790 (산업연구원, 2016).

송승현, "우버 엑스[Uber X] 시행의 타당성". 「IT와 법 연구」 제14집 (경북대학교 IT와 법 연구소, 2017).

Tae-Oh Kim, "ICT Based Innovation and Existing Regulation", 「경제규제와 법」 제8권 제1호 (서울대학교 공익산업법센터, 2015).

2. 외국문헌

Caleb Holloway, 'Uber Unsettled: How Existing Taxicab Regulations Fail to Address Transportation Network Companies and Why Local Regulators should embrace Uber, Lyft, and Comparable Innovators, 16 Wake Forest J. Bus. & Intell. Prop. L. 20 (2015).

California Public Utilities Commission, Decision Adopting Rule and Regulations to Protect Public Safety While Allowing New Entrants to the Transportation Industry, Cal. Pub. Util. Comm'n R. 12-12-011 (2013).

Deborah F. Buckman, 'Liability and Regulation of Ride-Sharing Services Using Social Media', 6 A.L.R.7th 1 (2018).

Jeffrey Brewer, Legislation Superhighway, Nat'l Underwriter, (Oct. 2014).

Katherine E. O'Connor, 'Along for the ride: Regulating Transportation Network Companies', 51 Tulsa L. Rev. 579, 587 (2016).

Katrina M. Wyman, 'Taxi Regulation in the Age of Uber', 20 N.Y.U. J. Legis. & Pub. Pol'y 1 (2017).

OECD/ITF, 'App-Based Ride and TAXI Services', (2016).

Sarah E. Light, 'Precautionary federalism and the sharing economy', 66 Emory L.J. 333, 376 (2017).

Sytze Rienstra, Peter Bakker, Johan Visser, "International comparison of taxi regulations and Uber", KiM Netherlands Institute for Transport Policy Analysis, (2015).

승차공용(Ridesharing) 중개서비스와 결합된 운송서비스 제공자로서의 Uber*

―Uber 스페인과 관련된 유럽사법재판소 판결을 중심으로―

이병준** · 황원재***

I. 들어가며

Naver, Cacao, Uber, Amazon, Airbnb와 같은 거래플랫폼들이 폭발적으로 증가하고 있고 다양한 사업모델들이 등장하고 있지만, 이들 플랫폼이 제공하는 서비스가 단순한 중개서비스인지 아니면 직접적으로 상품이나 서비스를 제공하는 공급자로서 소비자와의 관계에서 계약당사자인지가 명확하지 않은 경우들이 많다(De Franceschi, 2018, 1). 대부분의 거래플랫폼들은 자신이 인터넷 시장의 개설자로서 또는 중개자로서의 역할만을 수행할 뿐이라고 설명하거나, 거래플랫폼은 플랫폼을 통해 체결된 상품 또는 서비스 제공계약의 당사자로서의 책임을 부담하지 않는다고 약관에 명시적으로 규정하여 계약상 분쟁으로 인한 책임을 피하

* 이 논문은 2019년 2월 한국재산법학회 동계학술대회에서 발표한 글을 수정 · 보완하여 소비자문제연구 제50권 제1호(2019)에 개제된 것입니다.
** 한국외국어대학교 법학전문대학원 교수.
*** 계명대학교 법학과 교수.

려 한다.[1] 거래플랫폼의 이러한 전략은 소비자의 이익을 침해할 수 있고, 특히 우리나라에서 법적으로 중요한 의미를 갖는다. 플랫폼 사업자가 이러한 고지를 하는 경우 「전자상거래 등에서의 소비자보호에 관한 법률(이하, 전자상거래법)」 제20조 제1항 및 제20조의2 제1항에 따라 연대하여 배상할 책임을 면할 수 있기 때문이다.[2] 그러나 앞으로 살펴볼 바와 같이, 자신은 독립적인 제3자와의 상품이나 서비스 제공계약의 중개자에 불과하며, 계약적 또는 법적 책임을 일체 부담하지 않는다는 플랫폼의 주장은 그 타당성을 다른 법률과의 관계 속에서 별도로 검토할 필요가 있다.[3]

플랫폼의 이러한 주장과 관련하여 2017년 12월 유럽사법재판소(European Court of Justice)는 공용경제 플랫폼인 Uber의 법적 성질에 관하여 중요한 판결을 내어놓았다.[4] 여객운송 면허가 없는 Uber가 불공정

1_ Uber의 약관에서도 이러한 태도를 확인할 수 있다. 구체적으로 플랫폼의 역할을 언급하고 있는 "2. 서비스" 부분에서는 다음과 같이 규정하고 있다. "UBER는 수송 또는 물류 서비스를 제공하거나 운송회사 역할을 하지 않으며 이러한 모든 운송 또는 물류 서비스는 UBER나 그 계열사가 고용하지 않은 독립적 제3의 계약자에 의해 제공된다는 것을 귀하는 인정합니다."(강조는 저자추가.) 또한 플랫폼의 책임을 언급하고 있는 "3. 책임 부인, 책임의 제한, 보장"에서는 다음과 같은 규정을 두고 있다. "서비스는 '있는 그대로' 그리고 '가능한 대로' 제공됩니다. UBER는, 상품성, 특정 목적 적합성 및 비침해에 대한 묵시적 보증을 포함하여, 본 약관에 명시적으로 규정되지 않은, 명시적이든 묵시적이든 법적이든 일체의 고지 및 보증을 부인합니다." 그럼에도 불구하고 Uber의 약관은 "해당 법에 의거하여 제외될 수 없는 책임을 제한하거나 소비자로서의 귀하의 권리를 변경하기 위한 것이 아"니라고 적고 있다. https://www.uber.com/legal/terms/kr/ 참고(최종방문 2019년 1월 6일).

2_ 전자상거래법 제20조(통신판매중개자의 의무와 책임) ① 통신판매중개를 하는 자(이하 "통신판매중개자"라 한다)는 자신이 통신판매의 당사자가 아니라는 사실을 소비자가 쉽게 알 수 있도록 총리령으로 정하는 방법으로 미리 고지하여야 한다.
제20조의2(통신판매중개자 및 통신판매중개의뢰자의 책임) ① 통신판매중개자는 제20조 제1항의 고지를 하지 아니한 경우 통신판매중개의뢰자의 고의 또는 과실로 소비자에게 발생한 재산상 손해에 대하여 통신판매중개의뢰자와 연대하여 배상할 책임을 진다.

3_ 구체적으로 해당 면책약관에서 주장하는 바의 타당성은 계약법 외에도 약관규제법 및 여객운송사업법 등에 따라서도 허용되는지를 별도로 검토해야 한다.

4_ CJEU, 20.12.2017, Case EUGH Aktenzeichen C43415 C-434/15, Asociación

하게 택시 사업자와 경쟁하고 있는지가 다투어진 이 사건에서 유럽사법재판소는 Uber가 단순히 계약의 체결을 중개하는 정보사회서비스(information society service)가 아니며, 이를 넘어 "운송서비스를 제공하는 사업자"에 해당한다고 보았다. 유럽사법재판소의 판결로 Uber는 유럽의 다른 택시회사들과 마찬가지로 운송사업자에 대한 법적 규제를 받을 수도 있는 처지가 되었다. 이러한 유럽사법재판소의 판결은 유럽연합이 디지털 경제와 공용경제(Sharing Economy)[5]가 미래의 중요한 성장동력이 될 것이라고 전망하면서도 공정한 경쟁질서를 통한 소비자보호, 공평한 과세, 그리고 근로자의 보호가 공용경제 플랫폼을 통해 훼손되지 않도록 주의하고 있음을 잘 보여 준다고 할 수 있다.[6]

Uber 스페인 판결은 우리나라에도 중요한 시사점을 제공하고 있다. 현재 공용경제 플랫폼에 대한 새로운 규제의 틀이 모색되고 있지만, 아직 우리 입법자는 Uber와 같은 공용경제 플랫폼에 대한 적극적 규제에 소극적인 편이기 때문이다.[7] 반면 유럽연합에서는 공용경제 플랫폼이

Profesional Elite Taxi v. Uber Systems Spain SL, ECLI:EU:C:2017:981. 이에 대한 평석으로는 Wimmer, 2018, 239-245.

5_ 공용경제 및 공용플랫폼에 관하여 자세한 것은 이병준, 2017, 39면 이하 참조. Sharing economy를 통상 '공유경제'라고 칭하고 있으나, 자원의 공동소유가 아니라 함께 이용하는 공용 내지 나눔의 경제로 칭하는 견해도 존재한다. 같은 취지에서 본 논문에서는 '공유경제'라는 표현을 대신하여 법적으로 보다 정확한 의미를 전달하는 '공용경제'라는 표현을 사용한다. 동일한 취지로는 심재한, 2017, 272면 참고.

6_ 유럽연합 집행위원회의 일자리, 성장, 투자와 경쟁능력에 관한 부총장인 Katainen은 이를 다음과 같이 표현하고 있다: "유럽연합의 경제는 경쟁력 확보를 위하여 상품과 서비스에서 혁신이 요구된다. 다음 단계로 고려될 수 있는 것은 협력적 경제이다. 우리의 역할은 새로운 사업모델이 발전할 수 있는 한편 동시에 충분한 소비자보호가 이루어지고, 공평한 세금이 부과되며 공정한 근로조건이 형성될 수 있도록 법적 환경을 마련하는 것이다"(유럽연합 집행위원회 2016년 6월 2일자 보도자료, IP/16/2001, 2.6.2016, http://europa.eu/rapid/press-release_IP-16-2001_de.htm).

7_ 최근 2018년 3월 22일에 국회에 김수민 의원의 대표발의로 '공유경제기본법안'이 상정되었다(의안번호 2012610, 제안일자 2018년 3월 22일. 자세한 것은 http://likms.assembly.go.kr/bill/billDetail.do?billId=PRC_K1D8U0A3Y2J2Z1L7O5X3G4Y9T2I9Q6 참고, 최종방문 2019년 2월 6일). 이 입법안은 공유경제에 관한 체계적인 규제안을 담고 있는 것으로 보인다. 이 법안에 관한 자세한 분석은 이병준, 2018a, 65면 이하 참고.

단순히 시장 또는 거래 중개자의 역할에 머물지 않고 거래에 영향력을 행사하는 경우, 더 강한 책임을 부과할 수 있는지를 적극적으로 논의하고 있다. 이와 관련하여 유럽연합의 집행위원회는 2016년 6월에 협력적 경제[8]를 위한 어젠다(A European agenda for the collaborative economy)를 발표하여 회원국들에게 법적 · 정치적 지침을 제공하였다.[9] 이 어젠다에서 집행위원회는 온라인 플랫폼이 해당 서비스의 제공자로서 지위를 갖는지는 구체적인 사안에서 개별적으로 판단해야 한다고 보았다. 이와 함께, 협력적 경제 플랫폼이 해당 서비스의 제공자에게 미치는 통제력이나 영향력에 관한 사실적이면서 법률적인 판단표지를 제시하였다.[10] Uber 스페인 판결과 유럽연합 집행위원회의 이 어젠다는 승차공용에 관한 우리나라의 문제에도 충분히 고려될 수 있다.

이 글은 Uber 스페인 사건에 대한 유럽사법재판소의 판결내용을 본격적으로 검토하고, 이를 중심으로 공용경제에 대한 중요한 쟁점들과 이를 바라보는 유럽사법재판소의 관점을 비판적으로 검토하는 것을 목적으로 한다. 이를 통해 현재 우리나라에서 진행되고 있는 공용자동차와 관련된 분쟁에 보다 합리적인 평가의 관점을 제공하고자 한다. 우선, 이 글은 Uber 스페인 판결을 사실관계와 함께 자세히 소개한 후(II), 이 판결의 배경이 된 각국의 입장과 유럽연합에서 문제가 되었던 쟁점들을 소개하고(III), 공용경제 플랫폼을 통한 승차공용 서비스의 쟁점을 자세히 분석한 후(IV), 이러한 분석을 통해 얻은 결론을 우리나라에 적용해

8_ '협력적 경제(collaborative economy)'도 자신이 소유하고 있는 재화에 대한 접근권이나 사용권을 타인과 교환 · 대여함으로써 새로운 가치를 창출한다는 것을 의미하므로 '공용경제(sharing economy)'와 동일 또는 유사용어로 사용되고 있다. 이성엽, 2016, 22면 참고.

9_ COM(2016) 356 final. 이에 관하여 자세한 것은 Cauffman, 2016, 238; Tonner, 2017, 162 참고.

10_ COM(2016) 356 final, 6면. 구체적으로 (1) 이용자들이 지급해야 하는 최종가격을 플랫폼이 결정하는지, (2) 핵심적인 계약조항을 플랫폼이 결정하는지, (3) 거래된 서비스를 이행하는 데 핵심적인 설비를 플랫폼이 소유하고 있는지 등이 이를 판단하는 데 중요한 요소로 고려될 수 있다고 보았다.

본다(V).[11]

II. 유럽사법재판소의 Uber 스페인 판결의 내용

1. 사실관계

Uber는 2014년 스페인에서 사업을 시작하였다. 그러나 곧 스페인 바르셀로나의 택시기사 협회 엘리트 택시(Elite Taxi)는 여객운송 면허 없이 운행하는 Uber가 불공정하게 경쟁하고 있다고 주장하면서 Uber에 대해 소송을 제기하고, Uber 운전자 역시 여객운송에 면허를 받아야 한다고 주장하였다. 잘 알려진 바와 같이 Uber는 전화나 스마트폰 애플리케이션 등을 통해서 운송서비스를 제공하고자 하는 자가용 운전자를, 즉 직업적인 목적이 없는 자가용 운전자를 특정한 도시 내에서 이동을 원하는 고객과 연결하는 서비스를 제공하고 있다. Uber는 지금까지 자신들은 택시회사가 아닌 전자수단을 통해 고객과 자가용 운전자를 연결시켜 이동할 수 있게 도와주는 '디지털 서비스 회사'이며, 따라서 여객자동차 운송사업자에게 필요한 면허가 필요하지 않다고 주장해 왔다.

이에 대하여 스페인 바르셀로나에 소재하고 있는 택시기사 협회인 엘리트 택시는 2014년 10월 29일 바르셀로나 상사법원 제3부에 Uber 스페인의 사업방식이 불공정거래행위에 해당한다는 확인판결을 구하는 소송을 제기하였다. 이와 함께 엘리트 택시는 Uber 스페인에게 휴대폰 내지 인터넷을 통하여 "On-demand" 예약서비스 제공을 중단할 것과 장래

11_ 다만, 본 판결에서 핵심쟁점은 Uber 스페인이 운송사업자의 지위를 갖는가였다. 따라서 택시면허가 없는 자가용운전자를 이용하여 승객을 운송하거나 택시면허 없이 운행하는 자의 불법성 문제는 여기서 다루지 않는다. 또한 플랫폼이 거래플랫폼을 통하여 체결되는 계약의 당사자로 인정될 수 있는 경우가 어떤 경우인지에 관한 문제도 다루지 않는다. 플랫폼이 거래를 중개하면서 거래에 영향력을 행사하는 경우 어떠한 책임을 부담하는지도 별도로 다루지 않는다.

에 이와 같은 서비스를 제공하지 말 것을 요구하였다.

바르셀로나 상사법원 제3부는 Uber 스페인이 스페인에서 활동하고 있는 것이 사실이지만, 국제적인 온라인 플랫폼을 통하여 서비스를 제공하고 있으므로 유럽연합법의 관점에서 평가되어야 한다고 보았다. 또한 Uber 스페인이 불공정거래행위를 하고 있는지를 판단하기 위해서는 사전에 행정관청의 허가가 필요한지가 전제되어야 한다고 보았다. 따라서 Uber 스페인이 제공하는 서비스가 행정관청의 허가가 필요한 '운송서비스'인지, 행정관청의 허가가 필요 없는 '정보사회 서비스'인지, 아니면 양 서비스의 결합인지를 우선 판단할 필요가 있다고 보았다. 특히 Uber 스페인이 제공하는 서비스가 「서비스 입법지침(Directive 2006/123/EC)」[12]과 「정보처리 입법지침(Directive 98/34/EC)」[13]의 적용을 받는 서비스에 해당한다면 불공정하지 않을 수 있다고 보았다. 이러한 이유로 바르셀로나 상사법원은 유럽사법재판소에 선결적 판단(preliminary ruling)을 요청하였다.

2. 유럽사법재판소 판결의 내용

유럽사법재판소는 판결에서 해당 쟁점에 대한 관할권이 있는지, 그리고 소의 당사자능력이 있는지도 다루었다. 그러나 이는 다분히 유럽법적 쟁점이거나 소송법적 쟁점에 해당하므로 이 글에서 구체적으로 다루지 않고 생략한다. 따라서 아래에서는 실체법적 쟁점에 관한 판시 내용만을 소개한다.

"관할법원의 요청과 관련하여, 다음과 같은 점들을 분명히 해야 한다.

12_ DIRECTIVE 2006/123/EC OF THE EUROPEAN PARLAMENT AND OF THE COUNCIL of 12 December 2006 on services in the internal market.

13_ DIRECTIVE 98/34/EC OF THE EUROPEAN PARLAMENT AND OF THE COUNCIL of 22 June 1998 laying down a procedure for the provision of information in the field of technical standards and regions. 1998년 8월 5일 개정된 내용에 관하여는 DIRECTIVE 98/48/EC OF THE EUROPEAN PARLIAMENT AND OF THE COUNCIL of 20 July 1998 amending Directive 98/34/EC laying down a procedure for the provision of information in the field of technical standards and regulations.

우선, 자신이 소유한 차량을 이용하여 여객운송을 하고자 하는 비직업적 운전자와 시내에서 이동을 원하는 자를 연계시켜 주는 중개서비스 (intermediation service)는 차량을 이용하여 사람이나 화물을 한 장소에서 다른 장소로 운송하는 물리적 이동으로 이루어진 운송서비스(transport service)와 원칙적으로 같지 않다. 별도로 행해지는 각각의 서비스는 관할 법원이 언급한 바와 같이 상이한 지침이나 「유럽연합 기능조약(TFEU)」 상의 서비스공급의 자유에 관한 규정과 관련을 맺게 된다.

이에 따라, 스마트폰 애플리케이션을 이용하여 승객과 비직업적 자가 운전자를 연계하거나 예약하는 정보를 중개하는 중개서비스는 「정보처리 입법지침(Direcitve 98/34)」 제1조 2호[14]와 「전자상거래 입법지침(Directive 2000/31)」 제2조 a호[15]에서 말하는 '정보사회 서비스'에 원칙적으로 해당한다. 이러한 중개서비스는 「정보처리 입법지침」 제1조 2호에서 정의하는 바에 따르면, "원칙적으로 유상으로 원격지에서 전자적 방식으로 수령자의 개별적인 요청에 따라 제공되는 서비스"를 의미하게 된다.

반면에 시내에서 개인의 운송을 목적으로 하는 택시 서비스는 「서비스 입법지침(Directive 2006/123)」 제2조 제2항 d호의 "운송서비스(services in the field of transport)"[16]에 해당한다. 이러한 점은 입법이유 제21번에서 잘 드러나고 있다.

14_ 정보사회 서비스 입법지침 제1조 2. "서비스": 모든 정보사회서비스, 즉 일반적으로 대가를 위해 격지자 간 전자적 방식으로 서비스 수령자의 개별적인 요구로 제공되는 모든 서비스 (…) [Article 1 2. "service", any Information Society service, that is to say, any service normally provided for remuneration, at a distance, by electronic means and at the individual request of a recipient of services. (…)].

15_ 2000/31 입법지침 제2조 (a) '정보사회 서비스': 98/48/EC 지침에 의하여 수정된, 98/34/EC 지침 제1조 제2호 규정의 의미 내에 있는 서비스 [Article 2 a) 'information society services': services within the meaning of Article 1 (2) of Directive 98/34/EC as amended by Directive 98/48/EC].

16_ 2006/123 입법지침 제2조 2. 이 지침은 다음의 활동에는 적용되지 않는다. (d) 협약 제4장의 적용범위 내에 있는 항만서비스를 포함하는 운송 영역의 서비스[Article 2 2. This Directive shall not apply to the following activities: (d) services in the field of transport, including port services, falling within the scope of Title V of the Treaty].

그러나 본 사안에서 문제 되는 서비스는 스마트폰 애플리케이션을 통해 비직업적 자가운전자를 시내에서 이동을 원하는 자와 연계해 주는 단순한 중개서비스에 해당한다고 보기는 어렵다.

관할법원이 문제삼고 있는 상황에서는, 즉 승객이 자가운전자의 차량을 통해 운송되는 경우, 해당 중개서비스의 제공자는 스마트폰 애플리케이션과 같은 소프트웨어 툴을 통해 접속할 수 있는 시내 운송서비스를 제공하는 것과 같으며, 시내에서 이동하려는 자들의 이익을 위하여 이 운송서비스를 조직하는 역할을 맡는 것과 같다.

이와 관련하여 우리 법원에 제출된 자료들을 통해서 다음과 같은 점을 인정할 수 있다. Uber의 중개서비스는 비직업적 자가운전자의 선정행위가 그 출발점이 되며, 이러한 자가운전자에게 Uber는 애플리케이션을 제공한다. 그리고 이 애플리케이션이 없다면 운전자는 운송서비스를 제공할 수 없을 것이며, 시내에서 이동하고자 하는 자들 역시 이 운전자의 운송서비스를 이용할 수 없을 것이다. 더 나아가, Uber는 운전자들이 서비스를 제공하는 조건에 대하여 결정적인 영향력을 행사한다. 그리고 Uber에서 운송료의 최고한도를 정하고 운송료를 직접 고객으로부터 받은 다음 일정한 한도를 비직업적 운전자에게 이체한다. 또한 Uber는 운전자를 애플리케이션에서 퇴출시킬 수 있는 사유가 되는 자동차의 품질, 운전자 및 운전자의 행태에 대하여 일정한 통제권한을 갖고 있다.

따라서 Uber의 중개서비스는 운송서비스를 주된 요소로 하는 종합서비스로 보아야 한다. 따라서 Uber의 서비스는 「정보처리 입법지침」 제1조 2호에서 정의하고 있고 「전자상거래 입법지침」도 고려하고 있는 단순한 '정보사회 서비스'가 아니라, 「서비스 입법지침」 제2조 제2항 d호에서 정하고 있는 '운송서비스'로 보아야 한다.

이러한 성질결정은 기존 유럽사법재판소의 판례와도 부합한다. 즉, 유럽사법재판소의 판례는 "운송서비스" 개념을 운송서비스 그 자체만으로 국한하지 않고, 운송수단을 통하여 사람이나 물건을 한 곳에서 다른 곳으로 운송하는 모든 물리적 행위와 본질적으로 관련되어 있는 모든 서비스를 포괄하는 것으로 보고 있기 때문이다.

결과적으로 「전자상거래 입법지침」은 이 사건의 중개서비스에는 적용될 수 없다.

또한 이 서비스가 운송서비스로 평가되는 이상 「서비스 입법지침」의 적용도 받지 않는다. 왜냐하면, 이 지침은 명시적으로 이 지침 제2조 제2항 d호에 의하여 운송서비스에 적용되지 않기 때문이다.

더 나아가, Uber의 중개서비스는 운송서비스로 평가되기 때문에 일반적인 서비스제공의 자유를 다루는 「유럽연합 기능조약(TFEU)」 제56조[17]의 규율을 받지 않으며, 오히려 "운송서비스 제공의 자유는 운송에 관한 장에서 정하는 바에 따른다"는 「유럽연합 기능조약(TFEU)」 제58조 제1항[18]이 적용된다.

따라서 「유럽연합 기능조약(TFEU)」상 서비스제공 자유의 원칙은 유럽연합 내에 공통의 운송정책을 수립함으로써 달성되어야 한다.

그럼에도 불구하고, 시내 개인운송과 이와 밀접하게 관련된 서비스들, 구체적으로 이 사건에서 문제된 중개서비스에 대하여 유럽연합 의회와 유럽연합 이사회는 「유럽연합 기능조약(TFEU)」 제91조[19]에 따라 어떠한

17_ 유럽연합기능조약 제56조. 아래 규정의 틀 내에서 유럽연합 내에서 서비스를 제공하는 자유에 대한 제한은, 서비스가 의도된 회원국 구성원을 제외하고는, 회원국에 설립한 회원국 구성원에 대하여서는 금지된다. 유럽의회 및 이사회는 적절한 입법절차에 따라 이 장이 제3국의 국적을 가지지만 유럽연합 내에 거주하는 서비스 이행자에게도 적용된다는 점을 결의할 수 있다[Article 56 Within the framework of the provisions set out below, restrictions on freedom to provide services within the Union shall be prohibited in respect of nationals of Member States who are established in a Member State other than that of the person for whom the services are intended. The European Parliament and the Council, acting in accordance with the ordinary legislative procedure, may extend the provisions of the Chapter to nationals of a third country who provide services and who are established within the Union].

18_ 유럽연합기능조약 제58조 1. 운송 분야에서 서비스를 제공하는 자유는 운송에 관한 장 규정에 의하여 규율된다[Article 58 1. Freedom to provide services in the field of transport shall be governed by the provisions of the Title relating to transport].

19_ 유럽연합기능조약 제91조 1. 제90조를 이행하고 운송의 특수성을 고려하기 위하여, 유럽연합 의회와 이사회는, 적합한 입법절차에 따라 경제사회위원회와 지역위원회의

공통의 규정을 두고 있지도 않으며, 기타 조치를 취한 바도 없다.

따라서 현재의 유럽연합법의 상황을 살펴보면, 이 사건에서 문제 된 중개서비스가 어떠한 조건하에 유럽연합 기능협약의 일반규정에 부합하게 서비스를 제공할 수 있는지를 유럽연합 회원국들이 직접 규율해야 한다고 할 것이다.

따라서 관할법원의 첫 번째, 두 번째 선결적 질의에 대한 답은 다음과 같다. 「유럽연합 기능협약(TFEU)」 제56조를 「유럽연합 기능협약」 제58조 제1항 및 「서비스 입법지침」 제2조 제2항 d호와 함께 해석하면, 그리고 「정보처리 입법지침」 제1조 2호, 「전자상거래 입법지침」 제2조 a호를 해석하면, 이 사건에서 문제된 중개서비스는 ⋯ 본질적으로 운송서비스로 평가되어야 하며, 따라서 「유럽연합 기능협약(TFEU)」 제58조 제1항에서 말하는 '운송서비스'로 보아야 한다. 결과적으로 이러한 서비스는 「유럽연합 기능협약(TFEU)」 제56조, 「서비스 입법지침」 및 「전자상거래 입법지침」의 적용범위에 포함되지 않는다."

자문 후에, 다음의 사항을 정하여야 한다. (a) 하나의 회원국 영토로의 또는 영토로부터의 국제운송 또는 하나 또는 그 이상의 회원국 영토를 넘어서는 국제운송에 적용되는 공통규칙; (b) 비거주 운송인이 회원국 내에서 운송 서비스를 운영할 수 있는 조건; (c) 운송안전을 향상시키는 조치; (d) 기타 적절한 규정; 2. 제1항에 언급된 조치가 채택되는 경우, 그러한 적용이 특정 지역의 생활수준 및 고용수준, 그리고 운송시설의 운영에 중대한 영향을 미치는 사례들이 고려되어야 한다[Article 91 1. For the purpose of implementing Article 90, and taking into account the distinctive features of transport, the European Parliament and the Council shall, acting in accordance with the ordinary legislative procedure and after consulting the Economic and Social Committee and the Committee of the Regions, lay down: (a) common rules applicable to international transport to or from the territory of a Member State or passing across the territory of one or more Member States; (b) the conditions under which non-resident carriers may operate transport services within a Member State; (c) measures to improve transport safety; (d) any other appropriate provisions. 2. When the measures referred to in paragraph 1 are adopted, account shall be taken of cases where their application might seriously affect the standard of living and level of employment in certain regions, and the operation of transport facilities].

III. Uber 스페인 판결의 배경과 쟁점

1. Uber에 대한 세계적인 규제 배경

Uber 스페인 판결을 이해하기 위해서는 우선 Uber 서비스의 문제점과 그에 대한 규제를 이해할 필요가 있다. 우리나라뿐만 아니라 다른 나라에서도 자동차를 통한 유상의 여객운송에는 행정관청의 허가 또는 면허가 필수적이다.[20] 유럽연합 내 대부분의 회원국에서도 이러한 사정은 마찬가지다(Frazzani, et al, 2016, 61). 엄격한 허가요건과 절차를 요구하고 있는 나라에서 Uber와 같은 승차공용 플랫폼은 많은 논란을 가져올 수밖에 없다. 이 중 논란의 핵심은 Uber가 제공하는 'UberPop'이라는 서비스이다.[21] 이 서비스는 스마트폰 앱을 통하여 개인승용차를 활용한 도시 내 여객운송을 가능하게 하며, 이를 위하여 예약, 결제 및 이용후기 시스템을 제공하고 있다. 'UberPop'의 사업모델은 공용경제를 실현하는 개인이 여객운송 서비스를 제공하는 것을 그 출발점으로 한다. 따라서 운전자는 택시면허가 필요 없고, 행정관청의 허가나 요금 또는 운송업에 관한 규정의 적용도 받지 않는다고 주장한다.[22] 이러한 법적 규제들은 '유휴자원의 효율적 활용'과 '혁신'이라는 공용경제의 취지에 밀려 의식

20_ 우리나라에서 Uber에 대한 규제를 논하는 문헌으로 특히 심재한, 2017, 276면 이하; 이희정, 2017, 62면 이하 참조.

21_ UberPop과 UberX의 개략적인 차이점에 대해서는 https://www.uber.com/en-CH/blog/lausanne/from-uberpop-to-uberx/ 참고(최종방문 2019년 2월 7일).

22_ UberPop의 스위스 내 논쟁에 대해서는 "Uber cancels low-cost UberPop service in Zurich", The Local, 10 August 2017, https://www.thelocal.ch/20170810/uber-cancels-low-cost-uberpop-service-in-zurich 참고(최종방문 2019년 2월 7일). UberPop의 이탈리아 내 논쟁에 대해서는 "The European court stops UberPop, not Uber. A new legislation for digital start-ups is needed", eunews, 20 dicembre 2017, https://www.eunews.it/2017/12/20/the-european-court-stops-uberpop-not-uber-new-legislation-for-digital-start-ups-is-needed/98792 참고(최종방문 2019년 2월 7일).

적으로 경시되고 있다. 결과적으로 시장에는 법적 규제를 받는 사업자
와 법적 규제를 받지 않는 경쟁자가 혼재하는 상황이 되었으며, 기존 사
업자의 격렬한 반대를 불러오게 되었다. 현재 우리나라를 포함한 많은
나라에서는 이러한 사업모델을 금지하고 있는 중이다.[23]

[그림 1] 유럽연합 내에서 Uber 서비스가 허용되는 회원국 분포[24]

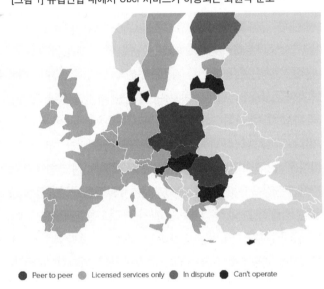

● Peer to peer ● Licensed services only ● In dispute ● Can't operate

---

23_ 우리나라에 Uber가 진출한 것은 2013년이었으나, 2014년에 이미 서울시가 Uber가 여객
   자동차운수사업법 위반을 하고 있다는 이유로 불법서비스로 규정하고 단속을 실시하
   였다. 국회에서 여객자동차운수사업법의 개정이 있었고 위치정보보호법 위반을 이유
   로 방송통신위원회로부터 고발을 당하자 Uber코리아는 2015년 3월부터 Uber X(일반
   차량을 이용한 승차공유 서비스)를 중단하였다. 현재는 프리미엄 콜택시 서비스인
   Uber Black과 장애인과 교통약자를 위한 Uber Assist 서비스를 제공하고 있다. 최근에
   이에 추가하여 배달서비스인 Uber East와 카풀 서비스인 Uber Share를 제공하기 시작
   하였다.
24_ 유럽연합 내에서 Uber 서비스가 허용되는 국가와 허용되는 형태, 자세한 것은 https://
   www.politico.eu/article/uber-ecj-ruling/ 참고(2019.2.4. 최종방문).

Uber가 비난을 받는 가장 중요한 이유는 Uber 운전자가 택시 운전자에게 적용되는 법적 규제를 받지 않는다는 점에 있다. 우선 이러한 규제 우회는 불공정한 경쟁을 유발하므로 경쟁법적으로 위법하다는 점을 들 수 있다. 또한 소비자들도 법적 규제를 받는 운송사업자의 경우와 달리 Uber 운전자의 자동차 안전과 보험가입을 신뢰할 수 없고, Uber 운전자에게 운송사업자와 같은 법률상 의무, 예를 들면 정당한 사유 없이 여객의 승차를 거부하거나 중도에 여객을 내리게 하는 행위를 금지하거나 여객의 편의나 안전을 위하여 법적으로 지켜야 하는 의무를 주장할 수 없어 불리하다는 문제점이 지적되고 있다(Rogers, 2017, 85). 이러한 문제의식에 근거하여, 독일에서는 다수의 경쟁법 소송[25] 내지 질서법 소송[26]이 제기되었고, 결과적으로 'UberPop'뿐만 아니라 'UberBlack'도 금지되었다.[27]

그러나 유럽연합의 회원국들이 모두 Uber에 부정적인 것은 아니다. 각 회원국들은 Uber의 사업모델에 대하여 상이한 시각을 갖고 있으며, Uber 서비스의 규제에 대해서도 다양한 접근방법을 택하고 있다. 구체적으로 프랑스는 'UberPop'을 판례를 통하여 금지하긴 하였으나, 프랑스 회사이면서 유럽 전역에 서비스를 하고 있는 'BlaBlaCar'의 사업모델을 침해하지 않으려고 조심하고 있다.[28] 에스토니아와 핀란드의 입법자

25_ 이와 관련된 독일 판례로 OLG Frankfurt, Urt. v. 9.6.2016 - 6 U 73/15, GRUR-RR 2017, 17 f. ; BGH, Vorlagebeschluss v. 18.5.2017 - I ZR 3/16.

26_ 이와 관련된 독일 판례로 OVG Hamburg, Beschl. v. 24.9.2014 - 3 Bs 175/14, NVwZ 2014, 1528 ff.; OVG Berlin-Brandenburg, Beschl. v. 10.4.2015 - OVG - 1 S 96.14 , CR 2015, 376 ff.; 이와 관련된 논의로 Wimmer/Weiß, 2015, 80 f.

27_ UberBlack에 관하여 독일의 상황에 대한 소개로는 MMR-Aktuell 2019, 413151. 또한 "No go for Uber Black, rules top German court", DW 13. 12. 2018, https://www. dw.com/en/no-go-for-uber-black-rules-top-german-court/a-46717408 참고(최종방문 2019년 2월 7일).

28_ 'BlaBlaCar'는 시내에서 여객운송을 목적으로 하는 'Uber'와 달리 여객의 도시 간 이동을 목적으로 하고 있다. 양자의 차이점에 대하여 개략적인 소개로는 "How BlaBlaCar Is Different From Uber", Entrepreneur, Sep. 8, 2015, https://www.entrepreneur. com/article/250420 참고(최종방문 2019년 2월 7일).

들은 Uber가 제공하는 서비스에 대하여 긍정적인 입장을 취하고 있다.[29] Uber가 유럽 내 본사를 두고 있는 네덜란드는 Uber를 강하게 규제할 이익이 없으나, 그럼에도 불구하고 'UberPop'은 법원에 의하여 금지되고 있다.[30] 덴마크나 헝가리와 같이 강한 규제를 하고 있는 나라에서는 Uber가 더 이상 사업을 하고 있지 않다.[31]

2. Uber 스페인 판결의 쟁점: 정보사회 서비스인가 아니면 운송서비스인가?

이미 살펴본 바와 같이 유럽사법재판소가 Uber 스페인 판결에서 다룬 핵심쟁점은 'UberPop' 서비스에 대하여 유럽연합법은 회원국에게 어떠한 법적 의무를 지우고 있고, 또한 지울 수 있는지였다. 유럽연합은 상품과 노동력의 제공이 역내에서 자유롭게 이루어질 수 있는 시장을 만드는 것을 목표로 하고 있으며, 따라서 원칙적으로 서비스제공의 자유는 보장되어야 한다.[32] 이에 따라 「전자상거래 입법지침(Directive 2000/31/EC」 제4조 제1항[33]과 「서비스 입법지침(Directive 2006/123/EC)」 제9조 제1항[34]은 회원국에 의한 진입규제를 제한적으로만 인정하고 있

29_ Scott, Uber is a transportation company, Europe's highest court rules, Politico, 20.12.2017, https://www.politico.eu/article/Uber-ecj-ruling/ 참고(최종방문 2019년 2월 7일).

30_ College van Beroep voor het bedrijfsleven, Urt. v. 8.12.2014, AWB 14/726, ECLI: NL:CBB: 2014:450.

31_ Uber stoppt Betrieb in Dänemark, heise online, 28.3.2017, https://www.heise.de/newsticker/meldung/Uber-stoppt-Betrieb-in-Daenemark-3666875.html.

32_ 이에 관하여 자세한 것은 http://www.europarl.europa.eu/factsheets/en/sheet/40/freedom-of-establishment-and-freedom-to-provide-services 참고(최종방문 2019년 2월 7일).

33_ 전자상거래입법지침 제4조 제1항: Member States shall ensure that the taking up and pursuit of the activity of an information society service provider may not be made subject to prior authorisation or any other requirement having equivalent effect.

34_ 서비스입법지침 제9조 제1항: Member States shall not make access to a service

으며 원칙적으로는 자유로운 서비스제공을 법률로 보장하고 있다.

그러나 유럽사법재판소는 'UberPop'을 「서비스 입법지침」제2조 제2항 d호의 운송서비스로 평가하고 있어 「서비스 입법지침」상의 자유제한 금지규정이 'UberPop'에는 적용되지 않는다고 보았다. 또한 「유럽연합 기능조약」제56조의 자유제한 금지규정의 적용을 받지도 않는다고 보았다(Tiedje, 2015, Art. 58 AEUV Rn. 2). 즉, 서비스제공이 법률상 자유롭게 보장된 영역이 아니라고 보았다. 오히려 「유럽연합 기능조약」제90조에 따라 운송영역 서비스의 자유는 "공통의 교통정책에 따라(within the framework of a common transport policy)" 정해진다고 보았다. 이에 따라 유럽연합은 공통의 교통정책에 따라 규범을 만들 수 있고 운송서비스의 자유를 제한할 수도 있다. 그러나 아직 유럽연합이 공통의 교통정책에 따라 공통의 규범을 만들지는 않으므로, 유럽연합 회원국들이 자국의 판단에 따라 교통정책과 이를 규제하는 입법을 스스로 만들어서 시행할 수 있다고 본 것이다(Tiedje, Art. 58 AEUV Rn. 47).

Uber의 서비스를 「서비스 입법지침」제2조 제2항 d호의 운송서비스로 평가한 유럽사법재판소의 판단은 타당한 것으로 볼 수 있다. 분명한 것은 Uber 서비스의 운전자가 운송에 관한 용역을 제공한다는 점이고, Uber가 이러한 운전자를 애플리케이션을 통해 고객에게 중개한다고 하여 Uber 서비스를 "정보사회 서비스(information society services)"로 편입하여 허가요건을 이유로 제한을 가할 수 없는 서비스(「전자상거래 입법지침」제3조 제2항, 제2조 h호)로 볼 수는 없다는 점이다. 이러한 점들은 Uber

---

activity or the exercise thereof subject to an authorisation scheme unless the following conditions are satisfied:

(a) the authorisation scheme does not discriminate against the provider in question;

(b) the need for an authorisation scheme is justified by an overriding reason relating to the public interest;

(c) the objective pursued cannot be attained by means of a less restrictive measure, in particular because an a posteriori inspection would take place too late to be genuinely effective.

스페인 판결의 2017년 5월 11일 최종변론에서 법무관(advocate general) M. Szpunar가 이미 지적한 바 있다.[35] 즉, Szpunar는 Uber 스페인의 서비스가 차량의 운행비를 보상받는 정도를 넘어 별도의 운송수익을 운전자에게 가져다주고 있기 때문에 "공용경제"를 구현하는 서비스로 보기 어렵고, Uber가 단지 운송수요와 공급을 중개하는 역할에 머물지 않고 오히려 운송서비스의 공급을 창출해 내고 운송서비스의 가격과 같은 본질적인 부분들을 규율하거나 서비스의 방법을 통제하고 있으며 Uber 운전자 역시 Uber 플랫폼 없이 독립적으로 영업을 할 수 있는 자들이 아니므로 단순한 "중개서비스"로 보기도 어렵다고 보았다.[36] 결과적으로 Uber 스페인은 그 자체로 바로 시내 '운송서비스'를 제공하는 자로 보아야 하며, Uber 서비스가 갖는 혁신성은 운송서비스 영역에서의 혁신성이라고 평가해야 한다고 보았다. Uber 서비스를 '운송서비스'로 평가하고 Uber 운전자를 독립적으로 영업을 하는 자로 보지 않았기 때문에 시장 내에서 허가를 받아야만 하는 사업자와 Uber 운전자 간의 경쟁법적 쟁점을 Szpunar는 다루지 않았다.[37]

Uber 스페인의 서비스를 '운송서비스'로 보았기 때문에 Uber 서비스에 대한 규제를 회원국들은 자유롭게 할 수 있게 되었다. 그런데 이러한 결론은 '운송서비스'라는 개념을 어떻게 이해하는지에 따라서 달라질 수 있다. 「유럽연합 기능조약」과 「서비스 입법지침」 모두 운송서비스의 개념을 직접 정의하고 있지 않기 때문에, '운송서비스'의 개념을 정의하는 것이 이 판결에서 또 다른 중요 쟁점이 될 수밖에 없었다. 이와 관련

35_ Szpunar, ECLI:EU:C:2017:364 = BeckRS 2017, 109869 Rn. 64-66 – Asociación Profesional Elite Taxi [Rs. C-434/15]).

36_ Opinion of Advocate General Szpunar, delivered on 11 May 2017, Case C-434/15, No. 42, 43, http://curia.europa.eu/juris/document/document.jsf?text=&docid=190593&pageIndex=0&doclang=en&mode=lst&dir=&occ=first&part=1&cid=10949236 참고 (최종방문 2019년 2월 7일).

37_ 이러한 Szpunar의 입장은 유럽사법재판소의 판결에서도 채택되었다. Judgment of the Court, 20 December 2017, C-434/15, No. 48.

하여 「서비스 입법지침」 제2조 제2항 및 「유럽연합 기능조약」 제58조 제1항에서는 '운송 영역에서의 서비스(services in the field of transport)'라는 표현을 사용하고 있음에 비하여 「서비스 입법지침」 입법이유 21에서는 '운송서비스(transport services)'라는 표현을 사용하고 있고,[38] 전자의 개념이 후자의 개념보다 언어적으로 넓은 의미가 있다는 점을 유의해야 한다.[39] 「서비스 입법지침」상의 표현이 의도 없이 사용된 것은 아니므로, 입법지침의 입법적 배경을 고려할 때 「서비스 입법지침」이 그 적용을 배제하고 있는 운송서비스는 단순한 운송 그 자체만을 목적으로 하는 서비스로 제한될 필요가 없다. 이러한 점은 입법이유 21과 33을 함께 검토하면 보다 분명해진다. 「서비스 입법지침」의 입법이유 21은 운송서비스에 시내 여객운송, 택시, 구급차, 항만운송 서비스 등이 포함된다고 설명하고 있으나, 입법이유 33은 입법지침에서 말하는 서비스가 계속 변화하고 있으며, 서비스의 대표적인 예시로 자동차임대 서비스와 여행사 서비스를 들고 있기 때문이다. 따라서 「서비스 입법지침」 및 「유럽연합 기능조약」에서 말하는 '운송서비스'는 여객과 상품의 물리적인 운송, 그 자체는 물론, 이러한 물리적 운송서비스와 자연스럽게 연계되어 있는 모든 서비스라고 볼 수 있다.

여객운송은 운송서비스의 범주에 의심의 여지없이 속한다. 그런데 운송 영역의 서비스가 하나로 통일된 복수의 서비스이고 그 계약법적 무게중심이 운송, 그 자체가 아니라 전자상거래라면 이 서비스가 운송 영역의 서비스임에도 불구하고 운송서비스로서의 성질이 부정될 수도 있다. Uber 스페인 판결도 이러한 사정에 주의하고 있다. 하지만 법무관 Szpunar와 유럽사법재판소는 Uber 스페인이 제공하는 서비스가 통합적 서비스임을 인정하고 있음에도 그 계약의 본질은 전체적으로 보았을 때 여객운송 서비스라고 보았다. 최종적으로 유럽연합은 운송서비스에 대

38_ 다만, 독일어로 작성된 「서비스입법지침」은 운송서비스(Verkehrsdienstleistungen) 라고 표현하여 동일한 표현을 사용하고 있다.

39_ EuGH, ECLI:EU:C:2015:685 Rn. 41 = NVwZ 2016, 218 – Grupo Itevelesa.

한 통일된 정책을 만들고 이에 따라 입법을 할 수 있는 권한을 가지고 있으나, 아직 입법적 조치를 취하지 않고 있기 때문에 각 회원국들은 운송 서비스 영역에 대한 규제를 자국의 국내입법을 통하여 자유롭게 형성할 수 있다는 결론에 이르게 된 것이다.

IV. 공용경제 플랫폼을 통한 승차공용 서비스의 쟁점

1. 공용경제 플랫폼과 관련된 근본적인 법적 쟁점

이번에는 Uber 스페인 사건을 공용경제 플랫폼이라는 보다 넓은 관점에서 다시 살펴본다. Uber와 같은 거래플랫폼들은 단순히 시장 내에서 중개자의 역할을 담당하는 외에도 다양한 추가 서비스를 제공함으로써 계약관계에서 더 많은 영향력을 행사하고 계약의 성질에 영향을 미치는 경우가 많다(De Franceschi, 2016, 57). 즉, 많은 거래플랫폼들은 약관으로 플랫폼을 통하여 체결되는 계약의 조건을 정할 뿐만 아니라, 그 판매대금의 결정에 직·간접적으로 간섭을 하며, 계약의 이행이나 결제에도 관여하여 판매대금을 직접 수령하기도 한다. 더 나아가 청약철회, 반품 등의 조건을 정하고, 이러한 권리의 행사조건을 직접 결정하며, 반환과정이나 절차를 직접 진행하기도 한다. 이처럼 플랫폼이 단순한 중개자의 지위를 벗어나 거래에 다양한 영향력을 행사하는 이유는 플랫폼이 시장을 자신에게 유리한 방향으로 규정하고 지배하길 원하기 때문이다. 따라서 플랫폼이 공개적으로 언명하고 있는 중개자의 지위와 책임을 넘어 플랫폼이 실제로 행하고 있는 역할에 상응하는 지위와 책임을 부과할 필요가 있다는 주장이 등장하고 있으며, 구체적으로 어떠한 지위와 책임이 타당한지가 여러 국가와 다양한 문헌에서 다투어지고 있다(이병준, 2019, 11).

Uber와 같은 공용경제(sharing economy) 플랫폼들은 플랫폼을 통한 거래관계가 사업자와 소비자 간의 계약(B2C)이 아니며, 개인들 간의 계약(P2P)이라고 주장하기도 한다. 공용경제는 유휴자원을 소유하고 있는 자가 공급자가 되어 플랫폼을 통하여 이를 필요로 하는 다른 개인에게 유상 또는 무상으로 제공하는 것을 의미하고,[40] 따라서 공용경제는 개인들 간 거래(P2P)의 형태로 행해지기 때문이다. 실제로 순수한 형태의 공용경제에서는 전통적인 산업사회에서 존재하는 사업자와 소비자라는 도식이 성립하지 않는다.[41] 그러나 이러한 공용경제 플랫폼의 주장은 사실 사업자 또는 소비자라는 개념에 기초한 각종 규제를 우회하기 위한 목적을 갖는 경우가 많아서 이를 곧이곧대로 받아들이기 어렵게 한다. 즉, 공용경제 플랫폼을 통해 운송서비스를 제공하는 자가 사업자가 아니라고 한다면 이 서비스를 제공하는 개인은 「여객자동차 운수사업법(여객자동차법)」제4조 제1항에서 정하는 택시면허가 필요하지 않고, 숙박시설을 제공하는 자가 사업자가 아니라고 한다면 이 숙박시설을 제공하는 개인은 「공중위생관리법」 제3조 제1항에서 정하는 공중위생영업(숙박업) 신고를 하지 않아도 되며, 각 법률상 사업자가 부담하는 기타 의무역시 준수할 필요가 없기 때문이다. 또한 해당 계약이 개인들 간의 거래

40_ 개념에 대하여 구체적인 것은 https://dictionary.cambridge.org/dictionary/english/sharing-economy 참고(최종방문 2019년 1월 6일).

41_ 공용경제에 있어서 사업자와 개인을 구분하는 문제는 매우 중요한 핵심적인 문제에 해당한다. 최근에 이와 관련하여 상법상의 당연상인이 되는 영업행위(상법 제46조 제2호)를 바탕으로 영리를 목적으로 반복적으로 빌려준다면 상인으로 보아야 하며, 상법의 일반적 기준인 영업의사 개관적 인식가능성설에 기초해서 보면 기본적으로 이익추구를 목적으로 하는 P2P 플랫폼에 자신의 물품을 등록한 시점에 상인이 된다는 견해가 주장되었다(심재한, 2017, 275면). 하지만 이 논의가 근본적으로 설명하지 못하고 있는 부분은 바로 언제 이익추구를 목적으로 하는 영업행위를 인정할 수 있느냐의 문제이다. 공용경제를 실현하는 개인과 사업자 사이의 구분의 문제가 어려운 것은 바로 이러한 사업적 의사 내지 사업자로서의 객관적 기준설정이 어렵기 때문이다. 독일에서는 이와 관련하여 '사적 재산관리'를 목적으로 이익을 누리더라도 이러한 행위를 사업자로서 한 행위로 볼 수 없다는 판례이론이 있다. 이 이론이 설득력이 있고 소득의 창출을 목적으로 자신 소유의 자산을 활용하여 공용경제를 실현한다고 하여 당연히 그 자를 사업자로 볼 수는 없다. 이에 관하여 자세한 것은 이병준, 2018b, 88면 참조.

라면 사업자와 소비자 사이의 관계를 전제로 하는 소비자법을 적용할 수도 없게 된다.

이러한 주장에 따라 현재 공용경제 플랫폼들은 각종 법률상의 규제를 최대한 우회하여 비용을 절감하며 사업을 수행하고 있으며, 결과적으로 이러한 규제를 직접 받아야만 하는 시장 내의 다른 전통적 사업자와 이해관계의 충돌이 발생하고 있는 실정이다. 더욱이 많은 수의 공용경제 플랫폼들은 현재 단순히 개인이 서비스나 상품의 공급자가 되는 것이 아니라, 사업자들이 공급자 역할을 맡는 혼합형태로 발전하고 있으며, 특히 개인이 공급자인 경우일지라도 그 개인의 거래량이 증가하면 단순한 개인이 아니라 사업자의 지위를 가질 수 있다는 점에서 공용경제 플랫폼과 전통적 사업자 간의 이해충돌은 점점 더 거세질 수밖에 없어 보인다(이병준, 2018a, 64 각주 3).

2. 운송 계약상의 당사자 확정의 문제

Uber 스페인 판결에서 유럽사법재판소는 플랫폼인 Uber 스페인의 계약상 지위를 운송서비스 공급자로 명시적으로 평가하지는 않았다. 사실 Uber 스페인 판결은 고객이 체결한 운송계약의 상대방이 누구인지를 정하는 것이 쟁점이 되지 않았다. Uber 스페인 판결에서 쟁점이 되지는 않았지만, 운송계약의 당사자가 누구인지는 계약법상 책임의 주체를 확정하고 고객과 플랫폼 간 계약의 성질을 정하기 위하여 필수적인 요소라는 점에서 검토의 필요성이 있다.

이와 관련하여 특히 유럽연합의 회원국 법원에서 거래플랫폼을 고객과 체결한 거래계약의 당사자로 보는 판결이 늘어나고 있다.[42] 구체적으로 예를 들면, 독일 함부르크 고등행정법원은 'UberPop' 서비스를 제공하는 Uber를 여객운송법(Personenbeförderungsgesetz, PBefG) 제2조 제1항

---

[42]_ 예컨대 Italian Competition Authority, 9.3.2016, No. 25911, Amazon-Marketplace-Garanzia legale, Bollettino 11/2016, 38.

4호의 차량을 운전하는 여객운송 사업자(Unternehmer)라고 판단하였다 (여객운송법 제2조 제1항 2문).[43] 이 판결에서 법원은 Uber를 고객과 계약을 직접 체결하는 여객운송 서비스의 채무자로 보았고, 단순히 승차공용을 중개하는 자라고 평가하지는 않았다. 독일 여객운송법상 사업자가 되기 위해서는 운송(運送, Verkehr)을 자신의 이름과 계산으로, 그리고 자기의 책임하에 행해야 한다(PBefG 제3조 제2항 1문). 물론 여기서 운송에 단순한 운송서비스의 중개가 포함되지는 않는다. 그렇다고 하여 운송사업자가 되기 위하여 사업자 자신이 직접 자동차를 소유할 필요는 없다. 중요한 것은 운송사업자가 자동차, 시설과 인력에 대한 결정권을 가지고 있는 가라고 한다.[44]

한편, 사업자가 운송계약과 그 이행에 중요한 영향력을 행사하고 있는지를 판단하기 위해서는 계약관계와 그 이행과정을 살펴볼 필요가 있다. 특히 중요한 것은 계약관계를 설계하는 사업자가 아닌 승객의 입장에서 계약관계와 그 이행과정을 살펴보아야 한다는 점이다. 즉, 승객의 입장에서 플랫폼과 운전자 중 누구를 서비스의 제공자로 보는가를 기준으로 판단해야 한다(Liese, 2015, 226). 함부르크 고등행정법원 역시 이 사건에서 계약의 성질을 결정하면서 Uber가 계약에 어떠한 관여를 하고 있는지를 승객의 입장에서 중점적으로 검토하였다. 실제로 Uber는 운송료를 직접 결정하고 있었으며, 이용자들이 운송료, 취소 수수료 등 각종 수수료를 운전자가 아니라 직접 Uber에 지급하고 있었으며, 영수증 역시 Uber가 직접 발급하였고, 현금으로 운송료를 지급하거나 팁을 주는 행위 등도 금지되고 있었다는 사실이 인정되어 Uber가 중요한 계약조건을 직접 통제하고 있다는 평가를 받았다. 또한 Uber는 직접 운전자와 분명한 근로조건하에 계약을 체결하였고, 40시간의 대기시간(Available Hours)에 대하여 "보조금(Unterstützungsgebühr)"이라는 형태로 보수를 지급하였으며, 실제로 이행된 운송에 대하여 Uber가 운전자에게 보수를

43_ OVG Hamburg, NVwZ 2014, 1528.

44_ BVerwG, NVwZ 1992, 1189.

지급하였으며, 운전자의 근로 역시 전적으로 Uber가 제공하는 애플리케이션을 통해 결정되었다는 점에서 Uber가 승객과의 계약체결을 위한 광고부터 승객의 운송, 그리고 최종적으로는 운전자에 대한 보수지급까지 모든 계약과정에 핵심적인 역할을 하고 있다고 평가하였다.[45]

3. 경쟁법적 관점에서 불공정거래행위의 문제

Uber의 계약당사자 또는 운송사업자로서의 지위에 관한 함부르크 고등행정법원의 입장은 여러 문헌과 판례에서 지지를 받고 있으나(Bidinger, 2014, § 2 PBefG Rn. 233; Nebel/Kramer, 2015, 1532; Liese, 2015, 226; Alexander/Knauff, 2015, 202; Ingold, 2014, 3338), 일부 법원은 Uber와 같은 승차공용 플랫폼과 승객 간의 운송계약의 위법성 문제를 함부르크 고등행정법원과 달리 경쟁법의 관점에서 해결하고 있다. 구체적으로 프랑크푸르트 고등법원은 'UberPop' 서비스를 제공하는 Uber가 운송계약의 사업자로서 계약의 당사자임을 인정하고 있지만, 설령 Uber를 단순히 독립적 사업자와의 운송계약을 중개하는 중개자로 보는 경우라도 경쟁법의 관점에서 Uber의 'UberPop' 서비스는 위법하다고 평가하였다.[46] 이 서비스를 통해 Uber는 여객운수법(PBefG)상의 여객운송면허(Betriebsgenehmigung zur Personenbeförderung)를 가지고 있지 않은 운전자를 모집하고, 무허가 운송사업자의 운송사업을 중개하고, 이들에게 보수를 지급하는 등 위법행위를 방조하였기 때문이다. 결과적으로 Uber는 자신이 직접 경쟁법 규정상의 수범자가 아님에도 불구하고 제3자의 위반행위에 대하여 방조책임을 부담하게 된다고 보았다.[47] 물론 Uber가 이러한 책임을 지기 위해서는 Uber가 운전자의 경쟁법 위반행위를 고의적으로 방조한 경우여야

45_ Hamburgisches OVG, Beschluss vom 24.09.2014 - 3 Bs 175/14, Rn. 20f.

46_ OLG Frankfurt a. M., Urteil vom 9.6.2016 - 6 U 73/15, GRUR-RR 2017, 19, Rn. 43.

47_ OLG Frankfurt a. M., Urteil vom 9.6.2016 - 6 U 73/15, GRUR-RR 2017, 19, Rn. 44ff.

한다고 보았다. 특히 고의적으로 방조하였는지를 판단하면서, 프랑크푸르트 고등법원은 단순히 객관적인 사정을 알았다는 것만으로는 부족하고, 운전자의 운송행위가 위법하다는 점에 대하여 Uber가 인지하고 있을 것을 요구하였고, 이 사건 역시 이러한 경우에 해당한다고 보았다.[48]

특히 Uber 서비스를 제공하는 운전자는 유상으로 자신의 운송서비스를 제공하고 있으므로 독일 부정경쟁방지법(Gesetz gegen den unlauteren Wettbewerb: UWG) 제2조 제1항 제1호의 "영업적 거래행위(geschäftliche Handlungen)"에 해당하며, Uber의 사업행위 역시 유상의 중개서비스를 제공하고 있기에 영업적 거래행위에 속한다고 보았다. 또한 여객운송법(PBefG) 제2조 제2항의 면허제도는 시장질서에 관한 규정이라고 볼 수 있고, 따라서 시장참여자의 이익을 고려하여 규정된 운송면허 규정을 위반하고 그 위반이 소비자, 기타 시장참여자, 또는 경쟁자의 이익을 침해하는 경우라면 불공정거래행위가 된다고 보았다.[49] 따라서 Uber 자신이 여객운송면허 없이 운송서비스를 제공하거나, 'UberPop' 서비스를 제공하는 Uber의 운전자가 여객운송면허 없이 운송서비스를 제공하면 소비자 또는 시장 내의 경쟁자의 이익을 침해하는 위법한 불공정거래행위가 된다고 보았다.

4. 플랫폼이 핵심적 설비를 소유하고 있어야 하는지의 문제

2016년 6월 유럽연합 집행위원회의 협력적 경제(collaborative economy)를 위한 어젠다는 플랫폼을 서비스 제공자로 평가하게 하는 기준을 구체적으로 제시하였다. 유럽연합 집행위원회에서 제시하는 다음의 세 가지 기준, 즉 (1) 이용자들이 지급하는 서비스 가격에 대한 영향력, (2) 핵심적인 계약조건의 결정에 대한 영향력, (3) 해당 서비스의 제공을 위한 핵심설비의 소유 여부를 검토하여, 3가지 요건이 모두 충족된 경우에 플

48_ OLG Frankfurt a. M., Urteil vom 9.6.2016 – 6 U 73/15, GRUR-RR 2017, 19, Rn. 46.
49_ OLG Frankfurt a. M., Urteil vom 9.6.2016 – 6 U 73/15, GRUR-RR 2017, 19, Rn. 49f.

랫폼을 해당 서비스의 제공자로 강하게 추론할 수 있다고 보았으나, 이 경우에도 정보사회 서비스 제공자이며 중개자로서의 지위 역시 가지고 있을 수 있다고 보았다.[50] 따라서 플랫폼이 단순히 보조적인 방식으로 대금 지급수단을 제공하거나, 상품에 대한 평가 및 상품후기 서비스를 제공하고 있다면, 이 플랫폼은 서비스 제공자에 대하여 중요한 영향력과 통제력을 갖지 못한 것으로 평가될 것이며, 결과적으로 플랫폼은 서비스 제공자로 추론되지 않고 단지 중개서비스를 제공하는 정보사회 서비스 제공자로 평가될 가능성이 높아진다고 할 수 있다.[51]

그런데 Uber 스페인 판결에서 유럽사법재판소는 제시된 3가지 요건 중 세 번째 요건, 즉 서비스 제공을 위한 핵심설비의 소유요건을 포기하였다고 평가되기도 한다(De Franceschi, 2018, 2). 왜냐하면 통상적으로 운송사업자가 소유하고 있어야 하는 핵심설비인 자동차를 Uber가 직접 소유하는 것은 아니기 때문이다. 그러나 유럽연합 집행위원회의 표지들은 플랫폼 역시 문제의 서비스를 제공하는 자로 볼 수 있는가를 판단하기 위한 표지이고, 각각의 표지들은 실제 서비스 제공자에 대한 플랫폼의 영향력과 통제력을 판단하기 위한 기준이 된다는 점에서, 그리고 3개의 요건을 충족한 경우 플랫폼 역시 서비스 제공자로 강하게 추론될 수 있다는 의미일 뿐이므로, 플랫폼이 자동차를 소유하고 있지 않은 경우라도 다른 요건이 강하게 인정된다면 플랫폼을 운송서비스 제공자로 볼 수 있다고 할 것이다. 더 나아가, Uber 스페인 판결은 누가 계약의 당사자인지가 중요한 쟁점이 되지 않았으며, 오히려 Uber의 서비스가 운송서비스인지 아니면 정보사회 서비스인지가 다투어졌을 뿐이기 때문에 Uber 스페인 판결을 통해 유럽사법재판소가 세 번째 요건을 포기하였다고 평가하는 것은 타당하다고 할 수 없다.

운송서비스의 제공자가 누구인가를 결정하는 문제는 형식적으로 고객의 시각에서 누구를 계약의 당사자로 볼 수 있는지에 따라서 결정됨

50_ COM(2016) 356 final, 6.
51_ COM(2016) 356 final, 7.

에 반해, 즉 핵심설비의 소유관계가 중요한 판단기준이 될 수 있음에 비하여, 특정된 사업자가 어떠한 내용의 서비스를 제공하는지는 설비의 형식적인 소유관계에 구속되지 않고 해당 서비스의 내용이 무엇인지를 실질적으로 평가하여 결정해야 한다. 따라서 Uber 스페인 판결만을 가지고 유럽연합 집행위원회가 제시한 플랫폼 거래의 계약당사자 확정기준 중 세 번째 기준을, 즉 핵심설비의 소유 여부를 유럽사법재판소가 포기하였다고 평가하는 것은 타당하지 않다.

Ⅴ. 우리나라의 승차공용 및 차량공용 플랫폼 서비스에 대한 시사점

Uber 스페인 사건에 대한 유럽사법재판소의 판결과 공용경제 플랫폼에 관한 독일 법원의 판결, 그리고 유럽연합 집행위원회의 협력적 경제를 위한 어젠다에서 드러나는 관점들은 승차공용 및 차량공용 플랫폼 서비스에 관한 우리나라의 현실에도 많은 시사점을 준다. 현재 우리 입법자는 공용경제 플랫폼에 대하여 적극적인 규제를 하고 있지는 않다. 특히 공용경제 플랫폼 중에서도 차량공용 플랫폼과 승차공용 플랫폼 서비스는 최근 우리 사회에서 논쟁의 중심에 놓여 있다. 현재 차량공용 서비스와 승차공용 서비스는 아래에서 살펴볼 바와 같이 「여객자동차법」의 예외조항에 맞추어 사업모델을 만들고 있으나, 법률상의 규제가 엄격하다 보니 불법성 논란이 끊이지 않고 있는 실정이다.[52]

52_ "카카오 카풀 반대" 또 택시기사 분신, 경향신문 2019.2.11., http://news.khan.co. kr/kh_news/khan_art_view.html?art_id=201902111619001 참고; "카카오 카풀 중단에 … '타다·풀러스'로 갈아타는 승객들", 한국경제 2019.1.22, http://news.hankyung. com/article/201901228410g 참고; "카카오 카풀, 39일만에 멈춘다", 조선일보 2019. 1.16., http://news.chosun.com/ site/data/html_dir/2019/01/16/2019011600265. html 참고; "카카오, 카풀 중단 … 민주당 '택시업계, 사회적 대화 동참을'", 한겨레 2019.1.15., http://www.hani.co.kr/ arti/politics/assembly/878533.html 참고.

물론 진정한 공용경제 실현을 위해서는 사업자에게 적용되는 법을 엄격하게 적용하기보다 완화된 규제환경을 마련하고 혁신을 장려할 필요가 있다. 그러나 동시에 공용경제 사업모델 중 규제를 우회하기 위하여 명목상 공용경제를 표방하고 실제로는 기존의 사업모델과 크게 다르지 않은 경우들도 있다는 점을 유의해야 한다. 이러한 경우라면 기존 사업자에게 적용되는 법적 규제를 적용할 필요가 있다. 이러한 사업모델은 공용경제를 표방하고 있더라도 시장에 어떠한 혁신도 가져오지 않기 때문이다. 결국, 이러한 논란을 해결하기 위해서는 Uber 스페인 판결에서와 같이 우선, 공용경제 플랫폼이 제공하고 있는 서비스가 무엇인지를 평가하고, 플랫폼이 제공하는 서비스를 현행 법률이 특별히 규제하고 있는지를 검토할 필요가 있다. 그리고 끝으로 플랫폼의 서비스가 다른 시장참여자들에게 불공정한 거래행위가 되는 것은 아닌지를 확인하는 과정을 거쳐야 할 것이다.

1. 승차공용과 차량공용 서비스의 개념과 규제현황

우선, 우리나라에서 논쟁이 되고 있는 승차공용 서비스와 차량공용 서비스의 개념을 살펴보면 다음과 같다(임한솔 · 성정환, 2016, 23).

(1) 차량공용에 대한 규제현황

차량공용(Car-sharing) 서비스란 일반적으로 플랫폼을 통하여 차량 제공자가 타인에게 해당 차량을 사용하게 하는 것을 목적으로 하는 서비스로, 고객은 차량의 제공자와 해당 차량을 단기 임차하는 계약을 체결하는 방법으로 차량공용 서비스를 이용하게 된다. 차량공용 계약에 따라서 고객은 차량 제공자에게 시간과 이용 거리를 기준으로 계산된 요금을 지급하고, 차량의 제공자는 약정 기간 동안 고객에게 사용에 적합한 상태로 차량을 제공할 의무를 부담하게 된다(Beck OGK/Schmidt, BGB 535, Rn. 78). 차량공용 서비스는 즉흥적으로 차량을 빌리고, 단기의 임차가 일반적이고, 차량의 반납장소와 시간이 고객에게 유리하며, 고객은 차량을 이용한 시간만큼만 요금을 지불한다는 점에서 전통적인 차량임대차와 구별된다.

차량공용 서비스는 P2P와 B2C의 형태가 있으며, 현재 유상의 P2P 형태 차량공용 서비스는 「여객자동차법」 제81조 제1항에 따라 허용되지 않는다.[53] 따라서 유상으로 차량공용 서비스를 영위하고자 하는 자는 사업계획서를 작성하여 「여객자동차법 시행규칙」 제60조가 정하는 바에 따라 시·도지사에게 등록을 하여야 하며,[54] 사업용 자동차가 아닌 자동차를 유상으로 운송용으로 제공하거나 임대하는 것, 그리고 이를 알선하는 것은 금지된다.[55] 결과적으로 차량공용 서비스는 현재 무상의 P2P 형태만 허용되고,[56] 그렇지 않다면 B2C 형태의 유상 차량공용 사업만이 가능할 뿐이며, 이 경우 「여객자동차법」 제28조에 따라 자동차대여사업자로 등록하는 것이 필수적이다. 유상의 B2C 형태 차량공용사업자로는 대표적으로 '쏘카'를 들 수 있다.[57]

53_ 여객자동차법 제81조 제1항에 따르면, "사업용 자동차가 아닌 자동차(이하 "자가용자동차"라 한다)를 유상(자동차 운행에 필요한 경비를 포함한다. 이하 이 조에서 같다)으로 운송용으로 제공하거나 임대하여서는 아니 되며, 누구든지 이를 알선하여서는 아니 된다. 다만, 다음 각 호의 어느 하나에 해당하는 경우에는 유상으로 운송용으로 제공 또는 임대하거나 이를 알선할 수 있다"고 규정하면서, "1. 출·퇴근시간대(오전 7시부터 오전 9시까지 및 오후 6시부터 오후 8시까지를 말하며, 토요일, 일요일 및 공휴일인 경우는 제외한다) 승용자동차를 함께 타는 경우" 및 "2. 천재지변, 긴급 수송, 교육 목적을 위한 운행, 그 밖에 국토교통부령으로 정하는 사유에 해당되는 경우로서 시장·군수·구청장의 허가를 받은 경우"를 그 예외 사유로 규정하고 있다.

54_ 여객자동차법 제28조 제1항 참고.

55_ 여객자동차법 제81조를 위반하여 차량을 유상으로 임대하거나 이를 알선하는 경우, 여객자동차 운수사업법 제90조에 의하여 2년 이하의 징역 또는 2천만 원 이하의 벌금에 처해진다.

56_ 무상의 P2P 형태 차량공유 서비스로는 카모니(Carmony)가 존재할 뿐이다. 카모니에 관한 자세한 것은 http://www.carmony.club/carmony 참고.

57_ '쏘카'의 이용약관, https://www.socar.kr/terms 참고.

(2) 승차공용에 대한 규제현황

승차공용(Ride-sharing) 서비스란, 차량공용과 유사하게 플랫폼을 통하여 차량 제공자가 타인과 함께 해당 차량을 사용하는 것을 목적으로 하는 서비스로, 고객은 차량 제공자의 차량을 단기적으로 임차하는 것에 그치지 않고 차량 제공자로부터 운송에 관한 서비스도 제공받는 것을 그 내용으로 한다. 승차공용 서비스 계약으로 고객은 차량 제공자에게 시간과 이용 거리를 기준으로 계산된 요금을 지급하고, 차량 및 승차서비스 제공자는 약정 기간 동안 고객에게 사용에 적합한 상태로 차량을 제공하며 약속된 장소까지 고객을 안전하게 운송해야 한다. 승차공용 서비스는 일반적으로 플랫폼을 통해 차량을 신속하고 편리하게 이용할 수 있다는 장점이 있으나, 여객자동차운송사업자와 달리 면허를 받을 필요가 없어 서비스의 품질과 안전에 대한 우려가 있다는 점에서 차이가 있다.

승차공용 서비스는 P2P와 B2C의 형태가 있으며, 유상의 P2P 형태 승차공용 서비스는 원칙적으로 자가용 자동차의 유상운송 및 운송알선을 금지하는 「여객자동차법」 제81조 제1항에 반한다. 따라서 금지되는 유상의 P2P 승차공용 서비스 사업을 영위하는 자는 「여객자동차법」 제90조 제8호에 의하여 2년 이하의 징역 또는 2천만 원 이하의 벌금에 처해진다. 다만, 「여객자동차법」 제81조 제1항 단서는 자가용자동차를 유상으로 운송용으로 제공하거나 알선할 수 있는 예외를 규정하고 있다. 구체적으로 (1) 자가용자동차를 출퇴근 시간대 함께 이용하는 경우이거나, (2) 천재지변이나 긴급수송, 교육목적을 위하여 자가용자동차를 운행하는 경우 또는 그 밖에 「여객자동차법 시행규칙」 제103조에서 정하는 사유가 존재하는 경우로 시장·군수·구청장의 허가를 받은 경우에는 예외적으로 자가용자동차를 유상으로 운송용으로 제공하거나 알선할 수 있다. 이 규정과 관련하여 현재 크게 문제가 되는 것은 '카풀 서비스'로, 「여객자동차법」 제81조 제1항 제1호가 출퇴근 시간대 승용자동차를 함께 타는 것을 예외적으로 허용하고 있기 때문이다. 이에 따라

'PullUs'와 같은 업체가 등장하고 사랑받았으나, 현재 불법과 합법을 구분하는 중요한 기준인 출퇴근 시간이 과연 언제를 의미하는가를 놓고 「여객자동차법」의 해석에 관한 다툼이 발생하여 사업에 어려움을 겪고 있는 실정이다.[58]

유상의 B2C 형태의 승차공용서비스 역시 원칙적으로 「여객자동차법」 제34조 제2항 및 제3항에 의하여 허용되지 않는다. 즉, 누구든지 자동차대여사업자의 사업용자동차를 임차한 자에게 운전자를 알선하여 운송에 관한 서비스를 제공하는 것이 금지되고(「여객자동차법」 제34조 제2항), 「여객자동차법」 제28조 제1항에 좇아 자동차대여사업자로 등록한 자 역시 자신의 사업용자동차를 사용하여 유상의 여객운송서비스를 제공하는 것이 금지되며, 이를 알선하는 것 역시 누구라도 금지된다(「여객자동차법」 제34조 제3항). 다만, 예외적으로 「여객자동차법 시행령」 제18조 제1호는 (가) 외국인, (나) 장애인복지법 제32조에 좇아 등록된 장애인, (다) 65세 이상인 자, (라) 국가 또는 지방자치단체, (마) 6개월 이상의 장기임차 법인, (바) 승차정원 11인승 이상 15인승 이하인 승합자동차 임차인, (사) 본인의 결혼식 등에 본인이 직접 승차하기 위하여 배기량 3,000cc 이상의 승용자동차를 임차한 자에게 운전자를 알선하는 것을 허용하고 있다. 이 중 「여객자동차법 시행령」 제18조 제1호 바의 예외를 이용하여 사업을 운영하고 있는 대표적인 경우가 '타다'라고 할 수 있다.[59] '타다'는 자동차대여사업자가 11인승 승합자동차를 임대해 주고 운전자 역시 알선해 주는 서비스로 「여객자동차법 시행령」 제18조 제1호 바의 예외에 해당한다.

「여객자동차법 시행령」 제18조 제1호의 예외규정 외에도 제2호의 예외규정을 이용하는 새로운 사업모델들도 등장하고 있다. 대표적으로 '차차' 서비스는 소득세법 시행령 제224조 제1항 제1호에 따른 대리운전자

58_ 이에 관한 설명은 "규제에 막힌 한국판 우버의 꿈 … 카풀앱 '플러스' 대표 사임·구조조정", 중앙일보, 2018.6.21. https://news.joins.com/article/22734610 참고.

59_ '타다'에 관한 자세한 것은 https://tadatada.com/ 참고.

를 알선하는 자가 차량임차인에게 대리운전자를 알선하는 것을 예외적으로 허용하는「여객자동차법 시행령」제18조 제2호의 예외규정을 통해「여객자동차법」제34조 제2항의 원칙적 금지규정을 우회하고 있다. 구체적으로 '차차' 서비스는 자동차대여사업자가 대리운전자와 장기의 자동차 임대차계약을 체결한 후, 고객이 서비스 이용을 호출하면 차량임차인인 대리운전자가 임차차량을 고객의 호출위치로 이동시킨 후 임차차량을 일시 자동차대여사업자에게 반납하고, 고객이 이 차량을 자동차대여사업자로부터 임차한 뒤, 대리운전자가 해당 차량에 대한 대리운전 용역을 제공하는 방식을 택하고 있다.[60] 당연히「여객자동차법」제34조 제2항 위반이 문제 되고 있다.[61] 이와 유사한 서비스로는 '어디고' 서비스를 들 수 있다. 그러나 '어디고' 서비스는 자가용자동차를 고객의 호출위치로 이동시킨 후, 무상으로 임대한 뒤에 대리운전 용역을 제공하고 차량의 배송비와 대리운전 용역에 대한 대가를 받는 방식을 택하고 있어,「여객자동차법」제34조가 아닌 제81조 제1항이 문제 될 수 있는 서비스 방식이라는 점에서 차이가 있다.[62]

끝으로 유상의 B2C 형태 승차공용서비스와 관련하여「여객자동차법」제34조(자동차대여사업 관련)와 제81조(자가용자동차 관련)가 문제 되는 경우는 아니지만, 전세버스의 임대차를 중개하고 운전자를 알선하는 '모두의 셔틀' 서비스도 검토할 필요가 있다. '모두의 셔틀' 서비스는「여객자동차법」상 전세버스의 거래알선을 금지하는 별도의 규정이 없어 적법한 것으로 보이지만, 이러한 서비스를 제공하는 사업자를「여객자동차법」제3조 이하에서 정하고 있고, 제4조에 따라 면허가 필요한 여객자동차

60_ '차차' 서비스에 대한 설명은 http://www.chachacreation.co.kr/ 참고.

61_ "국토부, 승차공유 서비스 '차차서비스' 위법 판정 ⋯ '택시 영업과 유사'", 조선비즈 2018.7.31. http://biz.chosun.com/site/data/html_dir/2018/07/31/2018073101901.html 참고.

62_ 여객자동차법 제81조 제1항은 자가용자동차를 "유상"으로 임대하는 것을 금지하고 있다. 따라서 "무상"으로 자가용자동차를 임대한 후, 대리운전 용역을 제공하는 행위는 표면적으로는 허용되는 행위로 보인다.

운송사업자로 볼 수 있는지가 다투어질 수 있기 때문이다.[63]

2. 개별 서비스에 대한 평가기준

현재 시장에서 운영되고 있는 차량공용 또는 승차공용 플랫폼 서비스의 사업모델을 정리하면 다음과 같다. 우선, 차량공용 서비스 중 유상의 P2P 형태는 「여객자동차법」 제81조 제1항에 따라 허용되지 않으며, 다만 일부 예외규정을 통해 이를 허용하고 있을 뿐이다. 따라서 무상의 자가용자동차 임대는 「여객자동차법」 제81조 제1항에 저촉되지 않으므로, 무상의 자가용자동차 임대와 유상의 대리운전 용역을 결합한 '어디고' 서비스가 운영되고 있다. 또한 유상의 P2P 형태의 승차공용 서비스 역시 「여객자동차법」 제81조 제1항에 따라 허용되지 않으나, 동 규정 단서에 따라서 예외적으로 출퇴근 때 함께 이용하는 경우라면 자가용자동차를 유상으로 운송용으로 제공하는 것이 허용되므로 '풀러스'와 같은 업체가 서비스를 운영하고 있었다.[64] 그 외에도 B2C 형태의 승차공용 서비스와 관련하여 누구든지 자동차대여사업자의 사업용 자동차를 임차한 자에게 운전자를 알선하는 것이 금지되지만(「여객자동차법」 제34조 제2항), 예외적으로 승차정원 11인승 이상 15인승 이하인 승합자동차의 경우 사업용 자동차 임차인에게 운전자를 알선하는 것이 허용되기 때문에(「여객자동차법 시행령」 제18조 제1호 바) '타다'와 같은 플랫폼이 서비스를 제공하고 있고, 대리운전기사를 알선하는 자가 사업용 자동차 임차인에게 운전자를 알선하는 것도 허용되기 때문에(「여객자동차법 시행령」 제18조 제2호), '차차'와 같은 서비스가 제공되고 있다. 끝으로 「여객자동차법」상의 전세버스운송사업자로 볼 것인지, 아니면 단순히 「전자상거래 등에

63_ "뿔난 스타트업들 '우린 범법자가 아니다'", 한국경제, 2018.8.8. http://news.hankyung.com/article/2018080836761 참고.

64_ 현재 '풀러스'는 연결비가 없는 무상서비스로 전환된 상태라 한다. "'출퇴근 2시간' 카풀 합의 … 타다, '이게 사회적 대타협?'", 파이낸셜뉴스 2019.3.8, http://www.fnnews.com/news/201903081346125830 참고(최종방문 2019.3.9).

서의 소비자보호에 관한 법률(전자상거래법)」상의 통신판매중개업자로 볼 것인지가 문제 되는 '모두의 셔틀' 서비스도 현재 문제가 제기되고 있다.

이러한 개별 서비스들의 위법성을 판단하기 위해서는 이미 살펴본 바와 같이 단계적인 검토가 필요하다. 우선, 해당 플랫폼이 제공하는 서비스가 운송서비스인지 아니면 단순한 정보사회 서비스인지를 검토해야 한다. 이러한 판단을 위해서는 Uber 스페인 판결이 제시하고 있는 기준을 참고할 필요가 있다. 즉, 서비스 플랫폼이 스스로 이 운송서비스를 만들어 내고, 운송서비스의 품질이나 가격과 같은 본질적인 부분들을 규율하거나 서비스의 제공 방법을 통제하는 등 서비스에 중대한 영향력을 행사하고 있다면, 이 서비스 플랫폼은 운송서비스를 제공하고 있는 것으로 보아야 한다. 물론 이 운송서비스가 이 플랫폼을 통해서만 제공되고 이용될 수 있는지 역시 고려되어야 한다.

만약 플랫폼의 서비스가 운송서비스로 판단된다면, 플랫폼 역시 운송계약의 당사자로 판단될 가능성이 높아진다. 구체적으로 플랫폼이 자신의 이름과 자신의 계산으로, 그리고 자기의 책임하에 운송서비스를 제공하고 있는지를 검토해야 한다. 이 경우 플랫폼을 운송사업자로 판단하기 위하여 운송서비스의 핵심설비인 자동차를 누가 소유하고 있는지가 중요한 판단지표가 될 수 있으나, 결정적인 기준이 되는 것은 아니다. 오히려 운송사업자가 자동차와 같은 핵심설비, 그리고 인력에 대하여 영향력과 결정권을 가지고 있는가라는 부분이 평가에 중요한 영향을 미친다. 특히 이러한 평가는 계약관계를 설계하는 사업자의 입장이 아닌 승객의 입장에서 판단되어야 한다.

끝으로 플랫폼의 서비스가 운송서비스로 평가되지 않고, 플랫폼은 중개자에 불과하다고 평가되는 경우라도 면허가 없이 운송서비스를 제공하는 자를 중개하는 플랫폼의 서비스는 위법하다고 평가될 수 있다. 우선 「여객자동차법」 제34조 제1항, 제2항, 제3항, 그리고 제81조 제1항에 따라 플랫폼 사업자가 위법한 운송서비스를 알선하는 것은 금지되기 때문이다. 또한 플랫폼이 면허가 없는 운전자를 모집하고, 무허가 운송사업자의 계약을 중개하고, 보수를 지급하는 등 위법한 행위를 적극적으로 방조하였다면,[65] 플랫폼 사업자는 독일의 판례에서와 같이 「독점규제 및 공정거래에 관한 법률(공정거래법)」 제23조 제1항 제8호가 문제 될 수도 있을 것이다. 그러나 「공정거래법」 제23조 제1항 제8호의 의미와 범위는 다툼의 여지가 많아, 이 경우에 이를 적용하는 것이 타당할 것인지는 추가적으로 연구될 필요가 있어 보인다.[66]

VI. 나가며

이 논문에서 분석한 유럽연합 사법재판소의 Uber 스페인 판결은 공용경제, 특히 승차공용 서비스에 관한 입법을 검토할 때 고려해야 할 관점과 분석기준을 잘 보여 주고 있다. 즉, Uber와 같은 승차공용 플랫폼의 서비스는 단순한 중개서비스인가, 아니면 운송서비스 그 자체인가에 대하여 중요한 판단기준을 제시하고 있다. 이와 달리, 독일 법원의 판결은 계약법적인 관점에서, 또는 경쟁법적인 관점에서 평가기준을 제시하고 있다. 유럽연합 집행위원회의 협력적 경제를 위한 어젠다 역시 또 다른 판단기준을 제시하고 있다. 각각의 관점과 기준은 우리나라에서 법률을 만들고 해석하고 적용할 때 참고할 필요가 있다.

그러나 승차공용 서비스의 경우 다음과 같은 두 가지 점이 추가적으로 고려될 필요가 있다. 첫째, 자가용 자동차를 이용한 유상의 승차공용 서비스를 어느 범위까지 확대하여 인정할 것인지를 고민해야 한다(진도왕, 2016, 19). 그러나 이에 대해서는 아직 견해의 차이가 크기 때문에 더

65_ 이와 관련하여 공정거래법 제23조 제1항 후단의 의미를 교사로 한정할 것인지 아니면 방조도 포함될 것인지는 다투어질 수 있다. 공정거래법 제23조 제1항 후단이 문제 되지는 않았으나, 동일한 문구를 갖고 있는 제19조 제1항 후단이 문제 된 사건을 검토한 최승재, 2012, 113면 이하 참고.

66_ 공정거래법 제23조 제1항 제8호의 의미와 적용가능성에 대해서는 이승택, 2009, 107면 이하 참고.

많은 연구가 필요한 것으로 보인다. 둘째, 공용경제 활성화를 위한 승차공용 서비스의 확대와는 달리 승차공용 서비스를 가능하게 하는 플랫폼 사업자에 대한 규제는 적극적일 필요가 있다. 다만, 플랫폼에 대한 규제가 법적 규제의 방법이어야 할 것인지, 아니면 최대한 자율규제의 방법을 택해야 할 것인지는 추가적인 논의가 필요하다. 현재 논의 중인 방안은 공용경제기본법(안)에 승차공용 중개자에 대한 규정을 신설하는 방안이다. 그러나 이러한 규정을 공용경제기본법에 두어야 할 것인지, 아니면 「여객자동차법」에 중개개념을 신설하여 둘 것인지는 추가적으로 논의될 필요가 있어 보인다.

살펴본 바와 같이, 유럽사법재판소의 Uber 스페인 판결은 회원국에 큰 규제의 자유를 부여하고 있다. 현재 여객운송 관련 법제들이 승객의 안전과 소비자이익을 보호하기 위한 목적을 갖고 있음은 분명하다. 그러나 이러한 법제들이 4차 산업혁명 시대에 새로운 사업모델이 등장하는 것을 방해하고 있으며, 시장의 지속적인 변화요구 앞에서 규제의 정당성이 점점 더 의심받고 있다는 점도 분명한 사실이다. 이에 따라 유럽연합은 공용경제를 고려한 새로운 입법을 추진하고 있으며, 우리나라의 입법자도 공용경제와 4차 산업을 반영한 새로운 입법을 고민하고 있다. 이러한 입법은 한편으로는 새로운 사업모델의 혁신을 장려해야 하나, 다른 한편으로는 기존 입법이 보호하고자 했던 소비자 이익과 공공의 안전 등이 침해되지 않도록 주의해야 할 것이다. 이 논문에서 분석된 Uber 스페인 판결과 독일의 판결, 그리고 유럽연합 집행위원회의 협력적 경제를 위한 어젠다의 관점과 기준이 이러한 규제변화에 작은 도움이 되었으면 한다.

참고문헌

1. 국내문헌

심재한, 2017, Sharing Economy와 법, 경쟁법연구, 제36호, 267.

이병준, 2017, 새로운 유통방식으로서의 공용경제(sharing economy)와 그 법적 규제방식에 관한 연구, 유통법연구, 제4권 제2호, 39.

이병준, 2018a, 공유경제 법안에 대한 고찰, 소비자법연구, 제4권 제2호, 63.

이병준, 2018b, 숙박공용(house sharing)과 그 법적 규제, 소비자문제연구, 제49권 제1호, 65.

이병준, 2019, 전자상거래 플랫폼과 거래관계에 대한 책임, 소비자법연구, 제5권 제1호, 11.

이성엽, 2016, 공유경제(Sharing economy)에 대한 정부규제 필요성 - 차량 및 숙박 공유를 중심으로, 행정법연구, 제44호, 19.

이승택, 2009, 독점규제 및 공정거래에 관한 법률 제23조 제1항 제8호의 직접 적용 가능 여부, 경쟁법연구, 제20권, 107.

이희정, 2017, 커뮤니케이션 기술의 발전과 디지털 플랫폼 규제, 행정법연구, 제49호, 53.

임한솔 · 성정환, 2016, 공간의 영역과 관계적 관점에서 바라본 공유경제 서비스 분석, 디지털디자인학연구, 제16권 제4호, 21.

진도왕, 2016, 차량공유사업(Car-Sharing Business)과 여객자동차운수사업법 제81조, 홍익법학, 제17권 제4호, 1.

최승재, 2012, 독점규제 및 공정거래에 관한 법률 제19조 후단의 '다른 사업자로 하여금 이를 행하도록 [한]'의 의미와 수직적 공동행위에 대한 검토, 인권과 정의, 제423호, 101.

2. 외국문헌

Alberto De Franceschi, 2016, The Adequacy of Italian Law, *EuCML 1/2016*, 56

Alberto De Franceschi, 2018, Uber Spain and the "Identity Crisis" of Online Platforms, *EuCML 2018*, 1.

Alexander/Knauff, 2015, Per App ans Ziel?, *GewArch 2015*, 200.

Bidinger, 2014, *Personenbeförderungsrecht*, Berlin: ESV.

Cauffman, 2016, The Commission's European Agenda for the Collaborative Economy—(Too) Platform and Service Provider Friendly?, *EuCML 2016*, 235.

European Commission, 2016, Communication from the Commission to the European Parliament, the Council, the European Economic and Social Committee and the Committee of the Regions, COM(2016) 356 final.

Frazzani, et al., 2016, Study on passenger transport by taxi, hire car with driver and ridesharing in the EU, Final Report.

Gsell u.a. (Hers.), *Beck-online. Grosskommentar BGB*, München: C.H.Beck.

Ingold, 2014, Gelegenheitsverkehr oder neue Verkehrsgelegenheiten?, *NJW 2014*, 3334.

Liese, 2015, Personenbeförderungsverbot für uber pop, *TransportR 2015*, 222.

Nebel/Kramer, 2015, Anmerkung zum Beschluss des OVG Hamburg vom 24.09.2014 (3 Bs 175/14)—Zum Verbot des Mitfahrerdienstes "Uber pop", *NVwZ 2015*, 1532.

Rogers, 2017, The Social Cost of Uber, *The University of Chicago Law Review Online*, Vol. 82, Issue 1, 2017, 85.

Tiedje, 2015, in: Groeben, et al., *Europäisches Unionsrecht*, 7. Aufl., Baden-Baden: Nomos.

Tonner, 2017, Verbraucherschutz in der Plattform-Ökonomie, *VuR 2017*, 162.

Wimmer, 2018, „Uber"regulierung in Europa?—Anmerkungen zu EuGH C-434/15 (Uber Spain), *CR 2018*, 239.

Wimmer/Weiß, 2015, Taxi Apps zwischen Vermittlertätigkeit und Personenbeförderung, *MMR 2015*, 80.

공유경제의 제도적 환경조성을 위한 현행법제 개선방안*

―공간공유를 중심으로―

김세준**

Ⅰ. 공유경제 규제와 공간공유

공유경제(sharing economy)의 핵심은 자원 등을 '소유(ownership)'하는 것에 있는 것이 아니라, 그것들을 어떻게 '이용(utility)'하는가에 있다.[1]

---

* 이 글은 2020년 법제처 용역연구과제로 한국외국어대학교 연구산학협력단에서 수행한 「공유경제 정착을 위한 입법적 보완 방안 연구」(정부간행물 발간등록번호 11-1170000-000671-01) 중 공간공유에 관한 부분을 수정·보완한 것입니다. 해당 연구결과에 관한 저작권은 법제처에 있으며 이 글은 법제처의 동의를 받은 2차적 저작물로서, 한국외국어대학교 법학연구소에서 발행하는 「외법논집」 제44권 제4호(2020. 11. 30. 발행) 19~41면에 게재된 것임을 밝힙니다.
** 경기대학교 공공안전학부 법학전공 부교수, 법학박사.

그렇기 때문에 공유경제는 자원 등의 자유로운 순환을 전제해야 한다. 이러한 사고는 자연스럽게 공간·숙박·교통(이동) 등 여러 사회분야에 걸쳐 공유경제의 필요성으로 이어져 왔으며 사회적 공감대를 형성하게 되었다. 그럼에도 불구하고 이러한 자유로운 순환은 기존 법제도하에서는 금지 또는 제한되는 경우가 많다. 혹은 이를 전혀 예상하지 못하고 있기도 하다. 그 결과 공유경제를 무조건적으로 기존의 법제도에 근거하여 일률적으로 규제하거나, 반대로 무조건적으로 허용하게 되는 극단적인 결과를 야기할 수 있다. 이는 사회적 효용을 해치는 것은 물론 예상치 못한 부작용—법제도의 범주를 벗어나 통제가 불가능하게 되는 점 등—을 유발할 수 있다는 측면에서도 매우 위험한 결과가 된다. 그러므로 공유경제 환경의 변화를 분석하고 예측하여 이를 합리적으로 규율할 수 있는 법제도를 정비할 필요성이 생긴다.

기존 법제도의 규제측면에서 바라보면 공유경제 환경은 지금까지 없었던 광범위한 도전에 해당한다. 공유경제에 대한 제도상의 규율수준이 여전히 단편적인 것에 머무르고 있기 때문이다. 따라서 공유경제 환경을 전면적으로 포기할 것이 아닌 이상, 이제는 공유경제가 제공하는 기회를 극대화하고 부작용을 최소화하는 건설적인 방안을 찾아내야 하는 것이 규제당국의 적극적인 역할이기도 하다. 이때 다음과 같은 요소를 고려해 볼 수 있다.

첫째, 전략적 운영체계를 구축할 필요가 있다. 규제당국은 공유경제가 기존의 제도 및 법체계에 어떻게 부합하는지에 초점을 맞출 것이 아니라, 그것으로부터 일정한 거리를 두고 패러다임 전환의 기회로 삼아야 한다. 즉 주요 정책목표가 무엇인지, 기존의 제도가 그러한 목표를 달성할 수 있는지 여부를 재검토해야 한다. 이러한 검토기준에는 형평성, 접근성, 경쟁시장 및 혁신의 촉진과 같은 핵심원칙이 포함된다. 대

1_ 이병준, "새로운 유통방식으로서의 공용경제(sharing economy)와 그 법적 규제방식에 관한 연구", 「유통법연구」 제4권 제2호, 2017, 40-41면. 이 논문에서는 자원의 이용이라는 측면에서 '공유경제'보다는 '공용경제'가 더욱 적절한 용어임을 지적하고 있다.

표적으로 영국은 공유경제에 대한 전반적인 규제관점을 재구성하기 위해 독립적인 위원회를 설치하고 그에 따라 정부가 후속적인 대응을 위해 노력을 기울이고 있다.[2]

둘째, 규제구조를 재편성해야 한다. 현행 규제의 핵심 구조는 주로 전통적인 산업을 위해 설계되었기 때문에 현재까지도 크게 변화해 오고 있지 않다. 따라서 공유경제가 가져오는 변화로서 정보화 사회나 디지털 세계의 요구를 충족하기 위해서는 정부나 규제당국이 그 규제구조를 재편해야 한다. 공유경제는 부문 간, 개인과 사업자 간의 경계를 모호하게 하는 특징이 있으므로, 정부는 정보를 공유하거나 정책을 설계하는 방법에서 때로는 통합적이고, 때로는 탄력적인 태도를 취해야 한다.[3]

셋째, 참여자 관점을 채택해야 한다. P2P경제의 기초는 잠재적인 사업자가 사업을 시작하는 장벽을 줄이는 것이다. 이를 위해서는 그 주체들이 준수 가능한 제도를 마련하는 것이 전제되어야 한다. 법령이나 규정이 간단하고 이해하기 쉬울수록 수범자들은 그것들을 더욱 잘 따를 수 있다.[4] 그 결과 규제의 기초가 되는 개별규정들은 공유경제에 실질적으로 참여하는 사람들의 기대수준에 기초해야 한다.

넷째, 규제도구를 다양화해야 한다. 공유경제 환경에 따른 경험은 종래 규제당국이 적용해 왔던 방식들이 이제는 더 이상 유효하지 않을 것이라는 점을 명확히 보여 주고 있다. 따라서 새로운 접근 방식을 추가하

2_ UK Department for Business, Innovation and Skills, "Unlocking the sharing economy: An independent review", 2014(www.gov.uk/government/uploads/system/uploads/attachment_data/file/378291/bis-14-1227-unlocking-the-sharing-economy-an-indep endent-review.pdf : 최종접속일 2020. 10. 30.) ; UK Department for Business, Innovation and Skills, "Sharing economy : Government response to the independent review", 2015(www.gov.uk/government/publications/sharing-economy-government-response-to-the-independent-review : 최종접속일 2020. 10. 30.).

3_ Zon, "The sharing economy and why it matters for policy makers", *Public Sector Digest*, 2015, p.5.

4_ OECD, Reducing the risk of policy failure : challenges for regulatory compliance, 2000(http://www.oecd.org/gov/regulatory-policy/46466287.pdf : 최종접속일 2020. 10. 30.) ; Aaron/Slemrod, "The Crisis in Tax Administration", *Brookings Institute*, 2004.

는 등의 다양성을 고려해야 한다. 예를 들어 규범적 요구가 아닌 성과기반 규제를 더 많이 채택하고, 새로운 기술과 사업모델이 등장하는 경우 전면적 금지보다 제한적 허용방안 등을 적용하는 것을 적극적으로 고려해야 한다.

그런데 공유경제의 규제에 적용할 수 있는 위와 같은 기준들은 사무실이나 시설 등을 타인과 공동으로 사용하는 공간공유 영역에서 가장 조화롭게 적용될 수 있다. 이 영역에서는 종래의 규제가 가지는 필요성을 더 이상 찾기 어렵게 되었기 때문이다. 가령 대부분의 업종에서 사업자등록의 요건으로 독립된 사무실을 요구하고 있는데, 반드시 독립된 사무실을 필요로 하는지에 대해서는 명확한 이유를 찾기 어렵다. 사업자등록을 하도록 하는 것은 관계당국이나 소비자 입장에서 사업의 기반이 되는 곳 또는 그 사업주체를 쉽게 확인할 수 있도록 하여 거래관계 등에서의 안정성을 확보하고자 하는 목적을 가지고 있거나, 과세의 기준이 된다는 측면에서 필요성을 가진다. 따라서 사업자등록 요건으로 사무소 등을 설치하고 그 사무소의 소재지를 명시하는 것은 필수적이라고 할 수 있다. 그러나 반드시 단독의 사무실을 설치하지 않고 하나의 사무실을 다른 사업자와 공동으로 사용하는 경우에도 특별한 사정이 없는 한 그 소재지를 명확하게 파악할 수 있는 것이고, 그렇다면 사업자등록의 목적을 얼마든지 달성할 수 있다. 그 결과 현행과 같이 독립한 사무소를 설치할 것을 요구하고 있는 것은 업종에 대한 진입을 과도하게 막는 장애가 될 수도 있다.

이미 기존의 국세청 유권해석 등에서도 사업자등록에서의 사무실 요건을 다음과 같이 해석하고 있다. 즉 사업자는 부가가치세법 제8조에 따라 사업장마다 사업장 관할 세무서장에게 사업자등록을 신청해야 하는 것이며, 이때 해당 사업장은 사업자가 사업을 하기 위하여 거래의 전부 또는 일부를 하는 고정된 장소를 의미한다. 다만, 고정된 사업장이 없는 경우에는 사업자의 주소 또는 거소를 사업장으로 한다. 이때 해당 사업장이 '고정된 사업장'에 해당하는지 여부는 업종, 사업방식, 장소의 형태, 설비 등 사실관계를 종합하여 판단할 사항이다. 따라서 공유형 사무실 등이 사업자등록의 대상이 되는 사업장에 해당하는지 여부는 구체적인 경우에 따라 개별적인 사실판단을 필요로 할 수밖에 없다. 그 결과 실무상으로는 공유사무실을 사업자등록 요건으로 할 수 있는지 여부가 제도적인 기준으로 마련되어 있는 것이 아니라 실무담당자에 따라 달라지게 된다.

이렇게 본다면 독립된 사무실을 요건으로 두고 있는 것은 불필요한 규제일 수밖에 없다. 이러한 문제는 최근 일부 업종에서 법령개정을 통해 해결하고 있기도 하다. 대표적으로 2020년 3월 「건설기계관리법 시행규칙」의 개정으로 '건설기계매매업'과 '건설기계대여업'에서 공유사무실을 등록요건으로 허용하게 되었다.

〈표 1〉 2020년 3월 개정 「건설기계관리법 시행규칙」 별표 중 일부내용

기 존	개 정
건설기계관리법 시행규칙 [별표 16] 건설기계매매업의 등록기준(제63조 관련) 〈신설〉	건설기계관리법 시행규칙 [별표 16] 건설기계매매업의 등록기준(제63조 관련) <u>4. 사무실은 둘 이상의 건설기계매매업자 또는 건설기계대여업자와 공동으로 사용할 수 있으며, 이 경우 사무실 공동 사용 계약서를 체결해야 한다.</u>
건설기계관리법 시행규칙 [별표 14] 건설기계대여업의 등록기준(제59조 관련) 〈신설〉	건설기계관리법 시행규칙 [별표 14] 건설기계대여업의 등록기준(제59조 관련) <u>2. 사무실은 둘 이상의 건설기계대여업자 또는 건설기계매매업자와 공동으로 사용할 수 있으며, 이 경우 사무실 공동 사용 계약서를 체결해야 한다.</u>

이와 같은 사례에서 확인할 수 있는 것처럼, 특히 공간공유에서는 기존의 규제를 완화할 수 있는 가능성을 다수 내포하고 있다. 즉 자원의 공유를 반드시 금지해야 하는 명확하고도 구체적인 사유가 존재하지 않

는 이상 원칙적으로 사무실, 주방, 시설 등을 공유할 수 있는 것으로 완화하고, 그 기초 위에서 제한적으로 금지의 필요성이 있는 범위 및 경계를 설정하는 방안 또는 사업자에게 일정한 책임을 부담시키는 방안 등이 고려되어야 한다. 그렇다면 공간공유는 원칙적으로 허용하되, 그 제한의 필요성이 있는 예외를 명확히 경계설정 하는 것으로 규제의 방향이 설정되어야 한다. 따라서 어떠한 경우에 공유를 허용하는 원칙에 대한 제한의 필요성이 있는지 고민하는 것에서 논의를 시작해야 한다.

II. 공간공유에서 규제개선의 방향성 원칙

업종별 인 · 허가, 등록, 신고 시의 시설요건에 관하여 소위 '공유주방(shared kitchen)'을 대표적인 사례로 삼아 그 요건의 완화근거를 찾아보고자 한다. 공유주방을 대표적인 사례로 볼 수 있는 이유는 현재 규제특례의 적용을 받고 있기 때문이다.[5] 즉 규제가 완화될 수 있는 가능성이 높은 업종이며, 나아가 타 업종에 대해서도 공통적인 원칙과 예외를 적용할 수 있는 근거 또는 모범이 될 수 있다는 점에서 의미를 가진다.

5_ 규제특례에 관해 다음 두 가지 사례가 있다.
① 2019년 4월 산업통상자원부 주관 규제특례 심의위원회 결과 : 한국도로공사가 신청한 사업으로, 앞으로 2년 동안 공유주방에 대한 영업신고 규제특례를 적용받는다. 이에 따라 동일한 휴게소 음식점을 주간(8시~20시)에는 휴게소 운영자가, 야간(20시~24시)에는 청년창업자가 사용할 수 있도록 주방시설 등을 공유할 수 있다.
② 2019년 7월 과학기술정보통신부 주관 신기술 · 서비스 심의위원회 결과 : 심의위원회는 심플프로젝트컴퍼니(위쿡)가 '인터넷 플랫폼을 기반으로 공유주방을 활용한 요식업(F&B) 비즈니스'를 할 수 있도록 심플프로젝트컴퍼니의 단일 주방 시설을 공유하는 복수 사업자가 영업신고(공유주방)를 하고, 공유주방 내 생산 제품을 B2C 및 B2B 모두에 관해 유통 및 판매할 수 있도록 실증특례를 부여하기로 하였다. 다만, 실증범위 한정('위쿡 사직지점'. 추가 지점 설립 시 한정된 범위에서 식약처와 협의하에 동일한 특례 적용 가능), 안전한 식품 위생 관리를 위해 별도의 위생관리를 위한 책임자 지정 · 운영, 제품별 표시사항 기재 및 유통기한 설정, 분기별 자가품질검사 실시 등을 조건으로 부과하였다.

1. 외국 입법례와의 비교

공유주방에 관해서는 대표적으로 미국 뉴욕보건법(NYC Health Code) 제81.03조에서 규정한다. 동법에서는 공유주방에 관하여 명확하게 규정하고 있는바, 우리 법체계에서 공유주방에 관하여 전혀 규정하고 있지 않은 것과 대비된다. 동법에 따르면 공유주방은 "하나 이상의 식품 서비스시설 운영자에 의해 임대 또는 임차되는 상업용 주방"6을 말한다.

또한 동법에서는 공유주방 운영자(shared kitchen operator)와 공유주방 사용자(shared kitchen user)를 구별하여 규율한다. 이때 공유주방 운영자는 공유주방 플랫폼을 비롯하여 공간을 제공하는 자로 정의되며, 공유주방 사용자는 그러한 운영자와 계약을 체결하고 그 공간 또는 시설을 사용하는 자에 해당한다.

원칙적으로 공유주방 및 그 시설을 사용하거나 사용을 위한 계약을 체결하고자 하는 모든 사람은 식품서비스시설(food service establishment: FSE)을 운영할 수 있는 허가를 받아야 한다. 가령 뉴욕시 내의 시장 또는 기타 행사에서 즉석제조식품을 판매하고자 하는 경우 뉴욕시 보건·정신위생국(NYC Department of Health and Mental Hygiene: 이하 'DOHMH')으로부터 식품보호인증서 및 식품서비스시설(FSE) 허가를 받아야한다. 공유주방 운영허가를 받은 운영자는 시설, 장비, 주변 환경, 상수도, 폐기물처리, 기구의 상태를 유지하고 뉴욕 보건법 제81조 및 기타 모든 관련 연방, 주 및 도시 법규에 따라 그러한 시설을 운영할 책임이 있다. 공유주방 운영자도 DOHMH로부터 '비소매 식품가공 시설허가'를 받아야 한다.7

6_ §81.03 Definitions (kk) Shared kitchen means a commercial kitchen that is rented or leased by more than one food service establishment operator.

7_ §81.05 Permitting requirements; technical review and pre-permitting inspections for food service establishments and non-retail food processing establishments (g) Every person using or contracting for use of shared kitchen space and equipment shall obtain a permit to operate a food service establishment unless such person is

또한 허가받은 식당의 주방을 임대할 수도 있다. 이때에는 공유주방 사용자가 운영자의 허락과 감독하에 운영할 수 있다. 다만 공유주방 운영자는 공중에게 판매하거나 서비스할 음식을 준비하기 위해 그 시설을 사용하고자 함에도, 유효하게 발행된 식품서비스시설(FSE) 허가증을 소지하지 않은 자에게 공유주방의 공간 또는 장비를 임대해서는 안 된다.[8]

만일 당국이 요청하는 경우 공유주방 운영자는 운영자와 사용자 간의 협약서 사본을 제출해야 한다. 이때 그 합의에는 공유주방의 사용목적, 준비할 음식의 종류 및 음식을 판매 할 장소가 명시되어야 한다.[9]

이와 같이 뉴욕보건법에서는 공유주방의 개념과 운영자 및 사용자의 권리와 의무 그리고 책임에 관해 일정한 사항을 명시적으로 규정하고 있다. 이로부터 공유주방 자체의 개설과 이용은 폭넓게 허용하되, 그 운영 또는 사용에 대한 책임을 각각의 사업자에게 엄격하게 부과함으로써 해당 업종에 대한 진입가능성을 높여 자원의 효과적인 활용을 추구하고 있다.

---

licensed or regulated by the Commissioner of Agriculture and Markets pursuant to Article 20-C, or any successor provision, of the Agriculture and Markets Law. However, a person holding a non-retail processing establishment permit to operate a shared kitchen shall be responsible for maintaining the condition of the establishment, its equipment, surroundings, water supply, waste handling, furnishings and other appurtenances in accordance with this Code.

8_ §81.05 (h) No person operating a shared kitchen shall rent space or equipment in the shared kitchen to an individual who intends to use the facility to prepare food for sale or service to the public and does not have a currently valid food service establishment permit issued by the Commissioner, unless such user is currently licensed or regulated by the Commissioner of Agriculture and Markets.

9_ §81.05 (i) Upon the request of the Department, the operator of a shared kitchen shall provide a copy of any agreement between the operator and the user. Such agreement shall indicate the purpose of using the shared kitchen, the type of food to be prepared, and the place where the food will be sold.

2. 공유주방 사업자의 책임 – 위해요소의 제거

공유주방, 즉 주방을 비롯한 시설의 공유가 금지되는 가장 기본적인 이유는 교차오염의 가능성이 높기 때문이다. 즉 위생에 관한 위험성 때문에 단일한 사업자가 하나의 시설을 이용하도록 하고 있다. 따라서 그러한 위험의 가능성을 줄일 수 있다면 하나의 주방을 둘 이상의 사업자가 이용하더라도 문제될 것이 없다. 그리고 이는 공유주방을 허용하되 그 교차오염 등 위생에 관한 위험성을 제거할 의무 혹은 책임을 각각의 사업자에게 부과하는 것으로도 해결할 수 있다. 그렇다면 무엇에 관해 어떠한 방식으로 개별 사업자에게 의무나 책임을 부과할 수 있는 것인지, HACCP프로그램의 적용에 관한 최근 컨설팅 보고서[10]를 인용하여 간략히 살펴본다.

(1) 공유주방에서 HACCP가 이행되어야 하는 이유

공유주방에서는 다른 환경에서보다 HACCP(Hazard Analysis and Critical Control Point)가 가지는 의미가 크다. HACCP는 식품의 원재료 생산에서부터 최종소비자의 섭취 전까지의 모든 단계에서 생물학적·화학적·물리적 위해요소가 해당 식품에 혼입되거나 식품이 오염되는 것을 방지하기 위한 위생관리시스템을 말한다. 「식품위생법」에서는 식품안전관리인증기준으로 규정되어 있다.

공유주방을 통해 식품사업을 하고자 하는 이유에는 여러 가지가 있다. 특히 사업의 초기단계에 투입되는 비용을 대폭 줄일 수 있다는 것이 가장 큰 장점이자 유인이다. 다른 장점으로는 시설의 공용, 생각이 비슷한 식품사업자들의 집단을 통한 시너지, 유연한 운영을 통한 동적인 작업공간활용 등을 꼽을 수 있다. 그러나 공유자원 및 공간의 유동적 사용에 관한 비즈니스적 사고는 현대의 식품생산에 관한 기본 원칙을 약화

10_ Klein, "HACCP Implementation in a Shared Kitchen Environment", *FDAreader.com — Simplifying Food Regulation*, 2019.

시킬 수 있다. 따라서 사업자는 안전한 식품을 일관적으로 생산할 수 있도록 공정과 주변 환경을 완전히 제어해야 한다.[11]

다음은 HACCP의 이행에서 복잡성을 유발할 수 있는 일반적인 공유주방의 형태들이다.[12]

첫째, 시설의 공용은 허용하면서 그 각각의 사용자를 그 시설로부터 물리적으로 분리시키게 되면 교차 오염 및 알레르기의 위험은 증가한다.

둘째, 필수적인 프로그램(예시: 위생활동 또는 장비측정 등)을 관리할 책임이 있는 사람에 대해 운영자와 사용자 간의 동의가 부족하면 표준 이하의 시설상태가 발생하게 된다. 또한 이러한 활동이 운영자의 서비스로서 제공되는 경우, 그 활동은 HACCP 표준을 충족하지 않는 방식으로 형식적으로 이행될 수도 있다.

셋째, 사용자에게는 위험한 시설 상태를 적절하게 처리할 능력이 없는데, 운영자에게도 이러한 위험한 상태를 해결할 의사가 없을 수 있다.

넷째, 사용자의 변경은 그 공간에 관한 새로운 위험성이 새로운 사업에 대하여 계속적으로 발생할 수 있음을 의미한다.

이렇게 본다면 공유주방과 HACCP는 서로 조화하지 못하는 것으로 볼 수도 있다. 그럼에도 불구하고 공유주방에서도 역시 HACCP 계획은 이행될 수 있다. 즉 HACCP프로그램은 모든 공유주방에서 설계 및 이행이 가능하다. 이는 결국 단순히 식품안전에 대한 위험을 평가하고 이를 제거하기 위한 통제를 구현하는 문제이기 때문이다. 실제로 HACCP 계획에는 전통적인 시설의 식품처리용으로 설계된 계획과 정확히 동일한 구성요소가 포함된다. 그러나 공유주방 시설에서 HACCP 구현을 지원하기 전에 운영자가 고려해야 할 추가적인 요소가 있다.[13] 이하에서 별도로 살펴본다.

11_ Klein, op. cit., p.4.
12_ Ibid.
13_ Ibid.

(2) HACCP 계획은 언제 요구되는가

식품사업을 영위하는 사업자는 그 사업의 성장 주기에서 특정시점에 규제기관의 식품안전에 대한 산업표준을 채택하도록 요구받는다. 일반적으로 이러한 과정의 첫 번째 단계는 HACCP 원칙의 채택 또는 HACCP 프로그램의 완전한 이행으로 이루어진다. 공유주방 사용자가 이러한 단계를 수행하는 경우 다음과 같은 두 가지의 통상적인 유형이 있다.[14]

① 공유주방 사용자가 식품의 가공 등에 있어서 고위험 프로세스를 수행하고자 하는 경우이다. 이러한 공정은 생산규모에 관계없이 규제당국이 보편적으로 HACCP프로그램을 요구하는 주요 식품안전 위험에 해당한다.

② 공유주방 사용자가 생산량을 늘리고 소매사업자와 협력하기 시작함에 따라 구매자 또는 소비자는 제품이 안전하게 생산된다는 보증을 요구하게 된다. 이는 식품가공업체가 위의 고위험 프로세스를 수행하지 않는 경우에도 마찬가지이다. 식품가공업체는 최소한 HACCP프로그램의 적절한 구현을 보여 주는 기록과 함께 서면으로 HACCP 또는 식품안전계획의 형태의 보증을 제공할 수 있다.

한편 공유주방 운영자는 자신의 선택에 따라 HACCP프로그램이 요구되는 공유주방 사용자와 계약을 체결하지 않을 수도 있다. 이러한 경우 또는 운영자가 장래에도 이러한 사용자와 계약을 체결하지 않고자 하는 경우 그 공유주방 운영자는 HACCP가 요구하는 엄격한 프로그램 및 식품안전기록을 유지할 부담을 덜게 된다.[15]

반면에 공유주방 운영자는 HACCP프로그램이 요구되는 사업유형을 미리 제공할 수도 있다. 즉 모든 유형의 공유주방 사용자와 전부 계약을 체결하고자 하는 것이 아니라 자신이 원하는 유형을 정해 두고 그에 맞는 HACCP프로그램을 수립하여 그에 부합하는 사용자와 공유주방 사용에 관한 계약을 체결할 수 있다. 이때 운영자는 자신의 인프라 구조와

14_ Klein, op. cit., p.5.
15_ Ibid.

시스템이 HACCP 원칙에 부합하는지 확인해야 한다. 또한 각각의 예비 HACCP 계획을 사례별로 평가하여 해당 프로세스에 관련된 위험이 자신이 운영하는 공유주방에서 효과적으로 완화될 수 있는지 확인해야 한다. 이러한 각 단계의 중요성은 공유주방 운영자의 책임문제로 이어지게 된다.[16]

(3) 책 임

원칙적으로 위와 같은 HACCP 계획의 수립에 관한 책임은 공유주방 운영자에게 있다. 그러나 경우에 따라 공유주방 운영자는 자신이 제공하는 시설이 HACCP를 이행하는 데 적합한지 여부에 관해 무관심할 수도 있다. 이때에는 결국 공유주방 운영자가 아니라 식품 가공업체 등의 공유주방 사용자가 HACCP 계획을 개발하고 이행할 실질적인 책임을 부담한다. 이미 대부분의 공유주방은 이미 자체 HACCP 매뉴얼이나 프로그램을 가지고 있는 사용자에게 시설을 제공하는데, 그것이 운영자 입장에서는 자신의 부담을 완화할 수 있는 방안이기 때문이다. 그리고 장래의 사용자 또는 현재 사용자가 그 공유주방에서 자신의 HACCP 계획을 실행하고자 하는 경우 운영자는 그것을 허용하는 것이 대부분이다.[17] HACCP가 존재하는 이유는 식품 공급의 안전을 보장하기 위해서이다. HACCP 계획이 요구된다는 것은, 각각의 판매단위가 소비하기에 안전하다는 것을 가공업체가 증명해야 하는 실제적인 식품안전의 위험이 이미 존재함을 의미한다. HACCP 프로그램의 수립에 관해서는 공유주방 운영자에게 책임이 있으나, 그것을 실제로 이행할 책임은 공유주방 사용자인 식품 가공업체에게 있다.

한편 공유주방에서 식품을 매개로 하는 질병이 발생하는 경우, 운영자와 그 공간에서 작업하는 다른 사용자 모두에게 영향을 줄 수 있다.[18]

16_ Klein, op. cit., p.5.
17_ Ibid., p.6.
18_ Ibid.

이는 다음과 같은 문제로 이어진다. 공유주방에서 발견된 병원체에서 발생하는 식품 매개 질병으로 인해, 과학적으로 검증된 최근의 대청소 (방역조치 포함) 이후에 해당 시설에서 생산된 모든 제품은 전부 리콜될 수 있다. 나아가 해당 공유주방에 환경모니터링 프로그램이 설치되어 있지 않은 경우(예를 들어, 공유주방 운영자가 병원체의 존재를 확인하기 위해 정기적으로 작업장 표면을 검사 및 소독하지 않는 경우), 식품의약국(FDA)은 해당 시설의 모든 사용자가 생산한 모든 제품의 회수를 요구할 수 있다.[19]

(4) 검 토

우리나라 역시 「식품위생법」 제48조에서 식품안전관리인증기준을 규정하고 있으며, 「식품 및 축산물 안전관리인증기준」[20]을 마련하여 HACCP제도를 시행하고 있다.[21]

HACCP는 식품 및 즉석판매제조·가공업, 건강기능식품 및 식품첨가물제조업, 식품소분업, 집단급식소 및 기타식품판매업, 식품접객업 및 집단급식소 등 식품의 제조·가공·유통·외식·급식의 모든 분야에 적용된다. 2003년 어묵류 등 6개 식품유형에 식품안전관리 의무화 규정을 신설한 이래 2014년 과자·캔디류 등 8개 품목 및 100억 원 매출업체에 대해 식품안전관리인증을 의무적으로 적용하고 있으며 연매출 및 종업원 수에 따라 단계별 의무적용 대상으로 관리되고 있다. 신청업소에 대하여 서류검토 및 현장실사를 실시하여 식품안전관리인증기준의 적용에 적합하다고 인정되는 경우 인증서를 발급하며, 안전한 식품소비를

19_ Klein, op. cit., p.6.

20_ 식품의약품안전처고시 제2020-15호.

21_ 이 고시 제2조 제1호에서는 '식품 및 축산물 안전관리인증기준(Hazard Analysis and Critical Control Point, HACCP)'을 "「식품위생법」 및 「건강기능식품에 관한 법률」에 따른 「식품안전관리인증기준」과 「축산물 위생관리법」에 따른 「축산물안전관리인증기준」으로서, 식품(건강기능식품을 포함한다. 이하 같다)·축산물의 원료 관리, 제조·가공·조리·선별·처리·포장·소분·보관·유통·판매의 모든 과정에서 위해한 물질이 식품 또는 축산물에 섞이거나 식품 또는 축산물이 오염되는 것을 방지하기 위하여 각 과정의 위해요소를 확인·평가하여 중점적으로 관리하는 기준"으로 정의한다.

위하여 식품안전관리인증기준 대상 식품을 점차 확대하고 있다.[22] 2020년 10월 31일 현재 식품제조가공업 등 9개 업종에 대하여 총 7,442개의 식품업체가 인증을 받고 있다.[23]

우리의 경우에도 HACCP가 점차 활발하게 활용되고 있음을 확인할 수 있으나, 공유주방을 허용하지 않는 한 현재로서는 앞서 2. (1) 이하에서 언급한 바와 같은 기능을 수행할 수는 없다. 그러나 HACCP 제도 또는 절차 자체에 큰 차이점이 존재하지 않는다는 점을 고려하면 공유주방의 허용을 전제로 우리나라의 HACCP프로그램 역시 동일한 내용으로 적용할 수 있을 것이다.

3. 공유주방의 규제를 완화하기 위한 조건

공유주방을 허용하지 않는 이유는 교차오염 등의 위험을 방지하기 위한 것인데, 그러한 위험발생의 가능성을 제거할 수 있다면 주방과 같은 시설을 공유하는 것에 아무런 문제도 없다. 따라서 공유주방을 허용하는 것을 원칙으로 하되, 그 운영자 및 사용자가 일정한 책임을 부담하는 것이 조건으로 부가된다. 이때 고려할 수 있는 조건은 다음과 같다. 그리고 이러한 시도는 현재 지정되어 시범운용 중인 규제특례에서도 확인되고 있다.[24]

(1) 관계부처 및 지자체 식품관리 담당부처와의 높은 수준의 협업

우선 공유주방 환경에서의 교차위험 방지 등 위해관리를 위한 당국의 이해도가 제고되어야 한다. 또한 식품의 안전수준을 유지하기 위하여 공유주방 운영자가 관리·책임자로서의 역할을 충실히 수행해야 한다.

22_ Https://www.haccp.or.kr/site/haccp/sub.do?key=93#con_div_2 (최종접속일 : 2020. 11. 25.)

23_ Https://www.haccp.or.kr/site/haccp/sub.do?key=2626 (최종접속일 : 2020. 11. 25.)

24_ 각주 5)의 ②사례.

이로써 담당부처의 업무를 보완할 수 있으며, 궁극적으로 기존의 안정성 수준보다 더 높은 수준의 안전성을 확보할 수 있다.

(2) B2B유통업체가 높은 수준의 위생 감사(Audits)를 수행함으로써 공유 주방시설의 향상 도모

공유주방 운영자와 계약을 체결한 사용자가 백화점 등 대형유통업체에 입점하게 되는 경우 그 유통업자의 자체 위생수준을 만족해야 한다. 이러한 위생수준의 준수는 이미 거래계에서 보편적으로 적용되고 있다. 일반적으로 유통업차의 자체 Audits 기준은 식약처를 비롯한 기존 관계부처 및 지자체의 기준보다 더 높기 때문에, 포장기기나 검출기 등 공유주방의 시설수준이 전반적으로 향상되는 효과도 있다.

(3) 공유주방 운영자의 자정적 품질관리

하나의 공유주방 사용자에게 식품안전 문제가 발생하는 경우 다른 사업자들에게도 피해가 동시에 발생하며, 이는 결과적으로 운영자에게도 영향을 미친다. 따라서 공유주방 운영자는 그러한 피해를 예방하기 위해 자체적으로 품질관리수준을 향상시키고자 노력하게 된다.

(4) 소 결

미국과 같은 경우 이미 공유주방 개념이 법제도에 반영이 되어 있을 뿐만 아니라, 그에 관한 제도를 구체적으로 마련하여 사업자에게 가이드가 될 수 있도록 제공하고 있다. 또한 허가 및 면허제도를 운영하는 등 식품안전 및 품질을 유지하기 위한 높은 수준의 기대를 사업자에게 의무로서 부과하고 있다. 사업자의 입장에서는 HACCP 계획의 수립 및 이행과 같은 의무만 다하면 그 범위 내에서는 자율성을 확보할 수 있다는 장점이 있다. 물론 주정부나 감독기관의 불시 점검을 통해 미준수가 적발되었을 경우 그 제재수준 역시 매우 높기 때문에 사업자의 자발적인 안전기준 준수도가 높다.

〈표 2〉 미국 뉴욕보건법상 공유주방과 우리나라에서 공유주방에 대한 규율형태 비교

	미국(뉴욕 보건법)	한 국
용어	공유주방 운영자 (shared kitchen operator)	없음
	공유주방 사용자 (shared kitchen user)	없음
자격관리	운영자 허가 또는 면허	없음
	사용자 허가 또는 면허	없음
위생안전 기준	높은 수준: HACCP 등 위해관리기준을 사업 자에게 제시하고, 자율적으로 준 수하도록 하며, 불시 점검을 통해 이행여부 평가	낮은 수준: 음식점업 및 즉석판매제조가공업 에 대한 관리기준은 있으나 실제 현장지도가 적어 사업자의 준수 도가 낮음
시설기준	있음	있음
B2B	가능	불가능(B2C만 가능)

그러나 한국에서는 실질적인 단속이나 불시점검이 현실적으로 어렵
다. 또한 식품산업에 관해서는 특히 소상공인이나 자영업자의 비중이
높기 때문에 식품안전이나 품질에 관한 높은 수준의 안정성을 요구하는
것이 어렵기도 하다. 즉 식품안전 등에 관해 요구수준을 낮추는 대신 사
업의 자율성도 제한적인 범위에서만 인정하는 형태이다. 이는 사업의
자율성 제한으로 인한 경영상의 문제, 식품제조 및 가공과정 등에서의
관리 취약, 안전문제 발생 시 낮은 정도의 제재 등의 단점을 다수 야기하
며, 실제로 제도를 회피하여 음성적으로 사업을 운영하는 부작용을 다
수 발생시키기도 한다.[25]
따라서 공유주방에 관한 규제의 개선은 식품안전 및 품질에 대한 기

25_ 음식점업 및 즉석판매제조가공업자의 경우 B2B유통이 금지되어 있음에도 불구하고
   몰래 영업을 하는 경우가 많으며, 이는 결과적으로 식품안전 및 품질에 대한 위험성
   문제로 이어지게 된다.

준의 상향과 동시에 사업자의 자율성을 확대하는 방향으로 이루어져야 한다. 이를 위해서는 공유주방 운영자와 사용자에 대한 면허, 생산가능 품목에 대한 개별적인 위생 가이드, 위생적인 시설 기준에 대한 가이드 등이 유기적으로 마련될 필요가 있다. 이로써 영세사업자가 식품산업에 종사할 수 있는 기회는 확보하면서, 동시에 공유주방에서 문제될 수 있는 위생문제를 더욱 합리적으로 활용할 수 있게 되어 공유경제의 장점을 극대화할 수 있다. 특히 이는 공유주방 플랫폼을 통해 위생관리 계획의 수립과 그 수행이 더욱 체계적으로 원활하게 이루어질 수 있다는 점에서도 실제적으로 가능한 규제의 개선방안이다.

이와 같은 점을 전제로 한다면 현재 공간에 관해 요구되고 있는 대부분의 규제사항을 합리적으로 완화할 수 있게 된다. 일단 사업에 대한 가능성을 폭넓게 확보하면서 동시에 책임을 강화함으로써 사업자에게 선택권을 주는 것이다. 이는 소위 자율규제의 관점에서도 받아들일 수 있다.

Ⅲ. 현행법령의 개정 방향

살펴본 바와 같은 기준을 적용하여 실제 현행법령에서 주방, 사무실, 시설 등의 요건에 관해 규정하고 있는 바를 어떠한 방향으로 개정할 수 있는지 몇 가지 대표적인 사례를 검토한다. 다만 그 전에 이러한 공간의 공동사용에 관한 전제로서 그 취지가 구체적으로 포함된 공동사용계약의 체결이 필요함을 제안하고자 한다.

1. 시설 및 사무실 등 공동사용에 관한 추가 요건으로서 공동사용계약서의 작성

(1) 개정 사례 : 건설기계매매업 및 건설기계대여업 사무실 공유 허용

중고 건설기계의 알선, 매매 등을 하는 건설기계매매업 등록을 위해

서는 주기장(건설기계를 세워 두는 곳) 외에 사무설비·통신시설을 갖춘 별도 사무실을 확보해야 하나, 대부분 1인 사업자 또는 영세업자로서 사무실을 구비하는 것에 부담이 존재하여 왔다. 또한 이 문제는 건설기계를 대여해 주는 건설기계대여업 등록에서도 마찬가지로 문제가 되어 왔다.

이에 복수 건설기계매매업자 및 건설기계대여업자에게 하나의 사무실을 공동으로 사용할 수 있도록 허용하는 「건설기계관리법 시행규칙」의 개정이 2020년 3월에 이루어졌다(이는 이미 I. 서설에서 언급하였다). 이로써 영세 건설기계매매업자 및 건설기계대여업자의 사무실 임대비용 부담을 완화할 수 있게 되었다.

이 사례는 두 가지 의미가 있다. 첫째, 사업자등록요건으로 독립된 사무실을 요구하고 있던 기존의 규제방식에 별다른 이유가 존재하지 않았다는 점이다. 따라서 원칙적으로 사무실의 공동사용을 허용하는 방향으로 개정하는 것에 큰 문제가 없었다. 둘째, 사무실 공동사용을 허용하되 그 전제조건으로서 그 사무실의 공동사용계약을 체결하도록 했다는 점이다. 이는 사업자등록 시 해당 사업자가 구체적으로 어떠한 공간을 사업을 위한 장소적 기준으로 삼고 있는지 외부적으로 용이하게 파악하기 위한 것으로 이해된다.

개정된 사례는 〈표 1〉과 같다.

(2) 검토 및 제안

위의 건설기계대여업 및 건설기계매매업 사례에서는 공유사무실을 허용함과 동시에 "사무실 공동사용 계약서를 체결"해야 하는 것을 개정안에 추가 요건으로 두고 있다. 그런데 여기에서 말하는 '공동사용계약'은 사무실을 제공하는 주체와 그 사무실을 사용하고자 하는 사업자 간에 체결하는 것으로서 계약서상에 해당 사무실을 다른 사업자와 공동으로 사용한다는 취지가 명시된 계약으로 이해하여야 한다. 만일 이를 하나의 사무실을 공동으로 사용하는 둘 이상의 사업자 간(가령 임차인 간)에 체결하는 계약을 의미하는 것으로 보면, 이 계약은 단지 사무실을 사용하고자 하는 각 사업자 간에 하나의 공간을 어떠한 내용과 방식으로 공동사용 할 것인지를 정하는 것일 뿐이므로 사업자등록에서 요구하는 행정법상의 요건으로는 적합하지 않다. 따라서 사무실 제공자(임대인 또는 전대인)와 사업자(임차인 또는 전차인) 간에 '해당 사무실을 다른 사업자와 공동으로 사용하는 것'을 명시하는 계약서를 작성하는 것을 전제로 사무실의 공동사용을 허용할 수 있다.

그럼에도 불구하고 동일한 사무실을 공동으로 사용하는 경우에는 그 내부의 공간구분이 필요하거나 사용시간의 구분이 필요하다. 그렇지 않고서는 효율적인 공간이용이 곤란할 뿐만 아니라 실질적으로 해당 공간을 사용한다고 볼 수 없는 경우도 있기 때문이다. 등록요건의 관점에서도 사업자가 해당 사무실을 실제로 사용하는 것이 가능해야 하고, 또 사용하고 있다는 사실이 확인될 수 있어야 한다. 따라서 공동사용계약서에는 동일한 사무실을 공동으로 사용하는 사업자 간에 그 공간을 어떻게 구분하여 사용할 것인지에 관해서도 명시적인 내용을 포함해야 한다.

이를 종합하여 공동사용계약서에서 명시되어야 하는 내용을 구체적으로 제시하면 다음과 같다.

첫째, 사용의 권원을 불문하고 동일한 사무실을 다른 사업자와 공동으로 사용한다는 내용이 명시되어야 한다. 이때 공동사용하는 사업자의 수, 상호 등의 명칭, 각 사업자가 사무실을 사용할 수 있는 권원(공유, 임대차, 전대차 등)이 함께 기재되어야 한다.

둘째, 사무실을 공동으로 사용하는 각 사업자가 실제로 그 공간을 사용하는 구체적인 방법이나 기준을 명시해야 한다. 이때 그 기준으로는 내부의 공간적 구분 및 사용시간의 구분이 모두 해당될 수 있다.

2. 개정방향에 대한 사례

(1) 「식품위생법 시행규칙」 별표 14
현행 규정에서는, 식품제조·가공업에 관한 시설요건에서 작업장은 독립된 건물이거나 식품제조·가공 외의 용도로 사용되는 시설과 분리(벽이나 층)되어야 하며, 식품소분·판매업에서는 작업장(또는 판매장)이 독립된 건물이거나, 주거장소 또는 식품소분·판매업 외의 용도로 사용되는 시설과 분리 또는 구획되어야 한다. 또한 식품냉동·냉장업에서는 작업장이 독립된 건물이거나 다른 용도로 사용되는 시설과 분리되어야 하며, 식품접객업에서는 영업장이 독립된 건물이거나 식품접객업의 영업허가를 받거나 영업신고를 한 업종 외의 용도로 사용되는 시설과 분리, 구획 또는 구분되어야 한다. 종합적으로 살펴보면 작업장(판매장 또는 영업장)은 모두 독립된 건물로서 해당 영업을 위해서만 제공되는 장소이어야 한다.

이러한 요건은 작업장이 독립한 공간이거나 다른 용도와 분리될 것을 요구하고 있는 것이지만, 실제로는 동일한 작업장을 여러 사업자가 공동으로 사용하는 것을 금지하는 근거로 작용하고 있다.

그런데 이 경우 적어도 동일 업종 내에서는 작업장 등의 공동사용을 허용하는 방향으로 개정하더라도 문제될 것이 없다. 물론 앞서 살펴본 책임요건을 전제로 해야 한다. 그리고 이러한 책임요건들은 별도의 법령상의 근거를 필요로 하는데 이미 그 기초가 되는 내용 및 요소에 관해서는 앞에서 언급하였으며, 입법상의 세부적인 내용에 대해서는 여기에서는 논외로 한다. 따라서 식품제조·가공업, 식품소분·판매업, 식품냉동·냉장업, 식품접객업 모두에서 각 작업장, 판매장, 영업장은 동일 업종 내의 타 사업자와 공동으로 사용할 수 있어야 하며, 그러한 내용으로 법령상의 개정이 필요하다. 다음 〈표 3〉에서 제시하는 바와 같다.

〈표 3〉 「식품위생법 시행규칙」 별표 14 일부 개정 제안

현 행	개정안
식품위생법 시행규칙 [별표 14] 업종별시설기준(제36조 관련)	식품위생법 시행규칙 [별표 14] 업종별시설기준(제36조 관련) 1. 식품제조·가공업의 시설기준

1. 식품제조 · 가공업의 시설기준 나. 작업장 1) 작업장은 독립된 건물이거나 식품제조 · 가공 외의 용도로 사용되는 시설과 분리(별도의 방을 분리함에 있어 벽이나 층 등으로 구분하는 경우를 말한다. 이하 같다)되어야 한다.	나. 작업장 1) 작업장은 독립된 건물이거나 식품제조 · 가공 외의 용도로 사용되는 시설과 분리(별도의 방을 분리함에 있어 벽이나 층 등으로 구분하는 경우를 말한다. 이하 같다)되어야 하며, 둘 이상의 식품제조 · 가공업자가 공동으로 사용할 수 있다. 다만 그 공동사용의 취지가 명시된 계약서를 작성해야 한다.
식품위생법 시행규칙 [별표 14] 업종별시설기준(제36조 관련) 5. 식품소분 · 판매업의 시설기준 가. 공통시설기준 1) 작업장 또는 판매장 가) 건물은 독립된 건물이거나 주거장소 또는 식품소분 · 판매업 외의 용도로 사용되는 시설과 분리 또는 구획되어야 한다.	식품위생법 시행규칙 [별표 14] 업종별시설기준(제36조 관련) 5. 식품소분 · 판매업의 시설기준 가. 공통시설기준 1) 작업장 또는 판매장 가) 건물은 독립된 건물이거나 주거장소 또는 식품소분 · 판매업 외의 용도로 사용되는 시설과 분리 또는 구획되어야 하며, 둘 이상의 식품소분 · 판매업자가 공동으로 사용할 수 있다. 다만 그 공동사용의 취지가 명시된 계약서를 작성해야 한다.
식품위생법 시행규칙 [별표 14] 업종별시설기준(제36조 관련) 6. 식품보존업의 시설기준 나. 식품냉동 · 냉장업 1) 작업장은 독립된 건물이거나 다른 용도로 사용되는 시설과 분리되어야 한다.	식품위생법 시행규칙 [별표 14] 업종별시설기준(제36조 관련) 6. 식품보존업의 시설기준 나. 식품냉동 · 냉장업 1) 작업장은 독립된 건물이거나 다른 용도로 사용되는 시설과 분리되어야 하며, 둘 이상의 식품보존업자가 공동으로 사용할 수 있다. 다만 그 공동사용의 취지가 명시된 계약서를 작성해야 한다. 〈가)목 및 나)목 삭제〉
식품위생법 시행규칙 [별표 14] 업종별시설기준(제36조 관련) 8. 식품접객업의 시설기준	식품위생법 시행규칙 [별표 14] 업종별시설기준(제36조 관련) 8. 식품접객업의 시설기준 가. 공통시설기준

가. 공통시설기준

1) 영업장

가) 독립된 건물이거나 식품접객업의 영업허가를 받거나 영업신고를 한 업종 외의 용도로 사용되는 시설과 분리, 구획 또는 구분되어야 한다(일반음식점에서 「축산물위생관리법 시행령」 제21조 제7호 가목의 식육판매업을 하려는 경우, 휴게음식점에서 「음악산업진흥에 관한 법률」 제2조 제10호에 따른 음반·음악영상물판매업을 하는 경우 및 관할 세무서장의 의제 주류판매 면허를 받고 제과점에서 영업을 하는 경우는 제외한다). 다만, 다음의 어느 하나에 해당하는 경우에는 분리되어야 한다.

(후략)

---

1) 영업장

가) 독립된 건물이거나 식품접객업의 영업허가를 받거나 영업신고를 한 업종 외의 용도로 사용되는 시설과 분리, 구획 또는 구분되어야 하며(일반음식점에서 「축산물위생관리법 시행령」 제21조 제7호 가목의 식육판매업을 하려는 경우, 휴게음식점에서 「음악산업진흥에 관한 법률」 제2조 제10호에 따른 음반·음악영상물판매업을 하는 경우 및 관할 세무서장의 의제 주류판매 면허를 받고 제과점에서 영업을 하는 경우는 제외한다), 둘 이상의 식품접객자(영업허가를 받거나 영업신고를 한 업종 외의 업종 포함)가 공동으로 사용할 수 있다. 이 경우 그 공동사용의 취지가 명시된 계약서를 작성해야 한다. 다만, 다음의 어느 하나에 해당하는 경우에는 영업장이 분리되어야 한다.

(1) 〈삭제〉

위의 개정안과 완전히 동일한 사항은 아니지만,[26] 적어도 이러한 규제개선이 가능한 근거로서 2019년 9월 개정된 「위생용품 관리법 시행규칙」을 사례로 들 수 있다. 즉 식품첨가물제조업자 등이 위생용품제조업을 창업하려는 경우 기존 영업장에 설치된 검사실 이용이 불가하여 검사실을 중복으로 설치해야 하는 문제가 지속되어 온 바 있었는데, 이에 관해 개정 시행규칙에서는 타 업종의 영업자가 구비하고 있는 검사실을 활용하는 것을 허용하였으며, 그 결과 사업자 입장에서 영업 확장에 따른 비

26_ 「식품위생법 시행규칙」에 대하여 제안하는 개정안은 '하나의 작업장'을 '여러 사업자' 가 공동으로 사용할 수 있도록 허용하는 경우이지만, 이미 개정된 「위생용품 관리법 시행규칙」의 내용은 '하나의 사업자가 하나의 업종에 관해 보유하는 시설'을 '그 사업자가 다른 업종에 종사하는 경우'에도 사용할 수 있도록 한다는 점에서 차이가 있다. 그러나 하나의 공간을 다른 사업자의 사용 또는 다른 용도의 사용으로 확대할 수 있다는 점은 공통된 의미가 있다.

용부담을 완화하게 되었다. 구체적인 내용은 아래와 같다.

<표 4> 「위생용품 관리법 시행규칙」 별표 1 일부내용

기 존	개 정
위생용품 관리법 시행규칙 [별표 1] 영업의 종류별 시설기준(제2조 관련) 2. 위생용품제조업 및 위생물수건처리업의 시설기준 라. 검사실 (신설)	위생용품 관리법 시행규칙 [별표 1] 영업의 종류별 시설기준(제2조 관련) 2. 위생용품제조업 및 위생물수건처리업의 시설기준 라. 검사실 마) 같은 영업자가 다음의 어느 하나에 해당하는 영업을 하면서 해당 영업소에 검사실 또는 시험실을 갖추고 법 제13조 제1항에 따른 자가품질검사를 하려는 경우 (1) 「식품위생법 시행령」 제21조 제1호·제3호에 따른 식품제조·가공업 또는 식품첨가물제조업 (2) 「축산물 위생관리법」 제21조 제3호에 따른 축산물 가공업 (후략)

(2) 사무실 공유 관련 일부 개정제안 사례

사업자등록에 관한 거의 모든 법령에서 사무실에 관한 요건을 두고 있으므로, 모든 경우에 관해 개정안을 일일이 제안하는 것은 의미가 없다. 따라서 이하에서는 대표적인 두 가지 사례를 통하여 사무실 요건의 구체적인 개정 방향을 제시하고자 한다.

1) 「대중문화예술산업발전법」 제26조 제2항

현재는 대중문화예술기획업을 등록할 때 독립한 사무소를 설치할 것을 요건으로 하고 있으나, 역시 단독 사용으로 제한해야 하는 명확한 이유를 찾기는 어렵다. 따라서 사무실을 설치하되 그 사무실은 둘 이상의 대중문화예술기획업자와 공동으로 사용할 수 있도록 개정할 필요가 있다. 물론 공동사용계약의 체결이 전제된다. 제안내용은 다음과 같다.

현 행	개정안
대중문화예술산업발전법 제26조(대중문화예술기획업의 등록) ② 제1항에 따른 등록을 하려는 자는 다음 각 호의 요건을 갖추어야 한다. (생략) 2. 독립한 사무소	대중문화예술산업발전법 제26조(대중문화예술기획업의 등록) ② 제1항에 따른 등록을 하려는 자는 다음 각 호의 요건을 갖추어야 한다. (생략) 2. 사무소, 다만, 사무소는 타 업자와 공동으로 사용할 수 있으며, 이때 사무소 공동사용계약을 체결하고 계약서를 작성해야 한다.

2) 「벤처기업육성에 관한 특별조치법」 시행령 제4조의2 제4항 제2호

신기술창업전문회사의 설립요건으로 업무를 수행하기 위한 독립된 전용공간을 필요로 하고 있으나, 반드시 독립된 전용공간이 아니더라도 업무를 수행하는 데 지장이 없는 경우에는 이러한 요건을 완화해도 문제가 없다. 따라서 다른 사업자와 공동으로 사용하는 사무실을 업무를 수행하는 공간으로 하여 회사를 설립할 수 있도록 개정할 필요가 있다. 역시 공동사용계약이 전제된다. 개정안은 다음과 같이 제안한다.

〈표 6〉「벤처기업육성에 관한 특별조치법」 시행령 제4조의2 제4항 제2호 일부 개정제안

현 행	개정안
벤처기업육성에 관한 특별조치법 시행령 제4조의2(신기술창업전문회사의 설립 등) ④ 법 제11조의2 제3항 제3호에서 "대통령령으로 정하는 기준"이란 다음 각 호와 같다. 2. 신기술창업전문회사의 업무를 수행하기 위한 독립된 전용공간	벤처기업육성에 관한 특별조치법 시행령 제4조의2(신기술창업전문회사의 설립 등) ④ 법 제11조의2 제3항 제3호에서 "대통령령으로 정하는 기준"이란 다음 각 호와 같다. 2. 신기술창업전문회사의 업무를 수행하기 위한 공간(타 사업자와 공동으로 사용하는 사무실 포함하며 이 경우 사무실 공동사용계약을 체결해야 한다)

IV. 보론 : 규제개선의 과제

공간공유에 관해 검토한 바를 토대로 향후 공유경제에 관련된 규제를 개선하는 방향에 관해 정리하면 다음과 같다.

일단 규제의 필요성이라는 측면에서는 결국 자원의 공동사용을 폭넓게 허용했을 때 예상되는 위험성을 제거해야 할 것인바, 정책입안자들은 공유경제시장 또는 P2P시장을 위한 최소한의 안전 및 품질 표준의 생성을 촉진해야 한다. 이는 여러 가지 형태로 나타날 수 있다. 가령 플랫폼을 사용하는 사업자가 준수해야 하는 엄격한 기준을 설정함으로써 공유경제 산업에 대한 진입장벽을 사전적으로 높일 수 있다. 또는 산업이 주도하는 신뢰 가능한 인증 제도를 마련함으로써 산업에 참가하는 기업들을 자극할 수도 있다.[27] 이는 자율규제와 규제당국에 의한 규제로 구별된다.

1. 시장 제공자의 자율규제

공유경제 규제에 많은 비중으로 관련된 행위자들의 첫 번째 형태는 디지털 시장의 제공자들이다. 이러한 사업자들은 중개행위를 통해 단순한 중간적 연결을 하는 지위에 그치지 않는다. 그들은 적극적으로 연결성을 제공하고,[28] 전략적으로 온라인 커뮤니티를 관리하고,[29] 관리구조를 구현하여 바람직하지 않은 이용자의 행위를 방지하거나,[30] 평가체계

27_ EU Business Innovation Observatory, The Sharing Economy : Accessibility Based Business Models for Peer-to-Peer Markets, 2013, p.17.

28_ Dijck, "The Culture of Connectivity : A Critical History of Social Media", *Oxford University Press*, 2013 참고.

29_ Mair/Reischauer, "Capturing the dynamics of the sharing economy : Institutional research on the plural forms and practices of sharing economy organizations", *Technological Forecasting and Social Change* 125, 2017, pp.19-20.

설정을 통해 신뢰를 조성한다.[31] 나아가 이러한 디지털 중개자는 다른 많은 전문 중개자의 여러 기능을 광범위하게 결합하여 수행한다.[32]

　이로써 공유경제 플랫폼은 전통적인 시장개념에서의 일반적 중개자와 구별된다. 공유경제에서 시장을 제공하는 자는 그러한 디지털 시장에서 거래를 촉진하기 위해 세부적인 조치를 수행함으로써 그 시장에서 사회질서를 방해하는 기본적인 조화의 문제를 해결해야 한다.[33] 플랫폼은 서비스의 가치를 평가할 수 있는 정보를 제공하고 시장에서의 경쟁을 위한 체계를 구축하며 구매자와 판매자의 원활한 협력을 보장한다. 또한 그 시장에 참가하는 사업자를 모니터링하고 승인하는 기술적 인프라와 규칙을 마련하고, 개별 거래에 적용함으로써 애플리케이션 인터페이스 또는 평가시스템을 지속적으로 재구성한다. 이러한 형태는 소위 알고리즘 관리(algorithmic management), 알고리즘 거버넌스(algorithmic governance) 또는 알고리즘 관료(algorithmic bureaucracy)라는 용어하에서 논의되기도 한다.[34] 이렇듯 기술적으로 활성화된 시스템은 궁극적으로 일정한 가치를 목표로 하여 플랫폼이용자의 활동을 통제하기 위한 다양한 형태의 '소프트 파워'를 사용하는 경향이 있다.[35]

30_ Hartl/Hofmann/Kirchler, "Do we need rules for "what's mine is yours"? Governance in collaborative consumption communities", *Journal of business research* 69(8), 2016, p.2756.

31_ Kornberger, "The visible hand and the crowd: Analyzing organization design in distributed innovation systems", *Strategic Organization* 15(2), 2017, p.174.

32_ Kirchner/Schüßler, "Regulating the Sharing Economy : A Field Perspective", *Research in the Sociology of Organizations*, 2019, p.8.

33_ Beckert, "The social order of markets", *Theory and Society* 38(3), 2009, p.245 ; Kirchner/Beyer, "Die Plattformlogik als digitale Marktordnung : Wie die Digitalisierung Kopplungen von Unternehmen löst und Märkte transformiert", *Zeitschrift für Soziologie* 45(5), 2016, S.338-339.

34_ Kirchner/Schüßler, op. cit., p.8.

35_ Rosenblat/Stark, "Algorithmic Labor and Information Asymmetries: A Case Study of Uber's Drivers", *International Journal Of Communication* 10(27), 2016, pp.3758-3759.

따라서 공유경제의 디지털 시장은 그 운영을 위해 고도로 조직화되어야 한다. 공유경제 역시 규제되지 않는 사회분야와는 거리가 있다. 시장을 제공하는 자는 비즈니스 모델이 성장하고 번영할 수 있도록 상당한 노력을 기울여 디지털 시장을 통제하게 된다. 이러한 관점에서 공유경제 플랫폼은 개별적인 규율시스템을 도입하고 유지하여야 한다.[36]

2. 전통적인 규제기관(정부 및 지자체)에 의한 규제

전통적인 규제기관은 새롭게 등장한 공유경제 산업의 합법성에 대하여 일방적인 결정을 강제하므로, 이는 공유경제의 발전과 - 특히 부정적으로 - 밀접하게 관련되어 있다. 정부나 지자체와 같은 규제기관이 규제에 관하여 실제로 어떠한 문제에 직면했는지 또는 직면할 수 있는지 다음 세 가지의 관점에서 확인하고, 규제개선에 관해 숙고해야할 필요가 있다.

(1) 수용과 기대(Accommodate and Hope)

공유경제에 대한 수용 및 기대 측면의 접근방식은 신흥 공유경제 시장을 방해하지 않고 효과적인 자율규제 시장 메커니즘이 출현하는 것을 도울 수 있다. 즉 이에 관한 기본 사고는 시장에서의 경쟁이 소비자에게 효율적인 결과를 가져오고 모든 관련 당사자의 효용을 극대화하는 방식으로 스스로를 규제한다는 점에서 출발한다.[37]

(2) 금지 및 복원(Ban and Restore)

이와 반대로 금지 및 복원 접근방식은 공유경제 사업자가 행하는 활동의 전부 및 일부를 즉시 금지하게 할 수 있다. 즉 규제당국이 공유경제 시장을 불법으로 간주하는 경우에 해당한다. 이러한 접근법은 사업의 운영을 위해 면허를 필요로 하는 경우, 플랫폼종사자 등에게 노동법

36_ Kirchner/Schüßler, op, cit., p.9.
37_ Ibid.

상의 근로관계가 문제되는 경우 등 개별적인 규제의 필요성에 따라 달리 적용될 수 있다.[38]

(3) 다듬기 및 조정(Trim and Adjust)

다듬기 및 조정의 접근방식은 위의 두 방식 사이의 중간에 위치한다. 거의 규제를 하지 않거나 반대로 가혹하게 규제하는 대신 규제기관이 공유경제 시장이 운영되도록 원칙적으로 허용하지만, 그것을 전제로 플랫폼과 같은 일정한 책임주체의 활동을 사전에 정의된 경계범위로 조정하고자 한다. 즉 비즈니스 모델을 제한함과 동시에 기존에 확립된 규제의 틀 역시 조정하는 과정을 거치게 된다.

현재 문제되는 공유경제 플랫폼에 대처하기 위한 규제방식으로는 위 '다듬기 및 조정' 방식이 일반적인 것으로 보인다.[39] 전혀 규제를 하지 않은 경우에 발생하는 문제와 기존의 규제를 그대로 적용하는 경우의 문제에서는 의도하지 않는 부작용이 나타날 수 있기 때문이다.

전반적으로 규제기관이 행하는 실제 규제에는 위와 같은 세 가지 방식이 혼합되어 있는데, 플랫폼과 규제기관 간의 관계는 경우에 따라 달라질 수 있지만 대부분 다듬기 및 포괄(Trim and Contain) 방식의 경향을 보인다.[40] 다만 이를 위해서는 역시 우선적으로 공유경제 모델을 사회제도적으로 수용해야 한다는 점을 전제해야 할 것이다.

38_ Kirchner/Schüßler, op, cit., p.9.

39_ Interian, "Up in the Air : Harmonizing the Sharing Economy Through Airbnb Regulations", *Int'l & Comp. L. Rev.* 129(1), 2016, pp.160-161 ; Uzunca et al., "Sharing and Shaping : A Cross-Country Comparison of How Sharing Economy Firms Shape Their Institutional Environment to Gain Legitimacy", *Academy of Management Discoveries* 4(3), 2018, pp.271-272.

40_ Thelen, "Regulating Uber: The Politics of the Platform Economy in Europe and the United States", *Perspectives on Politics* 16(4), 2018, pp.951-953 ; Uzunca et al., ibid.

참고문헌

1. 국내문헌

이병준, "새로운 유통방식으로서의 공용경제(sharing economy)와 그 법적 규제 방식에 관한 연구", 「유통법연구」 제4권 제2호, 2017.

2. 외국문헌

Aaron/Slemrod, "The Crisis in Tax Administration", *Brookings Institute*, 2004.

Beckert, "The social order of markets", *Theory and Society* 38(3), 2009.

Dijck, "The Culture of Connectivity : A Critical History of Social Media", *Oxford University Press*, 2013.

Hartl/Hofmann/Kirchler, "Do we need rules for "what's mine is yours"? Governance in collaborative consumption communities", *Journal of business research* 69(8), 2016.

Interian, "Up in the Air : Harmonizing the Sharing Economy Through Airbnb Regulations", *Int'l & Comp. L. Rev.* 129(1), 2016.

Kirchner/Beyer, "Die Plattformlogik als digitale Marktordnung : Wie die Digitalisierung Kopplungen von Unternehmen löst und Märkte transformiert", *Zeitschrift für Soziologie* 45(5), 2016.

Kirchner/Schüßler, "Regulating the Sharing Economy : A Field Perspective", *Research in the Sociology of Organizations*, 2019.

Klein, "HACCP Implementation in a Shared Kitchen Environment", *FDAreader.com—Simplifying Food Regulation*, 2019.

Kornberger, "The visible hand and the crowd: Analyzing organization design in distributed innovation systems", *Strategic Organization* 15(2), 2017.

Mair/Reischauer, "Capturing the dynamics of the sharing economy : Institutional research on the plural forms and practices of sharing economy organizations", *Technological Forecasting and Social Change* 125, 2017.

Rosenblat/Stark, "Algorithmic Labor and Information Asymmetries: A Case

Study of Uber's Drivers", *International Journal Of Communication* 10(27), 2016.

Thelen, "Regulating Uber: The Politics of the Platform Economy in Europe and the United States", *Perspectives on Politics* 16(4), 2018.

Uzunca et al., "Sharing and Shaping : A Cross-Country Comparison of How Sharing Economy Firms Shape Their Institutional Environment to Gain Legitimacy", *Academy of Management Discoveries* 4(3), 2018.

Zon, "The sharing economy and why it matters for policy makers", *Public Sector Digest*, 2015.

EU Business Innovation Observatory, The Sharing Economy : Accessibility Based Business Models for Peer-to-Peer Markets, 2013.

OECD, Reducing the risk of policy failure : challenges for regulatory compliance, 2000.

UK Department for Business, Innovation and Skills, "Unlocking the sharing economy: An independent review", 2014.

UK Department for Business, Innovation and Skills, "Sharing economy : Government response to the independent review", 2015.

공유노동 종사자의 법적 지위와
수요자에 대한 책임*
─플랫폼노동을 중심으로─

이준희**

I. 논의의 필요성과 검토 방법

독일의 산업 4.0과 노동 4.0 백서[1] 등이 국내에 소개되고, Klaus Schwab의 저서[2]를 통해 "4차 산업혁명"이라는 용어가 엄청난 사회적 반

---

* 이 글은 2021년 8월 27일, 한국외국어대학교 소비자법 센터가 개최한 「플랫폼을 통한 개인 간 거래와 소비자보호 토론회」에서 발표한 내용을 기초로 작성되었습니다. 이 논문은 소비자법연구 제7권 제4호(2021)에 게재된 것입니다.

** 한국경영자총협회 노사관계법제팀장, 법학박사.

1_ 박지순, "4차 산업혁명과 노동법의 과제", 「강원법학(제54권)」, 2018, 164면 이하.
2_ Klaus Schwab, 「The Fourth Industrial Revolution」, 2016.

향을 일으켰다. 이후, 디지털 기술 및 이를 활용한 산업의 고도화와 코로나 19 감염증 확산으로 인한 플랫폼노동 수요 확산 등이 배경이 되어 디지털 전환, Digital Transformation, 공유경제, Platform Economy, 플랫폼노동과 같은 용어들이 혁신의 시대를 특징짓는 용어로서 자리를 잡고 있다. 단순히 새로운 산업 수행 방법의 등장과 그로 인한 노동의 양상 및 환경 변화를 크게 지칭하던 수준의 의미 외연을 가졌던 '4차 산업혁명'이라는 용어에서 시작하여, 현재 디지털 전환, 공유경제, 플랫폼노동이라는 표현은 고도의 디지털 인프라 확충과 산업환경의 디지털화를 활용해 새롭게 등장한 경제적 가치 창출 방법과 그 경제적 가치 창출 시스템이 작동하는 매개로서 노무를 제공하는 관계에 관한 쟁점을 내포하는 개념으로서 상당히 구체적인 내용을 전달하고 있다. 특히 디지털을 통해 매개되는 노동력 제공관계는 이전 시대와는 다른 유연한 계약관계 하에서 일시적·임시적인 노무를 제공하는 것이 일반적이라는 특징이 있으며, 이에 관한 논의는 플랫폼노동 또는 공유노동 종사자의 법적 지위 및 책임, 보호 등에 관한 쟁점을 중심으로 전개되고 있다. 공유경제 하에서 플랫폼노동의 본질과 종사자의 보호에 관한 문제는 법학계에서도 상당한 연구 성과가 축적되어 있다.[3]

노동법학 분야는 플랫폼노동에 있어서 플랫폼 운영자와 노무를 제공하는 공급자인 플랫폼노동 종사자 이외에 플랫폼노동 자체나 노무제공

3_ 김희성, "공유경제와 크라우드 워크", 「강원법학(제54권)」, 2018; 박은정, "플랫폼과 가사노동자 : 노동법적 보호를 중심으로", 「이화젠더법학(제11권 제3호)」, 2019; 이준희, "한국에서의 플랫폼노동에 대한 법제화 논의 현황과 쟁점", 「강원법학(제62권)」, 2021; 김소영, "디지털플랫폼에 의한 노무제공자의 근로자성 판단", 「법학연구(제29권 제4호)」, 2018; 방강수, "플랫폼 아날로그 노동과 음식배달원의 근로자성", 「노동법학(제74호)」, 2020; 조성혜, "디지털플랫폼노동 종사자의 근로자성 여부", 「노동법학(제64호)」, 2017; 조용만, "4차 산업혁명 시대 프랑스 노동법의 대응—연결차단권의 보장과 플랫폼노동의 사회적 보호를 중심으로", 「노동법논총(제49집)」, 2020; 하태희, "디지털 플랫폼 워커의 법적 지위—배달기사 판례를 중심으로", 「법학연구(제58집)」, 2018; 한인상, 신동윤, "플랫폼노동의 쟁점과 향후 입법·정책적 과제", 「노동법포럼(제29호)」, 2020 등.

의 상대방인 수요자에 관한 관심은 매우 적었다. 노무를 제공하는 종사자의 보호와 처우 개선에 집중했기 때문이다. 스스로의 노동력을 제공하고 그로부터 수입을 얻는 종사자에 대한 보호 필요성이 제기되고 이를 위한 법적 수단에 관심이 집중되면서 자연스럽게 이 쟁점은 노동법적 쟁점으로 인식되었다. 반면 공유노동이나 플랫폼노동 관계에서 노동력 제공자가 아닌 제공되는 노동력 내지 물품 및 서비스의 수요자의 권리 보호에 관한 쟁점에 집중하는 소비자법학 분야에서의 노동법학 분야에서의 연구와 구별되는 또 다른 하나의 분야로서 자리를 잡고 있다.[4]

공유노동 또는 플랫폼노동 관계에서 수요자의 권리 보호에 관한 쟁점을 검토하기 위해서는 수요자에게 직접 노무를 제공하는 공급자의 법적 지위에 대한 규명이 먼저 이루어져야 한다. 노무제공을 매개한 디지털플랫폼이 단순 매개자 또는 중개인의 지위를 가질 뿐이라면, 공급자의 노무제공의 불완전성으로 인해 수요자에게 손해가 발생할 경우 배상책임을 종사자가 직접 부담하게 되는 경우가 대부분이며, 디지털플랫폼이 책임을 부담하게 되는 경우는 매우 제한적이다.[5] 이와 같이 단순 매개자 또는 중개인의 지위만을 갖는 플랫폼을 '디지털 프리랜서 마켓'이라고 표현하기도 한다. 그러나 종사자가 디지털플랫폼의 근로자로서의 지위를 가지는 것으로 볼 수 있다면, 디지털플랫폼이 사용자의 지위에서 노무제공의 불완전성에 따른 책임의 전부 또는 일부를 부담하게 될 수 있기 때문이다.

아래에서는 우선 공유노동 및 플랫폼노동과 관련하여 혼용되고 있는

4_ 고형석, "배달앱 거래와 소비자보호에 관한 연구", 「법학연구(제24권 제1호)」, 경상대 법학연구소, 2016, 61면 이하; 김세준, "전자상거래법 전부개정안의 몇 가지 쟁점에 대한 검토—온라인 플랫폼 운영사업자를 중심으로", 「소비자법연구(제7권)」, 2021, 9면 이하; 문상일, "앱서비스시장에서의 소비자 보호를 위한 제언 —숙박앱, 배달앱, 택시앱 시장을 중심으로", 「법학연구(제31권 제1호)」, 충남대 법학연구소, 2020, 75면 이하; 장보은, "음식주문 플랫폼을 이용한 거래에 관한 계약법적 검토—관련 산업에 대한 규제를 고려하여", 「외법논집(제42권 제3호)」, 2018, 39면 이하 등.

5_ 이병준·정신동·김세준, "플랫폼 경제시대에 있어 제조물책임법의 확장—Oberdorf v. Amazon.com Inc. 판결을 중심으로". 「소비자법연구(제6권 제1호)」, 2020, 143면.

다양한 용어의 의미와 용례를 검토하여 이 글에서 사용하기에 적합한 용어를 선택하고 논의를 진행할 범위를 확정하려 한다(II), 그리고 공유경제영역에서 제기되고 있는 노동의 문제에 대한 논의 현황을, 종사자에게 근로기준법상 근로자로서의 지위를 인정할 수 있는가에 관한 사항을 중심으로 검토했다. 플랫폼노동 종사자의 현황, 플랫폼노동의 유형 등으로부터 시작하여 학계의 주장 및 사회적 대화에서의 논의 경과와 결과, 정부 정책 및 국회 입법에서 나타난 관점 등에 이르기까지 체계적으로 검토하여 제시하고자 하였다(III). 이를 기초로 기존 논의의 한계를 지적하고, 다양한 플랫폼노동의 유형들을 대표적인 업종을 중심으로 정리하면서, 실제 플랫폼노동 제공체계의 특성에 부합하는 종사자의 법적 지위를 규명하고자 하였다(IV). 이어서 이상의 검토를 토대로 공유노동에서 플랫폼과 노무제공자인 공급자의 수요자에 대한 책임과 플랫폼노동의 수요자의 플랫폼노동 종사자에 대한 책임에 대해 각각 검토하였다(V, VI).

II. 용어의 선택 및 논의범위의 한정

1. 용어의 의미와 선택

(1) 공유경제와 공용경제

일반적으로 널리 사용되는 'Sharing Economy'에 대한 직역으로 '공유경제'라는 용어가 사용된다.[6] 공유경제의 일반적인 의미에 대해서는 아

6_ 고형석, "공유·구독경제관련 입법동향 및 입법정책의 과제에 관한 연구", 「소비자법연구(제5권 제3호)」, 2019, 37면 이하; 김희성, '공유경제와 크라우드 워크', 「강원법학(제54권)」, 2018, 210면 이하; 문현지·황원재, "차량공유 및 승차공유 서비스에서 플랫폼의 역할과 소비자의 구제방안", 「소비자법연구(제6권 제2호)」, 2020, 164면 이하; 이다혜, "공유경제(sharing economy)의 노동법적 쟁점", 「노동법연구(제42호)」, 2017, 403면; 이병준, "공유경제 법안에 대한 고찰", 「소비자법연구(제4권 제2호)」,

직 보편적인 공감대는 존재하지 않는 것으로 보인다. "주택과 자동차 등의 유형 자산과 기술과 시간 등의 무형 자산을 인터넷 매칭 플랫폼을 통해 다른 사람이 사용할 수 있도록 하는 활동"이라고 하는 것[7]이 현단계에서 법학적 논의에 필요한 수준에서 유의미한 공유경제의 정의라고 생각된다. 한편 2020년 7월 4일 태영호 의원이 대표발의한 공유경제기본법안[8] 제2조 제1항은 공유경제를 "공간, 물건, 정보, 재능, 경험 등 자원을 함께 사용함으로써 사회적·경제적·환경적 가치를 창출하는 경제활동"이라고 규정했으며, 제20대 국회 시기에 김수민 의원이 대표발의했던 공유경제기본법안[9] 제2조 제1항은 "정보통신기술을 활용하여 특정 서비스의 수요자가 해당 서비스를 창출하는 유휴자산을 보유한 공급자에게 유휴자산의 사용에 대한 대가를 지불하고 유휴자산이 창출하는 서비스를 소비함으로써 사회적·경제적·환경적 가치를 창출하는 경제활동"이라고 규정했다. 세 가지 개념 모두 유휴 재화와 서비스의 "사용"에 중점을 둔 것으로서 부분적인 차이는 있으나 공유경제의 개념을 이해하는 데에 유의미한 정보를 제공하고 있다고 평가할 수 있다.

이 글에서는 공유경제를 "특정인이 보유하는 유형·무형의 재화와 용역을 해당 재화와 용역의 주된 보유 목적과 관계없는 다른 사람이 사용할 수 있도록 제공하여 경제적 가치를 창출하는 활동"이라고 정의하고자 한다. 한편 공유경제라는 범주에 묶여서 논의되는 현상이, 대상이 되는 유형·무형의 재화나 용역이 지분 관계에 따라 다수의 주체에게 동시에 소유되는 것이 아니라, 여러 사람이 동시에 또는 번갈아서 이용하는 것이 본질이라는 점을 고려하면 '공유경제'라고 하기보다는 '공용경제'라고 표현하는 것이 원칙적으로는 타당다고 생각된다.[10] 공유경제라

2018, 64면 이하 등.

7_ 김희성, "공유경제와 크라우드 워크", 「강원법학(제54권)」, 2018, 213면.

8_ 의안번호 20102377, 2020. 7. 4. 발의(2021. 8. 19. 현재 국회 기획재정위원회 계류 중).

9_ 의안번호 2012610, 2018. 3. 22 발의(2020. 5. 29. 임기만료 폐기).

10_ 이병준, "새로운 유통방식으로서의 공용경제(sharing economy)와 그 법적 규제방식

는 용어를 사용할 경우 '공유'가 민법 제262조 이하의 공유와 혼동이 되기 쉽고, 공유(共有)는 기본적으로 소유를 기초로 한 개념이기 때문이다. 다만 '공유경제'라는 용어가 이미 되돌리기 어려울 만큼 널리 사용되고 있으므로 이 글에서는 공유경제라는 용어를 주로 사용하기로 한다.

(2) 노동공유와 공유노동

공유경제와 관련되어 세부적인 현상들을 기술하면서, 차량공유, 숙박공유 등의 용어가 사용됨에 따라, 공유경제와 연관된 노동력 제공 관계를 "노동공유"라고 표현하는 경우가 있다. 그러나 공유는 소유를 기초로 한 개념이므로 '노동공유'라는 표현은 바람직하다고 보기는 어렵다. 인간의 노동은 그 노무를 제공하는 주체와 분리하여 타인의 소유가 될 수 없는 대상이기 때문이다. "공유경제의 영역에서 제공되는 노동"이라는 의미를 축약하여 "공유노동"이라고 표현하는 것이 더 바람직하다고 생각된다.

일부 연구에서는 기업활동 규제완화에 관한 특별조치법상 직무 겸임 인정 규정이나 특정 자격증 소지자를 공동으로 채용할 수 있는 자격증 공유 내지 공동채용 허용 규정을 노동공유의 실정법적 사례로 제시하기도 한다.[11] 만약 문언적 의미 그대로 노동공유라고 한다면 기업들 간의 공동채용 등을 공유노동이라고 표현하는 것이 불가능하지는 않을 것이다. 그러나 일반적으로 활용되는 공유경제의 개념과 공유경제의 일환인 숙박공유, 교통공유, 공간공유 등과 동일한 평면에서 논의되는 노동의 문제로서는 자격증 공유나 자격증 보유자의 공동채용은 정확히 일치된다고 보기 어렵다. 공유노동은 특정 개인이 특정 상대방에게 노무를 제공할 의무를 부담하지 않는 시간(idle time)에 자신의 역량을 활용하여 다른 사람에게 노무를 제공하는 것, 간단히 표현하면 유휴노동력(idle

---

에 관한 연구", 「유통법연구(제4권 제2호)」, 2017, 39면 이하.

11_ 한국외국어대학교 산학협력단, 「공유경제 정착을 위한 입법적 보완 방안 연구」, 2020, 209면 이하.

capacity[12])을 타인에게 제공하는 것을 본질로 하기 때문이다. 이 글에서는 특별한 언급이 없는 한 노동공유보다는 '공유노동'이라는 용어를 사용하기로 한다.

(3) 공유경제와 공유노동, 플랫폼 경제와 플랫폼노동

공유경제라고 지칭되는 경제활동은 정보 획득 및 교환의 신속성과 편의성으로 인해 디지털플랫폼을 활용하는 경우가 많다. 그리고 공유경제와 디지털플랫폼은 매우 밀접한 관계가 있는 것으로 이해되고 있어[13] 최근에는 통상 플랫폼이라고 하면 디지털플랫폼을 지칭하는 것이 일반적이다. 그러나 특정인이 보유하는 유형·무형의 재화와 용역을 타인과 공유하는 과정에서 지방자치단체와 연계한 지역 기반 직업소개소를 통해 가정을 소개받아 가사서비스에 종사하는 사례와 같이 오프라인 플랫폼이 활용될 수도 있으므로, 공유노동이 반드시 디지털플랫폼을 매개로 한다고 볼 수 있는 것은 아니다. 공유노동과 플랫폼노동의 개념도 동일한 것은 아니다. 그러나 재화의 공유를 위한 공유정보의 제공이나 매개가 디지털플랫폼을 통해 이루어지는 경향이 더욱 확대되고 있는 것이 최근의 추세라는 점에서 공유경제와 디지털플랫폼 활용이 밀접하게 연관되어 있다고 보는 것이 합리적이다. 그러한 의미에서 공유노동을 주로 디지털플랫폼을 통해 매개되거나 수행되는 노동력 제공유형을 중심으로 검토하는 것이 현상을 분석하고 대안을 제시하는 데에 큰 문제는 없을 것이라고 생각된다.

한편, 공유경제 영역에서 제공되는 모든 종류의 노동을 공유노동이라고 평가하여 검토의 대상으로 삼을 수는 없다. 예를 들어, 비록 이론의 여지는 있지만, 우리나라에서 차량공유의 대표적인 사례로 여겨지고 있

12_ 유휴인력은 통상 잉여노동력과 유사한 의미로 'surplus labor' 또는 'surplus labor force'라는 용어가 사용되기도 하나, 이는 전체 노동시장의 관점에서 생산활동에 투입되지 못하고 있는 인력의 양이나 크기를 표현할 때 사용되는 용어인 경우가 많다.

13_ 김희성, "공유경제와 크라우드 워크", 「강원법학(제54권)」, 2018, 213면 이하.

는 쏘카[14]의 경우, 지정된 쏘카존을 순회하면서 차량을 관리하고 정비하는 업무를 담당하는 사람이 제공하는 노동은 공유경제 영역에서 제공되는 노동이기는 하지만 이를 공유노동이라고 지칭하여 전통적인 노동관계법이 적용되는 노동과 구별할 이유는 없다. 쏘카로부터 차량의 관리를 위탁받은 기업과 근로계약을 맺고 근로를 제공하는 근로자인 경우가 대부분이기 때문이다. 이러한 경우에는 당연히 노무를 제공한 사람의 법적 지위, 처우나 보호 문제, 제3자 또는 수요자와의 법률관계는 전통적인 노동관계법에 따라 규율되어야 한다.

이 글에서는 근로기준법상 사용자와의 사용종속성이 인정되기 어려운 플랫폼노동 종사자를 중심으로 공유노동에 종사하는 사람들의 법적 지위와, 종사자와 공유노동 종사자 사이의 권리와 의무 관계를 검토하기로 한다. 여기에서 플랫폼노동 종사자란 주로 디지털플랫폼[15]을 매개로 노무를 제공하는 자를 말하며, 노무 제공의 목적은 방법은 용역 그 자체일 수도 있고 디지털플랫폼을 통해 수행되는 가상의 재화를 생산하기 위한 것일 수도 있다.[16]

(4) 플랫폼노동 종사자와 특수형태근로종사자

플랫폼노동 종사자의 노무제공체계와 계약체결 유형 및 법적 지위는, 근로기준법상 또는 노동조합 및 노동관계조정법(이하 '노조법')상 근로자성 인정 여부가 오랫동안 다투어져 온 특수형태근로종사자와 유사한 부분이 있다. 종래에 특수형태근로종사자로 분류되었던 대표적인 직역인 대리운전 업무의 경우, 특정 지역에 기반을 둔 대리운전 매개업체와 휴

14_ www.socar.kr/ (최종 검색일 2021. 10. 19).

15_ '온라인 플랫폼'이라는 용어가 널리 사용되고 있으나, 온라인이란 아날로그 신호가 유선으로 전달되는 경우도 포함되는 개념이므로, 개념의 엄격함을 위해 이 글에서는 "디지털플랫폼"이라는 용어를 사용하기로 한다. 다만 제·개정 법률안, 인용 문헌 등에서 온라인 플랫폼이라는 용어를 사용하고 그 내용을 인용하거나 설명하는 경우에는 혼돈을 방지하기 위해 온라인 플랫폼이라는 용어를 그대로 사용했다.

16_ 일자리위원회, 「"플랫폼노동과 일자리 TF」 논의 결과", 2020. 7. 22, 6면.

대전화를 통해 대리운전 수요자와 매개되던 방식에서 점차 전국적인 디지털플랫폼을 통해 대리운전 수요자와 매개되는 방식으로 변화되면서 대표적인 플랫폼노동의 한 영역으로 변화되기도 했다. 산업재해보상보험법 제125조 제1항의 특수형태근로종사자의 개념을 전제로 했을 때[17], 플랫폼노동 종사자는 사업주에 대한 전속성이 상대적으로 희박하고, 자신의 노동력을 대신하여 제3자의 노동력을 이용하는 경우도 적지 않다는 점에서, 엄격하게 판단하면 특수형태근로종사자와는 구별된다고 보아야 한다. 한편 최근 대법원은 배달대행사의 애플리케이션을 스마트폰에 설치하고 해당 배달대행사로부터 음식배달 업무를 매개 받아 오토바이를 운전하여 음식 배달업무를 수행하던 중 배달종사자가 교통사고를 당한 사건에서 해당 배달원을 산업재해보상보험법상 근로자로 인정하지는 않았으나, 동법 제125조의 특수형태근로종사자인 택배원으로 인정하기도 했다.[18] 플랫폼노동 종사자인지 또는 특수형태근로종사자인지의 문제는 디지털기술 발전이 고도화될수록 더욱 구분이 모호해질 수 있다고 예상된다.

2. 검토의 대상이 되는 플랫폼노동의 범위

공유노동의 상당한 영역이 플랫폼노동의 방식으로 이루어지고 있고, 플랫폼노동에 관한 연구 및 논의 결과가 상당히 축적되어 있으므로, 이

17_ 산업재해보상보험법 제125조(특수형태근로종사자에 대한 특례)
① 계약의 형식과 관계없이 근로자와 유사하게 노무를 제공함에도 「근로기준법」 등이 적용되지 아니하여 업무상의 재해로부터 보호할 필요가 있는 사람으로서 다음 각호의 모두에 해당하는 사람 중 대통령령으로 정하는 직종에 종사하는 사람(이하 이 조에서 "특수형태근로종사자"라 한다)의 노무(勞務)를 제공받는 사업은 제6조에도 불구하고 이 법의 적용을 받는 사업으로 본다.
1. 주로 하나의 사업에 그 운영에 필요한 노무를 상시적으로 제공하고 보수를 받아 생활할 것
2. 노무를 제공할 때 타인을 사용하지 아니할 것
18_ 대법원 2018. 4. 26. 선고 2016두49372 판결.

글에서는 플랫폼노동관계를 중심으로 공유노동의 현황과 종사자의 법적 지위의 특수성, 당사자 사이의 관계 등에 대하여 살펴보기로 한다. 다만, 검토의 범위는 '공유경제의 영역에서 제공되는 노동'이라는 전제에 충실하기 위해서, 주로 디지털플랫폼을 매개로 특정 상대방에게 노무를 제공할 의무를 부담하지 않는 시간에 자신의 역량을 활용하여 다른 사람에게 노무를 제공하는 유형에 국한하기로 한다.

플랫폼노동의 개념과 관련해서는 일자리위원회[19]에서의 논의결과를 참조할 필요가 있다. 일자리위원회는 산하에 '플랫폼노동과 일자리 TF'는 플랫폼과 플랫폼노동을 각각 정의하고, 플랫폼노동에 해당하는 것으로 판단할 수 있는 4개의 조건을 제시했다. 즉, '플랫폼'은 "알고리즘 방식으로 거래를 조율하는 디지털 네트워크"로, '디지털플랫폼'은 "재화와 서비스(노동)가 교환되는 구조화된 디지털"로, '플랫폼노동'은 "디지털플랫폼에서 거래되는 서비스"로 정의했다.[20] 그리고, 플랫폼노동에 해당하는 것으로 보기 위해서는, "디지털플랫폼을 통해 거래되는 것이 서비스(용역) 또는 가상재화 생산 노동일 것(조건1), 디지털플랫폼을 통해 일거리(short jobs, projects, tasks)를 구할 것(조건2), 디지털플랫폼이 보수(payment)를 중개할 것(조건3), 일거리가 특정인이 아니라 다수에게 열려 있을 것(조건4)" 등의 조건을 충족하면 플랫폼노동에 해당한다고 정리했다. 이는 사회적 대화체를 통해 시도된 플랫폼노동의 정의 중 가장 의미 있는 분류조건이라고 판단된다.[21]

19_ 일자리위원회는 "일자리 창출과 일자리 질 개선을 통한 국민의 삶의 질 향상과 국민경제의 발전을 도모한다"는 취지로 대통령령인 "일자리위원회의 설치 및 운영에 관한 규정"에 따라 2017년 5월 16일에 출범하였다

20_ 일자리위원회, "「플랫폼노동과 일자리 TF」논의 결과", 2020. 7. 22, 6면.

21_ 플랫폼노동과 관련해서는 경제사회노동위원회 '디지털 전환과 노동의 미래 위원회', 사회적 대화 포럼, 4차산업혁명위원회 '배달종사자 안전망 TF', 일자리위원회 '플랫폼노동과 일자리 TF' 등 다양한 차원의 사회적 대화가 진행되었고, 진행되고 있다. 경제사회노동위원회에는 현재 '플랫폼산업위원회'가 사회적 대화를 진행하고 있다.

III. 플랫폼노동 종사자의 법적 지위에 관한 논의

플랫폼노동 종사자를 근로기준법상 근로자로 볼 경우, 디지털플랫폼 운영자 또는 디지털플랫폼을 이용하는 사업주 등이 사용자로 의제될 것이다. 플랫폼노동 종사자가 근로기준법상 근로자로 인정될 수 있는가의 여부는 플랫폼노동의 수요자인 소비자측의 관점에서도 중요한 의미를 갖는다. 디지털플랫폼 운영자나 디지털플랫폼을 이용하는 사업주의 사용자책임을 인정할 수 있게 되기 때문이다. 그러나 노무제공관계의 성질을 고려할 때, 현행법상 플랫폼노동 종사자를 근로기준법상 근로자로 인정하기 어려운 경우가 대부분이다. '가사근로자의 고용개선 등에 관한 법률(이하 '가사근로자법')'[22] 따를 때, 디지털플랫폼을 매개로 가사서비스를 제공하는 종사자가 일정한 경우 해당 디지털플랫폼 운영자의 근로기준법상 근로자가 될 수 있는 경우가 있지만, 이는 매우 예외적인 입법일 뿐이다. 학설상으로도 다양한 견해가 제시되고 있으나 각 견해 사이의 차이가 매우 크다.[23]

1. 근로계약관계에서의 근로자로 인정하는 견해

플랫폼노동 종사자의 법적 지위를 근로자로 볼 수 있다고 하는 견해들은 크게 종속성 개념의 재정립을 통해 현행 근로기준법 및 노조법상 근로자로 볼 수 있다고 보는 견해와 근로자 및 사용자 개념이 아니라 플랫폼노동 종사자의 노무제공관계의 본질에 주목하여 플랫폼노동 종사자의 노무제공관계의 본질은 종속노동이라고 보아야 하므로 근로자로 보아야 한다는 견해로 나눌 수 있다.

22_ 법률 제18285호, 2021. 6. 15. 제정. 2022. 6. 16. 시행.
23_ 아래의 내용은 이준희, "한국에서의 플랫폼노동에 대한 법제화 논의 현황과 쟁점", 「강원법학(제62권)」, 2021, 179면 이하의 내용을 보완하여 축약, 정리했음.

첫째, 근로기준법 및 노조법상의 근로자 개념의 재해석, 특히 종속성 개념의 확장을 통해 특수형태근로종사자나 플랫폼노동 종사자를 현행 노동관계법의 직접 적용을 받는 근로자로 해석할 수 있다고 보는 견해가 있다.[24] "디지털플랫폼을 기반으로 용역을 제공하고 그에 대한 대가를 받는 디지털플랫폼노동 종사자의 경우 플랫폼의 운영 관행 및 노무 제공에 대한 대가의 지급방식, 플랫폼과 수요자와의 계약관계 등이 매우 다양하게 형성되기 때문에 기존 판례법리에 의하여 정립된 근로자성 판단기준을 적용하는 경우 현실적으로 근로자성을 인정받기 어렵"지만, "노동법적 보호의 필요성이 인정됨에도 불구하고 사용종속성을 지나치게 엄격하게 판단하여 근로자성을 부인"하게 되는 것은 바람직하지 않으므로, "현재의 판례법리와 같이 사용종속성의 다양한 징표에 의하여 근로자성을 판단할 것이 아니라 경제적 종속성과 사회적 보호필요성에 주안점을 두어 사용종속성의 표지를 재구성하는 판례법리의 재정립이 필요하다"고 보는 견해[25]가 대표적이다. Hugo Sinzheimer의 종속노동 개념을 분석하면서 종속성 개념을 확대 적용하여 근로자성을 인정해야 한다고 보는 견해[26]도 같은 견해라고 할 수 있다.

디지털플랫폼 운영자에의 종속성이 인정된다면 플랫폼노동 종사자의 근로자성을 인정하는 것은 가능하리라 생각된다. 실제로 해외의 경우 2020년 12월 독일 연방노동법원이 인격적 종속성의 존재를 이유로 크라우드워커의 근로자성을 인정한 사례가 있다.[27] 이 사례에서 종사자는 2년 동안 휴대전화 앱을 통해 특정 지역의 주유소와 소매점에 본사의 상

24_ 김소영, "디지털플랫폼에 의한 노무제공자의 근로자성 판단", 「법학연구(제29권 제4호)」, 2018, 32면 이하; 심재진, "영국노동법의 인적 적용범위와 플랫폼노동", 「노동법학(제73호)」, 2020, 130면; 이다혜, "근로자 개념의 재검토 : 4차 산업혁명, 플랫폼 노동의 부상에 따른 '종속노동'의 재조명", 「노동법연구(제49호)」, 2020, 38면 이하 등.

25_ 김소영, "디지털플랫폼에 의한 노무제공자의 근로자성 판단", 「법학연구(제29권 제4호)」, 2018, 32면.

26_ 이다혜, "근로자 개념의 재검토 : 4차 산업혁명, 플랫폼 노동의 부상에 따른 '종속노동'의 재조명", 「노동법연구(제49호)」, 2020, 8면 이하.

27_ BAG, 01.12.2020-9 AZR 102/20.

품과 광고스탠드가 적절한 곳에 위치하고 있는지 여부 등을 확인하고 사진을 찍어 앱에 업로드 하여 수수료를 받는 방식으로 일을 해왔다. 종사자는 해당 기업이 자신에게 정기적으로 지속된 업무를 제공하였고 그곳으로부터 상당한 부분의 생계비(1주일 기준 20시간으로 1,800유로)를 얻었으므로 자신이 그 기업의 근로자임을 주장했다.[28] 독일 연방노동법원은 노무제공의 내용이 플랫폼에 의해 결정됐고, 종사자의 노무제공 지역이 비교적 좁은 지역으로 특정되어 있었다는 점에 무게를 두고 근로자성을 인정한 것으로 보인다. 우버 운전기사가 우버의 근로자라고 인정한 영국 대법원의 2021년 판결도 종속성을 인정 근거로 들고 있다.[29] 영국 대법원은 우버 운전기사들이 노무제공자라는 결정적 근거를 뒷받침하는 5가지 중요한 근거로 우버가 운전기사들의 보수에 대한 사실상의 통제권을 가지고 있다는 점, 우버 운전기사는 운행을 수락하기 전에는 승객의 목적지를 알 수 없어서 승객이나 경로의 선택권이 없었던 점, 우버가 고객의 모든 불만 사항과 추가적인 사항들을 처리한 점 등을 들고 있다. 표현은 다르지만, 인격적 종속성이 인정된다는 것의 다른 표현으로 이해된다.

두 번째로는, 종속성 개념의 확대가 아니라 플랫폼노동 종사자의 노무제공 유형을 정확히 분석하면 현행 노동관계법상 근로자로 보는 것이 충분히 가능하다고 보는 견해가 있다. "현행 노동법을 플랫폼 노동관계에 대하여 적용하기에 어려움이 있"지만, 음식배달 플랫폼을 통해 배달 업무를 수행하는 종사자들의 노무제공 유형을 분석하면 종속성이 높은 경우가 많으므로 플랫폼사업주의 근로기준법상 사용자성을 인정할 수 있다는 견해[30]가 그것이다.

28_ 오상호, "독일 플랫폼노동 종사자의 법적 지위와 보호에 관한 연구", 「강원법학(제62권)」, 2021, 16면 이하.

29_ Uber BV and others (Appellants) v Aslam and others (Respondents), [2021] UKSC 5 On appeal from: [2018] EWCA Civ 2748.

30_ 박은정, "지금 왜 다시 사용자인가?: 플랫폼 노동관계에서 사용자 찾기", 「노동법포럼(제31호)」, 2020, 228면 이하.

2. 근로계약관계에서의 근로자로 인정할 수 없다고 보는 견해

(1) 향후 입법적 개선을 통해 근로자성을 인정해야 한다는 견해

플랫폼노동의 특성, 특수형태근로종사자의 경우와의 비교 등을 통해, 플랫폼노동 종사자를 노조법상 근로자로 보아 노조법을 직접 적용하거나 산업재해보상보험법 및 산업안전보건법 등을 적용하는 것은 가능하지만, 현행 근로기준법 하에서는 근로기준법상 근로자로 포섭하기는 어렵다는 견해이다.[31] 이 견해는 대법원 판례의 근로기준법상 근로자성 판단기준[32]에 비추어볼 때 플랫폼노동 종사자를 근로기준법상 근로자로 보기는 어려우므로 플랫폼노동 종사자를 근로기준법상 근로자로 포섭시키기 위해서는 법개정이 필요하다고 본다.[33] 웹기반형 플랫폼노동 종사자의 전형적인 유형인 크라우드워커 유형을 중심으로 검토하여 플랫폼 운영자가 노무제공의 결과를 수령하는 수요자의 지위를 갖는 경우에도, 크라우드워커는 도급인의 직접적인 지휘·감독을 받지 않고, 근무시간과 근무장소가 자유롭다는 점, 업무에 소요되는 컴퓨터 등 스마트기기를 크라우드워커가 대부분 스스로 조달한다는 점, 보수가 근로의 대상성을 가지지 않는다는 점, 근로제공관계의 계속성과 사용자에 대한 전속성은 대부분 부정된다는 점 등의 특징을 가지고 있으므로, 가변적 속성이 커서 플랫폼 운영자에 대한 종속성을 인정할 수 없다고 본다. 이 견해는 크라우드워크를 "디지털플랫폼의 현상광고를 보고 업무의 대가로 일정액의 수수료를 받는 방식"이라고 정의하는 점[34]도 눈여겨 볼 필

31_ 한인상, 신동윤, "플랫폼노동의 쟁점과 향후 입법·정책적 과제", 「노동법포럼(제29호)」, 2020, 263면 이하.

32_ 대법원 2006.12.7. 선고 2004두29736 판결.

33_ 조성혜, "디지털플랫폼노동 종사자의 근로자성 여부", 「노동법학(제64호)」, 2017, 156면 이하; 민창욱, "플랫폼 노동에 대한 법적 규제-미국 우버(Uber) 사례의 시사점", 「저스티스(제183호)」, 2021, 573면 이하도 입법을 통해 근로자성을 인정하는 방안을 제시하고 있다.

34_ 조성혜, "디지털플랫폼노동 종사자의 근로자성 여부", 「노동법학(제64호)」, 2017, 118면.

요가 있다.

(2) 개인사업자로 보아야 한다는 견해

노동법의 보호영역 확대가 아니라 노동법이나 일반 계약법이 아닌 제3의 법체계를 만들어 플랫폼노동 종사자의 법적 지위를 규정하고 보호해야 한다고 보는 견해가 있다.[35] 크라우드 워커를 기준으로 보았을 때, 공유경제에서 중간사업자인 디지털플랫폼을 통해 발주자와 크라우드 워커(작업자)가 계약을 체결한 경우 크라우드 워커는 개인도급인의 지위를 가지며, 발주자의 지휘명령을 받고 노무를 제공하는 것은 아니기 때문에 근로자가 아닌 소규모 개인사업자로 자리매김되어야 한다고 본다.[36] 노동력 제공을 매개하는 디지털플랫폼 운영자의 지위를 상사중개인으로 보는 견해 중에는 플랫폼노동 종사자를 '사업자'로 보아야 한다고 보는 견해도 있다.[37] 종사자의 보호를 위해서 종사자의 사회적 보호를 위해 우선 사회보장제도를 확대하는 정책 대안이 필요하다"[38]고 보는 견해도 플랫폼노동 종사자에게 근로기준법상 근로자로서의 법적 지위를 인정할 수 없다고 보는 관점에 포섭할 수 있을 것으로 생각된다.

플랫폼노동 종사자의 법적 지위를 근로자가 아닌 소위 개인사업자라고 볼 경우, 플랫폼노동 종사자와 수요자, 플랫폼노동 종사자와 디지털플랫폼 운영자 사이의 공정과 거래의 안전을 도모하는 수단으로는 상법과 공정거래법 등 경제법체계의 각종 규정들이 적용되는 것으로 보아야 할 것이다.

35_ 김희성, "공유경제와 크라우드 워크", 「강원법학(제54권)」, 2018, 244면 이하.

36_ 김희성, "공유경제와 크라우드 워크", 「강원법학(제54권)」, 2018, 211면.

37_ 나호연, "공유경제에 있어서 노동제공의 유형과 관련 주체의 책임 토론문", 「플랫폼을 통한 개인 간 거래와 소비자보호 학술대회 자료집」, 2021, 84면.

38_ 하태희, "디지털 플랫폼 워커의 법적 지위―배달기사 판례를 중심으로", 「법학연구(제58집)」, 2018, 27면 이하.

(3) 플랫폼노동 종사자의 법적 지위에 관한 정부의 관점

정부가 추진하는 각종 입법과 정책을 통해 확인할 수 있는 플랫폼노동 종사자의 법적 지위에 관한 관점은, 고용노동부가 의원입법 방식으로 발의한 "플랫폼종사자 보호 및 지원 등에 관한 법률안(이하 '플랫폼종사보호법')"법안[39]과 기타 정책자료[40] 등을 통해 추론해보면, 직접 근로기준법상 근로자로 인정하기는 어렵지만, 근로자와 유사한 보호를 받도록 하겠다는 정책적 방향성을 가지고 있다고 판단할 수 있다. 그러나 다른 한편으로, 공정거래위원회가 주도하여 정부법안으로 국회에 제출한 '온라인 플랫폼 중개거래의 공정화에 관한 법률안(이하 온라인플랫폼 공정화법)'[41]을 보면, 플랫폼을 통한 노무제공관계에 노동관계법이 아닌 경제법적 규제를 가하겠다는 태도를 가지고 있다고 볼 수도 있다. 결론적으로 정부의 입장은 부처간 견해차가 있으며, 일관된 방향성을 찾지 못하고 있다고 평가할 수 있을 것이다.

3. 각종 플랫폼노동 관련 법률(안)의 관점

(1) 플랫폼종사자 보호 및 지원 등에 관한 법률안

플랫폼종사 보호법은 플랫폼노동 종사자 보호와 디지털플랫폼 기업의 책임 강화를 주요 내용으로 한다. 이 법안의 주된 규율 대상은 "온라인 플랫폼", "플랫폼종사자", "플랫폼 운영자", "플랫폼 이용 사업자" 등이다. 플랫폼노동자가 아닌 '플랫폼종사자'라는 용어를 사용하고 있으나, 이는 플랫폼노동 종사자의 근로자성 인정 문제가 법안에 관한 국회 논의 과정에서 쟁점으로 부각되는 것을 방지하기 위한 것이었을 뿐 플랫폼노동 종사자의 근로자로서의 지위를 배제하고자 한 것은 아니라고

39_ 의안번호 2108908, 2021. 3. 18. 장철민 의원 대표발의.
40_ 관계부처 합동, "사람 중심의 플랫폼 경제를 위한 플랫폼종사자 보호 대책", 2020. 12. 21.
41_ 의안번호 : 2107743, 2020. 1. 28 제출.

보인다. 법안의 전체 내용을 보면 차별적 처우 금지, 괴롭힘 금지, 이용 수수료 등 정보 제공, 계약 해지·변경 등의 제한, 안전과 건강보호, 임신·출산·육아 등에 대한 보호, 사회보험의 적용 등 장차 근로기준법 상 근로자에 준하는 보호를 제공하기 위한 규정들을 다수 포함하고 있기 때문이다. 또한 법안은 위반한 사실이 있는 경우에 그 사실을 플랫폼 종사자가 고용노동부장관에게 통보할 수 있도록 하고 위반행위에 대해서 고용노동부장관이 플랫폼 운영자와 플랫폼 이용 사업자에게 과태료를 부과할 수 있도록 규정하여 주무부처가 고용노동부임을 분명히 하고 있다. 정부는 이 법안이 2021년 3월 중에 국회 입법절차가 시작되도록 한다는 계획을 가지고 있었으나,[42] 2021년 10월 현재 장철민 의원 명의로 대표발의되어 국회 환경노동위원회에 계류되어 있다.

(2) 가사근로자의 고용개선 등에 관한 법률

정부는 2020년 7월 13일에 가사근로자법[43]을 국회에 제출하였고, 대동소이한 내용을 담은 법안들[44]과 같이 심사되어 2021년 5월 20일 국회 본회의를 통과했다. 2022년 6월 16일부터 시행될 예정이다. 이 법안은 주로 가사서비스를 매개하는 플랫폼인 가사서비스 제공기관의 인증요건과 의무를 규율하지만, 가사서비스 제공기관과 가사노동 종사자 사이의 계약 체결과 관련한 사항, 임금, 최소근로시간, 유급휴일 및 연차 유급휴가 등에 대한 규율과 근로조건 서면명시의무 부과 등 가사서비스 종사자를 가사서비스 제공기관의 근로자로 인정하고 근로기준법에 따라 인정되는 것과 유사한 보호를 제공하도록 규정하고 있다. 근로조건을 위반할 경우 가사서비스 제공기관인 사용자를 처벌하는 규정도 두고

42_ 관계부처 합동, "사람 중심의 플랫폼 경제를 위한 플랫폼종사자 보호 대책", 2020. 12. 21, 7면.

43_ 의안번호 : 2101847, 2020. 7. 13 제출.

44_ 가사근로자의 고용개선 등에 관한 법률안(이수진의원 대표발의), 의안번호 2103852, 2020. 9. 14. 발의; 가사근로자의 고용개선 등에 관한 법률안(강은미의원 대표발의), 의안번호 2013994, 2020. 9. 17. 발의.

있다. 따라서 가사서비스를 매개하는 디지털플랫폼이 이 법률이 요구하는 요건을 갖추고 인증을 받은 경우에는 해당 디지털플랫폼을 매개로 가사서비스 노동을 제공하는 자는 해당 디지털플랫폼 운영자의 근로기준법상 근로자로 간주된다.[45] 가사근로자법에 가사노동 종사자를 공유노동의 제공자 또는 임시적·일시적 노무제공자의 지위로 보려하지 않고, 특정 사용자와 근로계약관계를 맺은 근로자의 지위를 가지는 것으로 보려는 관점을 가지고 있다고 할 수 있다.

〈가사근로자법에 따른 가사서비스 제공체계〉[46]

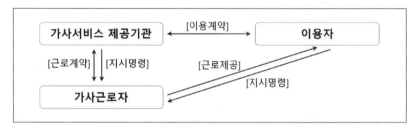

(3) 온라인 플랫폼 중개거래의 공정화에 관한 법률안

2021년 1월 28일 정부가 제출한 온라인 플랫폼 중개거래의 공정화에 관한 법률안[47](이하 '온라인 플랫폼 공정화법안')은 2021년 10월 30일 현재 대동소이한 내용을 담은 5건의 의원발의 법안[48]과 함께 국회 정무위원회

45_ 이와 같은 간주규정은 근로기준법 적용 여부에 대하여 별도의 규율이 필요 없이 당연히 근로기준법이 적용되어야 하는 '가사서비스 제공기관과 근로계약을 체결한 가사근로자'에 대하여 근로기준법의 일부 규정의 적용을 오히려 배제하는 내용을 담고 있어, 규범의 보호 대상 선정의 오류인 동시에 보호수준 저하를 초래하는 심각한 입법적 오류를 범하고 있다는 비판이 가능하고, 법체계적으로도 많은 문제점을 가지고 있다. 이러한 문제점과 비판의 자세한 근거와 내용은 이준희, "가사노동종사자 보호를 위한 입법논의 현황과 대안—한국의 디지털 플랫폼 매개 가사노동을 중심으로", 「노동법논총(제51집)」, 2021, 192면 이하 참조.

46_ 이준희, "가사노동종사자 보호를 위한 입법논의 현황과 대안—한국의 디지털 플랫폼 매개 가사노동을 중심으로", 「노동법논총(제51집)」, 2021. 182면.

47_ 의안번호 : 2107743, 2020. 1. 28 제출.

에 계류되어 있다. 공정거래위원회가 주무 부처다. 이 법안은 온라인 플랫폼 중개거래 관계의 투명성 및 공정성 제고를 위한 절차규정을 마련하고, 온라인 플랫폼 중개서비스업자와 온라인 플랫폼 이용사업자 사이에 발생하는 분쟁의 예방 및 분쟁당사자 간의 원활한 분쟁 해결을 위한 제도적 장치 등을 담고 있다. 온라인 플랫폼 거래 관계에서 소비자의 보호를 위한 규정을 담고 있는 중요한 법안이라고 볼 수 있다. 온라인 쇼핑의 급성장 추세에 따라 증가하는 온라인 플랫폼 중개사업자의 횡포와 소위 갑질을 방지하기 위하는 것을 입법목적으로 한다. 이를 위해 계약의 공정화에 관한 사항, 불공정행위의 유형, 공정거래위원회의 권한, 온라인 플랫폼 중개사업자의 손해배상 책임 등을 규정하고 있다.

온라인 플랫폼 공정화법안의 적용범위를 정부안을 중심으로 살펴보면, 정보제공과 연결수단을 제공하는 가격비교사이트, 부동산·중고차 정보제공서비스, 검색광고서비스와 청약 접수를 제공하는 오픈마켓, 배달앱, 앱마켓, 숙박앱, 승차중개앱, 기타 O2O플랫폼 등이 온라인 플랫폼 중개서비스에 포함된다. 결제수단만을 제공하는 경우와 순수하게 배달만을 대행하는 경우에는 이 법안이 적용되지 않는다. 그러나 적어도 온라인 배달플랫폼을 예로 들면, 배달종사자와 온라인 배달플랫폼 운영자, 지역배달대행사와 온라인 배달플랫폼 운영자 사이의 관계에 관해서는 온라인 플랫폼 공정화법안이 적용될 수 있다. 이 법안에 따르면 배달플랫폼을 통해 노무를 제공하는 공급자는 개인사업자로서의 지위를 가지게 된다. 그렇다면 적어도 온라인 배달플랫폼과 관련해서는 배달종사자의 법적지위에 관한 플랫폼 종사자 보호법안과 온라인 플랫폼 공정화법안의 태도가 서로 모순된다고 볼 수 있다.

48_ 김병욱 의원 대표발의안(의안번호 2107622); 민형배 의원 대표발의안(의안번호 2107703); 배진교 의원 대표발의안(의안번호 2108626); 성일종 의원 대표발의안(의안번호 2108802); 민병덕 의원 대표발의안(의안번호 2109598) 등.

(4) 각종 법률(안)의 태도에 대한 평가

이상에서 설명한 법안들은 비록 의원입법의 형식을 취하여 입법절차가 진행되었으나, 법률안의 초안은 정부가 주도적으로 작성했다. 그럼에도 불구하고 플랫폼노동 종사자의 법적 지위에 대해서는 통일된 관점을 가지고 있지 못하다. 특정 법률을 통해 플랫폼노동 종사자의 법적 지위를 한번에 통일적으로 확정하려는 것은 타당하지 않은 태도일 수도 있다. 현실에는 이미 매우 다양한 플랫폼노동의 유형들이 존재하고 있으며, 앞으로도 더욱 많은 유형이 등장할 것이기 때문이다. 그렇다고 새롭게 등장하는 플랫폼노동의 각 유형별로 그에 대응하여 매번 별도의 개별법을 입법하는 것도 입법정책적으로 타당하지도 않고 가능하지도 않다. 바람직함 입법을 위해서는 플랫폼노동 또는 공유노동의 실태와 공통된 특성을 발견하고 합리적인 규율 방법을 찾아내기 위한 깊이 있는 연구가 선행되어야 할 것이다.

4. 플랫폼노동 종사자의 법적 지위

이상의 논의를 종합해보면, 아직 플랫폼노동 종사자의 법적 지위를 일반적으로 근로기준법상 근로자로 인정하기는 어려울 것으로 판단된다. 현행 근로기준법은 동일한 장소에서 유사하거나 연관된 업무를 수행하는 다수의 근로자들이 동일한 시간대에 집합하여 근로를 제공하는, 산업혁명기 이후의 공장제 근로제공 방식을 전제로 성립된 공장법체계를 기원으로 한다. 따라서 개별성과 임의성, 임시성을 특징으로 하는 현대의 플랫폼노동 또는 공유노동 제공관계를 규율하기에는 적절하지 않으며, 플랫폼노동 종사자를 근로기준법상 근로자로 의제하는 것도 근로기준법 전체의 체계와 내용을 고려할 때 타당하지 않다. 현재의 법상황에서는 다양한 플랫폼노동 제공체계의 특징과 내용에 따라 근로기준법 등 관련 법률의 적용 가능성을 판단하고, 적용이 불가능하다고 판단될 경우 민법상 고용계약, 위임계약 등 전형계약 규정을 준용하거나 경제법 분야의 규정들을 적용하여 문제를 해결하는 것이 최선의 방법이라고 생각된다. 그리고 이와 같은 적용가능성 검토에 따라 플랫폼노동종사자의 법적 지위는 근로기준법상 근로자 또는 개인사업자 등으로 개별적으로 판단될 수 있을 것이다.

IV. 대표적인 공유노동 유형의 특징과 종사자의 법적 지위

1. 플랫폼노동과 공유노동의 대표적인 유형과 특징

이상에서 정리한 대부분의 견해와 정책은 플랫폼노동 종사자의 보호에 주안점을 두고 있어 플랫폼노동 제공체계에 참여하는 모든 주체의 법적 지위와 권리·의무 관계를 규명하기에는 부족한 수준이라고 하지 않을 수 없다. 또한 다양한 플랫폼노동의 유형 중에서 상대적으로 직관적이며 널리 알려진 음식배달플랫폼 종사자에 국한하거나 사업자와 플랫폼종사자 사이의 연결고리가 가장 약한 웹기반 크라우드워커 유형에 국한하여 노동관계법 적용 가능성을 검토하는 한계를 보이고 있다. 디지털플랫폼의 다양성과 발전속도를 고려할 때 음식배달플랫폼 종사자를 중심으로 법적 지위와 보호방안에 대한 검토가 이루어지는 것은 현재로서는 어쩔 수 없다고 할 수도 있을 것이다.

그러나 지금의 수준에서도 대표적인 플랫폼노동의 유형들을 정리하고 각각의 경우 관련 주체의 법적 지위를 검토함으로써 기존 논의의 부족한 점을 보완하고 향후 더욱 본격적인 논의의 단초를 마련하는 작업은 반드시 필요하다. 아래에서는 다양한 플랫폼노동 제공체계 중에서 공유노동의 성격을 가지고 있는 것으로 볼 수 있는 대표적인 유형들을 제시하고 각각에 대하여 검토하고자 한다.

(1) 크라우드워크 서비스 제공체계

〈크라우드워크 서비스 제공체계〉

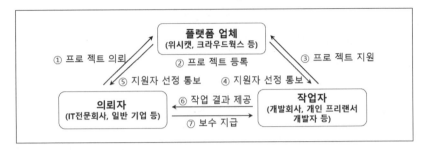

크라우드워크 유형은 웹기반형 플랫폼노동 종사자의 전형적인 유형으로서, 대체로 디지털플랫폼을 통해 의뢰자와 작업자 사이가 매개되고 노무수행의 결과가 제공되는 방식이라고 정의된다.[49]

크라우드워크 서비스 제공체계에서의 디지털플랫폼 운영자로서 국내의 대표적인 업체는 크몽[50], 위시캣[51], 크라우드웍스[52] 등이 있다. 매우 다양한 유형이 있지만, 가장 일반적인 유형을 기준으로 설명하면 다음과 같다. 의뢰자가 플랫폼 운영 업체에 프로젝트를 의뢰하면 플랫폼 운영 업체는 해당 프로젝트를 홈페이지 등에 등록하여 회원으로 가입되어 있는 작업자들이 확인할 수 있도록 한다. 작업자는 개인 프리랜서인 개발자일 수도 있고 개발 회사일 수도 있다. 의뢰자도 개인일 수도 있고 IT 전문회사나 일반 기업체일 수도 있다. 공유경제의 개념에 가장 부합하는 것은 개인 프리랜서가 작업자로서 지원하는 경우일 것이다. 등록된 프로젝트를 수행하고자 하는 작업자는 해당 홈페이지 등에 프로젝트 지원 신청을 한다. 플랫폼 업체는 그 중 해당 프로젝트에 가장 적합한 지원자를 일정한 기준에 따라 선정하여 통보하고, 의뢰자에게도 선정된

49_ 조성혜, "디지털플랫폼노동 종사자의 근로자성 여부", 「노동법학(제64호)」, 2017, 123면 이하.

50_ kmong.com/ (최종 검색일 2021. 10. 19).

51_ www.wishket.com/ (최종 검색일 2021. 10. 19).

52_ www.crowdworks.kr/ (최종 검색일 2021. 10. 19).

지원자를 통보한다. 의뢰자가 특별히 요구한 기준이 있으면 그 기준이 선정기준에 반영되기도 하며, 선정된 지원자가 해당 작업에 적합하지 않다고 판단되면 의뢰자가 교체나 재선정을 요구할 수도 있다. 지원자가 확정되면 지원자는 제시된 요건에 맞추어 프로젝트를 수행하고, 작업 결과를 의뢰자에게 직접 제공하거나 플랫폼에 등록하는 방법으로 제공하기도 한다. 의뢰자는 프로젝트의 완수 여부를 확인한 뒤에 작업자에게 보수를 지급한다. 이때 의뢰자는 플랫폼 운영 업체에도 일정 액수의 수수료를 지급하는 것이 일반적이다.

크라우드워커, 즉 작업자는 의뢰자로부터 노무제공에 관하여 직접적인 지휘·감독을 받지 않고, 노무제공 시간과 장소를 자유롭게 결정할 수 있으며, 컴퓨터 등 작업 수단과 장비를 대부분 스스로 조달하기 때문에 노무제공관계의 계속성과 전속성을 인정하기는 어렵다.[53] 전적으로 자유롭고 대등한 관계로서 유지된다는 점이 특징이다. 크라우드워크 서비스 제공체계를 "디지털플랫폼의 현상광고를 보고 업무의 대가로 일액의 수수료를 받는 방식"이라고 설명하는 견해도[54] 크라우드워크의 이와 같은 특성에 주목한 것이라고 이해된다. 크라우드워커의 법적 지위는 개인사업자로 보는 것이 타당하리라 생각된다.

(2) 음식배달대행 서비스 제공체계

〈음식배달 대행 서비스 제공체계〉

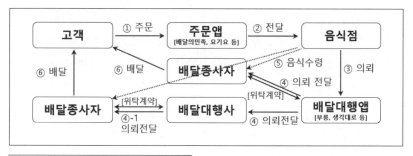

53_ 조성혜, "디지털플랫폼노동 종사자의 근로자성 여부", 「노동법학(제64호)」, 2017, 138면 이하.
54_ 조성혜, "디지털플랫폼노동 종사자의 근로자성 여부", 「노동법학(제64호)」, 2017, 118면.

디지털플랫폼을 통해 매개된 노무를 제공하는 유형으로서 비교적 일찍부터 확산되어온 것이 음식배달 대행 서비스 제공체계이다. 자신의 유휴노동력을 활용하여 일시적·간헐적으로 노무를 제공하는 형태라는 점에서 공유노동의 성격을 갖는 대표적인 경우라고 할 수 있다.

주문앱으로는 배민[55], 요기요[56], 과 배달대행앱으로는 부릉[57], 생각대로[58], 요기요익스프레스[59] 등이 대표적이며, 지역 기반 배달대행 디지털플랫폼 업체도 상당히 많이 활동하고 있다. 가장 일반적인 유형을 기준으로 설명하면 다음과 같다.

고객의 주문이 배달의 민족, 요기요 등 주문앱을 통해 이루어지면 이주문이 음식점에 전달된다. 주문을 받은 음식점은 음식을 조리하여 디지털플랫폼인 부릉, 생각대로 등 배달대행앱을 통해 배달을 의뢰한다. 배달대행앱 운영자는 해당 의뢰를 직접 자신과 계약관계에 있는 배달종사자에게 전달하거나 또다른 지역배달대행사에 전달한다. 배달대행앱으로부터 배달의뢰를 전달받은 배달종사자는 음식점에 방문하여 음식을 수령하고 이를 고객에게 전달한다. 한편 배달대행앱 운영자가 지역배달대행사에 배달을 의뢰한 경우 지역배달대행사는 자신과 계약관계에 있는 배달종사자에게 의뢰사항을 전달하고 이때 의뢰를 전달받은 배달종사자는 앞의 경우와 마찬가지로 음식점에 방문하여 음식을 수령한후 이를 주문자에게 전달한다. 배달종사자는 산업재해보상보험법상 근로자로 인정되거나 아니면 일정 수준 이상의 전속성 요건을 충족할 경우 산업재해보상보험법 제125조의 특수형태근로종사자 특례를 적용받기도 한다. 최근에는 배달종사자들로 구성된 노동조합에 대하여 정부가 노동조합 설립신고필증을 발급하는 사례도 늘고 있다. 그러나 배달종사자들이 특정 배달대행앱이나 특정 지역배달대행사와 근로계약관계를

55_ www.baemin.com/ (최종 검색일 2021. 10. 19).

56_ www.yogiyo.co.kr (최종 검색일 2021. 10. 19).

57_ home.vroong.com/?direct=true (최종 검색일 2021. 10. 19).

58_ 생각대로.com (최종 검색일 2021. 10. 19).

59_ deliveryhero.co.kr/mobile/service/express (최종 검색일 2021. 10. 19).

맺고 배달업무를 수행하는 경우는 거의 없으므로 근로기준법상 근로자로서의 법적 지위를 인정받기는 어렵다. 그러나 배달종사자가 지역배달대행사나 배달대행앱 운영자와 어떠한 계약관계를 맺고 있는지에 따라 해당 업체에 소속된 근로자로 인정될 수 있는 경우도 있다.

(3) 기타 배달대행 서비스 제공체계

〈기타 배달 대행 서비스 제공체계〉

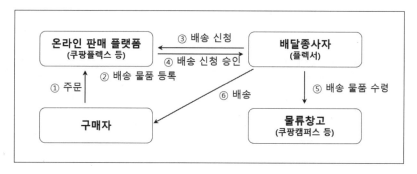

음식배달 이외에 고객이 온라인 쇼핑몰에 주문한 물품 중 배달업무를 수행하고자 하는 자기 자신이 원하는 시간대에 자신이 원하는 지역에 대한 온라인 쇼핑몰 고객의 주문에 대하여 온라인 쇼핑몰 운영사의 온라인 판매 플랫폼에 배송신청을 하여 자신이 소유한 운송수단을 이용하여 배송을 하는 유형이 있다. 쿠팡플렉스[60]가 대표적이다. 상시적으로 노무를 제공하는 것이 아니라 자신이 원할 때 온라인 판매 플랫폼에 접속하여 주문을 확인하고 배송을 신청하며, 배송 신청이 승인된 경우 자신의 운송수단을 활용하여 물류창고에 방문하여 배송물품을 수령하여 주문한 구매자에게 배송하는 방식으로 배송 서비스가 이루어진다. 디지털플랫폼이나 주문자에 대한 전속성 내지 종속성이 전혀 없으며, 노무제공 여부와 시기, 대상 지역이 전적으로 배달종사자의 선택에 따라 달라진다는 점에서 근로기준법상 근로자로서의 법적 지위는 인정될 수

60_ job.coupangcorp.com/flex (최종 검색일 2021. 10. 19).

없으며 배달업무 수행과 관련해서는 개인사업자로서의 지위를 가지게
된다.

(4) 여객운송 플랫폼 서비스 제공체계
1) 차량제공형 여객운송 플랫폼 서비스 제공체계

〈여객운송 플랫폼 서비스 제공체계 : 차량제공〉

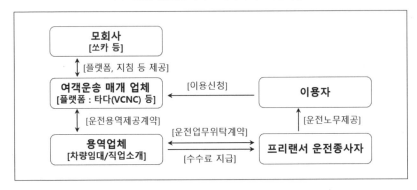

사업 수행 방법 변경 전의 타다의 서비스제공체계이다. 유휴 차량의
활용이 아니라, 전적으로 해당 서비스에 사용될 목적으로 확보한 차량
들이 이용되었다는 점에서 진정한 의미의 차량공유라고 할 수 있는지에
대해서는 이론의 여지가 있다.[61] 타다의 경우 운전 종사자의 복장, 기본
행동 지침, 운전업무 제공 지역 제한 등 여객운송 매개 업체의 통제가 가
해졌다는 점에서, 노동위원회는 프리랜서 운전종사자가 근로기준법상
근로자에 해당한다고 판단하기도 했다.[62]

그러나 타다 등의 플랫폼을 이용하여 소득활동을 하는 프리랜서 운전
종사자의 경우는 운전노무제공 여부 및 제공 시간을 스스로 결정할 수
있고 다른 본업을 가질 수도 있는 경우도 있다는 점에서 공유노동 종사

61_ 실제로 여객자동차운수사업법 위반 여부가 다투어졌으며, 1심 법원은 쏘카의 타다 사
  업이 법위반은 아니라고 판단했다(서울중앙지방법원 2019고단7006). 해당 사건은 현
  재 항소심 심리가 진행되고 있다(서울중앙지방법원 2020노845).
62_ 중앙노동위원회 2020. 5. 28, 2020부해170.

자인 동시에 개인사업자의 지위를 가진다고 보는 것이 타당하다고 판단된다.[63] 우선 타다 서비스의 경우 서비스 제공체계를 보면 이용자가 여객운송 매개 업체로서 타다 플랫폼이 운영하는 앱을 통해 이용신청을 하는 것으로 시작된다. 이용신청을 접수한 여객운송 매개 업체인 디지털플랫폼은 해당 이용신청 내용을 운전용역제공계약을 체결한 용역업체에 전달한다. 이용신청을 전달받은 용역업체는 자신과 운전업무위탁계약을 맺은 프리랜서 운전종사자 중 운전노무 제공을 위해 대기 중인 운전종사자에게 전달하고 프리랜서 운전종사자는 이용신청을 한 이용자에게 타다 차량을 이용하여 여객운송 서비스를 제공한다. 이 유형은 쏘카가 기존의 타다 서비스 사업 수행을 중단하고 기존 택시회사오의 위탁계약을 통해 배차서비스를 제공하는 방법으로 운영방식을 변경하여 현재는 존재하지 않는 형태가 되었다.

2) 대리운전형 여객운송 플랫폼 서비스 제공체계

〈여객운송 플랫폼 서비스 제공체계 : 대리운전〉

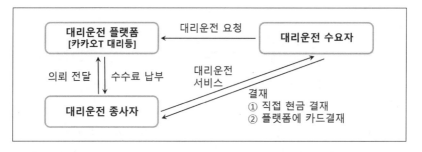

지역 기반 대리운전 매개 업체 등을 통해 대리운전업무를 배당받아 수행하는 경우는 기존에는 특수형태근로종사자의 대표적인 유형으로 분류했다. 그러나 최근 대리운전 매개 수단이 카카오모빌리티가 운영하는 카카오T 대리[64] 등 디지털플랫폼으로 대체되면서 플랫폼노동의 유형

63_ 한국외국어대학교 산학협력단, 「공유경제 정착을 위한 입법적 보완 방안 연구」, 2020, 177면.

으로 인식되기 시작했다. 카카오T 대리의 경우 대리운전 수요자가 대리운전 플랫폼을 통해 대리운전을 요청하면 앱에 등록하고 대기 중인 운전종사자 중 운행 조건이 충족되는 대리운전 종사자에게 의뢰가 전달된다. 해당 의뢰는 다수에게 노출되고 먼저 해당 의뢰를 선택한 대리운전 종사자가 수요자에게 대리운전 서비스를 제공하게 된다. 대리운전 종사자가 대리운전 수요자의 의뢰를 전달받기 위해서는 대리운전 플랫폼에 소정의 수수료를 납부해야 하며, 대리운전 수요자가 지급하는 대금을 직접 수령한다. 최근에는 대리운전 플랫폼이 신용카드 결재를 통해 대금을 전달받고 이를 대리운전 종사자에게 전달하기도 한다.

대리운전 종사자들이 대리운전 플랫폼의 업무수행에 대한 지휘 감독이 이루어지지 않는다는 점, 대리운전 종사자들이 대리운전업무를 수행할지 여부와 시간, 대리운전업무 수행 지역 등을 자신의 의사에 따라 선택할 수 있다는 점에서, 노조법상 근로자에 해당하는지 여부는 논외로 하더라도, 근로기준법상 근로계약관계가 인정되는 근로자의 지위를 갖는다고 볼 수는 없다고 판단된다.

(5) 가사서비스 제공체계[65]

가사노동 종사자가 개별 가정의 구성원과 직접 계약을 맺고 가사노동을 제공하는 경우에는 근로기준법 제11조 제2항에 따라 근로기준법 적용이 배제되므로 근로기준법상 근로자의 지위를 인정할 수 없는 것이 원칙이다. 이 경우의 가사노동 종사자를 가사사용인이라고 한다. 그러나 가사노동 종사자가 가사노동 매개 업체(디지털플랫폼)와 계약을 체결하고 다른 가정의 이용자에게 가사노동을 제공하는 경우에는 가사사용인이라고 볼 수 없으며, 가사노동 종사자가 가사노동 매개 업체와 체결

64_ www.kakao.com/kakaodriver/driver (최종 검색일 2021. 10. 19).

65_ 이에 대한 자세한 내용은 이준희, "가사노동종사자 보호를 위한 입법논의 현황과 대안—한국의 디지털 플랫폼 매개 가사노동을 중심으로", 「노동법논총(제51집)」, 2021. 163면 이하 참조.

한 계약의 실질이 근로계약인지 아니면 위탁계약인지 여부를 살펴서 종사자의 법적 지위를 판단해야 한다.

플랫폼인 가사노동 매개 업체를 통해 가사노동 종사자와 가사노동 이용자가 연결된 경우, 가사노동 종사자와 가사노동 이용자 사이에는 별도로 계약을 체결하지 않으며, 가사노동 종사자가 수행해야 할 가사노동의 세부 내역은 가사노동 매개 업체와 이용자 사이의 이용계약을 통해 사전에 확정된다. 따라서 특별한 사정이 발생하지 않는 한 이용자가 가사노동 종사자 사이의 지휘·명령 관계는 존재하지 않는다. 따라서 가사노동 제공 과정과 유형은 거의 전적으로 가사노동 매개 업체와 가사노동 종사자 사이에 체결되는 계약의 내용 및 유형에 따라 달라진다. 가사노동 종사자가 디지털플랫폼과 근로계약관계를 체결하고 있다면 가사노동 종사자의 법적 지위는 근로기준법상 근로자라고 보게 되나, 위탁계약을 체결하고 노무를 제공한다면 근로자가 아닌 별도의 개인사업자가 될 것이다.[66] 전자의 경우에는 전형적인 근로계약관계를 맺고 있으므로, 가사서비스를 제공받는 이용자가 개인이라 하더라도 이를 공유노동이라고 보기는 어렵다. 후자의 경우가 가사노동 종사자가 비교적 자유롭게 노무제공 여부와 시기, 상대방 등을 결정할 수 있게 되므로 유휴노동의 제공이라는 공유노동의 개념에 더욱 부합하는 것으로 볼 수 있다. 플랫폼을 통한 가사노동 매개 유형은 서비스 매개 과정에 따라 직접 매개 가사노동 제공 체계와 간접 매개 가사노동 제공 체계로 다시 나눌 수 있다.

66_ 권오성·박소희, "가사노동자 보호에 관한 연구", 「노동법포럼(제31호)」, 2020, 149면.

1) 직접 매개 가사노동 제공 체계

〈가사노동 제공 체계 : 직접 매개〉[67]

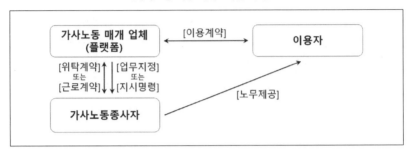

직접 매개 가사노동 제공 체계는 가사노동 매개 업체와 가사노동 종사자가 직접 근로계약이나 위탁계약을 체결하는 경우를 말한다. 디지털 플랫폼을 통해 가사노동 종사자와 가사노동 이용자를 직접 매개하는 유형에 해당하는 대표적인 사업체로는 (유)미소가 운영하는 미소[68], ㈜생활연구소가 운영하는 청소연구소[69], 리호즈㈜가 운영하는 당신의 집사[70] 등이 대표적이다. 직접 매개 가사노동 제공 체계에서는 대체로 가사노동 종사자와 가사노동 이용자들이 앱(application)이나 홈페이지에 등록하도록 하고, 이용자가 가사노동 종사자가 등록한 경력과 특기, 자격증 등의 정보를 바탕으로 자신이 원하는 가사노동 종사자를 선택하도록 하는 회원등록제 형태로 사업이 수행되고 있다. 이용료는 대체로 가사노동 이용자가 부담한다. 이 유형의 가사노동 매개 업체들은 온라인으로 사업을 수행하는지 오프라인으로 사업을 수행하는지 여부와 관계없이 대부분 직업안정법상 직업소개업 등록을 하고 있다.

이와 달리, 매우 예외적인 유형이기는 하지만, 가사노동 매개 업체와

67_ 이준희, "가사노동종사자 보호를 위한 입법논의 현황과 대안―한국의 디지털 플랫폼 매개 가사노동을 중심으로", 「노동법논총(제51집)」, 2021. 168면.

68_ www.getmiso.com/ (최종 검색일 2021. 10. 19).

69_ www.cleaninglab.co.kr/ (최종 검색일 2021. 10. 19).

70_ dangjib.com/ (최종 검색일 2021. 10. 19).

가사노동 종사자가 근로계약을 체결하는 유형도 있다. 대표적인 업체로
는 ㈜홈스토리생활이 운영하는 대리주부[71]가 있다. ㈜홈스토리생활은
2019년 11월 27일 과학기술정보통신부로부터 ICT 규제 샌드박스 적용
을 인정받아[72] 실증특례가 부여된 인원 한도인 1,000명 이내의 일부 매
니저들과 직접 근로계약을 체결했다. 그러나 규제샌드박스의 적용기간
종료와 무관하게 가사근로자법이 2022년 6월 16일부터 시행되므로 대
리주부의 채용방식은 법률에 따라 허용된 것으로 보게 된다. 이 유형은
비록 가사근로자법의 적용을 받는다 하더라도 직업안정법상 금지되는
무허가 근로자공급사업에 해당한다는 판단을 받게 될 가능성이 있다.
가사근로자법이 직업안정법 등에 대하여 특별법으로서 효력상 우위를
인정받을 수 있을 것인지가 관건이라고 할 수 있다. 직업안정법에 위반
하여 무허가로 근로자공급사업을 수행하는 자와 공급을 받는 자 사이에
체결한 근로자공급계약은 무효이다.[73]

2) 간접 매개 가사노동 제공 체계

〈가사노동 제공 체계 : 간접 매개〉[74]

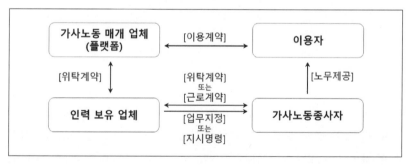

71_ www.daerijubu.com/ (최종 검색일 2021. 10. 19).

72_ 과학기술정보통신부, "가사근로자 직접 고용 플랫폼, ICT 규제 샌드박스 적용!(보도
자료)", 2019. 11. 27.

73_ 대법원 2004. 6. 25. 선고 2002다56130, 56147 판결.

74_ 이준희, "가사노동종사자 보호를 위한 입법론의 현황과 대안－한국의 디지털 플랫폼
매개 가사노동을 중심으로", 「노동법논총(제51집)」, 2021. 170면.

간접 매개 가사노동 제공 체계는 플랫폼이 가사노동 종사자와 직접 계약을 체결하지 않고 가사노동 종사자가 소속된 인력 보유 업체와 위탁계약을 체결한다는 점에서 직접 매개 방식과 차이가 있다. 간접 매개 가사노동 제공 체계에서 가사노동자의 법적 지위는 인력 보유 업체와 가사노동 종사자가 맺은 계약의 유형과 내용에 따라 달라진다. 인력 보유 업체가 가사노동 종사자와 맺은 계약이 도급계약이나 위탁계약 등이라면 가사노동 종사자는 독립계약자로서 근로기준법상 근로자 지위를 갖지 않는다고 보는 것이 원칙이다. 이러한 유형에 해당하는 대표적인 가사노동 매개 업체로는 ㈜오월이 운영하는 아내의 휴일[75]이 있다. 오프라인 플랫폼을 통한 간접 매개 가사노동 제공체계로는 시, 군, 구 지방자치단체가 주민복지 및 사회적 일자리 관점에서 "한부모가족 가사서비스", "임신부 가사돌봄서비스" 등을 제공하면서 해당 가사노동 종사자를 비영리 단체나 법인을 통해서 해당 서비스가 필요한 가정에 매개해주는 사업들을 사례로 들 수 있다.[76] 이 유형에서 가사노동을 매개하는 플랫폼이 디지털플랫폼이든 오프라인 플랫폼이든 관계없이 종사자들이 인력 보유 업체와 상대적으로 자유로운 위탁계약을 체결하고 있다면 종사자의 법적 지위는 근로자가 아닌 개인사업자로 보는 것이 타당할 것이다.

2. 종사자의 법적 지위와 노무제공체계의 법적 성질

플랫폼노동 종사자에 대하여 일괄적으로 근로기준법상 근로자로서의 법적 지위를 인정해야 한다는 주장도 존재한다. 그러나 실제로 근로기준법의 각 규정을 플랫폼노동 종사자에게 적용하려고 하면, 노무제공의 특성상 적용할 수 없는 내용이 상당수 존재한다. 예를 들어, 위에서 설

75_ www.mayihelpyou.co.kr/ (최종 검색일 2021. 10. 19).
76_ 이준희, "서울시 한부모가족 가사서비스 종사자, 광진구·성동구 임신부 가사돌봄서비스 종사자 심층 면접조사", 2021. 2. (미간행)

명한 음식배달 대행 서비스 제공체계나 기타 배달 대행 서비스 제공체계에서의 배달종사자의 경우를 상정해볼 경우, 근로기준법 제17조 근로조건의 명시 조항, 제23조 이하의 해고 관련 조항, 제46조 휴업수당 조항, 제50조 이하의 근로시간 조항, 제54조 휴게시간 조항, 제55조 이하의 휴일·휴가 관련 조항 등 근로기준법의 핵심 조항들이라고 할 수 있는 조항들을 적용하기가 쉽지 않다. 예를 들어 원하는 시간에 소위 콜(Call)을 받아 배달업무를 수행하는 종사자와 플랫폼사업주 또는 지역 배달대행업자가 계약을 체결하면서 소정근로시간과 연차유급휴가 등에 대하여 서면으로 명시하도록 하는 것은 전혀 현실에 부합하지 않는다. 웹기반형의 크라우드워커를 상정하면 이러한 점이 더욱 분명하게 드러난다.

대법원이 근로기준법상 근로자성 판단기준을 제시한 대표적인 판결[77]에서 근로자성 판단기준을 "근로자가 사업 또는 사업장에 임금을 목적으로 종속적인 관계에서 사용자에게 근로를 제공하였는지 여부는, 업무내용을 사용자가 정하고 취업규칙 또는 복무(인사)규정 등의 적용을 받으며 업무수행 과정에서 사용자가 상당한 지휘·감독을 하는지, 사용자가 근무시간과 근무장소를 지정하고 근로자가 이에 구속을 받는지, 노무제공자가 스스로 비품·원자재나 작업도구 등을 소유하거나 제3자를 고용하여 업무를 대행케 하는 등 독립하여 자신의 계산으로 사업을 영위할 수 있는지, 노무 제공을 통한 이윤의 창출과 손실의 초래 등 위험을 스스로 안고 있는지, 보수의 성격이 근로 자체의 대상적 성격인지, 기본급이나 고정급이 정하여졌는지 및 근로소득세의 원천징수 여부 등 보수에 관한 사항, 근로 제공 관계의 계속성과 사용자에 대한 전속성의 유무와 그 정도, 사회보장제도에 관한 법령에서 근로자로서 지위를 인정받는지 등의 경제적·사회적 여러 조건을 종합하여 판단하여야 한다"라고 제시한 것은, 근로기준법 전체에 관한 체계적 해석을 기초로 하여 근로

77_ 대법원 2006.12.7. 선고 2004다29736 판결.

기준법의 각 규정이 대상자에게 적용될 가능성이 있는가에 대하여 종합적인 판단한 결과라고 이해할 수 있다.

현행법체계 하에서는, 디지털플랫폼 운영자와 플랫폼노동 종사자 사이에 사용자와 근로자로 인정할 수 있는 예외적이고 특별한 요인이 존재하지 않는 한 플랫폼노동 종사자 또는 공유노동 종사자를 근로기준법상 근로자로 간주하기는 어려울 것으로 판단된다. 여기에서 말하는 예외적이고 특별한 요인이란 계약의 형식이 아닌 노동력 제공의 실질을 뜻하는 것으로, 특정 사업자에의 전속성, 그로부터 발생하는 수입의 근로대가성, 작업 개시 및 수행 방법의 타인 결정성 등의 요소이다. 이와 같은 판단은 플랫폼노동 종사자를 보호하기 위한 법체계를 논의하는 과정에서는 물론 플랫폼노동 종사자와 거래한 상대방을 보호할 수 있는 방안을 논의하는 과정에서도 달라질 이유는 없다고 생각된다.

V. 공유노동에서 플랫폼과 공급자의 수요자에 대한 책임

플랫폼노동에 있어서 노무제공 관계는 플랫폼 운영자, 플랫폼노동 종사자, 수요자 사이의 3면 관계 구조가 기본적인 체계이기는 하지만, 플랫폼 운영자와 플랫폼노동 종사자 사이에 배달의 경우의 지역배달대행사나 가사서비스의 경우의 지역 인력보유업체와 같은 중간 매개자가 있는 경우도 있어서, 노무제공체계를 통일적으로 파악하기는 어렵다. 아래에서 검토하는 내용도 개별적인 유형에 따라 각각 달리 판단해야 하는 부분이 적지 않을 것이다.

1. 플랫폼노동 제공 관계에서 수요자 보호 필요성의 대두

플랫폼을 통한 노동력 제공 과정에서 최근 새롭게 관심이 집중되는 것은 수요자의 보호 문제이다. 예를 들어 IT 아웃소싱 플랫폼인 위시켓[78]을 매개로 프로젝트를 등록하고 지원자 중 프로그래머를 선택하여 계약을 체결하고 프로젝트를 진행했으나 해당 프로그래머가 프로젝트를 완수하지 않고 잠적하는 경우, 온라인 배달플랫폼과 계약을 체결한 음식점주가 온라인 배달플랫폼을 통해서 콜을 받은 배달종사자에게 음식을 조리해서 전달했으나 음식을 중간에 절취하거나 배달종사자가 주소를 찾지 못해서 지나치게 늦게 배달하게 되는 경우, 가사서비스 종사자가 가사서비스 수요자 가정에서 노무를 제공하던 중 세탁물을 훼손하거나 청소 상태가 계약의 내용에 명시된 수준의 청결도에 미치지 못하는 경우 등의 문제가 발생하고 있다.

이 경우 플랫폼노동 종사자의 행위는 플랫폼노동 수요자 또는 서비스 이용자에 대한 채무불이행 또는 불법행위로 평가될 수 있다. 또한 이로 인해 수요자에게 손해가 발생한 경우에 수요자의 손해를 회복하기 위해서는 직접 행위자인 플랫폼노동 종사자 이외에 플랫폼 운영자가 플랫폼노동 종사자의 채무불이행 또는 불법행위에 대하여 함께 책임을 부담하도록 할 수 있는가 하는 문제가 검토되지 않을 수 없다. 즉 플랫폼 운영자의 책임을 인정할 수 있을 것인지 여부, 인정할 수 있다고 볼 수 있는 경우에는 그 근거는 무엇인가 하는 문제이다. 최근까지 주로 플랫폼 운영자와의 관계에서 플랫폼노동 종사자의 보호를 위한 방안에 법학계의 논의가 집중되어 있었기 때문에 이 문제에 대해서는 충분한 연구가 진행되지 못했다.

2. 플랫폼 운영자와 공급자 사이에 사용종속관계가 인정되는 경우

(1) 플랫폼 운영자와 공급자 사이에 근로계약관계가 인정되는 경우

플랫폼노동 종사자와 플랫폼 운영자 사이에 근로계약관계가 인정되어 플랫폼 운영자가 플랫폼노동 종사자의 사용자로서 인정될 경우에는,

---

78_ www.wishket.com/ (최종 검색일 2021. 10. 19).

플랫폼노동 종사자는 근로자로서 근로계약의 내용에 따른 근로를 사용자에게 제공해야 할 의무를 부담하며[79] 근로계약의 내용에 따른 근로를 제공하는 과정에서 자신의 고의 또는 과실로 제3자에게 손해를 입힌 경우에는 그에 따라 불법행위책임이나 사용자의 이행보조자로서의 책임을 부담하게 된다. 이행보조자는 채무자가 채무의 이행을 위하여 사용하는 자를 말한다.[80]

민법 제391조는 "채무자가 타인을 사용하여 이행하는 경우에는 법정대리인 또는 피용자의 고의나 과실은 채무자의 고의나 과실로 본다."라고 규정하여 이행보조자의 지위가 인정되는 근로자의 고의나 과실은 채무의 이행과 관련한 것인 한 사용자의 고의나 과실로 본다. 예를 들어 만약 가사서비스 대행 플랫폼인 대리주부와 근로계약관계를 체결한 메니저가 수요자의 가정에 방문하여 이용계약에 명시된 내용대로 청소나 관리업무를 이행하지 않은 경우 수요자는 민법 제391조와 제390조를 근거로 대리주부를 운영하는 ㈜홈스토리생활을 상대로 채무불이행에 따른 손해배상책임을 요구할 수 있다.

플랫폼 운영자와 공급자 사이에 근로계약관계가 인정되는 경우에는 플랫폼노동 종사자의 불법행위에 대하여 플랫폼 운영자의 사용자책임을 인정하는 것도 가능하다. 민법 제756조 제1항은 "타인을 사용하여 어느 사무에 종사하게 한 자는 피용자가 그 사무집행에 관하여 제삼자에게 가한 손해를 배상할 책임이 있다."라고 규정한다. 그러나 플랫폼 운영자가 플랫폼노동 종사자의 선임 및 그 사무감독에 상당한 주의를 한 때 또는 상당한 주의를 하여도 손해가 있을 경우에는 배상책임을 면한다. 사용자가 피용자의 선임 및 그 사무감독에 상당한 주의를 한 것 또는 상당한 주의를 하여도 손해가 발생했을 것은 사용자가 입증해야 하지만, 법원이 사용자의 면책을 인정하는 예는 거의 없다고 한다.[81]

79_ 김형배, 「노동법」, 박영사, 2018, 321면.
80_ 김형배 · 김규완 · 김명숙, 「민법학강의」, 신조사, 2016, 911면; 송덕수, 「신민법강의」, 2021, 786면.

(2) 플랫폼 운영자와 공급자 사이에 근로계약관계가 인정되지 않는 경우

플랫폼 운영자와 플랫폼노동 종사자 사이에 근로계약관계가 인정되지 않는다 하더라도 플랫폼노동 종사자가 수행하는 업무가 플랫폼 운영자의 위탁을 받아 지정된 내용대로 수행되는 경우에는, 플랫폼노동 종사자의 고의 또는 과실로 수요자에 대하여 발생한 채무불이행이나 불법행위에 대한 책임을 플랫폼 운영자가 부담하게 되는 경우가 있을 수 있다. 대법원은 근로계약관계의 존부를 근거로 근로기준법상 근로자에 해당하는지를 판단하는 경우[82]에 비하여 이행보조자책임 또는 사용자책임을 인정함에 있어서는 매우 완화된 기준을 적용하여 사용종속관계의 존재를 인정하고 있다. 판례는 "이행보조자로서의 피용자라 함은 일반적으로 채무자의 의사관여 아래 그 채무의 이행행위에 속하는 활동을 하는 사람이면 족하고, 반드시 채무자의 지시 또는 감독을 받는 관계에 있어야 하는 것은 아니므로 채무자에 대하여 종속적인가 독립적인 지위에 있는가는 문제되지 않는다."[83]라고 하여 채무자에 대한 이행보조자의 지위를 넓게 인정하고 있다. 사용자책임에 있어서도 사용자가 "타인을 사용"한다는 의미는 사용자가 피용자를 실질적으로 지휘·감독하는 관계에 있음을 가리키는 것으로 보지만 여기에서의 지휘·감독관계는 고용계약에까지 이르지 않은 위임계약 등의 경우에도 인정되며 사실상의 지휘·감독으로 족하다고 한다. 사용관계는 묵시적인 것이어도 무방하고, 그 관계가 반드시 법적으로 유효한 것이어야 할 필요도 없다고 한다.[84]

81_ 송덕수, 「신민법강의」, 2021, 1426면; 양창수·권영준, 「권리의 변동과 구제」, 박영사, 2015, 691면.

82_ 대법원 1996. 4. 26. 선고 95다20348 판결(학습지회사 방문교사); 대법원 2006. 9. 8. 선고2003두3871 판결(레미콘차량 기사); 대구지법 2008. 5. 9. 선고 2007가단108286 판결(대리운전기사) 등 참조.

83_ 대법원 2002. 7. 12. 선고 2001다44338 판결(임대인의 수급인의 과실에 대한 임대인의 책임); 대법원 2018. 12. 13. 선고 2015다246186 판결(운송물의 보관을 위탁받은 위탁자의 과실에 대한 운송주선인의 책임) 등.

84_ 김형석, "사용자책임의 요건으로서 사용관계", 「민사법학(제62호)」, 2013, 230면 이하; 송덕수, 「신민법강의」, 2021, 1421면; 양창수·권영준, 「권리의 변동과 구제」, 박

판례가 완화된 기준에 따라 지휘·감독 관계를 인정한 대표적인 사안은 자동차를 기사와 함께 타인에게 대여한 업체가 그 기사의 과실로 인한 사고에 대하여 사용자책임이 있다고 인정한 사례[85]를 들 수 있다.

과거의 타다 운송계약 형식에서 타다 운전원은 고객응대 방법, 복장, 차량 운행 방법, 차량 운행 경로 등에 대하여 타다 측이 정하여 고지한 방식을 따라야 했으며, 차고지와 배차지 지정 시에도 타다 측의 결정에 따라야 하는 경우가 많았으므로 타다와 타다 운전원 사이의 근로계약관계는 인정되지 않더라도 타다 측이 타다 운전원의 고의 또는 과실로 발생한 수요자의 손해에 대하여 함께 책임을 지는 것으로 보는 데에 문제가 없다.

그러나 카카오 T, 위시켓, 크라우드웍스, 숨고 등과 같이 플랫폼 운영자가 플랫폼노동 종사자의 노무제공 방식 등에 대하여 간여하지 않는 순수 매개형 플랫폼의 경우에는 플랫폼노동 종사자의 노무제공 방식에 관하여 플랫폼 운영자가 개입할 여지가 거의 없으므로 플랫폼 운영자가 이행보조자 책임이나 사용자책임을 진다고 보기는 어렵다.

3. 플랫폼 운영자와 공급자 사이에 사용종속관계가 인정되지 않는 경우

(1) 플랫폼노동 종사자의 과실에 대한 디지털플랫폼 운영자의 면책

플랫폼 운영자와 공급자 사이에 사용종속관계를 인정할 수 없는 경우에는 플랫폼노동 종사자의 고의 또는 과실로 인한 채무불이행이나 수요자에 대한 불법행위에 대하여 플랫폼 운영자는 책임을 지지 않는 것이 원칙이다.[86] 예를 들어 쿠팡플렉스의 앱을 설치하고 배달할 물건을 수령

영사, 2015, 679면 이하.

85_ 대법원 1963. 9. 26. 선고 63다455 판결.

86_ 김세준, "공유경제에 있어서 노동제공의 유형과 관련 주체의 책임 토론문", 「플랫폼을 통한 개인 간 거래와 소비자보호 학술대회 자료집」, 2021, 80면.

한 사람이 화물을 배달하는 과정에서 다른 주소지에 배달하여 주문을 한 수요자가 물건을 수령하지 못하게 된 경우, 배달 과정에서 물건이 손상된 경우 등 계약의 내용에 따른 이행을 하지 않은 경우에 쿠팡플렉스 배송원의 이와 같은 행위가 쿠팡의 채무불이행이 되는 것으로 보기는 어렵다. 쿠팡플렉스 배송원은 쿠팡 측과 물건 배송에 관한 위탁계약 내지 도급계약을 체결하고 독립적으로 자신의 사무를 처리하는 것으로 보는 것이 타당하기 때문이다. 민법 제757조는 "도급인은 수급인이 그 일에 관하여 제삼자에게 가한 손해를 배상할 책임이 없다. 그러나 도급 또는 지시에 관하여 도급인에게 중대한 과실이 있는 때에는 그러하지 아니하다."라고 규정하고 있다. 도급업무 수행과 관련한 지시 등에 관하여 도급인이라고 할 수 있는 플랫폼 운영자에게 중대한 과실이 있는 경우를 제외하고는 수급인인 플랫폼노동 종사자만 책임을 부담하는 것으로 해석된다.

그러나 플랫폼 운영자가 플랫폼노동 종사자에 대하여 일의 진행 및 방법에 관하여 구체적인 지휘감독권을 유보한 경우에는 플랫폼 운영자와 플랫폼노동 종사자의 관계는 실질적으로 사용자와 피용자의 관계와 같다.[87]

대다수의 플랫폼 운영자들은 민법 제757조 등의 법리에 따라 서비스 이용약관에 자신들에게 고의 또는 중과실이 인정되지 않는 한 노동력 제공자의 귀책사유로 인한 분쟁이나 사고 등에 대해서는 책임이 없다는 내용을 명시하고 있다.[88] 이와 같이 당사자 사이에 이행보조자 등의 책

87_ 고세일, "수급인을 사용한 도급인의 불법행위 책임", 「재산법연구(제35권 제1호)」 2018. 40면.

88_ 〈카카오 T 서비스 이용약관〉 제6조 (면책사항)

    2. 회원의 카카오 T 서비스 이용 과정에서 발생한 회원 상호간 또는 회원과 제3자 상호간에 발생한 분쟁(카카오 T 서비스 이용 중에 발생한 사고, 서비스와 무관하게 발생한 범죄행위 등을 포함하나 이에 한정하지 않음)에 대해서는 회사의 과실이 없는 한 개입하지 않으며 책임을 부담하지 않습니다. 다만, 제1항 단서의 경우, 해당 분쟁이 거래당사자로서의 책임과 관련이 있는 경우에는, 회사는 거래당사자로서의 책임을 다합니다.

임을 면하는 내용의 특약을 맺은 경우 그러한 특약은 원칙적으로 유효하다.[89] 수급인의 행위에 대해서는 도급인의 면책을 인정하는 것은 근로계약관계에서 근로자의 행위에 대한 사용자의 면책을 인정하는 것보다 이론상 더욱 용이하다.

그러나 약관의 규제에 관한 법률[90] 제7조 제1호는 "사업자, 이행보조자 또는 피고용자의 고의 또는 중대한 과실로 인한 법률상의 책임을 배제하는 조항"은 무효로 한다고 정하고 있다. 그와 같은 이유에서 공정거

---

3. 회사는 회원과 서비스 제공자 간의 거래와 관련하여 서비스 신청의사 또는 수락의 사의 존부 및 진정성, 거래 대상의 품질, 완전성, 안전성, 적법성 및 타인의 권리에 대한 비침해성, 회원 또는 서비스 제공자가 제공한 정보 및 그 정보의 진실성 또는 적법성 등 일체에 대하여 보증하지 않고, 그와 관련하여 어떠한 책임도 부담하지 않습니다. 다만, 제1항 단서의 경우, 회사는 회사가 거래당사자로서 회원에게 제공한 정보에 대하여는 그 진실성 또는 적법성 등에 대하여 거래당사자로서 책임을 부담합니다.
〈크라우드웍스 이용약관〉 제21조 (책임제한)
① "회사"는 천재지변 또는 이에 준하는 불가항력으로 인하여 "서비스"를 제공할 수 없는 경우에는 "서비스" 제공에 관한 책임이 면제됩니다.
② "회사"는 "회원"의 귀책사유로 인한 "서비스" 이용의 장애에 대하여는 책임을 지지 않습니다.
〈대리주부 정책 이용약관〉 제10조 (면책조항)
① "당사"는 다음 각 호의 경우로 서비스를 제공할 수 없는 경우 이로 인하여 이용자에게 발생한 손해에 대해서는 책임을 부담하지 않습니다.
 5. 상기 각 항을 제외한 기타 "당사"의 고의, 과실이 없는 사유로 인한 경우
〈배달의민족 서비스 이용약관〉 제24조 (책임제한)
1. "회사"는 "업주"와 "회원" 간의 상품거래를 중개하는 플랫폼 서비스만을 제공할 뿐, "재화 등"을 판매하는 당사자가 아니며 "재화 등"에 대한 정보 및 배송, 하자 등에 대한 책임은 "업주"에게 있습니다.
7. "회사"는 "회원"이 서비스를 이용하여 기대하는 수익을 상실한 것에 대하여 책임을 지지 않으며 그 밖에 서비스를 통하여 얻은 자료로 인한 손해에 관하여 책임을 지지 않습니다.
그 외에 〈위시켓 이용약관〉 제22조, 〈주식회사 브레이브모바일 이용 약관(숨고)〉 제37조 등 대부분 노무제공 매개 플랫폼들이 유사한 내용을 약관을 규정하여 게시하고 있다.
89_ 송덕수, 「신민법강의」, 2021, 789면.
90_ 법률 제15697호, 2018. 12. 13. 시행.

래위원회는 고의 또는 중과실이 존재하는지 여부와 관계없이 일방적인 면책을 규정한 배달의 민족의 위 이용약관 제24조 제1항에 대하여 불공정 조항 시정조치를 내렸다.[91] 음식점주 및 소비자의 귀책사유로 인해 손해가 발생해도 배달의 민족에 고의·과실이 있다면 책임지도록 해야 한다는 것이 시정조치의 취지였다.

(2) 디지털플랫폼 운영자를 상법상 중개인으로 볼 수 있을 것인지의 문제
한편, '플랫폼'을 통한 용역 거래라는 본질을 고려할 때 수요자에 대한 디지털플랫폼 운영자는 상법상 중개인으로서의 책임을 부담하는 것으로 보아야 한다는 견해가 있다.[92] 그러나 인간이 보유하는 노동력의 거래를 일반적인 상거래로 보는 것은 타당하지 않으며, 타인의 노동력을 활용하고자 체결하는 계약의 유형은 고용, 도급, 위임 등 민법상 전형계약의 하나로서 이미 포함되어 있다는 점에서 노동력의 거래를 중개하는 플랫폼을 상행위의 중개하는 상법상 중개인[93]으로 보아야 하는 이유는 없다고 생각된다. 플랫폼노동 종사자가 상행위의 주체인 상인인 경우도 있을 수 있지만 공유노동의 특성상 상인 또는 사업자로 볼 수 없는 경우가 더욱 일반적일 것이기 때문이다. 현재 민법상 중개계약이 명문으로 규정되어 있지는 않지만, 디지털플랫폼을 통한 노무제공 중개의 법적 성질은 굳이 설명하자면 민사상 중개계약의 성격을 갖는다고 보는 것이 타당할 것이다.[94]

91_ 공정거래위원회, "'배달의민족' 이용약관 상 불공정조항 시정(보도자료)", 2021. 6. 9.
92_ 나호연, "공유경제에 있어서 노동제공의 유형과 관련 주체의 책임 토론문", 「플랫폼을 통한 개인 간 거래와 소비자보호 학술대회 자료집」, 2021, 84면.
93_ 송옥렬, 「상법강의」, 홍문사, 2021, 158면.
94_ 민사상 중개계약의 의미와 입법 필요성은 김영국, "민법상 "중개계약" 규정 신설에 관한 법정책적 소고", 「법과 정책연구(제14집 제4호)」, 2014, 1812면 이하 참조.

VI. 수요자의 플랫폼노동 종사자에 대한 책임

수요자의 플랫폼노동 종사자자에 대한 책임과 관련하여 중요하게 검토되어야 하는 사항은 보수지급의무 불이행과 안전배려의무 인정 여부이다.

1. 수요자의 플랫폼노동 종사자에 대한 보수 지급 의무

플랫폼을 통해 노무를 제공받은 수요자는 자신이 제공받은 노무에 대한 대가를 지급해야 한다. 수요자가 디지털플랫폼을 통해서 이용계약을 체결하고 이용료를 지불하는 방법은 크게 신용카드 등을 이용해 디지털플랫폼상의 결재 시스템을 이용해서 미리 대금을 결제하는 방식과 공급자인 플랫폼노동 종사자에게 직접 이용료를 지불하는 방식으로 나눌 수 있다. 예를 들어 크라우드웍스 등의 플랫폼을 이용하여 노무제공의 결과를 수요자가 수령하는 경우 완성된 업무의 양에 비례하여 대금이 사후적으로 지급되므로 크게 문제가 되지는 않으나, 플랫폼이 당사자 사이의 노무제공계약을 매개만 하는 경우에는 노무를 제공했으나 보수를 지급받지 못하는 문제, 보수를 지급받고 노무를 제공하지 않는 문제 등 보수 지급과 일의 완성 여부를 둘러싼 분쟁이 발생할 수 있다.

이러한 분쟁을 예방하기 위해 크몽[95] 위시켓 등 IT · 소프트웨어 개발자를 수요자인 업체와 연결시켜주는 서비스를 제공하는 플랫폼 운영자들은 에스크로 결재방식을 이용하거나 결제대금을 플랫폼이 프로젝트 완수시까지 보관했다가 지급하는 것을 내용으로 하는 특약을 맺음으로써 해결하고 있다. 그러나 이와 같이 플랫폼 운영자가 수요자와 플랫폼노동 종사자 사이의 관계에 직접 개입하는 것이 플랫폼 운영자의 플랫

95_ kmong.com/ (최종 검색일 2021. 10. 19).

폼노동 종사자에 대한 사용자성을 인정하는 근거가 될 것을 우려하지 않을 수 없으므로 소극적일 수밖에 없다. 예를 들어 숨고와 같은 완전 매개형 플랫폼의 경우 플랫폼노동 종사자가 수요자와 연계되어 견적서를 보내면 플랫폼노동 종사자 측에서 숨고에 일정 수수료를 납부하고, 노무제공에 대한 보수는 수요자와 플랫폼노동 종사자 사이에서 전적으로 해결하도록 하고 플랫폼은 전혀 개입하지 않는다.

2. 수요자의 플랫폼노동 종사자에 대한 안전배려의무

일반적으로 안전배려의무는 근로계약에 부수하는 의무로서 사용자가 근로계약관계의 상대방인 근로자의 생명·신체·건강 등을 안전하게 보호하여야 하는 의무를 부담하는 것이라고 설명된다.[96] 그렇다면 직접적인 근로계약관계가 없는 수요자와 플랫폼노동 종사자 사이에도 노무를 제공받는 주체인 수요자에게 이와 같은 안전배려의무를 인정할 수 있을 것인지가 문제된다. 예를 들어 숨고를 통해 타일 시공 전문가에게 화장실 리모델링을 의뢰한 수요자가 타일 시공자가 미끄러지거나 떨어지는 물건에 의해 사고를 당하지 않도록 집안을 정리하고 수요자의 그러한 배려의무 불이행으로 인해 사고가 발생한 경우 타일 시공자에게 손해를 배상할 의무가 발생하는가, 또는 생수배달을 의뢰한 수요자가 현관 앞 계단의 얼음을 제거하지 않은 채 방치하여 생수묶음을 나르던 배달원이 얼음에 미끄러져 상해를 입은 경우 수요자에게 얼음 제거의무, 손해배상 의무 등을 인정할 수 있는가 하는 문제이다.

직접 근로계약관계가 없는 당사자 사이에도 노무제공의 수령자에게 안전배려의무를 인정할 수 있을 것인지에 대해서는 일반적인 논의는 전

96_ 김형배, 「노동법」, 박영사, 2018, 344면; 이준희, 「직장에서의 괴롭힘」, 신조사, 2019, 70면; 하경효, 「노동법사례연습」, 박영사, 2017, 271면; 전형배, "안전배려의무의 내용과 과제", 「노동법학(제55호)」, 2015, 33면; 대판 2002. 11. 26, 2000다7301; 대판 2000. 5. 16, 99다47129; 대판 1999. 2. 23, 97다12082; 대판 1997. 4. 25, 96다53086.

개되지 않고 있다. 다만, 파견근로자와 사용사업주 사이에도 안전배려의무를 인정할 수 있을 것인지를 둘러싸고 논의가 있을 뿐이다.[97] 결론적으로 사용사업주에게도 파견근로자에 대한 안전배려의무가 인정된다고 보는데, 그것은 사용사업주가 파견사업주와 맺은 근로자파견계약은 파견사업주와 파견근로자가 체결한 근로계약관계에 기초하여 파견근로자에 대한 지휘·명령권을 사용사업주에게 이전하기로 하는 계약관계이므로 파견사업주가 파견근로자에게 부담하는 안전배려의무도 지휘·명령권과 함께 사용사업주에게 병존적으로 이전된다고 보는 것이다.[98] 따라서, 사용사업주가 안전배려의무에 위반하여 파견근로자가 손해를 입은 경우 파견근로자는 사용사업주에게 안전배려의무 위반을 이유로 민법 제391조에 근거하여 손해배상을 청구할 수 있고, 사용사업주의 안전배려의무 위반이 불법행위를 구성하는 경우에는 민법 제750에 따라 불법행위로 인한 손해의 배상을 청구할 수 있다고 볼 수 있다. 파견법[99] 제35조 제1항은 사용사업주도 산업안전보건법상의 사용자로 보도록 규정하고 있다. 위장도급[100] 또는 파견근로자보호 등에 관한 법률 제6조의2 제1항 각호에 해당하는 불법파견의 경우에도 동일한 이유로 도급회사 사용자나 사용사업주가 안전배려의무를 부담한다고 본다.

그렇다면, 플랫폼을 통해 노무제공자를 소개받아 노무를 수령하는 수요자는 플랫폼노동 종사자에 대하여 안전배려의무를 부담한다고 볼 수 있을 것인지. 인정한다면 어떠한 근거로 인정할 수 있을 것인지에 대한 검토가 필요하다.

97_ 이와 관련하여 자세한 내용은 이준희, 「직장에서의 괴롭힘」, 신조사, 2019, 71면 이하 참조.

98_ 대판 2013. 11. 28, 2011다60247. 판례는 근로자파견 관계에서 사용사업주와 파견근로자 사이에는 특별한 사정이 없는 한 파견근로와 관련하여 사용사업주가 파견근로자에 대한 보호의무 또는 안전배려의무를 부담한다는 점에 관한 묵시적인 의사의 합치가 있다고 본다.

99_ 법률 제17605호, 2020. 12. 8. 시행.

100_ 대판 2017. 12. 22, 2015다32905; 대판 2017. 1. 25, 2014다211619; 대판 2015. 2. 26, 2012다96922; 대판 2015. 2. 26, 2010다93707; 대판 2015. 2. 26, 2010다106436 등.

안전배려의무는 우리나라에서는 성문의 법적 근거를 통해 인정되는 것이 아니라, 타인이 제공하는 노동력을 이용하여 사업을 영위하는 사용자가 자신과 노동력 제공계약을 맺고 노무를 제공하는 사람이 안전한 환경에서 일을 할 수 있도록 배려해야 한다는 당연한 원칙을 근거로 인정되는 의무이다. 따라서 안전배려의무가 발생할 수 있는 본래의 계약관계가 근로계약관계인지 아닌지를 불문하고 계약관계의 실질이 타인의 노무를 제공받기로 하는 계약이라면 계약의 명칭과 관계없이 노무제공의 수령자는 노무제공자에 대하여 본래의 계약에 부수하는 안전배려의무를 부담한다고 보는 것이 타당하리라 생각된다. 플랫폼노동의 경우에 있어서도 플랫폼노동 종사자의 노무제공을 수령하는 수요자는 노무를 수령하는 계약관계가 플랫폼 운영자와의 계약에 의해 발생하는 것이든, 아니면 플랫폼은 단순히 매개 역할만 하고 플랫폼노동 종사자와 직접 맺은 계약에 의한 것인지를 불문하고 플랫폼종사자에 대하여 안전배려의무를 부담한다고 보아야 할 것이다.

Ⅶ. 맺음말

공유경제 또는 플랫폼 경제의 활성화와 그에 따른 노무제공체계 및 일하는 방식의 변화는, 과거 산업혁명 시대의 경험을 토대로 발전해온 전형적인 노동관계법의 규범력의 한계를 여실히 드러내면서 전면적인 재구성을 요구하고 있다.

이 글에서는 공유경제를 특정인이 보유하는 유형·무형의 재화와 용역을 해당 재화와 용역의 주된 보유 목적과 관계없는 다른 사람이 사용할 수 있도록 제공하여 경제적 가치를 창출하는 활동이라고 정의하고, 공유경제와의 긴밀한 연관관계 하에서 제공되는 노동의 유형으로서 새롭게 등장하고 있는 노동의 문제를 공유노동이라고 정의하였다. 그리고 공유노동의 주된 유형인 플랫폼노동을 중심으로 플랫폼노동 종사자, 디지털플랫폼 운영자, 수요자 사이의 법률관계 및 각자의 법적 지위에 대해 검토하여 플랫폼노동 종사자의 법적 지위를 일반적으로 근로기준법상 근로자의 지위로 판단하기는 어려우므로 노무제공의 특징과 내용에 따라 개별적으로 판단할 수밖에 없다는 결론에 이르렀다.

그 결론에 따라서, 공유노동에 포함된다고 볼 수 있는 대표적인 플랫폼노동 제공체계의 유형들을 선별하여, 크라우드워크 서비스 제공체계, 음식배달대행 서비스 제공체계, 기타 배달대행 서비스 제공체계, 여객운송 플랫폼 서비스 제공체계, 가사서비스 제공체계 등으로 정리하여 각 유형별로 해당 플랫폼노동 종사자가 근로기준법상 근로자로서의 지위를 가지는 것으로 볼 수 있는지 아니면 개인사업자에 불과한 것인지 여부를 규명하고자 하였다. 플랫폼노동 종사자를 근로기준법상 사용자와 근로계약관계를 맺은 근로자로 인정될 수 있는지 여부는 플랫폼을 통해 제공되는 노무를 수령하는 수요자, 즉 소비자의 보호와 관련하여 매우 중요한 의미를 갖는다. 플랫폼노동 종사자가 특정 디지털플랫폼에 소속된 근로자라고 볼 경우 노무제공의 불완전성으로 인한 책임을 해당 디지털플랫폼이 부담하도록 하여 소비자를 더욱 두텁게 보호할 수 있게 되기 때문이다. 그러나 플랫폼노동 종사자가 디지털플랫폼의 근로기준법상 근로자로 인정되지 않는 때에도 디지털플랫폼이 플랫폼노동 종사자의 행위에 대하여 민법상 이행보조자책임 또는 사용자책임을 부담하게 되는 경우도 있다는 점을 설명하였다. 마지막으로 플랫폼노동 종사자의 보수와 안전에 대하여 소비자인 플랫폼노동의 수요자가 일정한 책임을 부담하게 된다는 점도 지적하였다. 이와 같은 검토를 위해 통일되지 않은 채 다양하게 사용되는 용어들을 검토하여 논의에 적합한 용어를 제안하고 그 용어들을 사용하여 논의를 진행했다.

공유노동의 전 분야를 연구 범위에 포괄하지 못한 것은 전적으로 연구자의 능력 부족에 기인하지만, 학계의 연구성과와 정부의 정책방향, 국가적 차원의 사회적 대화의 결과, 국회의 입법성과 등을 두루 참고하여 그동안의 논의 성과와 우리 사회의 지식의 축적 현황을 최대한 포괄적으로 정리하고 체계화하여 제시하고자 하였다.

한편, 그동안 논의되지 않았지만, 현실적으로 다양한 문제가 발생하고 있는, 플랫폼노동 수요자의 플랫폼노동 종사자에 대한 책임에 대해서도 간략한 수준에서나마 검토하고 연구자의 의견을 제시하고자 하였다.

참고문헌

김형배, 「노동법」, 박영사, 2018.

김형배 · 김규완 · 김명숙, 「민법학강의」, 신조사, 2016.

송옥렬, 「상법강의」, 홍문사, 2021.

양창수 · 권영준, 「권리의 변동과 구제」, 박영사, 2015.

이준희, 「직장에서의 괴롭힘」, 신조사, 2019.

하경효, 「노동법사례연습」, 박영사, 2017.

Klaus Schwab, 「The Fourth Industrial Revolution」, 2016.

Janine Berg · Marianne Furrer · Ellie Harmon·Uma Rani · M Six Silberman, 「Digital labour platforms and the future of work」, ILO, 2018.

고세일, "수급인을 사용한 도급인의 불법행위 책임", 「재산법연구(제35권 제1호)」, 2018.

고형석, "공유 · 구독경제관련 입법동향 및 입법정책의 과제에 관한 연구", 「소비자법연구(제5권 제3호)」, 2019.

권오성 · 박소희, "가사노동자 보호에 관한 연구", 「노동법포럼(제31호)」, 2020.

김세준, "공유경제에 있어서 노동제공의 유형과 관련 주체의 책임 토론문", 「플랫폼을 통한 개인 간 거래와 소비자보호 학술대회 자료집」, 2021.

김세준, "전자상거래법 전부개정안의 몇 가지 쟁점에 대한 검토─온라인 플랫폼 운영사업자를 중심으로", 「소비자법연구(제7권)」, 2021.

김소영, "디지털플랫폼에 의한 노무제공자의 근로자성 판단", 「법학연구(제29권 제4호)」, 2018.

김영국, "민법상 "중개계약" 규정 신설에 관한 법정책적 소고", 「법과 정책연구(제14집 제4호)」, 2014.

김형석, "사용자책임의 요건으로서 사용관계", 「민사법학(제62호)」, 2013.

김희성, "공유경제와 크라우드 워크", 「강원법학(제54권)」, 2018.

나호연, "공유경제에 있어서 노동제공의 유형과 관련 주체의 책임 토론문", 「플랫폼을 통한 개인 간 거래와 소비자보호 학술대회 자료집」, 2021.

문현지 · 황원재, "차량공유 및 승차공유 서비스에서 플랫폼의 역할과 소비자의 구제방안", 「소비자법연구(제6권 제2호)」, 2020.

민창욱, "플랫폼 노동에 대한 법적 규제―미국 우버(Uber) 사례의 시사점", 「저스티스(제183호)」, 2021.

박은정, "지금 왜 다시 사용자인가?: 플랫폼 노동관계에서 사용자 찾기", 「노동법포럼(제31호)」, 2020.

박은정, "플랫폼과 가사노동자 : 노동법적 보호를 중심으로", 「이화젠더법학(제11권 제3호)」, 2019.

박지순, "4차 산업혁명과 노동법의 과제", 「강원법학(제54권)」, 2018.

방강수, "플랫폼 아날로그 노동과 음식배달원의 근로자성", 「노동법학(제74호)」, 2020.

심재진, "영국노동법의 인적 적용범위와 플랫폼노동", 「노동법학(제73호)」, 2020.

오상호, "독일 플랫폼노동 종사자의 법적 지위와 보호에 관한 연구", 「강원법학(제62권)」, 2021.

이다혜, "공유경제(sharing economy)의 노동법적 쟁점", 「노동법연구(제42호)」, 2017.

이다혜, "근로자 개념의 재검토 : 4차 산업혁명, 플랫폼 노동의 부상에 따른 '종속노동'의 재조명", 「노동법연구(제49호)」, 2020.

이병준, "공유경제 법안에 대한 고찰", 「소비자법연구(제4권 제2호)」, 2018.

이병준, "새로운 유통방식으로서의 공용경제(sharing economy)와 그 법적 규제방식에 관한 연구", 「유통법연구(제4권 제2호)」, 2017.

이병준 · 정신동 · 김세준, "플랫폼 경제시대에 있어 제조물책임법의 확장―Oberdorf v. Amazon.com Inc. 판결을 중심으로", 「소비자법연구(제6권 제1호)」, 2020.

이준희, "가사노동종사자 보호를 위한 입법논의 현황과 대안―한국의 디지털 플랫폼 매개 가사노동을 중심으로", 「노동법논총(제51집)」, 2021.

이준희, "한국에서의 플랫폼노동에 대한 법제화 논의 현황과 쟁점", 「강원법학(제62권)」, 2021.

전형배, "안전배려의무의 내용과 과제", 「노동법학(제55호)」, 2015.

조성혜, "디지털플랫폼 노동 종사자의 근로자성 여부", 「노동법학(제64호)」, 2017.

조용만, "4차 산업혁명 시대 프랑스 노동법의 대응―연결차단권의 보장과 플랫폼노동의 사회적 보호를 중심으로", 「노동법논총(제49집)」, 2020.

하태희, "디지털 플랫폼 워커의 법적 지위―배달기사 판례를 중심으로", 「법학연구(제58집)」, 2018.

한인상, 신동윤, "플랫폼노동의 쟁점과 향후 입법·정책적 과제", 「노동법포럼(제29호)」, 2020.

길현종·박제성·김수영·박은정·이다혜, 「공유경제와 고용관계」, 한국노동연구원, 2016.

한국외국어대학교 산학협력단, 「공유경제 정착을 위한 입법적 보완 방안 연구」, 2020.

이준희, "서울시 한부모가족 가사서비스 종사자, 광진구·성동구 임신부 가사돌봄서비스 종사자 심층 면접조사", 2021. 2. (미간행).

일자리위원회, "「플랫폼노동과 일자리 TF」논의 결과", 2020. 7. 22.

공정거래위원회, "'배달의민족' 이용약관 상 불공정조항 시정(보도자료)", 2021. 6. 9.

과학기술정보통신부, "가사근로자 직접 고용 플랫폼, ICT 규제 샌드박스 적용! (보도자료)", 2019. 11. 27.

관계부처 합동, "사람 중심의 플랫폼 경제를 위한 플랫폼종사자 보호 대책", 2020. 12. 21.

법안검색 : likms.assembly.go.kr/bill/main.do (최종 검색일 2021. 9. 27)

법률검색 : www.law.go.kr/LSW/main.html (최종 검색일 2021. 9. 27)

판례검색 : glaw.scourt.go.kr/wsjo/intesrch/sjo022.do (최종 검색일 2021. 9. 27)

공유경제의 활성화와 노동법적 보호 체계*
―독일의 플랫폼 노동종사자에 관한 최근 판례 및 논의를 중심으로―

이승현**

Ⅰ. 서 론

4차 산업혁명의 변화 과정에 자리하고 있는 현재는, 디지털 기술 발전의 고도화를 바탕으로 사물은 물론 개인의 신체까지 인터넷을 통해 연결이 이루어지며 물리 세계와 디지털 세계의 접목이 급속도로 이루어지고 있다.[1] 분업화, 자동화를 지나 이제는 '네트워크화'로 정의될 수 있는 이러한 변화는 개인과 개인의 연결을 넘어 산업간 연계, 생산자와 소비자의 직접적 거래 등 여러 산업 분야와 거래 형태의 융합과 통합을 특징으로 한다. 지역적 거리가 물리적으로 가까워질 수 있었던 소위 '글로벌화'의 시대를 넘어, 인터넷 네트워크를 통해 온라인 디지털 세계가 우리

---

* 이 논문은 소비자법연구 제7권 제3호(2021)에 게재된 것입니다.

** 독일 프랑크푸르트 괴테 대학교 박사과정/법학석사.

1_ Wilkesmann et al., "Industrie 4.0 — Hype, Hope oder Harm?", ARBEIT. Vol. 27 Issue 2, 2018.05, S. 131; (Hrsg.) Vogel-Heuser et al., Handbuch Industrie 4.0, Bd. 4, Springer Vieweg, 2017, S. 1 ff.

삶에 직접적으로 영향을 미치면서 이제는 더 이상 물리적, 장소적인 거리가 한계로서 작용하지 않는 시대로의 전환이 이루어지고 있는 것이다. 재화의 한정성이 가진 한계를 공유라는 방식을 통해 해결하고자 하는 '공유경제' 역시 이와 같은 온라인 네트워크의 발달을 기초로 하고 있다. '공유'라는 형식을 중심으로 등장한 새로운 형태의 산업 모델은 소위 '온라인 플랫폼'을 중심으로 지난 몇 년간 눈에 띄게 성장하고 있다.[2] 온라인 플랫폼의 활용 분야가 확대되면서 해당 비즈니스 모델을 플랫폼 경제(Plattformökonomie)로 유형화하는 단계를 넘어 현대 사회를 플랫폼 사회(Plattformgesellschaft)로 규정하는 수준에 이르고 있다.[3]

산업 영역에 있어서 기술의 발전은 그 결과물의 활용을 통해 경제, 사회, 문화 등 우리 삶의 전반에 걸쳐 변화를 가져오게 되지만, 1차적으로는 새로운 기술의 적용 과정에서 생산 방식과 노동환경에 영향을 미치게 된다. 온라인 플랫폼을 중심으로 발전하고 있는 공유경제에 있어서는 해당 플랫폼을 통해 거래되는 노동, 즉 '플랫폼 노동'에 대한 문제가 노동법적 논의의 중심에 자리하고 있다. 노동 형태의 측면에서 플랫폼 노동으로 개념정의 또는 유형화가 이루어지고 있는 이와 같은 규율 대상은 플랫폼을 통해 노동력을 활용하는 것이 목적인 경우도 있지만, 한편으론 새로운 유형의 공유경제 사업모델에 플랫폼 노동이 수반되는 경우도 있다. 특히 후자의 경우 교통공유 내지 승차공유에 해당하는 우버, 타다 등의 플랫폼을 통해 소득활동을 하는 운전기사의 경우가 대표적이라 하겠다.

2_ Cusumano et al., The Business of Platforms: Strategy in the Age of Digital Competition, Innovation, and Power, Harper Collins, 2019; Christoph Busch, "Mehr Fairness und Transparenz in der Plattformökonomie?", Gewerblicher Rechtsschutz und Urheberrecht, Heft 8, 2019.08, S. 788.

3_ Busch et al., "Bausteine für ein europäisches Recht der Plattformökonomie", Multimedia und Recht, Heft 10, 2020.10, S. 667; van Dijck et al., The Platform Society: Public Values in a Connective World, Oxford University Press, 2018; Nash et al., "Public Policy in the Platform Society", Policy and Internet, Vol. 9 Issue 4, 2017.12, S. 365-466.

코로나19 위기도 경기와 고용에 있어서는 악영향을 미치는 요인에 해당하지만 온라인 플랫폼 노동에 있어서는 오히려 확산을 가속화한 요인으로 분석되고 있다.[4] 실제로 온라인 플랫폼은 봉쇄조치와 사회적 거리두기가 강화된 상황에서 서비스의 이용을 가능하게 하였던 주요한 수단으로 기능하였다. 특히 학습용 데이터 베이스의 구축을 위한 클릭 워크(Clickwork) 분야의 경우 코로나 19 봉쇄조치로 인해 원격 수업의 활용이 일상화됨에 따라 해당 분야의 플랫폼 노동종사자 규모가 현저하게 증가할 것으로 예상되고 있다.[5] 또한 경기 침체에 따른 실업자의 증가는 온라인 플랫폼 노동종사자의 증가요인으로 작용한다는 선행 연구[6]의 결과에 비추어 보더라도 코로나 19로 인해 온라인 플랫폼 노동시장은 확대되고 있다.[7]

플랫폼 경제가 지속적으로 확대되고 있는 가운데 관련 분야에 종사하고 있는 근로자 및 자영업 형태의 노동종사자가 증가하는 상황은 법적 보호 내지 규율의 필요성을 더욱 증대시키고 있다. 다만 전형적인 계약관계 내지 법률관계에 온라인 플랫폼이 개입하면서 기존의 법률을 그대로 적용하기 어려운 문제점들도 발생하고 있다. 전통적인 근로관계는 근로자와 사용자를 당사자로 하는 근로계약 또는 고용계약에 기초하여 노동법의 적용이 이루어졌으나, 플랫폼 노동의 경우에는 사용자와 근로자, 위탁자와 노무제공자 사이에 온라인 플랫폼이 개입하면서 다수 당사자가 법률관계를 구성하게 되며, 그로 인하여 기존의 노동법 체계가 기능하기 어려운 사각지대가 발생하게 되는 것이다. 네트워크화에 따른 영향으로 이와 같은 변화와 그로 인한 문제적 상황은 특정 지역과

4_ (Hrsg.) Europäische Kommission, Fragen und Antworten: Erste Phase der Konsultation der Sozialpartner zur Verbesserung der Arbeitsbedingungen in der Plattformarbeit, European Union, 2021.

5_ (Hrsg.) DGB (2021), DGB-Position zur Plattformarbeit, S. 1.

6_ Borchert et al., "Unemployment and Online Labor", Leibniz-Zentrum für Europäische Wirtschaftsforschung, 2018.

7_ (Hrsg.) BMAS, Eckpunkte des BMAS: Faire Arbeit in der Plattformökonomie, 2021, S. 1.

국가에 한정되지 않고 전 세계적으로 동시에 발생하고 있으며, 그에 대응하기 위한 노동법적 측면의 논의도 전 세계적으로 활발하게 진행되고 있다.

하지만 온라인 플랫폼을 활용한 노동 유형은 여전히 지속적인 개발이 이루어지고 있는 상황이어서 그 범위를 한정적으로 제한한 상황에서 규율 가능성을 논의하기에는 어려운 측면이 있는 것이 사실이다. 따라서 플랫폼 노동과 관련한 국제적 논의에는 기본적으로 온라인 플랫폼을 중개자로 한 새로운 유형의 노동 형태를 유형화하고자 하는 시도가 포함된다. 하지만 이 연구를 통해서는 다양한 국가들 중 독일을 중심으로 하여 플랫폼 노동의 개념정의와 유형화에 관한 논의를 검토하고자 하였다. 여기에는 최근 플랫폼 노동종사자와 플랫폼 운영자 사이의 근로계약관계를 인정한 판례를 통해 온라인 플랫폼을 활용하는 경우 종속성 판단의 표지가 어떻게 적용될 수 있는지에 대한 사항이 포함되었다. 또한 독일의 정책적 논의와 노동계의 요구를 통해 향후 플랫폼 노동종사자의 보호 정책의 방향성을 확인하고자 하였으며, 이를 바탕으로 우리나라의 플랫폼 노동과 관련한 시사점과 향후 입법적인 보완 방안을 제시하고자 하였다.

II. 공유경제의 활성화와 온라인 플랫폼

1. 공유경제와 플랫폼 노동

'플랫폼(Plattform)'의 전통적 · 사전적 의미는 "기차를 타고 내리는 정거장이나 강사, 음악 지휘자, 선수 등이 사용하는 무대 강단 등"을 의미하는 용어로서, 16세기에 생성된 이후 일상생활에서나 예술, 비즈니스 등 다양한 분야에서 사용되며 보편적인 개념으로 확대되어 현재에도 널리 사용되고 있다. 플랫폼의 대표적 의미인 '승강장'의 경우 교통수단을 이용하고자 하는 복수의 승객들이 만나는 공간으로서 거점의 역할을 하며, 교통과 물류의 중심으로서 기능하는 장소적 의미를 가진다. 이러한 개념적 기초를 바탕으로 4차 산업혁명 시대를 맞아 전통적 개념에 추가된 현재적 의미의 플랫폼 개념은, '공급자와 수요자 등 복수의 그룹이 참여해 각 그룹이 얻고자 하는 가치를 공정한 거래를 통해 교환할 수 있도록 구축된 환경'을 지칭하고 있다.

IT 네트워크의 발달로 온라인화된 플랫폼은 새로운 경제활동 모델을 형성하는 기초가 되고 있다. 이러한 온라인 플랫폼을 활용한 비즈니스 모델을 플랫폼 경제(Plattformökonomie)로 유형화한다면, 그러한 온라인 플랫폼을 통해 상품처럼 거래되는 노동을 플랫폼 노동(Plattformarbeit)으로 정의할 수 있을 것이다. 다시 말해 불특정 조직이나 개인이 특정 업무를 수행하거나 서비스를 제공하고 보수(Entgeld)를 지급받는 법률관계를 형성하는 과정에서 중개자에 해당하는 온라인 플랫폼이 일정한 역할을 담당하는 노동 형태가 활성화되고 있는 것이다.

이와 같이 온라인 플랫폼을 활용한 노동 형태는 주로 '공유경제'(Sharing economy)나 '긱 경제'(Gig economy)로 지칭되는 곳에서 활성화되어 있는 것으로 보인다. 즉 공유경제 또는 긱 경제가 플랫폼 노동의 다른 이름이 아니라, 공유경제 또는 긱 경제로 유형화될 수 있는 분야에서 온라인 플랫폼을 활용하고 있는 노동 형태가 다양하게 등장하고 있는 것이다. 이러한 용어의 혼용은 공유경제에 있어 온라인 플랫폼이 일정한 역할을 담당하는 구조적인 측면에 기인한다. 즉 공유경제는 업무의 수행 내지 일의 완성을 원하는 '수요자'로 지칭될 수 있는 사용자 또는 소비자 측의 요구가 온라인 플랫폼을 통해 공유가 이루어져 다수의 잠재적 노무 제공자에게 노출이 이루어지고, 노무 제공을 원하는 노무 공급자(플랫폼 노동자)의 자발적인 결정에 기초하여 해당 업무의 수행(플랫폼 노동)이 이루어지는 형식으로 계약이 체결되고 이행되기 때문이다.

2. 플랫폼 노동의 유형

온라인 플랫폼이 기능하기 이전에도 일용직, 파트타이머, 파출, 독립 자영업자나 프리랜서 등의 직업군에서는 오프라인 노동력 거래 플랫폼에 해당하는 중개자가 계약관계에서 일정한 역할을 하는 노동 형태가 존재해 왔다. 특히 비교적 단순한 업무 내용을 가진 운전, 배달 등과 같은 호출형 서비스 분야의 노동력 제공 형태나 가사노동, 일용직 등에 인력을 공급하였던 직업소개업도 오프라인 플랫폼으로 이해할 수 있을 것이다.

지역을 기반으로 한 대면형, 중개형 서비스 업종을 중심으로 자리잡고 있었던 전통적 의미의 오프라인 플랫폼 노동 시장은 거래 플랫폼이 온라인으로 이동함에 따라 웹에 기반한 비대면 클라우드(cloud) 형태의 업무 수행 방식이 추가되었다. 클라우드(cloud) 형태의 플랫폼 노동은 소프트웨어 테스트, 프로그래밍, 디자인 작업 등과 같이 전문적인 지식과 기술을 요하는 영역에 이르기까지 그 활용 범위가 확대되고 있다. 지역을 기반으로 한 플랫폼 노동에도 여러 노무제공자가 온라인 플랫폼을 매개로 동일한 업무를 수행하는 집단적 업무 수행(crowd) 방식이 새롭게 포함되고 있다. 이와 같이 온라인 플랫폼을 활용하여 업무를 수행하는 방식은 그 업무수행 과정에 있어서의 효율성 측면이나 거래 또는 생산 과정에 소요되는 비용절감 측면에서 기업에게 유리한 모델로서 인식되며 빠르게 자리 잡고 있는 상황이다.

새롭게 등장하고 있는 온라인 플랫폼의 구체적인 약관이나 계약 형태를 검토해보면 매우 다양한 규율형식을 가지고 있어 사실상 그 유형은 무제한적일 정도로 다양하게 나타나고 있으며, 외형적인 계약 구조나 업무 수행 형태만으로 어느 한 유형에 귀속시키는 것이 어려운 경우가 많다. 이와 같이 다양한 형태로 노동 시장에 등장하고 있는 플랫폼 노동을 단순히 노동정책적인 측면에서 분류하는 것을 넘어 법적으로 규율하기 위해서는 법률관계를 중심으로 한 유형화가 필요하다. 여기에는 국내법 체계와의 정합성 측면이 기본적으로 고려되어야 하지만 플랫폼 노동의 특성상 국제적으로 통용되고 있는 유형적 분류 역시 주요한 기준이 되어야 한다. 그러한 측면에서 국내법적 규율 체계와의 충돌 문제가 없다는 전제하에 국제노동기구(ILO)에서 분류하고 있는 체계를 기초로 플랫폼 노동을 유형화할 수 있을 것이다.

국제노동기구(ILO)에 따르면, 디지털 노동 플랫폼은 플랫폼 경제의 주요 구성요소로서, 공모를 통해 지리적으로 흩어져 있는 사람들에게 업무를 아웃 소싱하는 '웹기반, 비대면형 클라우드워크(cloud work)'와 서

〈그림 1〉 노동력 활용을 위한 온라인 플랫폼의 유형

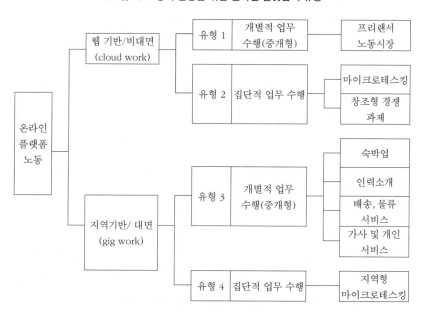

* 출처1: Schmidt, F. A., Arbeitsmärkte in der Plattformökonomie — Zur Funktionsweise und den Herausforderungen von Crowdwork und Gigwork, Friedrich Ebert Stiftung, 2017, S. 6.
* 출처2: Baethge et al., Plattformarbeit in Deutschland, Bertelsmann Stiftung, 2019, S. 13.

비스 및 특정 업무를 지역의 개인들에게 할당하는 '지역 기반, 대면형 긱 워크(gig work)' 모두를 포함하는 것으로 파악하고 있다.[8] 이는 다시 온라인 플랫폼의 역할에 따라 특정 개인과의 계약체결을 중개하는 경우와 불특정 다수에게 업무를 공유하는 경우로 구분하고 있다.

3. 플랫폼의 유형에 따른 기본적 법률관계

법적으로 플랫폼 노동 또는 플랫폼 노동 종사자에 대한 정의규정이 필요한지의 여부에 대한 논의와는 별개로 온라인 플랫폼의 유형화에 기초하여 각 유형별 법률관계를 파악해 볼 수 있다.

우선 개별 유형과 상관없이 온라인 플랫폼 노동의 기본적인 법률관계는 다수당사자의 법률관계로서 업무위임자, 플랫폼 운영자, 노무(서비스)제공자로 구성된다. 각 유형별로 가장 큰 차이는 계약 당사자의 구성, 계약형태 및 각 당사자의 책임범위에 있다고 할 것이다. 각 유형에 해당하는 온라인 플랫폼들의 운영 형식과 계약 방식이 다양하여 이와 같은 유형적 분류가 그 자체로 플랫폼 노동종사자의 법적 보호를 위한 기본적인 틀이 되기에는 부족한 측면이 없지 않지만, 플랫폼 노동의 형식과 법률관계를 파악할 수 있는 기초로서는 의의가 있을 것으로 보인다.

(1) 웹 기반-비대면 플랫폼

비대면형 웹 기반의 온라인 플랫폼은 무엇보다 온라인 플랫폼을 통해 업무가 진행될 수 있는 환경을 구축하여 서비스를 제공하는 형식을 가진다. 그에 따라 웹 기반 온라인 플랫폼의 역할은 단순히 업무 위탁자와 노무제공자를 연결하는 수준을 넘어 모집, 계약관리, 온라인 작업환경(workplace)의 제공, 보수지급관리, 업적 관리 등 업무 수행과 관련한 전반적인 서비스를 제공하는 특징을 가진다. 이러한 웹 기반 비대면형 플

8_ Berg et al., Digital labour platforms and the future of work: Towards decent work in the online world. ILO, 2018, S. 3 f.

랫폼은 다시 위탁자와 노무제공자의 연결을 목적으로 하는 계약형 내지 중개형 플랫폼과 플랫폼을 통해 대형 프로젝트를 다중의 참여로 완성시키는 집단적 업무수행형으로 구분되고 있다.

1) 계약(중개)형

웹 기반 비대면형 플랫폼 노동으로서 업무를 위임하고자 하는 플랫폼 이용자와 해당 업무를 수행할 수 있는 특정 노무제공자의 계약체결을 목적으로 온라인 플랫폼이 운영되는 경우(유형 1)가 계약(중개)형 플랫폼에 해당한다. 이러한 형식의 플랫폼에서는 위임인과 노무제공자 사이에는 고용계약이 체결되며, 업무위임인은 플랫폼 운영자와 관리계약을, 노무제공자와 플랫폼 운영자는 위탁계약을 체결하는 형식으로 법률관계가 형성되는 경우가 일반적이다. 이러한 형식의 중개형 플랫폼의 운영자는 노무제공자의 능력과 숙련도 및 지식 등을 파악하여 업무위임인의 요구에 적합한 노무제공자를 특정하여 계약이 체결될 수 있도록 한다. 이와 같은 법률관계는 오프라인 형식의 직업소개 또는 근로자파견 계약과도 유사한 측면이 있다. 하지만 업무위임인이 노무제공자에 대해 업무수행 과정에서 직접적이고 일반적인 업무 지시권을 행사하지 않는다는 점, 시간적·장소적 구속성이 없어 사용종속성을 인정하기 어렵다는 측면에서 차이가 나타나게 된다. 또한 직업안정법상에 정의된 "직업소개"란 구인 또는 구직의 신청을 받아 구직자 또는 구인자를 탐색하거나 구직자를 모집하여 구인자와 구직자 간에 고용계약이 성립되도록 알선하는 것을 의미한다는 측면에서(직안법 제2조의2 제2호), 플랫폼 운영자는 단순히 업무의 중개서비스만이 아니라 결제대행서비스도 함께 수행한다는 점에서 기존의 직업소개와 법률관계의 차이를 나타낸다. 하지만 경우에 따라서는 위임인과 노무제공자 사이의 계약상 명칭에도 불구하고 양자의 법률관계는 도급관계에 해당할 수도 있고, 직접적인 근로계약관계가 인정될 수 있는 경우도 있다. 한편 노무제공자가 동일 플랫폼에서 일정 기간 이상 활동하며 다양한 위임인과의 계약이 단속적이지만 반복되는 경우를 기본적인 전제로 하여, 플랫폼 운영자의 업무 수행 과정에 대한 개입 정도 및 지시권의 행사 수단과 방법에 따라서는 플랫폼 운영자와 노무제공자 사이의 근로계약관계가 인정될 가능성도 존재한다.

2) 집단적 업무수행형

웹 기반 비대면형 플랫폼으로서 업무위탁자의 위탁 내용을 불특정 다수의 노무(서비스)제공자에게 제공하여 업무를 완성시키는 이 형태의 플랫폼 노동은 소위 크라우드 소싱(Crowdsourcing) 또는 크라우드 워크(Crowdwork)로 지칭되는 온라인 플랫폼 노동의 대표적인 유형에 해당한다. 플랫폼이 오프라인에서 온라인으로 이동하며 업무 수행이 장소적, 시간적 제약을 벗어나 집단적으로 수행될 수 있게 되면서 형성된 된 노동 형태에 해당하기 때문이다.

기본적인 법률관계는 온라인 플랫폼과 업무 위임자 사이의 업무 위임 또는 양도계약과 업무 수행을 담당하는 다수의 노무 제공자 및 플랫폼 운영자 사이의 업무 수행 내지 노무제공을 위한 계약으로 구성된다. 업무의 위임과 수임을 확정하기 위한 과정에서 다중에게 공유되는 업무 내용 이외에 업무 수행 과정에서 위임인의 개별적인 업무 지시가 이루어지지는 않는 것이 일반적이다. 인공지능의 발달로 그 수요가 확대되고 있는 학습용 데이터 베이스의 구축을 위한 클릭 워크(Clickwork) 형식의 업무나 아마존의 메커니컬 터크(AMT)와 같은 경우가 이 유형의 대표적인 모델에 해당한다.

이 유형의 플랫폼은 단지 업무위임자와 다수의 노무제공자 사이의 중개자일 뿐이며 오직 기술 인프라만을 제공한다고 명시하여 온라인 플랫폼이 사용자로서의 책임을 부담하지 않고자 하는 경우도 있다(예: 아마존 메커니컬 터크). 또한 경우에 따라서는 업무 위임인과 노무제공자들 사이에 직접적인 법률관계가 발생하지 않도록 운영되는 플랫폼도 있어 그 법률관계를 통일적으로 규정하기는 어려운 것이 사실이다.

(2) 지역 기반-대면형 플랫폼

1) 계약(중개형)

유형적 측면에서 지역을 기반으로 하는 대면형 플랫폼의 경우 서비스의 내용은 플랫폼이 온라인으로 이동하기 전부터 존재하였던 것들이 대부분이다. 우리나라에서 플랫폼 노동종사자의 분포가 집중되어 있는 업종인 운전서비스, 배달앱, 가사서비스, 택배서비스 등이 이 유형에 해당한다. 서비스를 원하는 수요자(사용자 또는 소비자)와 서비스를 제공하는 노무제공자 사이의 개별적 업무 수행을 특성으로 하는 이 유형은 서비스가 필요한 경우 노무제공자를 사용한다는 측면에서 '호출형' 내지 '온디맨드(on demand) 노동'으로 불리기도 한다.

이 유형은 국제적으로도 플랫폼 노동종사자의 활용이 많은 관계로 지난 2019년 EU 차원의 근로조건에 관한 입법지침에서도 이 형태에 해당하는 호출형 노무제공계약(Abrufvertrag)을 체결하는 경우를 특정하여 보완적 조치를 규정한 바 있다.[9] 또한 이 유형은 온라인 플랫폼을 통해 노동종사자를 통제, 제어할 수 있는 다양한 방식들을 활용함에 따라 플랫폼 운영자의 사용자성에 관해 법원의 판단을 요구하는 사례가 가장 많은 유형에 해당한다. 그 밖에도 택배 또는 배달 서비스의 경우에는 택배 또는 배달을 의뢰하는 위임인(A)과 해당 목적물을 수령하는 수령인(B) 사이에 온라인 플랫폼(C)과 서비스를 수행하는 노무제공자(D)가 개입하는 형식으로서, 일반적으로 3 당사자 사이에서 구성되는 플랫폼 노동의 법률관계보다 더욱 복잡한 책임관계가 발생하기도 한다. 이처럼 플랫폼을 중심으로 다수 당사자가 관계를 맺는 형식이 가능하다는 측면에서 온라인 플랫폼이 가지는 특성을 잘 드러내는 유형으로도 볼 수 있다. 업무의 내용을 비롯하여 법률관계의 형식을 고려할 때 이 노동 형태는 플랫폼 운영자의 사용자성 인정 가능성과 기존의 특수형태 근로종사자에 대한 규율의 확대 적용의 대상이 될 수 있는 가능성이 큰 유형에 해당한

9_ EU-Richtlinie 2019/1152 vom 20.06. 2019, § 11 (Zusatzmaßnahmen bei Abrufverträgen).

다. 따라서 플랫폼의 운영 형식에 따라서는 종속성을 검토해야 하는 경우도 발생할 수 있으며, 사용종속성이 인정되지 않는 경우에도 기존의 특수형태 근로종사자에 대해 적용이 이루어지고 있는 규율 내용들을 통해 플랫폼 노동 종사자의 보호가 가능할 수 있는지 검토가 필요한 유형에 해당한다.

2) 집단적 업무수행형

이 유형의 플랫폼은 온라인 플랫폼을 통해 업무를 수행할 수 있는 노무제공자를 모집하고, 앱을 통해 업무의 진행과정 내지 결과를 보고하는 형식을 취하기는 하지만, 일정한 지역을 기반으로 다수의 노무제공자들이 동일한 내용의 업무를 수행하는 경우가 해당한다. 각 당사자 사이의 계약관계는 웹 기반 비대면 형식의 플랫폼 노동과 유사하여 온라인 플랫폼이 인프라만을 제공하는 경우도 있고, 플랫폼이 업무를 위탁받아 그 수행 과정을 제어, 통제하는 경우도 있다. 역시나 유형적 분류는 가능하지만 그 법률관계를 일률적으로 판단하기에는 어려운 측면이 존재하고 있다.

Ⅲ. 독일의 플랫폼 노동종사자 관련 논의와 보호정책의 방향성 검토

1. 독일 플랫폼 노동종사자의 보호 필요성

플랫폼 경제는 급속도로 확대되고 있지만 그에 대한 입법적 대응의 속도는 각 국가별로 차이가 있다. 플랫폼 경제가 활성화됨에 따라 EU 차원에서는 거래의 공정성과 투명성, 소비자의 보호에 초점을 맞춘 규정의 마련을 제안한 바 있으며,[10] 플랫폼 노동종사자의 보호를 위해서도 기능할 수 있도록 근로조건의 보호에 관한 입법지침[11]을 개정한 바 있다. 독일의 경우에는 아직 플랫폼 노동종사자를 직접적인 규율 대상으로 하는 보호 법안이 마련되지는 못한 상황이다. 하지만 사회적, 경제적 지위가 불안정한 플랫폼 노동종사자에 대한 보호의 필요성과 노동법적 보호 방안에 대해서는 지속적인 논의가 이루어지고 있다.

플랫폼 경제의 확대로 인한 법적 규율의 필요성과 플랫폼 노동종사자에 대한 노동법적 보호필요성이 동일한 원인에 기인하는 것으로 볼 수는 없다. 단순히 플랫폼 경제가 확대되고 그에 종사하는 인원이 증가한다는 측면에서 노동법적 보호의 필요성이 발생하는 것은 아니기 때문이다.

플랫폼 노동종사자에 대한 보호필요성은 노동법적 보호체계가 기능하기 위한 전제 조건과 연관이 있다. 우리나라도 그렇지만 우리와 법 체계적으로 유사성을 가진 독일의 경우에도 노동법의 인적 적용범위에 포함되기 위해서는 근로계약에 기초하거나, 그렇지 않은 경우에는 사후적으로 근로자성을 인정받아야 한다. 하지만 온라인 플랫폼 운영자와 근로계약이 아닌 다른 유형의 계약관계를 맺고 있는 플랫폼 노동종사자를 그 법률관계의 기초와 무관하게 독일 민법 제611a조에서 요구하고 있는 인적 종속성을 충족하는 근로자에 해당하는 것으로 판단할 수는 없다.[12] 즉 플랫폼 운영자와 노무제공자 사이에 맺은 계약이 근로계약에 해당하거나, 법률관계의 기초가 근로계약은 아니었으나 사후적 판단에 따라 인적 종속성이 인정되어 근로자에 해당하는 것으로 확인된 플랫폼 노동종사자에게는 근로조건을 규율하고 있는 다양한 노동보호법들의 적용이 가능하겠지만, 그렇지 않은 경우에는 현재의 노동보호법이 기능하기 어려운 체계적인 한계가 존재하는 것이다.

---

10 COM(2020) 842, "Vorschlag für eine Verordnung des europäischen Parlaments und des Rates über bestreitbare und faire Märkte im digitalen Sektor", 15.12.2020

11_ EU-Richtlinie 2019/1152 vom 20.06. 2019.

12_ 근로자성을 판단하는 주요한 표지로서 인적 종속성을 요구하는 것은 독일 연방노동법원 및 우리 대법원의 확립된 판례이기도 하다(BAG, Urteil vom 30.11.1994 - 5 AZR 704/93; 대법원 2016. 8. 24. 선고 2015다253986 판결 등).

플랫폼을 통한 사업 모델은 플랫폼 노동종사자들의 자립성과 자율성, 즉 노무 수행여부의 결정 및 업무 수행 과정에서 장소적, 시간적으로 자기 결정권을 일정 부분 보장하고 있다. 플랫폼 운영자들은 일반거래약관(AGB)을 통해 플랫폼 노동 종사자들에게 업무의 위탁이 이루어지며, 해당 업무를 수용할 것인지의 여부를 플랫폼 노동 종사자들이 자유롭게 결정하는 방식이기 때문에 자신들은 수동적인 중개자에 불과하다고 주장한다. 하지만 1인 자영업자로서 노무를 제공하는 경우에도 플랫폼에 의해 형성된 작업 조직에 편입되어 업무를 수행하거나, 플랫폼을 통해 업무의 내용, 시행, 시간, 업무 장소에 관한 지시가 이루어지는 경우도 있다. 이를 전통적인 사용자의 지시권 행사와 동일한 법률행위로 볼 수는 없지만, 플랫폼을 통한 업무의 위탁과 수행 과정이 플랫폼 운영자의 결정에 기초하여 프로그래밍된 알고리즘을 기반으로 기술적인 제어와 통제가 이루어지면서 오히려 일반적인 근로계약관계보다 노무 제공자의 재량권을 축소시키는 경우도 발생하고 있다.[13] 또한 서비스 이용자(소비자)의 평가 또는 피드백 프로세스도 플랫폼 노동종사자의 자기 결정권을 제한하는 요인으로 작용하고 있다. 이처럼 법적, 계약적 측면에서는 인적 종속성을 인정하기 어렵지만 업무수행의 내용 및 실무적 운영 방식에서 노무제공자의 재량권 및 자기결정권이 제한되고 있다는 측면에서 종속적 성격을 완전히 배제할 수는 없는 것이 사실이다. 이와 같이 계약 및 법적 기초와 실제 업무 수행 형태의 차이로 인하여 기존 노동법 체계를 통한 보호가 필요함에도 불구하고 적용상의 사각지대가 발생하고 있는 것이다.

또한 노동법적 보호를 위한 직접적인 근거 규정이 마련되지 않은 상황에서 근로계약에 기초하지 않은 플랫폼 노동 종사자가 노동법적 보호를 요구하기 위해서는 법원에 근로자성 판단에 기초한 판결을 구해야 한다. 하지만 온라인 플랫폼을 통해 노무를 제공하는 자들은 기본적으

13_ (Hrsg.) DGB, DGB-Position zur Plattformarbeit, 2021, S. 2.

로 자신이 접속하여 사용하는 인터페이스 이외에 작업 조직, 업무의 위탁 과정과 계약관계, 다른 플랫폼 노동 종사자의 정보나 의뢰인에 대한 정보 등을 확보하기 어려운 것이 사실이다. 또한 플랫폼 운영자의 제어, 관리 및 평가 체계에 접근하거나 정보 공개를 청구할 수 있는 절차가 보장되어 있는 것도 아니다. 이처럼 플랫폼 운영자와 이를 이용하는 노무 종사자 사이의 정보 격차는 기존의 아날로그적 노사관계에 비해 현저히 크게 나타난다.[14] 이러한 정보의 불균형은 플랫폼 노동 종사자들이 자신의 지위에 대한 신뢰성 있는 평가를 불가능하게 만들어 법원의 판단을 통해 종속성을 인정받고자 하는 사법적 해결 의지를 소극적으로 만들 수 있으며,[15] 법적 절차에 돌입한 경우에도 작업 조직에의 편입과 지시에 대한 구속 정도를 입증할 수 있는 증거가 부족한 상황에 처하는 요인이 되고 있다.[16]

사회보장제도를 통한 보호에 있어서도 독일의 플랫폼 노동종사자들은 사각지대에 놓여 있다. 플랫폼 운영자와 노무 제공자 사이에 종속적 고용관계가 인정되지 않는 이상 플랫폼 노동 종사자에 대한 사회보험 가입 의무도 발생하지 않기 때문이다. 하지만 대면형, 지역기반 플랫폼 노동의 경우, 특히 교통수단을 활용하여 서비스를 제공하는 음식 배달 또는 이동식 서비스의 경우 산재 발생의 위험성은 다른 직업군에 비해 상대적으로 높다. 하지만 이들에 대한 사회보장서비스의 제도적인 보호는 여전히 미비하며, 스스로 재해 또는 사고 발생에 대비하기에는 플랫폼 노동을 통한 소득이 충분한 상황도 아니다. 이와 같은 사회보장적 보호 역시 근로자성 판단과 마찬가지로 개별 사례에 대한 구체적 상황을 종합적으로 평가하여 종속적 고용관계 여부를 확인하여야 하지만, 그러한 사후적 보호만으로는 사회보장적 보호에 사각지대가 발생할 수밖에

14_ (Hrsg.) DGB, DGB-Position zur Plattformarbeit, 2021, S. 2.

15_ (Hrsg.) BMAS, Eckpunkte des BMAS: Faire Arbeit in der Plattformökonomie, 2021, S. 4.

16_ (Hrsg.) DGB, DGB-Position zur Plattformarbeit, 2021, S. 2.

없다.

2. 플랫폼 노동종사자의 근로자성 인정 가능성

온라인 플랫폼이 법률관계에서 일정한 기능을 담당하고 있는 경우에도 플랫폼 운영자와 노무제공자 사이 또는 업무위임자와 노무제공자 사이의 계약관계가 근로계약에 기초하고 있는 경우는 노동법적, 사회보장적 보호체계가 기능하는 데 문제가 없다. 하지만 근로계약 이외의 법적 기초를 가진 경우에 있어 노동법 내지 사회법이 적용되기 위해서는 형식적인 계약 유형이 아닌 실질적인 노무 수행 형태가 인적 종속성을 가진 근로자에 해당하여야 한다.

EU 차원에서는 노동조건에 관한 입법 지침을 통해 플랫폼 노동종사자의 경우에도 EU 사법재판소의 판례[17]를 통해 제시된 근로자성 판단 기준을 충족하는 경우 근로자로서 인정할 수 있다고 명시하고 있으며, 이 입법 지침을 국내법으로 전환하는 과정에서 각 회원국은 EU 사법재판소에서 제시한 근로자성 판단 기준을 고려하도록 규정하고 있다.[18]

EU의 입법지침에도 불구하고 독일은 아직 국내법적으로 플랫폼 노동종사자의 법적 지위 및 보호를 내용으로 하는 법안을 마련하지는 못하고 있다. 이러한 상황에서 온라인 플랫폼 운영자와 계약 관계를 맺고 있는 플랫폼 노동종사자를 독일 연방노동법원의 판례나 독일 민법 제611a조의 적용상 요구되는 인적 종속성을 충족하는 근로자로서 일반적으로 판단하기는 어려운 것이 사실이다. 하지만 반대로 플랫폼 노동종사자의 근로자성 인정이 법적인 측면에서 전혀 불가능한 것도 아니다. 실제로 민법 제611a조에서 규정하고 있는 바와 같이 인적 종속성의 정도는 각 업무 내용의 특성에 따라 다르며, 근로계약 관계의 인정 여부는 모든 상

17_ Urteile des Gerichtshofs vom 03.07.1986, C-66/85; vom 14.10.2010, C-428/09; vom 09.07 2015, C-229/14; vom 04.12.2014, C-413/13; vom 17.11.2016, C-216/15.

18_ EU-Richtlinie 2019/1152 vom 20.06.2019, Erwägungsgrund 8.

황을 종합적으로 고려하여 판단하여야 한다. 연방정부가 플랫폼 노동과 관련한 의회[좌파당(Die Linke)]의 질의에 회신한 문서에서도 플랫폼 노동 종사자의 법적 지위를 종속적 또는 독립적이라는 기준에 따라 통일적으로 분류하는 것은 불가능하지만 개별 사례에 따라 근로자 또는 유사근로자로서의 보호는 가능할 수 있다고 회신한 바 있다.[19]

(1) 연방노동법원의 판결

이러한 상황에서 독일 연방노동법원이 지난 2020년 12월 플랫폼 노동 종사자의 법적 지위와 관련하여 중요한 기점이 되는 판결[20]을 내린 바 있다. 결론부터 말하자면 근로계약에 기초하지 않은 플랫폼 노동종사자의 경우에도 사실관계를 종합적으로 고려하여 플랫폼 운영자와 인적 종속성을 전제로 한 근로자성(근로계약관계)을 인정할 수 있다고 판시한 것이다.

우선 이 사건의 사실관계를 살펴보면 원고는 스마트 폰을 이용하여 앱을 통해 기업들이 피고 플랫폼 업체에 위탁한 상품들이 상점, 주유소 등에 제대로 진열되고 있는지, 버스정류장, 키오스크 등에 광고 포스터가 잘 붙어 있는지 등을 기업들이 확인할 수 있도록 주로 사진을 찍어 업로드 하는 업무를 수행하였다. 업무의 수령절차부터 앱을 통해 진행되었다. ① 업무 위탁자인 기업의 플랫폼을 통해 요청된 업무를 수행해야 하는 위치가 크라우드 워커의 스마트 폰 GPS를 기반으로 반경 50km 이내인 경우 해당 업무를 수령할 수 있도록 앱에 표시가 이루어지고, ② 업무를 수행할 의사가 있는 자가 앱을 통해 업무수행 의사를 확정한 후 2시간 이내에 업무를 완료해야 하며, ③ 온라인 결제 시스템(paypal)을 통해 보수를 지급받는 과정으로 진행되었다.

업무수행 과정에서 플랫폼 운영자와 원고 사이에 분쟁이 발생하자 플랫폼 운영자는 원고에게 더 이상 업무를 배당하지 않을 것이며, 해당 플

19_ BT-Drucksache 18/3032 vom 04.11.2014, S. 4.

20_ BAG Urteil vom 01.12.2020, 9 AZR 102/20.

랫폼의 계정도 삭제할 것이라고 통보하였다. 이와 같은 플랫폼 운영자의 통보 시점까지 원고가 해당 플랫폼을 통해 업무를 수행한 시간은 주당 약 20시간 정도였으며, 약 14개월 동안 2,978건의 업무를 맡아 월 약 1,750유로를 소득을 얻고 있었다. 이에 원고는 해당 기업이 자신에게 정기적으로 지속된 업무를 제공하였으며, 자신은 해당 플랫폼을 통해 상당 부분의 생계비를 충당하였기 때문에 자신과 플랫폼 운영자 사이에는 근로계약관계가 있다고 주장하며, 플랫폼의 업무배당 중단은 부당해고에 해당한다는 이유로 소송을 제기한 것이다.

1심[21]과 2심[22]은 플랫폼 운영자와의 근로계약관계를 기초로 해고의 무효를 주장하는 원고의 청구를 기각한 바 있다. 하지만 연방노동법원은 원심의 판결과 달리 해당 플랫폼 노동종사자의 근로자성을 인정하는 판결을 내렸다. 이 사건 원고의 경우 계약상 특정 업무를 수락해야 할 의무는 없지만 '전형적인 방식으로 업무를 수행하는 점', '회사의 지시에 구속되는 점', '인적 종속에 따라 업무가 결정되는 점' 등을 근거로 민법 제611a조에서 요구하는 인적 종속성의 요건을 충족하였다는 것이다. 또한 계약의 자유와 관련하여서도 연방노동법원은 플랫폼을 통해 이미 성립된 법적 관계 내에서 노무 제공자가 계약 내용을 결정할 수 있는 자유는 제한되었다고 보았다. 업무의 내용에 있어서도 업무를 위탁하는 과정에서 업무 내용의 특정이 이루어지고, 이를 수행하는 단계는 플랫폼 운영자에 의해 지정이 이루어지는 형식으로 사실상 지시권의 행사가 이루어졌다는 것이다. 특히 온라인 플랫폼의 운영을 위해 사용되는 디지털 또는 알고리즘 기반 제어도구들은 플랫폼을 매개로 한 계약관계가 근로계약 관계인지를 판단하는 데 주요한 기준이 되는 노동법상 지시권의 행사 수단으로 간주될 수 있으며, 그러한 시스템에 기초하여 플랫폼의 조직구조에 통합되어 노무제공이 이루어지는 경우에는 계약의 명칭과 상관없이 지시에 따라 노동을 제공하는 종속적 근로자로 인정된다는

21_ ArbG München, 20.02.2019 - 19 Ca 6915/18.

22_ LAG München, 04.12.2019 - 8 Sa 146/19.

것이다. 그 밖에도 이 사건에서 근로자성을 인정하게 된 근거로서 해당 플랫폼의 인센티브 시스템이 영향을 미쳤다. 이 사건 플랫폼의 경우 개별 업무마다 별개의 계약이 체결되고 보수가 지급되는 형식으로 운영되었으나, 평가시스템을 통해 더 높은 레벨로 올라가면 더 많은 업무와 보수를 지급받을 수 있는 인센티브 시스템을 운영하고 있었다. 법원은 이러한 인센티브 시스템으로 인해 해당 플랫폼에 속한 노동종사자가 더 높은 소득을 얻기 위해 사실상 자유롭게 자신의 활동 지역이나 시간을 결정할 수 없게 되고, 다른 플랫폼을 통한 소득 활동도 제한되는 등 단일 플랫폼의 작업 조직 내에 편입이 이루어진다는 것이다.

(2) 판결의 영향 및 평가

이 판결에서는 연방노동법원이 플랫폼 노동종사자의 법적 지위를 판단함에 있어 독일 민법 제611a조의 규정에 따라 인적 종속성을 내용으로 하는 기준을 적용하더라도 플랫폼 노동종사자의 근로자성이 인정될 수 있음을 확인한 것에 가장 큰 의의가 있다. 이 사건을 통해서는 앞서 확인한 바와 같이 플랫폼의 운영을 위해 사전에 프로그래밍된 기술적 제어도구들을 근로계약상의 지시권 행사 방식의 하나로 인정한 측면과 함께, 플랫폼 노동종사자의 근로자성을 인정하게 된 요건으로서 a) 업무 위탁자의 요청에 따라 업무의 내용이 특정되고, b) 플랫폼의 업무 수행 매뉴얼에 따라 수행 방식이 확정되어 있으며, c) 그러한 업무를 일정시간 내에 수행하는 관계가 지속적으로 반복되는 경우 등이 제시되었다.

다만 이번 판례가 플랫폼 노동종사자에 대한 지시 구속성을 판단하는 기준을 넘어 일반적인 노동자성 판단의 기준인 인적 종속성의 인정 범위를 확대한 것으로 볼 수 있을지에 대해서는 아직 명확하게 판단하기 어렵다.[23] 즉 이와 같은 인적 종속성의 판단 기준 확대가 1회성 판결에 그칠 것인지, 아니면 향후 연방노동법원의 확립된 판례의 견해로서 자

23_ Euler, Anja Katharina, "Arbeitnehmerstatus eines Crowdworkers: Zur Weisungs-bindung durch digitale Organisationsstrukturen", jurisPR-ArbR 20/2021 Anm. 1.

리 잡을 것인지는 해당 내용의 판결들을 조금 더 지켜보아야 할 것으로 보인다. 또한 이 법원의 판단은 플랫폼의 유형에 있어 지역을 기반으로 한 집단적 업무수행형태에 해당하는 소위 크라우드 워커(crowdworker)를 대상으로 한 것으로서, 다른 유형의 노동력 거래 플랫폼에도 해당 종속성 판단의 기준을 그대로 적용할 수 있을지, 적용 결과 근로자성을 인정할 수 있을지에 대해서는 구체적인 검토와 추가적인 법원의 판단이 필요할 것이다.

3. 유사근로자로서의 보호 가능성

또한 독일의 경우 경제적 종속성이 인정되고 사회적으로 보호의 필요성이 있는 경우에는 비록 인적 종속성이 결여된 경우에도 '유사근로자(arbeitnehmerähnliche Person)'라는 개념을 통해 일정한 노동법적 보호가 이루어지고 있다. 스스로 업무를 수행하는 1인 자영업자가 대부분인 플랫폼 노동종사자의 특성상 특정 플랫폼을 통해서 얻는 소득이 결정적인 생존 기반이 되는 경우에는 경제적 종속성이 인정될 수 있어 유사근로자로서의 보호가 가능한 경우가 존재한다.[24]

독일의 경우 총칙적 성격을 가지는 노동법전을 보유하고 있지 않은 관계로 유사근로자의 개념은 보호의 필요성이 인정되는 개별 법률에서 규정이 이루어지고 있다. 법적 구제절차를 통한 보호가 가능하도록 노동법원법(ArbGG)에서 가장 먼저 해당 범주의 근로자들에 대한 개념을 설정한 바 있으며, 단체협약법(TVG)을 통해서는 이들 유사근로자로 인정될 수 있는 자들의 단체협약과 관련한 권리들을 인정하고 있다. 또한 연방휴가법(BUrlG)에서는 유사근로자의 휴가 청구권을 인정하고 있다. 그 밖에도 일반균등대우법(AGG), 노동보호법(ArbSchG), 간병시간법(PflegeZG) 등의 적용 대상에 유사근로자를 포함하고 있다.

24_ Däubler, Wolfgang, "Digitalisierung und Arbeitsrecht", Soziales Recht, Sonderausgabe Juli 2016, S. 38.

유사근로자의 개념과 관련하여 최초로 정의 규정을 두었던 1926년 독일 노동법원법(ArbGG)[25]은 "근로관계에 있지 않으면서, 특정 타인의 위임과 계산으로 노무를 제공하는 자로서, 특히 원료나 재료를 스스로 조달하는 자"로 규정한 바 있다. 1934년 개정 노동법원법(ArbGG)[26]에서는 유사근로자의 정의에 "경제적 비자영성(wirtschaftliche Unselbständigkeit)"이라는 개념을 추가한 바 있다. 유사근로자에 대한 이러한 사법적 보호는 현행 노동법원법까지도 이어지고 있어, 유사근로자와 관련된 분쟁을 노동법원의 관할사항으로 규정하고 있다(§5 Abs. 1 ArbGG).

현행 독일의 노동관계법에 포함된 유사근로자에 관한 규정들 중에서도 그 요건을 가장 구체화하고 있는 단체협약법(TVG)상의 규정(§12a Abs.1 Nr. 1 TVG)에서는 유사근로자를 "경제적으로 종속되고 근로자와 마찬가지로 사회적 보호의 필요성(soziale Schutzbedürftigkeit)이 있는 자"로 규정하고 있다. 또한 추가적인 요건으로 "그 자가 고용계약 또는 도급계약에 기해 타인을 위해 노무를 제공하며, 계약상 급부를 본인이 직접 또는 실질적으로 다른 근로자의 협력 없이 제공하며, 주로 1인을 위해 활동하며, 평균적으로 영리활동의 대가로 취득하는 전체 소득의 절반 이상을 1인으로부터 받는 경우"에 경제적 종속성 내지 사회적 보호필요성이 인정되는 것으로 보았다.

온라인 플랫폼을 통한 노동력의 거래에 있어 근로계약이 아닌 고용, 도급, 위임 등 다른 유형의 계약을 사용하는 경우가 일반적인 관계로, 근로계약 이외의 법적 기초를 가진 노무제공자를 규율 대상으로 하는 유사근로자에 관한 규정이 플랫폼 노동종사자의 보호에 있어 1차적으로 기능할 가능성이 높은 것은 사실이다. 각 개별 노동관계 법령에서 규율하고 있는 바와 같이 그 적용 내지 보호 대상에 유사근로자를 포함하는 경우에는 해당 법에서 예정하고 있는 법적 효과가 귀속될 수 있다. 즉 연방휴가법의 경우 휴가청구권이, 단체협약법의 경우에는 단체협약의

25_ ArbGG vom 23.12.1926, RGBl. I S. 507.
26_ ArbGG vom 10.04,1934, RGBl. I S. 319.

체결 및 적용 가능성이, 노동법원법의 경우에는 노동법원의 재판관할권이 인정될 수 있는 것이다. 하지만 그 업무수행 형태나 다양한 법률적 기초를 무시하고 플랫폼노동 종사자가 일률적으로 유사노동자에 해당하는 것으로 판단할 수는 없다.

4. 독일의 플랫폼 노동종사자 보호 정책의 방향성

(1) 연방노동사회부(BMAS)의 정책

독일 연방노동사회부(BMAS)는 지난 2020년 11월 플랫폼 노동종사자에 대한 보호 강화를 내용으로 하는 정책 문서를 발표한 바 있다.[27]

연방정부는 가장 기본적으로 플랫폼 운영자의 책임 강화를 강조하였다. 다만 이 문서에서는 연방정부가 플랫폼 운영자에게 어떠한 책임을 추가적으로 부담하게 할 것인지에 대해 구체적인 방안을 제시하지는 않았다.

다음으로는 플랫폼 노동종사자에 대한 사회보장적 보호를 확대하는 방안을 제시하였다. 특히 사회보장적 보호에 있어 보호 필요성이 높은 것으로 평가되고 있는 1인 자영업자 형태의 플랫폼 노동종사자를 위해 사회보장적 보호체계에 플랫폼 운영자를 포함시켜 사회보험 재정에 대한 책임을 부담하도록 하는 입법적인 조치를 요구하였다. 여기에는 플랫폼 노동종사자의 노후보장을 위한 법정연금보험도 포함하도록 하였다. 또한 지역을 기반으로 한 대면형 플랫폼 노동, 즉 호출형 서비스 분야의 플랫폼 노동종사자들의 경우 특히 산재 발생의 위험이 높은 것을 지적하며, 역시나 플랫폼 운영자가 일정한 산재보험 분담금을 납부하도록 하는 방안을 제시하였다.

또한 플랫폼 노동종사자의 사법 절차적 보호를 강화하는 방안으로서, 플랫폼 노동종사자가 플랫폼 운영자와의 근로계약 관계를 주장하는 경

27_ (Hrsg.) BMAS, Eckpunkte des BMAS: Faire Arbeit in der Plattformökonomie, 2021.

우에 있어, 그에 대한 입증 책임을 플랫폼 운영자에게 전환시키는 입증 책임 전환에 관한 사항을 포함시키고 있다.

그 밖에도 플랫폼 노동종사자들이 단체자치의 틀 내에서 근로조건을 협상할 수 있도록 단결체의 형성을 지원하며, 계약해지 예고기간의 법제화와 모성보호·휴가·질병수당 등의 적용 가능성에 대해서도 긍정적으로 평가하였다. 또한 플랫폼 운영자와 노무제공자 사이의 계약조건을 사업자가 일방적으로 정한다는 점을 고려해 약관규제절차(AGB-Kontrolle)를 통한 계약 내용의 사법적 통제 가능성도 언급하고 있으며, 플랫폼 운영의 투명성 확보와 노동환경의 개선을 위해 운영자로 하여금 운영상의 자료와 통계 등을 공공기관에 보고하도록 의무를 부과한다는 계획도 포함하였다.

(2) 노동계의 보호요청

2021년 3월에는 독일 노총(이하 'DGB')에서도 플랫폼 노동이 양질의 노동으로 발전해 나갈 수 있도록 다양한 측면에서의 규제 방안을 포함한 정책적 제안 사항을 발표한 바 있다.[28] 전반적으로 연방노동사회부에서 발표하였던 정책 문서의 내용과 큰 차이를 나타내지는 않았지만, 연방노동사회부에서는 플랫폼 운영자의 책임 강화를 가장 기본적인 정책 추진 방향으로 파악하였던 것에 비해, DGB는 플랫폼 노동의 현실을 고려하여 플랫폼 노동종사자가 근로자성을 인정받을 수 있는 방안에 우선순위를 두는 차이가 있었다. 또한 정책 제안에 있어서도 정부 측의 정책 문서보다는 좀 더 구체화된 요구가 담겨 있다.

DGB의 경우 플랫폼 노동종사자들의 노동 실태를 고려할 때 자기결정권의 제한을 받는 종속적 노무를 제공하고 있으나 정보의 불균형으로 인하여 사법적 판단을 요구하지 못하고 있는 것으로 파악하였다. 이에 DGB는 정보 불균형에 따른 플랫폼 노동종사자의 불리한 지위를 해소하

28_ (Hrsg.) DGB, DGB-Position zur Plattformarbeit, 2021.

기 위하여 플랫폼 노동종사자가 근로계약 관계의 존부에 대한 확인을 청구하는 경우 해당 사법 절차에서의 입증책임 전환이 필요하다는 견해를 가장 우선적으로 제시하였다. 입증책임의 전환을 통해 플랫폼 노동종사자가 접근하기 어려웠던 플랫폼 운영과정에서 사용되는 통제 및 제어를 위한 제반 조건들이 플랫폼 운영자에 의해 공개되어야 증거 확보 등에 있어 동등한 조건에서 분쟁해결절차가 진행될 수 있을 것으로 보았다.

다음으로는 노동조건의 개선을 위해 노동법 체계의 한 축을 담당하고 있는 집단적 노사관계가 실질적으로 기능할 수 있도록 단체협약 체결 가능성의 확대, 기업 공동결정에의 참여, 단체소송권의 도입을 주요 방안으로 제시하였다. 또한 DGB는 플랫폼 노동종사자의 법적 지위가 유사근로자에 해당하는 경우 단체협약법(TVG)에 의해 단체자치의 당사자로서 인정받을 수 있다는 법적인 측면을 고려하여, 유사근로자로서의 보호 대상이 확대될 수 있도록 유사근로자의 해당 여부를 판단하기 위한 기존의 경제적 종속성 판단 기준 가운데 거래 상대방에 대한 소득 의존도를 소득의 절반에서 3분의 1 수준으로 낮출 것을 제시하였다. 이를 통해 단체협약의 체결가능성과 함께 적용 대상도 확대될 수 있을 것으로 보았다.

여기에 경영조직법의 인적 적용범위도 유사근로자를 포함하는 수준으로 확대하고, 기업 및 사업장의 개념도 온라인 플랫폼을 활용한 노동형태를 고려하여 조정할 필요가 있다고 주장하였다. 특히 공동 결정의 대상이 되는 '업무의 일부를 위임하는 경우'에 온라인 플랫폼을 활용한 아웃소싱이나 크라우드워킹(크라우드소싱)을 포함시키면 최저노동기준이 적용될 수 있는 가능성을 높일 수 있을 것으로 보았다. 그 밖에도 물리적 만남을 기초로 운영되는 사업장 평의회 및 노동조합 활동에 있어서도 플랫폼 노동 종사자의 소통 방식이 주로 온라인을 통해 이루어지는 상황을 고려하여 온라인으로 접근할 수 있도록 하는 수단이 강구되어야 하고, 그에 수반하여 발생할 수 있는 정보 유출이나 개인정보의 침해 등을 방지하기 위한 정보 보호 방안의 필요성도 강조하였다.

플랫폼 운영의 투명성 측면에서는 계약 내용에 대한 투명한 공개를 요구하였다. 이는 앞서 제기한 정보의 불균형에 관한 문제와 연결되는 것으로서, 영업상의 비밀 유지를 이유로 계약 내용으로 볼 수 있는 작업 프로세스, 작업 결과에 관한 데이터, 업무 수행을 관리하는 제어와 통제 메커니즘에 대한 정보 등을 계약 당사자인 플랫폼 노동종사자에게 공개하지 않는 것에 대한 대책이다. 이와 같은 정보 제공 의무는 산재예방을 위한 다양한 보호 조치를 마련함에 있어서도 중요한 기능을 할 수 있을 것으로 보았다.

또한 DGB는 플랫폼 운영자가 일방적으로 사용자(플랫폼 노동종사자)의 계정을 차단하거나 접근을 제한하고자 하는 경우를 사실상의 해고에 해당하는 행위로서 간주하여 그 이유를 고지하도록 하는 의무를 도입하고, 그러한 플랫폼 운영자의 행위에 대해 이의를 제기할 수 있는 권리와 구제 절차를 보장할 것을 요구하였다. 또한 플랫폼을 통해 업무를 수행한 기간을 고려하여 적절한 계약해지 예고기간을 규정하는 방안도 제안하였다.

그 밖에도 플랫폼 노동에 종사한 경력이 이직 과정에서 유효한 경력으로 인정받을 수 있도록 업무증명서의 발급 의무를 플랫폼 운영자에게 부과해야 하며, 여기에는 업무 수행에 대한 플랫폼 운영자의 평가만이 아니라 서비스를 제공받았던 플랫폼 이용자들이 남긴 평가 내지 피드백도 해당 증명서에 기재되어야 할 필요성이 있음을 강조하였다.

DGB는 또한 일반적으로 일반거래약관(AGB)을 매개로 계약이 이루어지는 플랫폼 노동의 법률관계를 고려할 때, 플랫폼 노동종사자도 해당 플랫폼을 사용하는 소비자로서 인정하는 것을 전제로 약관규제절차의 적용을 통해 사법적 심사가 이루어질 수 있다는 입장이다.

사회보장적 보호 강화의 측면에서는 연금보험의 가입 대상자 확대를 통해 플랫폼 노동종사자도 포함될 수 있도록 해야 하고, 특히 산재보험과 관련하여서는 의무보험제도를 마련해야 할 필요성이 있다고 주장하였다.

　최저근로조건의 보장을 위한 방안으로서 플랫폼 노동종사자의 보수가 임금으로서의 성격을 가지지 않는다 하더라도 법정최저임금에 준하여 생계유지에 필요한 최저 수준의 소득을 보장할 수 있는 제도가 필요하다고 주장하였다. 단체자치를 통해 산업별로 자치적인 보수 수준이 보장될 수 있도록 하는 것과 동시에 법적으로도 법정 최저임금에 준하여 플랫폼 노동종사자들의 생계비를 보장받을 수 있는 제도적인 보완을 요구한 것이다.

　이상과 같이 노동계는 플랫폼 노동종사자를 자기결정권을 행사할 수 없는 종속적 노동을 제공하는 자들로서 전제하고, 이를 바탕으로 근로자성을 인정받을 수 있는 가능성 내지 유사근로자로서의 보호 범위에 해당할 수 있는 가능성을 최대한 확대하고자 하는 것을 확인할 수 있으며, 그에 해당하지 않는 경우에도 최저근로조건의 보장과 사회보장적 보호가 이루어져야 함을 강조하고 있다.

IV. 시사점과 입법 정책적 검토

1. 종속적 노동의 판단 기준 변화에 대한 요청

(1) 우리나라의 근로자성 판단 기준과 플랫폼 노동종사자

　우리나라의 노동보호법 체계는 근로자의 보호를 목적으로 하고 있으며, 근로계약을 기초로 한 근로관계의 규율을 그 내용으로 한다. 즉 노동관계법의 적용 대상이 되는 '근로자'에 해당하는지의 여부가 근로기준법을 비롯한 노동보호법 적용의 입구가 된다. 따라서 플랫폼 운영자에게 플랫폼 노동종사자의 사용종속성을 인정하기 어려운 경우에는 근로계약을 전제로 적용이 이루어지는 근로기준법상의 규정을 적용하는 데 한계가 있을 수밖에 없는 상황이다. 1인 자영업자 형태로 노무를 제공하는 경우에도 실질적인 노무제공 실태를 기초로 근로자성을 판단하여 근로기준법과 같은 노동보호법의 보호 범위에 포함시킬 수 있는 가능성이 없는 것은 아니지만, 플랫폼 노동종사자를 근로자에 해당하는 것으로 보아 이들의 계약관계를 일률적으로 근로계약에 해당한다고 판단할 수 있는 것은 아니다.

현행 근로기준법에서 정의하고 있는 "근로자"란 직업의 종류와 관계없이 임금을 목적으로 사업이나 사업장에 근로를 제공하는 사람을 말한다(근로기준법 제2조 제1항 제1호). 이와 같은 정의규정에도 불구하고 근로자성의 판단이 문제가 되는 경우에는 사안에 따라 법원의 결정을 받아야 한다. 판례[29]의 판단기준에 따르면 근기법상 근로자성 판단은 계약의 형식보다 그 실질에 있어 임금을 목적으로 하는 종속적인 관계인지의 여부가 주요한 기준이 된다. 계약의 유형적 특성을 반영한 지휘명령관계 중심의 인적 종속성의 정도를 핵심지표로 하는 이른바 '규범적 유형 개념'을 사용하고 있는 법원의 판단기준에 따르면, 원칙적으로 자기계산으로 그 사업을 영위하는 자영업자 및 그에 준하는 노무제공 형태 종사자의 경우 노동보호입법의 사각지대에 있다고 할 수 있다.[30]

근로기준법상 근로자성의 판단과 달리 집단적 노사관계의 적용 대상으로서의 근로자성 판단기준은 계약 형태와 상관없이 노무의 실질관계를 기준으로 판단하고 있다. 우선 현행 노조법 제2조 제1호에 따르면, '근로자'는 직업의 종류를 불문하고 임금, 급료, 기타 이에 준하는 수입에 의하여 생활하는 자를 말한다. 판례[31]가 제시하고 있는 집단적 노사관계법의 적용을 위한 판단기준에는 특정 사업자에 대한 소득 의존성과 법률관계의 지속성, 전속성 등도 포함되어 있다.

29_ 대법원 2012. 5. 10. 선고 2010다5441 판결, 대법원 2016. 8. 24. 선고 2015다253986 판결, 대법원 2013. 6. 27.선고 2011다44276 판결, 대법원 2012. 1. 12. 선고 2010다 50601 판결 등 참조.

30_ 박지순, "근로기준법상 근로자 개념 – 위임직 채권추심인 판결을 계기로", 「안암법학」 vol. 51, 2016, p. 319.

31_ 대법원 1993. 5. 25. 선고 90누1731 판결, 대법원 2006. 5. 11. 선고 2005다20910 판결.

현행 노동법적 보호체계는 근로자성 판단기준에 기초하여 근로자로 인정되는 경우 전체 노동보호법 체계의 틀 안에 들어올 수 있는 점을 특징으로 하고 있다. 하지만 플랫폼 노동종사자는 자영업자의 속성을 가진 경우도 있고 특수고용형태 근로종사자와 유사한 경우도 있어, 일률적으로 근로기준법 및 노동조합법상의 근로자에 해당하는 것으로 볼 수는 없는 상황이다. 특히 온라인 플랫폼이 계약관계에 개입함에 따라 전통적인 임금노동자와 달리 사용자의 모호성이 있고, 그에 수반되는 법제도적 책임과 의무가 불확실한 특징이 있다. 즉 지휘명령관계로 표현되는 인적 종속성에 따라 직-간접 지휘명령의 당사자를 모두 사용자로 분류하는 경우 '중첩적 근로관계'가 발생하는 문제가 있다. 온라인 플랫폼 운영자는 서비스 품질의 유지를 목적으로 각종 지침을 강제하는 방식을 통해 플랫폼 노동종사자에게 지시권을 행사할 수 있고, 업무위탁자는 개별 재화나 서비스 용역의 이용과정에서 직접적인 지휘명령 등을 행사할 수 있기 때문에 온라인 플랫폼 운영자 및 플랫폼 이용자(업무 위임인) 모두에게 사용자로서 종속성 표지가 인정될 수도 있다. 이는 반대로 어느 한 당사자에게 사용종속성을 완전히 인정하기 어려운 상황으로도 볼 수 있다. 따라서 온라인 플랫폼이 계약관계에 개입된 경우 사용자로서의 책임이 누구에게 있는지를 결정하고 거래관계에서 책임의 주체를 결정할 수 있는 방안에 대해 검토가 필요하다.

다만 최근 판례의 경향은 근기법상 근로자성을 판단함에 있어서는 여전히 엄격한 사용종속성의 기준을 적용하는 반면, 노조법상 근로자성에 있어서는 사용종속성 기준을 다소 완화하고 경제적 종속성의 요건을 반영하는 추세를 보이고 있다. 이는 플랫폼 노동시장이 확대됨에 따른 전반적인 변화에 해당하는 것으로도 평가할 수 있다. 여기에는 ILO의 종사상 지위 분류의 개편도 영향을 미친 것으로 보인다.

(2) ILO의 국제 종사상 지위 분류 개편

기본적으로 국제노동기구(ILO)는 온라인 플랫폼 노동시장이 확대됨에 따라 2018년 국제 노동통계 학술대회(ICLS)를 통해 노동자의 고용형태에 대한 분류 기준을 규정하고 있는 국제 종사상 지위 분류 (ICSE-18) 체계를 개정한 바 있다. 기존에는 '임금 노동(Lohnarbeit)'과 '자영 노동(Selbstständige Arbeit)'으로 분류하였던 체계를 '독립적 경제활동인구(Unabhängige Erwerbstätige)'와 '종속적 경제활동인구(Abhängige Erwerbstätige)'로 개정하였으며, 종속적 경제활동인구에 '종속적 자영업자(Abhängige Selbstständige)'라는 유형의 노동 형태를 추가한 바 있다.[32] 기존의 고용형태 분류 체계에서는 임금노동자와 자영업자 중 어느 한쪽으로 분류하기 어려웠던 플랫폼 노동에 종사하는 1인 자영업자들의 경우가 종속적 자영업자(Abhängige Erwerbstätige)에 포함될 수 있는 대표적인 노동 유형에 해당한다. 또한 자영노동에 포함되었던 무급 가족종사자(Mithelfende Familienangehörige)도 종속성을 기준으로 한 개편을 통해 종속적 노동활동인구에 해당하게 되었다.

그 결과 국제종사상지위기준(ICSE-18)은 독립적 경제활동인구에 ① 사용자(Arbeitgeber)와 ② 고용인 없는 자영업자(Selbstständige ohne Beschäftigte)가 포함되고, 종속적 경제활동인구에는 ③ 종속적 자영업자(Abhängig Selbstständige), ④ 근로자(Beschäftigte), ⑤ 무급가족종사자(Mithelfende Familienangehörige)가 포함된다.

이와 같이 ILO 차원에서 이루어진 분류 체계의 개편이 회원국의 노동법을 직접적으로 구속하는 효과가 있는 것은 아니지만, 노동환경의 변화에 따라 자영업 형태의 노무제공자들에게도 '종속성'이 인정될 수 있으며, 그에 따라 노동법적 보호의 필요성도 인정될 수 있음을 확인한 것에서 의의를 찾을 수 있다.

32_ Schüller, F., Wingerter, C., "Die neuen internationalen Klassifikationen der Arbeitsbeziehungen", Statistisches Bundesamt, WISTA 05/2019, S. 46 & 49.

<표 1> 국제 종사상 지위 분류 개정

ICSE-93		ICSE-18	
임금노동	근로자	종속적 경제활동인구	종속적 자영업자
			근로자
			무급 가족종사자
자영노동	사용자	독립적 경제활동인구	사용자
	고용인 없는 자영업자		
	생산자 조합 구성원		고용인 없는 자영업자
	무급 가족종사자		

* 출처: Schüller, F., Wingerter, C., "Die neuen internationalen Klassifikationen der Arbeitsbeziehungen", Statistisches Bundesamt, WISTA 05/2019.

(3) 종속성 판단기준 변화의 영향

근로계약에 기초한 근로자성을 판단함에 있어서 주요한 표지로 사용되었던 종속성에 관한 기준은 노동환경의 디지털화, 온라인화로 인하여 그 개념적인 변화를 요구받고 있다. 특히 사업장 중심의 지시권 행사에 관한 사항, 작업 도구의 중요성 등 종속성 판단의 주요 기준들도 시대에 맞게 변화되어야 하는 것이다. 그러한 측면에서 독일의 연방노동법원이 온라인 플랫폼의 디지털 통제, 제어 도구들을 지시권 행사의 수단으로 평가한 것은 이와 같은 변화의 필요성에 기초한 것으로 볼 수 있다.

한편 종속성의 기준도 근로계약관계에는 인적 종속성을 요구하는 반면, 그렇지 않은 계약 유형의 경우에는 경제적 종속성에 기초하여 보호 필요성을 판단해 왔다. 특히 보호 필요성을 판단하는 주요 표지인 '자기 결정권이 제한된 종속적 근로'라는 개념을 인적 종속성이 인정되는 경우로 축소하여 해석하는 것은 플랫폼 경제가 확대되고 있는 현재의 상황에 부합하지 않는다. 그러한 측면에서 ILO도 보호의 필요성이 있는 대상을 경제적 종속성을 인정할 수 있는 경우로 재편한 것으로 볼 수 있다. 즉 노동법적 보호 역시 보호필요성에 기초한 적용 가능성 확대를 준비해야 할 것으로 보인다.

2. 플랫폼 노동종사자에 대한 근로조건의 개별적 보호 가능성

기존의 노동보호법은 공장제 근로자 모델에 기반하고 있어 온라인에서 작업이 이루어지는 플랫폼 노동종사자를 노동보호법 체계 내에 포섭시키기 어려운 여러 가지 해석 적용상의 문제점을 내포하고 있다. 예를 들어, 소득과 보상에 있어서 시간급 구조와 성과고 사이의 부정합(처리건수, 매출액 등), 근로관계의 단속(斷續)과 기존 해고보호 법제 간의 부정합 등이 대표적이다. 하지만 독일 노동계의 요구에서도 볼 수 있듯이 보호필요성이 인정되는 경우 근로조건의 최저 기준을 확대적용하는 것도 검토해 볼 필요가 있다.

(1) 근로시간, 휴일, 휴가

플랫폼 노동종사자에 대해 근로조건 보호의 기본법인 근로기준법의 전면적인 적용이 어려운 것은 사실이지만, 플랫폼 노동종사자로서 노무급부를 제공하는 이들의 건강과 안전 등을 위한 근로조건의 보호필요성은 분명히 존재한다. 특히 근로시간과 관련한 문제는 플랫폼 노동종사자의 근로조건 보호에 있어 가장 핵심적인 규율 대상에 해당한다고 할 것이다.

특히 부업으로서 활동하는 플랫폼 노동종사자 또는 여러 개의 플랫폼 노동을 통해 생활을 영위하는 소위 'N-Job 프리랜서'의 경우에는 근로시간과 관련한 다양한 문제가 발생하고 있다.

우선 부업으로서 플랫폼 노동에 종사하는 경우 휴일, 휴가 또는 휴게시간에 다른 노동에 종사하는 것이 본업의 사용자에 대한 충실의무를 위반하는 것은 아닌지에 대한 문제이다. 일차적으로는 본업으로서의 근로관계를 맺고 있는 사용자에 대한 고지의무를 바탕으로 사용자의 허가 또는 승인을 요구하는 방식의 규율이 가능할 것이다. 하지만 사용자의 승인을 전제로 부업에 종사한다 하더라도 우리나라의 근로기준법에서 마련하고 있는 근로시간 관련 규제, 특히 단절 없는 휴식의 보장과 같이 사용자에게 부과된 의무를 근로자 스스로 준수하지 않는 것에 대한 안전과 건강상의 위험을 누구의 책임으로 보아야 하는지 문제가 된다. 이로 인한 부작용은 본업의 사용자에게도 손해를 발생시키는 것으로, 단순히 근로자 개인의 책임 영역에 불과한 것으로 보기는 어렵다. 다만 부업으로서 별도의 노동에 종사함에 따라 발생하는 문제점은 단지 플랫폼 노동에 국한된 것은 아니어서, 본업 이외에 부업으로서 추가적인 노동 활동을 영위하는 경우, 해당 근로자의 건강 및 안전을 위해서는 물론이고 기존 근로관계의 보호를 위해서도 근로시간의 통제 방안을 마련해야 할 입법적인 필요성이 있다. 입법례를 살펴 볼 때, 영업시간제한법 등에서와 같이 총 노동시간(총 종사시간)을 신고하고 이를 관리하는 방안을 고려할 필요가 있을 것으로 보인다. 예를 들어 본업의 근로시간과 플랫폼 노동 종사시간을 합산하여 총 시간을 규제하는 방법이 될 수 있을 것이다. 또한 휴일에 대한 법제도적 측면에서도 동일한 체계에 기초하여 주휴일 개념을 확대 적용하는 방안이 고려될 수 있을 것이다. 여러 개의 플랫폼을 통해 노무제공이 이루어지는 경우에도 이러한 총 노동시간 관리를 통한 근로조건 보호 방식은 충분히 기능할 수 있을 것으로 보인다. 온라인 플랫폼의 경우 디지털화 된 시스템의 활용을 기초로 하고 있어 플랫폼 운영자의 경우 노무제공과 관련한 정보들을 확보하기 용이한 측면이 있다. 따라서 근로조건 관리를 위해 해당 정보를 노동관청이 요구하는 경우 플랫폼 운영자가 이를 의무적으로 제출하도록 하는 등의 규정과 같은 입법적 조치가 필요할 것으로 보인다.

플랫폼 노동종사자의 근로시간과 관련한 문제는 휴가 보장에 있어서도 발생하게 된다. 하지만 플랫폼 노동의 계약관계상 노무제공 여부의 결정권이 노무제공자에게 일정 부분 존재하는 관계로 휴가는 현재의 법체계상 단지 계약관계의 단절 기간에 불과한 것으로 볼 수밖에 없는 것이 사실이다. 노무제공을 위한 계약관계가 반복적으로 단절되는 플랫폼 노동의 경우 계속근로기간을 산정하는 것은 어려움이 있으며, 1년 미만 근로자를 상정하여 휴가일을 부여하더라도 유급으로 인정되어야 하는 휴가의 유급인정시간을 몇 시간으로 볼 것인지도 명확히 규정하기 어렵다. 나아가 하나의 플랫폼 노무제공관계를 전제로 유급휴가권을 보장하더라도, 해당 플랫폼 노동자가 여타 플랫폼을 통해 업무를 수행하는 경우에는 보호의 실익도 없다고 할 수 있다. 하지만 휴가의 목적을 고려할 때 노동자의 권리적 측면도 있지만 노동력 회복을 위한 의무적인 측면도 있으며, 이는 업무 수행과정의 안전 및 종사자의 건강, 업무 수행의 완전성과도 연결성을 갖고 있다. 다만 휴가, 특히 유급휴가에 있어 보수지급의무를 어느 한 플랫폼 운영자에게 부담하도록 하는 것은 형평성의 측면에서나 규제의 효율성 측면에서 적절하지 않은 것으로 보인다. 휴가권의 확보는 앞서 살펴본 총 노무제공시간의 관리를 통해 유급휴가일을 산정하도록 하고, 급여지급의 책임은 사회보험 재정을 활용하는 방안을 고려해 볼 수 있다. 특히 휴가 보장을 통해 보험사고의 발생을 직접적으로 예방할 수 있는 산재보험 재정의 부담부분이 가장 크게 산정되어야 할 것이다.

(2) 계약기간의 존속보장 및 해고보호

플랫폼 노동종사자가 온라인 플랫폼을 통해 업무를 수행하는 경우 계약의 체결이 전제되지만, 계속적 계약관계인 근로계약과는 달리 해당 계약의 시작과 종료가 반복되는 특징을 가진다. 2018년 한국고용정보원의 조사보고서[33]에서도 플랫폼 노동을 선택한 이유에 대해, 일하는 장

33_ 김준영 외, 「플랫폼경제종사자 규모 추정과 특성 분석」, 한국고용정보원, 2018.

소, 시간 등에 있어서의 유연성이라고 응답한 비율이 높게 조사된 점을 고려할 때, 플랫폼 노동은 단순히 계약관계 존속의 보장 필요성만을 강조하기보다는 유연성 측면에서의 이해도 필요할 것으로 보인다. 그러한 측면에서 근로기준법에 규정된 일반적 해고보호조항들을 플랫폼 노동관계에 그대로 적용하는 것은 무리가 있다.

하지만 플랫폼 노동의 계약관계 특성상 해고와 같은 효과가 나타나는 행위들이 존재한다. 예를 들어 실제로 코웨이 등 위탁형태 노동자들의 근로자성이 인정되기 이전, 닥터서비스나 코디서비스에 해당 종사자가 다시 활동할 수 없도록 퇴출하는 형태로 해고가 이루어진 바 있다. 이러한 방식으로 대리운전 앱이나, 우버 서비스에서 특정 플랫폼 노동자가 해당 서비스를 이용할 수 없도록 제한하는 경우 해당 플랫폼 노동종사자의 입장에서는 해고와 유사한 상황에 놓이게 된다.

플랫폼 노동종사자의 지위를 불안정하게 만드는 플랫폼 운영자의 처우에 대해 일반적으로 해고보호법이 적용될 수는 없겠지만, 불이익과 관련한 사항이 약관형식의 계약 내용으로 계약체결단계에서 이미 적시된 경우라면 약관규제를 통한 보호가 유효할 수 있을 것으로 보인다. 다만 우리나라의 약관규제법은 소비자를 중심으로 운영되고 있어 그 적용범위의 확대를 위한 입법적 조치와 해석 적용이 필요할 것으로 보인다. 한편으로는 플랫폼을 이용하여 서비스를 제공하고 보수를 지급받는 노무제공자의 경우에도 플랫폼의 서비스 이용자, 즉 소비자의 법적 지위를 인정할 여지도 존재한다. 따라서 플랫폼 운영자로 하여금 노무제공자로서 플랫폼을 이용하는 이용자를 상대방으로 한 약관의 작성을 강제하고 이를 통제하는 방식으로 플랫폼 노동종사자를 보호하는 방안도 고려해 볼 수 있을 것이다.

참고문헌

1. 국내문헌

김준영 외 4인, 「플랫폼경제종사자 규모 추정과 특성 분석」, 한국고용정보원, 2018.

박지순, "근로기준법상 근로자 개념―위임직 채권추심인 판결을 계기로", 2016, 「안암법학」 vol. 51, 2016.

2. 외국문헌

Baethge, C. A. et al., Plattformarbeit in Deutschland, Bertelsmann Stiftung, 2019.

Berg. J. et al., Digital labour platforms and the future of work: Towards decent work in the online world, ILO, 2018.

(Hrsg.) BMAS, Eckpunkte des BMAS: Faire Arbeit in der Plattformökonomie, 2021.

Borchert et al., "Unemployment and Online Labor", Leibniz-Zentrum für Europäische Wirtschaftsforschung, 2018.

Busch et al., "Bausteine für ein europäisches Recht der Plattformökonomie", Multimedia und Recht, Heft 10, 2020.

Christoph Busch, "Mehr Fairness und Transparenz in der Plattformökonomie?", Gewerblicher Rechtsschutz und Urheberrecht, Heft 8, 2019.08.

Cusumano et al., The Business of Platforms: Strategy in the Age of Digital Competition, Innovation, and Power, Harper Collins, 2019.

Däubler, Wolfgang, "Digitalisierung und Arbeitsrecht", Soziales Recht, Sonderausgabe Juli 2016.

(Hrsg.) DGB, DGB-Position zur Plattformarbeit, 2021.

Euler, Anja Katharina, "Arbeitnehmerstatus eines Crowdworkers: Zur Weisungsbindung durch digitale Organisationsstrukturen", jurisPR-ArbR 20/2021.

(Hrsg.) Europäische Kommission, Fragen und Antworten: Erste Phase der Konsultation der Sozialpartner zur Verbesserung der Arbeitsbedingungen in der Plattformarbeit, 2021.

(Hrsg.) ILO, Digital labour platforms and the future of work: Towards decent work in the online world. ILO, 2018.

Nash et al., "Public Policy in the Platform Society", Policy and Internet, Vol. 9 Issue 4, 2017.12.

Schmidt, F. A., Arbeitsmärkte in der Plattformökonomie – Zur Funktionsweise und den Herausforderungen von Crowdwork und Gigwork, Friedrich Ebert Stiftung, 2017.

Schüller, F., Wingerter, C., "Die neuen internationalen Klassifikationen der Arbeitsbeziehungen", Statistisches Bundesamt, WISTA 05/2019.

Urzi Brancati et al., New evidence on platform workers in Europe, European Union, 2020.

van Dijck et al., The Platform Society: Public Values in a Connective World, Oxford University Press, 2018.

(Hrsg.) Vogel-Heuser et al., Handbuch Industrie 4.0, Bd. 4, Springer Vieweg, 2017.

Wilkesmann et al., "Industrie 4.0 – Hype, Hope oder Harm?", ARBEIT. Vol. 27 Issue 2, 2018.05.

_ 대표 저자

이병준   한국외국어대학교 법학전문대학원 교수

_ 저 자

김세준   경기대학교 공공안전학부 법학전공 부교수, 법학박사

문현지   계명대학교 법학과 석사과정

오승유   변호사, 한국외국어대학교 법학전문대학원 박사과정

윤승영   한국외국어대학교 법학전문대학원 부교수, 법학박사

이승현   독일 프랑크푸르트 괴테 대학교 박사과정, 법학석사

이준희   한국경영자총협회 노사관계법제팀장, 법학박사

정신동   강릉원주대학교 법학과 조교수, 법학박사

황원재   계명대학교 법학과 교수, 법학박사

한국외국어대학교 법학연구소
소비자법센터 총서 3

공유경제 플랫폼과 소비자 보호

—

초판 인쇄 2022년 2월 4일
초판 발행 2022년 2월 15일

—

편   자 이병준
발행인 이방원

—

발행처 세창출판사

　　신고번호 제1990-000013호
　　주소 03736 서울시 서대문구 경기대로 58 경기빌딩 602호
　　전화 02-723-8660 팩스 02-720-4579
　　이메일 edit@sechangpub.co.kr　 홈페이지 www.sechangpub.co.kr
　　블로그 blog.naver.com/scpc1992　 페이스북 fb.me/sechangofficial　 인스타그램 @sechang-official

—

ISBN 979-11-6684-073-9 93360

—